国家社科基金重大委托项目
中国社会科学院创新工程学术出版资助项目

中国民族地区
经济社会调查报告

总顾问　陈奎元
总主编　王伟光

喀 什 卷

本卷主编　王延中　徐　平

中国社会科学出版社

图书在版编目(CIP)数据

中国民族地区经济社会调查报告·喀什卷 / 王延中，徐平主编 . —北京：中国
社会科学出版社，2016.12
ISBN 978 – 7 – 5161 – 9416 – 4

Ⅰ.①中… Ⅱ.①王…②徐… Ⅲ.①民族地区经济 – 经济发展 – 调查报告 –
喀什噶尔②民族地区 – 社会发展 – 调查报告 – 喀什噶尔 Ⅳ.①F127.8

中国版本图书馆 CIP 数据核字(2016)第 280158 号

出 版 人	赵剑英
责任编辑	宫京蕾
责任校对	沈丁晨
责任印制	李寡寡

出 版	中国社会科学出版社
社 址	北京鼓楼西大街甲 158 号
邮 编	100720
网 址	http：//www.csspw.cn
发 行 部	010 – 84083685
门 市 部	010 – 84029450
经 销	新华书店及其他书店

印刷装订	北京市兴怀印刷厂
版 次	2016 年 12 月第 1 版
印 次	2016 年 12 月第 1 次印刷

开 本	710 × 1000 1/16
印 张	23.75
插 页	2
字 数	390 千字
定 价	89.00 元

凡购买中国社会科学出版社图书，如有质量问题请与本社营销中心联系调换
电话：010 – 84083683

《21 世纪中国少数民族地区经济社会发展综合调查》
项目委员会

顾问委员会

总 顾 问　陈奎元

学术指导委员会

主　　任　王伟光

委　　员（按姓氏笔画为序）

丹珠昂奔　李　扬　李培林　李　捷　陈改户　武　寅

赵胜轩　　郝时远　高　翔　黄浩涛　斯　塔

专家委员会

首席专家　王延中

委　　员（按姓氏笔画为序）

丁卫东　丁　宏　丁　赛　马　援　王　平　王希恩

王　锋　开　哇　车明怀　扎　洛　方　勇　方素梅

尹虎彬　石玉钢　龙远蔚　卢献匾　田卫疆　包智明

吐尔干·皮达　朱　伦　色　音　刘正寅　刘世哲

刘　泓　江　荻　赤列多吉　李云兵　李红杰　李克强

吴大华　吴　军　何星亮　张若璞　张昌东　张继焦

陈建樾　青　觉　郑　堆　赵立雄　赵明鸣　赵宗福

赵剑英　段小燕　姜培茂　聂鸿音　晋保平　特古斯

俸代瑜　徐　平　徐畅江　高建龙　黄　行　曹宏举

曾少聪　管彦波　毅　松

项目工作组

组　　长　扎　洛　孙　懿

成　　员（按姓氏笔画为序）

丁　赛　孔　敬　刘文远　刘　真　李凤荣　李益志

宋　军　陈　杰　周学文　程阿美　管彦波

总　序

　　实践的观点是马克思主义哲学最基本的观点，实事求是是马克思主义的活的灵魂。坚持一切从实际出发、理论联系实际、实事求是的思想路线，是中国共产党人把马克思主义基本原理与中国实际相结合，领导中国人民进行社会主义革命和社会主义建设不断取得胜利的基本经验。改革开放以来，在实事求是、与时俱进思想路线指导下，中国特色社会主义伟大事业取得了举世瞩目的伟大成就，中国道路、中国经验在世界上赢得广泛赞誉。丰富多彩的成功实践推进了中国化马克思主义的理论创新，也为哲学社会科学各学科的繁荣发展提供了坚实沃土。时代呼唤理论创新，实践需要哲学社会科学为中国特色社会主义理论体系的创新发展做出更大的贡献。在中国这样一个统一的多民族的社会主义国家，中国特色的民族理论、民族政策、民族工作，构成了中国特色社会主义的重要组成部分。经济快速发展和剧烈社会转型，民族地区全面建成小康社会，进而实现中华民族的伟大复兴，迫切需要中国特色民族理论和民族工作的创新，而扎扎实实开展调查研究则是推进民族研究事业适应时代要求、实现理论创新、服务发展需要的基本途径。

　　早在 20 世纪 50 年代，应民族地区的民主改革和民族识别之需，我国进行了全国规模的少数民族社会历史与语言调查，今称"民族大调查"。这次大调查搜集获取了大量的有关民族地区社会历史的丰富资料，形成300 多个调查报告。在此次调查的基础上，整理出版了 400 余种、6000 多万字的民族社会历史建设的巨大系统工程——《民族问题五种丛书》，为党和政府制定民族政策和民族工作方针，在民族地区开展民主改革和推动少数民族经济社会的全面发展提供了重要的依据，也为新中国民族研究事业的发展奠定了坚实的基础。

半个多世纪过去了，如今我国边疆民族地区发生了巨大而深刻的变化，各民族逐渐摆脱了贫困落后的生产生活状态，正在向文明富裕的现代化社会迈进。但同时我们也要看到，由于历史和现实的原因，各民族之间以及不同民族地区之间经济社会的发展依然存在着很大的差距，民族地区经济发展不平衡性问题以及各种社会问题、民族问题、宗教问题、生态问题，日益成为推动民族地区经济社会发展必须着力解决的紧迫问题。深入民族地区开展长期、广泛而深入的调查研究，全面了解各民族地区经济社会发展面临的新情况、新问题，科学把握各民族地区经济社会发展趋势，是时代赋予民族学工作者的使命。

半个多世纪以来，中国社会科学院民族学与人类学研究所一直把调查研究作为立所之本。1956 年成立的少数民族语言研究所和 1958 年成立的民族研究所（1962 年两所合并），从某种意义上讲，就是第一次民族大调查催生的结果。作为我国多学科、综合性、国家级的民族问题专业研究机构，民族所非常重视田野调查，几代学人已在中国各民族地区近 1000 个点进行过田野调研。20 世纪 90 年代，民族所进行了第二次民族地区典型调查，积数年之功完成了 20 余部调研专著。进入新的历史时期，为了更好地贯彻党中央对我院"三个定位"的要求，进一步明确今后一个时期的发展目标和主攻方向，民族所集思广益，经过反复酝酿、周密论证，组织实施了"21 世纪初中国少数民族地区经济社会发展综合调查"。这是我国民族学研究事业发展的迫切需要，也是做好新时期民族工作的前提和基础。

在充分利用自 20 世纪 50 年代以来开展的少数民族社会历史与语言调查相关研究成果的基础上，本次民族大调查将选择 60—70 个民族区域自治地方（包括城市、县旗或民族乡）作为调查点，围绕民族地区政治、经济、社会、文化、生态五大文明建设而展开，计划用 4—5 年的时间，形成 60—70 个田野调查报告，出版 50 部左右的田野民族志专著。民族调查是一种专业性、学科性的调查，但在学科分化与整合均非常明显的当代学术背景下，要通过调查研究获得开拓性的成果，除了运用民族学、人类学的田野调查方法外，还需结合社会学问卷调查方式和国情调研、社会调查方式，把静态与动态、微观与宏观、定量分析与定性分析、典型与一般有机结合起来，突出调查研究的时代性、民族性和区域性。这是新时期开展民族大调查的新要求。

立足当代、立足中国的"民族国情"，妥善处理民族问题，促进各民族平等团结，促进各民族地区繁荣发展，是中国特色社会主义的重要任务。"21世纪初中国少数民族地区经济社会发展综合调查"作为国家社科基金特别委托项目和中国社会科学院创新工程重大项目，希望立足改革开放以来少数民族地区的发展变化，围绕少数民族地区经济社会发展，有针对性地开展如下调查研究：（1）民族地区经济发展现状与存在问题调查研究；（2）民族地区社会转型、进步与发展调查研究；（3）西部大开发战略与民族问题调查研究；（4）坚持和完善民族区域自治制度调查研究；（5）民族地区宗教问题调查研究；（6）民族地区教育与科技调查研究；（7）少数民族传统文化与现代化调查研究。

调查研究是加强学科建设、队伍建设和切实发挥智库作用的重要保障。基础研究与应用对策研究是现代社会科学不可分割的有机统一的整体。通过全面深入系统的调查研究，我们冀望努力达成以下几个目标：一是全面考察中国特色民族理论、民族政策的探索和实践过程，凝练和总结中国解决民族地区发展问题、确立和谐民族关系、促进各民族共同繁荣发展的经验，把握民族工作的一般规律，为未来的民族工作提供坚实的理论支撑，为丰富和发展中国特色社会主义理论体系做出贡献。二是全面展示改革开放特别是进入21世纪以来民族地区经济社会发展的辉煌成就，展示以"平等、团结、互助、和谐"为核心内容的新型民族关系的当代发展状况，反映各族人民社会生活的深刻变化，增强各民族的自豪感、自信心，建设中华民族共同体，增强中华民族凝聚力。三是深入调查探寻边疆民族地区经济社会发展中存在的问题，准确把握未来发展面临的困难与挑战，为党和国家全面了解各民族发展现状、把握发展趋势、制定未来发展规划提供可靠依据。四是通过深入民族地区进行扎实系统的调研，搜集丰富翔实的第一手资料，构筑我国民族地区社会发展的基础信息平台，夯实民族研究的基础，训练培养一支新时代的民族问题研究骨干队伍，为民族学研究和民族地区未来发展奠定坚实的人才基础。

我们深信，参与调查研究的每一个专家和项目组成员，秉承民族学人类学界前辈学人脚踏实地、不怕吃苦、勤于田野、精于思考的学风，真正深入民族地区、深入田野，广泛汇集干部群众的意见、倾听干部群众的呼声，通过多种方式方法取得丰富的数据资料，通过科学严谨的数据分析和系统深入的理论研究，一定会取得丰硕的成果。这不仅会成为新世纪我国民族学与人类学学科建设的一个重要里程碑，也一定会为党和政府提供重要决策参考，为促进我国民族理论和民族工作的新发展，为在民族地区全面建成小康社会，为实现中华民族的伟大复兴做出应有的贡献。

王伟光

目　　录

第一章

喀什市历史与发展回顾

喀什，是我国最西部的历史文化名城和经济特区，也是通向中亚、西亚、南亚的重要门户。喀什古称疏勒，1952 年设市，由喀什专区（喀什地区）管辖，也是喀什地区行署所在地和南疆最大城市。2012 年喀什市总面积 554.8 平方千米，城区面积 30.2 平方千米；常住人口 55.34 万，其中户籍人口 48.61 万，非户籍人口 6.73 万。截至 2012 年年底，喀什市有乃则尔巴格、夏马勒巴格 2 个镇，色满、伯什克然木、帕哈太克里、荒地、浩罕、多来提巴格 6 个乡，恰萨街道办事处、亚瓦格街道办事处、吾斯塘博依街道办事处、库木代尔瓦扎街道办事处 4 个街道办事处，1 个农场。①

第一节 喀什市发展史略

一 概述

喀什古称疏勒，全称喀什噶尔，其含义通常解释为"玉石集中之地"。古代的喀什噶尔包括今疏勒、伽师、乐普湖、英吉沙、巴楚、阿图什、阿克陶、乌恰等地。6 世纪中叶至 7 世纪，疏勒之称逐渐为"伽师""伽师佶黎""喀什噶尔"取代。距今 6000—7000 年前疏勒已进入新石器时代。3000 年前喀什噶尔人的先辈已开始由游牧转向农业、畜牧业兼营

---

① 喀什市史志编纂委员会：《喀什市年鉴 2012》，喀什市史志编委会 2012 年刊印，新疆人民出版社 2013 年版。

商业的定居与行商生活。① 古代喀什市是西域三十六国之一疏勒国国都疏勒城，公元前 4 世纪—公元 16 世纪，为中西交通咽喉，是古丝绸之路中国段南、北、中诸道在西端汇聚之点和中外边贸商品转运集散地，《汉书·西域传》记，整个天山南北只有"疏勒国""有市列"，疏勒城已经为丝绸通衢的重镇，堪称中国与西域最早的国际商市。公元前 128 年张骞自大月氏返长安时，疏勒已有居民 1510 户 18647 人，军队 2000 人，具备王、侯、都尉、将军、骑君、译长等政权组织机构，② 是历代西域著名地方性政权的政治、军事、经济、宗教文化中心。

喀什市历史上是多民族聚居地区，许多古老民族在此繁衍生息。疏勒国居民自上古至魏晋南北朝时期有羌人、塞种、匈奴、大月氏、汉、哒哒、粟特人；隋朝时突厥人大批入主西域。公元 840 年漠北草原色楞格河与额尔浑河流域的回鹘汗国因柔然战争被迫西迁，其中最大一支 15 部由汉室贵族庞特勤率领下迁至中亚，取代了同操突厥语的葛逻禄和样磨人在此的地位。回鹘主体与之融合逐渐形成近代维吾尔族。现在喀什市主要有维吾尔族、汉族、塔吉克族、回族、柯尔克孜族、乌孜别克族等约 30 个民族。

公元前 60 年西汉以郑吉为都护，首设西域都护府，疏勒国开始在政治上隶属中国古代中央政权，结束了匈奴"僮仆都尉"在西域的辖制。西汉末年匈奴再控西域，丝路堵绝。公元 74 年东汉班超收复疏勒，再通丝路，安定西域。三国时期中原曹魏政权设西域长史，封疏勒王为"守魏侍中大都尉"，颁发印绶。西晋时，疏勒国王使王子至京都做侍子，接受晋朝封爵"守侍中大都尉奉晋大侯亲晋"。东晋后疏勒国仍与中原王朝保持所属，公元 453—512 年疏勒相继向北魏政权遣使 15 次。公元 563—567 年疏勒归属西突厥。公元 635 年与公元 639 年疏勒国两度遣使长安，公元 648 年由唐朝列为安息都护府所辖安西四镇之一，公元 675 年设立疏勒都督府，原疏勒王为大都督，历届都督及其下州刺史均由当地居民担任，代表中央政府行使行政治理权，并保障了丝路的畅通。933—1086 年喀喇汗王朝遣使辽朝 16 次，1009—1088 年向宋朝遣使 50 次。王朝统治者往往附称"桃花石汗（秦国汗）"，王朝的地理与官方行文称中原为上

---

① 刘学杰：《编纂〈喀什噶尔学研究〉的缘起与构想》，《喀什噶尔学研究会刊》第一期，《喀什噶尔学研究》编辑室，2011 年 8 月，第 10 页。

② 《汉书·西域传》，引自李凤盛《历史上的疏勒地方政权》，《疏勒文史资料第一辑》，疏勒县文史资料委员会编印，1999 年。

秦，契丹为中秦，称王朝所在为下秦。① 1124—1208 年喀喇汗王朝作为统治中亚和天山南北的西辽王朝的地方政权存在。1208—1218 年乃蛮部族夺取西辽政权，控制喀什噶尔在内的原西辽属地，并迁都喀什噶尔建立乃蛮政权。随即成吉思汗战败乃蛮，喀什噶尔开始成为蒙古的领地，后属成吉思汗次子察合台汗所建察合台汗国领地，1347 年汗国又分为东西二部，西部包括今中亚两河流域，东部即天山南北地区。喀什噶尔成为东部察合台汗国的军政重地。1514 年东察合台汗后裔赛义德汗建"叶尔羌汗国"替代喀什噶尔汗国，由王族任总督的喀什噶尔作为国都莎车的陪都仍然在诸多方面发挥重要作用。17 世纪中叶叶尔羌汗国政教统治层分化为：以叶尔羌为基地、汗国大汗所依靠的黑山派；以喀什噶尔为基地、阿帕克霍加为首领的白山派。后者支持喀什噶尔总督、汗国大汗长子夺得大汗位，借西藏达赖支持的准噶尔蒙古军队消灭叶尔羌汗国，建立了政教合一的第一个"霍加"（和卓）政权，控制了天山南部。黑山派首领后裔以喀什噶尔为首府建第二个和卓政权。1757 年和卓波罗尼都和霍集占兄弟反清，1759 年清军平定大小和卓之乱，次年乾隆设军府制，府治伊犁，在喀什噶尔设置参赞大臣，总理南疆八城（喀什噶尔、英吉沙、莎车、和田、阿克苏、库车、乌什、焉耆）军政事务，委任维吾尔阿奇木伯克（清廷三品）协理当地民族事务，参赞大臣归总辖天山南北的伊犁将军节制。1884 年清朝撤销军府制与伯克制地方自治政权，建立新疆省，各地行州县制，在喀什噶尔改设"巡西四城兵备道"（即喀什噶尔道，辖喀什噶尔、英吉沙、莎车、和田四城），道治疏附县城（今喀什市）。直至 1949 年 9 月新中国成立前设新疆省喀什专区疏附县，专署驻疏附县城。新中国成立后，1952 年 5 月成立喀什市，喀什地区专署、喀什市政府与疏附县政府同驻喀什市。1955 年疏附县政府迁驻喀什市西南。

喀什有文字记载历史 2100 多年，自疏勒城至喀什噶尔，其相继为西域诸国、喀喇汗王朝、东喀喇汗王朝、西辽汗国、察合台汗国、东察合台汗国、叶尔羌汗国、清代与民国回部（南疆）的政治、经济、文化中心，是中国和国际历史文化名城，兼容多种文明，是印度、波斯、阿拉伯、古希腊、古罗马、蒙古、突厥、回鹘、汉文化诸东西文明荟萃之地，融汇草原神灵与自然崇拜，塞种、羌与波斯火教，印度佛教，伊斯兰教和中原儒

---

① 马赫穆德·喀什噶里：《突厥语大词典》第一卷，汉文版，民族出版社 2002 年版，第414 页。另，汉代以"秦人"指代汉人；古印度、希腊、罗马也称中国为秦。

道信仰，文化遗产底蕴极其厚重。汉代产生的《疏勒乐》至魏晋时日臻完善，与龟兹乐、于田乐、高昌乐均为西域乐曲、乐舞的代表。存在约 4 个世纪的喀喇汗王朝不仅是维吾尔族历史的辉煌，亦是喀什噶尔历史的辉煌。王朝疆域北及巴尔喀什湖，南括昆仑山下于田，东至若羌、且末，西达中亚阿姆河与锡尔河流域。公元 893 年喀喇汗王朝迁都喀什噶尔，使王朝大部分历史与重大事件都与都城喀什噶尔紧密联结。王朝历史上最重大的事件，是完成了塔里木盆地西缘地域伊斯兰教代替佛教势力的进程。喀喇汗王朝成为中国第一个接受伊斯兰文化的地方政权，语言以回鹘语为主体，文字为阿拉伯文。11 世纪《突厥语大词典》的作者马赫穆德·喀什噶里和文学巨著《福乐智慧》的作者玉素甫·哈斯·哈吉甫，均是喀什噶尔人，前者对诸族语文与阿拉伯语的研究，比欧洲的比较语言学早 800 年；后者开创了维吾尔古韵律双行体诗歌的先河；史学名著《拉失德史》的作者米尔扎·海达尔曾居喀什噶尔，其以第一手资料填补了《元史》之后汉文史籍的空白，在中亚及西亚被引为经典。维吾尔古音乐套曲十二木卡姆，由叶尔羌汗国第二代君主拉失德汗的王妃阿曼尼沙汗与宫廷乐师搜集整理，包含 170 多首曲牌、70 多首乐曲和 2702 段唱词，2005 年 11 月被联合国评为世界非物质文化遗产。

　　喀什噶尔具有开放的地缘优势与悠久历史。古代欧亚诸道丝路的贯穿使之成为联结西域绿洲商业贸易和东西文明的渠径和枢纽。现代喀什仍处于欧亚大陆腹地，是中国通往中亚、西亚、南亚的门户，界临巴基斯坦、塔吉克斯坦、吉尔吉斯斯坦、乌兹别克斯坦、哈萨克斯坦、土库曼斯坦、阿富汗和印度等国家，有红旗拉甫、图尔尕特、伊尔克斯坦、卡拉苏、喀什空港等对外口岸，具"五口通八国，一路连欧亚"的区位优势。

二　"丝绸之路"与跨境商贸

　　没有丝绸之路就没有喀什数千年的历史。公元前 5 世纪希腊史籍已称中国为"塞里斯国"，意释"丝绸之国"，系缘于丝路贸易。即西汉张骞出使西域前，已经有西域通往中亚的商贸之路。

　　西汉张骞出使西域后，中国和中亚及欧洲的商业往来迅速增多。通过这条贯穿亚、非、欧的贸易通道和文化走廊，中国的丝、绸、绫、缎、绢等丝织品，源源不断地输向中亚和欧洲、非洲，开始了真正意义上的政治、经济和文化交流，极大地丰富和加深了世界文明进程。罗马人亦称中国为"赛里斯"国，称中国人为"赛里斯"人。汉代"丝绸之路"，东起长安（今陕西西安），向西经河西走廊至敦煌，由敦煌向西分南北两道。南道，自敦煌西出阳关，经楼兰、伊循、鄯善、若羌、且末、精绝、拘弥、于阗、皮山、莎车、蒲犁、无雷，越葱岭到达大月氏、安息，经条支，最后到大秦（罗马帝国）；北道，从敦煌出玉门关到车师、轮台、龟兹、姑墨、疏勒，西越葱岭达大宛、康居到奄蔡。三国魏晋时期，又新辟一条中道：从敦煌出发，向西达罗布泊，再横穿沙漠溯今孔雀河与塔里木河，经今焉耆、库车、轮台、阿克苏、巴楚等地抵今喀什，再西越葱岭至中亚、南亚各地。

1877 年德国地理地质学家李希霍芬（F. von Richthofen）誉张骞开辟的这条东西大道为"丝绸之路"，"丝绸之路"广义讲是汉代以来从东亚经中亚、西亚而联结欧洲及北非的东西方交通线路的总称，是古代贯通中西方的商路和中国、印度、古希腊三种主要文化交汇的桥梁。后来史学家把沟通中西方的商路统称为丝绸之路。国外史学界一般确定丝绸之路的西端至地中海东岸的安条克（今土耳其伊斯肯德仑）和西顿与推罗（今叙利亚拉塔基亚与巴尼亚斯）港口。① 古希腊人往往从占据地中海东岸港口的波斯帝国而获取中国丝织品，当时丝绸非以长度而以重量计算，与黄金等价。西方与中国的丝绸贸易成为古代世界运销最远、规模最大、持续最久的商品贸易。东自长安、西迄古希腊、长达 8000 多公里贯通欧亚、行销丝绸的"丝绸之路"，使得西域诸城郭邦国商业发达。

"丝绸之路"跨越历史 2100 多年，按历史划分为先秦、汉唐、宋元、明清四个时期，涉及陆路与海路。陆上"丝路"又分为"北方丝路"与"南方丝路""草原森林丝路""高山峡谷丝路"和"沙漠绿洲丝路"。丝绸是古代中国沿中西商路输出的代表性商品，而作为交换的主要商品包括玉石、珠宝、香料等，这些商品也被用作丝路的别称，如"玉石之路""珠宝之路"和"香料之路"。因而"丝绸之路"在世界文明史上具有重大意义。

"丝路"沿途有许多商品中转与集散商站，中亚的康居、大宛、月氏，西亚的大夏、安息等国，皆为其流通中介；而中国丝路南、北、中三道均以疏勒为西端总汇处，北道自长安经河西走廊出敦煌，由天山南路到

---

① 　王时祥：《喀什噶尔历史文化》，新疆人民出版社 2009 年版，第 8 页。

疏勒;南道由敦煌向西,经昆仑山北麓至莎车、疏勒达印度;中道出敦煌向西抵楼兰,沿塔里木河穿沙漠至龟兹再到疏勒。故疏勒国以其独特有利的地缘,成为丝路中国最西端最繁华的商贸大埠,东接玉门,敦煌,西连西亚,南通印度,北抵乌孙。西方商队大批集中于此贸易,形成西域与中西通商第一城。《汉书·西域传》所记"有市列"之地,在整个西域三十六国中只有疏勒。疏勒城畅销帛、锦、绮、缎等中原丝织品,印度茶叶、漆器,大秦(古罗马)琉璃、安息(波斯)香料、大宛(今乌兹别克斯坦)骏马、克什米尔麻布、大月氏细毡、于阗与莎车的玉石、龟兹(库车)铁器,当地铜、陶器皿等。因此疏通丝路商埠也是张骞通西域的重要使命之一。西汉册封疏勒国的官职"译长"之责,即传递翻译汉王朝文书政令、沟通与西域各国和西方的联络。汉初疏勒国在西域已率先步入农商文明和阶级社会。时西部乌孙、康居、大月氏、休循、捐毒等国尚处于牧业"行国"阶段,东部川、贵、滇、闽大多处于氏族制末期,东北土著"常为穴居",而疏勒国由于丝路的惠赐,已具有农商经济实力。《汉书·西域传》载:"自且末以往皆种五谷,土地、草木、畜产、作兵(制兵器)略与汉(中原)同","依耐国……寄田疏勒、莎车";"疏勒国……户千五百一十,口万八千六百四十七,胜兵两千人"。东汉时疏勒居民达 2.1 万户,10 万人,军队达 3 万人(《后汉书·西域传》)。自西汉至民国,疏勒—喀什噶尔始终是中西陆路交通枢纽,是西疆最早与持续最久的国际商市。叶尔羌汗国时,经喀什噶尔北接哈萨克、吉利吉斯,西抵阿富汗、波斯、印度,南邻乌斯藏,东至嘉峪关。安集延(浩汗)商队经西藏、和田、叶尔羌达喀什噶尔,乌兹别克商人的特产从喀什噶尔运到浩汗、布哈拉,再将欧洲、中西亚的物品运回喀什噶尔。喀什经叶尔羌向印度输出羊绒、生丝等。[①] 19 世纪俄国东方学家乔汉·瓦里汗诺夫《准噶尔概况》载:"喀什噶尔(即古疏勒国)……从托勒密王朝开始就拥有大的商队";"亚洲大陆各个角落的商人蜂拥而至喀什噶尔。在这里可以看到西藏人、伊朗人、印度人、伏尔加河的鞑靼人、阿富汗人、亚美尼亚人、犹太人、吉普赛人……西伯利亚哥萨克";"喀什噶尔对亚洲的意义,如同恰克图对我们而言,上海、广州对其他欧洲人而言"。

---

① 佐口透:《18—19 世纪新疆社会史研究》,新疆人民出版社 1984 年版;莎车县地方志编纂委员会:《莎车县志·商业》,新疆人民出版社 2002 年版,第 66、429 页。

三 历史沿革与地方政权概况

喀什市及其周围数百公里，自西汉至唐末千余年间，汉文史籍称其为疏勒国，王都设于疏勒城。《汉书·西域传》载："疏勒国，王治疏勒城，去长安九千三百五十里。……疏勒侯、击胡侯、辅国侯、都尉、左右将、左右骑君、左右译长各一人。东至都护治所二千二百一十里，南至莎车五百六十里……西当大月氏、大宛、康居道也。"① 秦末及汉文帝前元四年（前176）后疏勒国役属匈奴，元朔三年（前126）张骞出使西域后始与汉朝建立关系。神爵二年（前60）汉朝设西域都护府，疏勒国隶属中国，疏勒国王和重要文武官员由中原王朝册封。贞观二十二年（648）与显庆三年（658），疏勒两次设为安西都护府所辖"安西四镇"（疏勒、龟兹、于阗、焉耆）之一，安西都护府辖境以龟兹为中心的北道防线与以于阗为中心的南道防线，于西端汇于疏勒。公元675年正式设立疏勒都督府，封疏勒王裴安定任大都督，代理唐朝治理行政、民事刑事，收取租赋商税，协助驻军征战。疏勒都督府所辖地域，西达葱岭，东北接龟兹都督府，东南毗邻于阗都督府，领15州，为"安西四镇"中领州最多、辖地最广的重镇。公元728年（唐开元十六年），唐玄宗正式册封大都督裴安定为疏勒王。②

1218年始喀什噶尔为蒙元统治，元朝在疏勒建立喀什噶尔州，由都元帅府行使管辖权。1756年喀什噶尔伊斯兰教白山派首领阿帕克霍加（和卓）重孙波罗尼都与霍集占兄弟反清，在喀什噶尔建立"巴图尔汗国"。清廷在哈密王玉素甫、吐鲁番亲王额敏和卓、库车亲王鄂对等维吾尔地方首领的支援下，于1759年平定大小和卓之乱。次年清政府建立军府制，置伊犁将军，府治伊犁，于喀什噶尔设参赞大臣，叶尔羌城驻扎定边将军，总理南疆军政事务；同时沿用地方伯克制度。1867年阿古柏自立为王。阿古柏政权除占领南疆八城，继而攻占东疆和北疆乌鲁木齐等地。1875年5月清廷命陕甘总督左宗棠为钦差大臣督办新疆军务。左宗棠征调内地军兵、粮草而屯兵肃州，以刘锦棠湘军为主力西征新疆，相继收复侵军所占北疆、东南疆和南疆各地。

---

① 李凤盛：《历史上的疏勒地方政权》，《疏勒文史资料第一辑》，疏勒县文史资料委员会编印，1999年。

② 据疏勒县疏勒历史博物馆张骞纪念馆布展，2013年。

　　清代喀什噶尔与伊犁、塔城、乌鲁木齐为新疆四大军事重镇。乾隆与道光年间喀什噶尔参赞大臣相继驻喀什徕宁满城与汉城恢武城，下设协办大臣、领队大臣、章京、笔（委笔）帖式与侍卫，专理喀什噶尔与英吉沙军政事务。当地民务沿用伯克制，委以阿奇木、伊沙噶等各级伯克治理。1884 年新疆建省，取消军府领导和地方伯克管理制，各地行州县制，直隶州署设州牧、知县、典吏等官员，原地方伯克或委以州吏，或充乡约。喀什噶尔道设疏勒直隶州（府），原回城为其所属疏附县，辖 9 个回庄（维吾尔村庄色满、浩汗、伯什克然木、阿瓦提、托古萨克、乌帕尔、玉兹阿图什、塔什密里克、木素鲁克）和 5 个布鲁特部落（柯尔克孜族部落胡什齐、冲巴喀什河、岳瓦什、希克察克、乃蛮）。疏勒府设知府、经历兼司狱和巡检等官员。各庄设乡约，村置百户长，什户长治理。1929 年喀什噶尔道改为喀什行政区，疏附县由喀什行政长公署所辖。民国 34 年（1945）疏附县改属喀什行政督察专员公署，辖 8 个乡、13 个镇，设保 212、甲 3145。[1] 1950 年疏附县隶属喀什专区。1952 年由疏附县析建喀什市，为省直辖市，由喀什专署监领，1955 年由南疆行政公署监管。1956 年恢复喀什专区，喀什市由喀什专区代管。1971 年喀什专区改为喀什地区，喀什市隶属喀什地区至今。喀什历史人物有丝路开拓者张骞[2]；纳降匈奴日逐王、驱逐"童仆都尉"的汉朝首任西域都护、定远侯郑吉；出使西域乌孙、康居并出兵西域抵杀匈奴单于的汉将陈汤；坚守疏勒、力挫匈奴的东汉将领耿恭；智取鄯善、于阗、收复疏勒、平定西域的东汉名

---

[1]　疏附县地方志编纂委员会：《疏附县志》，新疆人民出版社 2002 年版，第 55 页。

[2]　张骞，字子文（前 164—前 114 年），汉中城固白岩村（今陕西城固县）人。汉武帝时在朝廷担任名为"郎"的侍从官，出使西域后被封为博望侯、大行（西汉接待国内外宾客的官职，相当于现代外交部长），位居九卿。前 139 年（武帝建元二年）—前 126 年（元朔三年）张骞受汉武帝之命，第一次前往西域，联络大月氏国与西汉建立聪明共抗匈奴。亲历大宛（今乌兹别克斯坦费尔干纳）、康居（今新疆北境至俄领中亚）、月氏（今中亚阿姆河游一带）、大夏（今阿富汗北部）、乌孙（今伊犁河、楚河、巴尔喀什湖、吉尔吉斯伊塞克湖东南）等国，历时十八载，行程数万里。前 119 年（元狩四年）—前 115 年（元鼎二年），张骞第二次出使西域。率领 100 人使团，经陇西、张掖、酒泉、敦煌、焉耆、龟兹等地到达乌孙、大宛、康居、月氏、大夏、安息（今伊朗）、身毒（今印度）等国。历经四年，使西域各国与汉朝建立真正的往来关系。张骞并于前 122 年（元狩元年）开发西南。使中原的丝绸、养蚕、漆器、铁器、冶铁术、井渠法、工艺品、农产品、植物得以西传，西域的核桃、葡萄、石榴、蚕豆、苜蓿、大蒜、芝麻、胡萝卜、黄瓜（原产印度）、西瓜等十几种植物移植中原。西域的乐曲、胡琴、胡笛、琵琶、舞蹈、绘画、雕塑、杂技等丰富了中国的文化艺术。张骞通西域开拓"丝绸之路"，打破了东西方隔绝的封闭状态，铺设了一条商业贸易之路、文化交流之路，推动了世界文明的进程，并为中国多民族国家的形成做出了不永磨灭的贡献。

将班超；承父业击北匈奴定西域的班勇；东汉大都尉、疏勒王臣盘；抵抗阿古柏、以身殉国的清朝喀什噶尔办事大臣奎英；收复西域的国家忠臣左宗棠；建省新疆的首任巡抚刘锦棠；辛亥伊犁起义领导人、抵制沙俄的喀什噶尔提督杨赞绪；配合新疆和平起义的民国南疆警备司令赵锡光等。

四　民族交往与多元文化

丝绸之路也是文化传播之路，是古代中国走向世界、世界了解中国之路。世界丝路中段之西域，汇聚中原与西方文明，也把自己的文化传于东西方。

喀什汇聚了世界三大语系的诸多古代民族，如汉藏语系的羌、汉、吐蕃人，印欧语系的塞种、粟特、塔吉克人，阿尔泰语系的匈奴、丁零、康居、铁勒、突厥、回鹘、契丹、黠戛斯、蒙古、乌孜别克人等。各语系不同族群居民不断地聚散、流动、交融，形成了喀什地域的多元文化。古印度文化、波斯文化、阿拉伯文化和古希腊文化、古罗马文化与中国中原文化在此交汇，印度佛教、波斯祆教、摩尼教、阿拉伯的伊斯兰教、罗马的基督教在疏勒荟萃传播。不同文明类型、不同宗教，与当地不同时期居民所创造的社会形态、文化风俗相互影响、适应、兼收，成为喀什人特有的文化印记。

公元前4世纪波斯祆教即传入西域，① 南北朝时疏勒、于阗、焉耆、高昌等地均信奉火祆教。公元2世纪疏勒王盘臣从贵霜王朝引进佛教，疏勒成为西域第一个以佛教为主导信仰的区域，在宫廷和贵族阶层代替了东汉前当地自然与神灵崇拜，民间则佛教与原有信仰并存，至10世纪末一直居宗教主流。

公元932年喀喇汗王朝王子苏图克由流居喀什噶尔的波斯萨曼王朝王子接受伊斯兰教，伊斯兰教始传新疆。960年即有20万帐操突厥语部族近100万人皈依伊斯兰教。伊斯兰教正式被宣布为喀喇汗王朝的国教。962年苏图克·布格拉汗之子木萨·阿尔斯兰汗发动对佛国于阗的宗教战争，两河流域的穆斯林参加了战争，其首领赛义德·吾布里·帕塔里·哈孜死后，其余人就地安葬并守护他定居于喀什。在喀什与和田、阿克苏至克州之间，仍可看到大量伊斯兰圣战殉教者的麻扎。疏勒县谢依合来村被称为"维吾尔吉普赛"的维吾尔人即帕塔里·哈孜守墓者"谢赫"，和田

---

① 　喀什市地方志编纂委员会：《喀什市志》，新疆人民出版社2002年版，第652页。

洛普县也有自称随哈孜从西亚来的阿达布里人村庄。20 世纪初芬兰探险家马达汉考察到，这些人因在西亚伊斯兰内战中导致宗教领袖伊玛目·侯赛因的死亡而被驱逐或受惩参加征伐，又因教派之争受到喀喇汗王朝统治者的发配。反映了伊斯兰教占据西域代替佛教的过程。伊斯兰化带来阿拉伯化，14 世纪以回鹘化和阿拉伯化的喀什噶尔方言及其文化为标志，在天山以南至中亚河中地区，形成突厥语文学的"喀什噶尔时代"。16 世纪后以喀什噶尔语为维吾尔语标准形式，西域形成以阿拉伯文拼写回鹘的维吾尔古书面文字察合台维吾尔文。

摩尼教 3 世纪创立于波斯，流传于印度西北、东罗马与西域。汲取祆教、佛教、犹太教教义，倡导"二宗三际"论。隋唐时因粟特人的传播，西域摩尼教达到鼎盛。高昌一带设东方主教区，大教长总管西域摩尼教传教；下设五个分教区，疏勒小教区属于龟兹分教区。火祆教，在农牧乡村与佛教并抵。维吾尔、塔吉克、柯尔克孜、乌兹别克、哈萨克人的传统春播节"诺若孜"节系源于火祆教。源于匈奴人、流行于突厥汗国的萨满教，7 世纪由西突厥传于西域。包含万物有灵、祖先崇拜与自然崇拜，无经典、无组织、无庙堂、无固定仪式，主要通过萨满通灵，驱邪医病。充实了塔里木土著原有的自然神灵崇拜，并使伊斯兰教当地化，维吾尔族民间至今仍有巴合西（萨满师）击鼓驱魔治病的习俗。

出身东喀喇汗王朝都城喀什噶尔的马赫穆德·本·侯赛因·本·穆罕默德·喀什噶里，其祖父是喀喇汗东部王朝的布格拉汗，其父是 1058 年继位的侯赛因·本·穆罕默德。其自幼就读皇家伊斯兰经文学院，精通阿拉伯文和波斯文，曾于布哈拉、撒马尔罕等地求学，11 世纪 70 年代在巴格达编撰了以阿拉伯语解释突厥语的语言学巨著《突厥语大词典》，献给阿拔斯王朝统治者（阿卜·哈希姆·阿卜杜拉·伊本·穆罕默德·穆格塔迪），由其存于宫廷皇家图书馆。《突厥语大词典》包含词目 7500 条和格言谚语 220 条与民歌 242 首，涉及突厥语诸民族的语言、文字、历史、地理、天文、农业、医学、手工业、民俗、人物、政治、军事、社会生活等各领域，对突厥语和喀喇汗王朝历史、地理与民族学研究具有极其重要的价值。其对中亚、西亚诸族语文与阿拉伯语的比较研究，比 19 世纪欧洲的比较语言学早 800 年。其唯一的 13 世纪的抄本收藏于土耳其伊斯坦布尔民族图书馆，自 1914 年以来被多个国家以十多种文字出版，如德文索引本、俄文、土耳其文、乌兹别克文、阿塞拜疆文等，成为中国和世界文化珍品。

喀什噶尔皇家伊斯兰经文学院的喀喇汗王朝学者、思想家玉素甫·哈斯·哈吉甫所著《福乐智慧》，是回鹘文第一部有明确写作年代的文学巨著，采用阿拉伯阿鲁孜格律马斯纳维形式，开创了维吾尔诗歌古韵律先河，对突厥语诸民族文学有重大影响。内容涉及政治、经济、军事、法律、哲学、伦理、社会、宗教、文化、经济生活（计88章13290行诗），是研究喀喇汗王朝具有学术价值的史料。同时，《福乐智慧》深受回鹘传统、佛教文化、儒学文化、伊斯兰文化的影响，是一个多元化的精神宝库，其核心理念是告诫君王公正、睿智、简朴地治理社会。《福乐智慧》的四个文学形象（日出、月圆、贤明、觉醒）构成一个象征寓意系统，体现了象征手法和戏剧要素的最早应用；并且在维吾尔古代文学叙事、抒情题材外，创造了"教诫诗"体裁形式，后世的《真理入门》等沿袭此传统。《福乐智慧》对认识11世纪前后回鹘人社会和知识系统提供了珍贵资料。

喀什非物质文化遗产丰厚。维吾尔传统音乐十二木卡姆是维吾尔民族古典文化的代表，而疏勒乐与龟兹乐、于阗乐对其产生直接而深远的影响。公元前2000年西域已向中原王朝传送乐舞，商代"诸侯八译而来者"最远为葱岭以西"渠搜国"，周成王时渠搜与莎车等部首领再次将西域乐舞传入中原。① 渠搜即汉代大宛，东汉隶属莎车。于阗乐于西汉入中原，龟兹乐于前秦苻坚时传入中原，疏勒乐于北魏太武帝年间（436）传入内地。北周武帝娶突厥可汗之女，可汗将龟兹乐与疏勒乐舞者随公主送于长安。隋文帝杨坚设置七部乐时特别加设疏勒等地乐舞，隋炀帝杨广正式设置补加疏勒乐的隋朝九部乐。唐朝音乐分为：雅乐，汉魏以前遗留的古乐；清乐，多为汉魏六朝后流传于民间的俗乐；燕乐，主要是周隋始西北少数民族音乐与中原民间音乐融合的新乐。由于后者的兴起，配乐西域歌舞的诗词涌现，成为中国音乐史和诗歌史的重要内涵。疏勒乐种称为"疏勒盐"的解曲，是西域佛教音乐中特有的曲体，为西域其他乐种如龟兹乐、突厥乐等采用。疏勒乐于唐高祖时已崛起于宫廷，唐太宗时疏勒乐师享誉宫廷。唐代宫廷乐的《法曲·真火凤》《胡曲部·急火凤》均由疏勒音乐家裴神符的《火凤》改编；唐宣宗的《新倾杯乐》由裴师《倾杯

---

① 王时祥：《喀什噶尔历史文化》，新疆人民出版社2009年版，第730页。

乐》改编。《新唐书·礼乐志》记："（琵琶）旧以木弹拨，乐工裴神符初以手弹，太宗悦甚。"疏勒乐器载入《隋书·音乐志》，包括公元前2000 年由西亚亚述人传入西域、西汉时入中原的竖箜篌；先秦时由西域传入中原的西亚苏美尔人发明的琵琶；先秦时由印度传入西域的西亚希伯来人答腊鼓；月氏人羯鼓；西域的羌笛、五弦、筚篥、腰鼓、鸡娄鼓；中原由西域西传东欧的排箫"纳伊"等。①（唐人《教坊记》载西域散乐"百戏"空翻筋斗、高杆、踏索等。）

维吾尔民间文学（民间故事、神话传说、民间歌谣、叙事诗）十分发达。叙事长诗"达斯坦"民间传唱 100 多部。民间舞蹈"麦西莱甫"、曲艺都塔尔弹唱、杂技"达瓦兹"，传统建筑（金属雕镂、木雕、砖饰、石膏、彩绘等十多种）、传统工艺（铜器、陶器、金银器、木器、铁器等）、传统医药以及传统民俗（节庆、礼仪、禁忌等）在喀什噶尔最具悠久与深厚历史。20 世纪四五十年代仅喀什城区即有土陶作坊 40 多个，传统琉璃釉陶以古朴素雅著称于世。喀喇汗王朝时喀什噶尔设维吾尔医学经学院，13 世纪医学经学院编纂了《赫拉苏》辞典，翻译许多中亚与阿拉伯典籍，伊麻地丁·喀什噶里著《医典注释》，穆拉德·拜克·阿里著《医疗宗旨》，鲁依德·穆赫塔尔·布拉克·拜克著《诊疗与疗养》。《突厥语大词典》记载麻风、伤寒、白内障、胃炎、赤痢、损伤、妊娠斑等病名和大量药物与医疗器具，伊本·西纳德·伊本阿里·喀什噶尔用茴香治疗白癜风等传世。喀什是"刀郎木卡姆"的发源地，刀郎人至今保留自己古老的方言，世代相传形成蕴存原始意象、风格和魅力的刀郎木卡姆，入选联合国世界非物质文化遗产。

独特的地缘、历史和文化，蕴含着喀什噶尔研究极其丰厚的内涵。适逢 2010 年喀什成为中国西部经济特区，喀什市成立了喀什噶尔学研究会。史籍《大唐西域记》《马可·波罗游记》《拉失德史》，诸多维吾尔文文献，英国、印度、芬兰、美国关于喀什噶尔的英文档案及文献，俄国与中亚诸国保存的俄文档案及文献，奥匈和奥斯曼帝国遗留的德文和土耳其文档案及文献，瑞典传教团和考察者留存的瑞典文献，日本探险者的日文文献，法国考察者的法文资料，乌兹别克斯坦保留的阿古柏政权的乌兹别克文献，以及汉文典籍，为喀什噶尔学研究奠定了深厚的文献基础和广阔的

---

① （唐）魏徵撰：《隋书·音乐志》卷二，卷十五；郑俊晖主编：《中国古代音乐文献集成》第一辑（二一五），国家图书馆出版社 2011 年版。

发展前景。

第二节　新中国成立以来喀什市的建设与发展

1949 年中华人民共和国成立和新疆解放，标志着喀什历史翻开了新的一页。

一　民主改革和政权建设

1949 年 11 月中国人民解放军第二野战军先遣部队到达喀什，12 月军部及军直部队抵达喀什，与喀什的三区革命民族军及驻喀什起义部队会师。1950 年 1 月，中国人民解放军喀什军事管制委员会成立，对疏附县实行军事管制。取消旧法律和苛捐杂税，禁止宗教干涉行政司法，实行一夫一妻婚姻制度。1950 年 3 月中国共产党疏附县委员会成立（喀什区域属于疏附县管辖），1952 年 5 月新疆省增设伊宁、喀什两个专署辖市，1952 年 7 月成立中共喀什市委员会。同年 10 月喀什市人民政府成立，制定执行该市经济建设和社会发展第一个五年计划，召开喀什市第一届人民代表大会。集中建党建政普选，公私合营、土地改革、恢复农业和手工业生产，建立农业生产合作社。1951 年 7 月至 1952 年 7 月，喀什专区开展镇压反革命、清理"中层"反革命、减租反霸、机关"三反"等运动。1960 年年底郊区人民公社和生产大队均建立党支部，72% 的生产队建立党小组。1962 年在喀什市色满区和浩罕区所属的 11 个公社建立基层党委，同年年底全市基层党委 12 个，总支 4 个，支部 141 个，党小组 295 个。1964 年 10 月，喀什市浩罕、色满两个区所辖公社大部分移交疏附县。1955 年 5 月召开喀什市首届工会（国营和私营单位 32 个工会基层组织）代表大会，成立喀什市工会委员会。1956 年基本完成私营工商业社会主义改造。1960 年喀什市基层工会组织达 55 个。1956 年 12 月成立喀什市妇女联合会。

1951 年 9 月至 1952 年 3 月喀什市郊区展开 13 个城管农业乡（辖 10769 户、43024 人、81390 亩耕地，建市时均划入喀什市）减租反霸运动，调查登记、整顿农会、划分阶级成分、选择斗争对象、诉苦反霸、分配和处理反霸果实、保佃退租换约、改造旧政权、展开征粮。1952 年 12 月喀什市组成喀什市郊区土地改革委员会和"土改"工作队，1952 年年底至 1953 年 10 月，郊区 17 个农业乡土地改革运动征收土地 3420 亩、耕牛 109 头、马和驴 343 匹、农具 6090 件、房屋 2610 间、棚圈 780 间、粮食 10912 公斤、家具 10783 件。"土改"的果实分给了无地或少地的贫雇农和困难户，消除了地租、劳役、高利贷及封建土地所有制，实现了"耕者有其田"。

1952 年 1—7 月，喀什展开"三反"（反对贪污、反对浪费、反对官僚主义）运动。经由思想动员、坦白交代、群众检举、复查核实，根据中央惩治贪污分子条例，惩办贪污分子。1952 年 1 月底，喀什展开"五反"（反行贿、反偷税漏税、反盗窃国家资财、反偷工减料、反盗窃国家经济情报）运动。重点在城市企事业（小学除外）和行政单位中调查城区工商业个体商业户的行商、皮毛合同商、粮食包户（粮商）、屠宰户、布匹坐商等，教育工人、店员、学徒团结中、小商人和正当商人，打击一小部分不法商人。

1955 年 7 月喀什市开展第二次"镇反"运动，巩固人民民主政权。1955 年 8 月喀什市在汉族干部、职工中展开"肃反"运动，成立专案组提出名单、查阅历史档案、召开座谈会检举会、动员坦白交代、查证落实、定案处理，肃清反革命分子、一般政治历史问题者、严重思想作风问题者和其他坏分子。同时配合农业合作化与资本主义工商业改造等，开办政治、文化业余学校，举办喀什市第一期资本主义工商业社会主义改造训练班。

1957 年 8 月开展农村社会主义教育运动，批判农村中个人主义、资本主义思想，改进干部作风。1959 年开展整风和反右派、反地方民族主义与人民公社化运动。1966 年中共中央"五一六通知"后，喀什市"文化大革命"运动开始。

1978 年 12 月中共第十一届三中全会召开，确定解放思想、实事求是的指导方针，实现中国历史上的一次重大转折。停止使用"以阶级斗争为纲"和"无产阶级专政下继续革命"的口号，审查和解决历史上重大冤、假、错案。1979—1988 年喀什市平反冤假错案，地主富农分子按农村人民公社社员对待；向 446 名原国民党军、政、警起义人员签发投诚证书。纠正历次运动中原 162 名工商业者的冤假错案，退还房屋，补发工资，恢复名誉、职务。1982 年 3 月市委纠正历次运动在民族宗教问题上的偏差，落实宗教信仰自由政策，纠正宗教上层人士的冤假错案。赔偿

"文化大革命"中被抄家 978 人损失的家产和书籍，退还被占用的清真寺瓦合甫房店 192 间 3457 平方米，向 3 处被居委会、民办小学所占瓦合甫房赔款。财政拨专款 3.4 万元修复"文化大革命"中被毁清真寺。1984 年始落实错改或不该改造的私房政策，至 1990 年退还私房 2483 户、148693 平方米。1986 年 1 月中共喀什市第四次代表大会召开，强调实现党风、社会风气、社会秩序、社会治安的根本好转。

二　国民经济与社会事业发展

（一）农村合作化与工商业社会主义改造

1954 年 5 月喀什市干部下乡开展社会主义建设总路线和坚持"大跃进"、增产节约、支援农业教育。展开农村互助合作化、铁工生产合作社运动。互助组的农民户数占农民总户数的 60%。1957 年 2 月喀什市郊区农村基本实现初级农业合作化，向高级农业合作社转化，入社 2862 户、11158 人，占农村人口总数的 71.17%，入社土地 16389.5 亩，占农村土地耕种面积的 92.68%，基本完成了农业的社会主义改造。通过推行精耕细作、田间管理、新式农具、整修渠道、兴修水利、增施积肥、选种优良品种，选拔与培养了一批农业骨干，促进了农业生产力的发展。

1953 年 12 月喀什市首届手工业者代表大会召开，开始了工商业社会主义改造进程。由市工商联和市手工业联社具体负责，扶持利于国计民生的冶铁、建筑、布匹、百货等行业，维持陶器、土布、饮料、调味品等行业，淘汰金银加工、贩证等行业。1954 年 1 月组织喀什第一个手工业小组。全市 4480 户 5667 名私营商业者，4563 名手工业者，经过改造组成公私合营单位。1955—1957 年喀什市展开手工业合作化运动，召开手工业合作社代表大会，成立喀什市手工业合作社联合社，独立核算、自负盈亏、生产资料归合作社（组）所有，即由个体变集体所有制的管理方式，手工业生产合作社（组）、供销合作组占手工业者总户数和人数的83.75%、80.86%。

1950 年喀什市开始建立地方国营贸易公司。1952 年年底成立喀什市工商业者联合会。1954 年 2—4 月，喀什市总工会筹备委员会整顿喀什市铁器业、鞋业、服务业等私营行业基层工会组织。同年相继成立了供销社、贸易支公司、花纱布分公司、百货公司、食品公司等国营公司，商业纳入经销、代销、合作等形式的国家计划经济轨道。1954 年 4 月喀什市召开第一次工商业者代表大会，1956年基本完成对私营工商业社会主义改造，初步建立社会主义工商业制度。

（二）粮油统购

1950年废除封建田赋制，由人民政府合理征收公粮、收购余粮；1951年废除寺院天课。对粮食实行自由贸易政策，允许农民自由上市交易。1955年，在农村实行粮食统购统销。分户核定粮食产量后，分别规定各类农户的用粮标准，按户计算用粮数量，划分全粮户、自足户和缺粮户。1955年市镇粮食（所有居民的口粮、工商业及牲畜饲料用粮）全部按计划供应。1956年国家以农业社为单位实行粮食统购政策。1957年10月1日，实行定人定量凭证供应。市区居民以户为单位按户口核定口粮定量标准，集市、饭馆用粮充分供应，学校、机关单位通常实行包伙供应。1961年执行精兵简政政策，提高对农业基本建设投资的比重。

（三）兴办通信、工厂、水利、运输与大炼钢铁

1952—1957年架通喀什市至阿图什、托云、疏勒、疏附、岳普湖、伽师、康苏矿区的有线电话电路。1954年开通喀什市至阿克苏、伊宁的无线电话线路，开通喀什市至巴楚、伽师、岳普湖、阿克陶、英右沙、叶城、康苏矿区、阿图什、麦盖提的无线报话两用电话，建成以喀什市为中心的无线报话通信网。1949年喀什市建成皮毛、肠衣加工厂，为产品出口打下良好基础。1951年喀什修建水电站，1952年兴建喀什八一面粉厂，1958年针织厂和纺织厂相继成立。1952年喀什建市后市政公路建设较快，南疆逐步形成以喀什市为中心的公路交通。1953年新疆运输公司喀什分公司成立，开通迪化（乌鲁木齐）至喀什、喀什至和田、喀什到莎车、喀什至库车的客货运输，另有个体运输户621户。1958年9月开始"大跃进"运动。喀什市组织工人、农民、干部、学生、部队数万人炼钢。

（四）发展文教卫生事业

1949年喀什仅有小学9所，入校学生2363人。1957年小学增加到11所，入校学生增加到6321人，成立中学3所，入校学生达1909人。80%的适龄儿童能入学读书。1956年成立职工业余学校，全市脱盲率达75%。建设广播电台、文化馆、文化宫、图书馆、电影院、乡村图书室、儿童阅览室等。1955年发行《新疆日报》维吾尔、汉文版。1956年发行《喀什日报》维吾尔、汉文版。1952年喀什市妇幼保健站成立，设妇幼保健门

诊。1953 年新法接生普及近郊农村。1953 年 3 月喀什市爱国卫生运动委员会成立，1955 年开始预防接种。1956 年喀什市成立工人医院、民族医诊所和市卫生防疫站。

（五）人民公社化运动

1958 年 8 月中共中央《关于农村建立人民公社问题的决议》规定人民公社实行"政社合一"，工、农、商、学、兵相结合原则。1958 年 9 月在夏马力巴格乡试建"红旗第一人民公社"。同月，市郊农村全部人民公社化，生活集体化，劳力统一调配。在建立人民公社时期，农村开展了农田水利建设，农村"五好"（好条田、好渠道、好道路、好林带、好居民点）建设，推广农业机械化。

（六）整顿、恢复国民经济

十一届三中全会确定社会主义社会的基本矛盾仍然是生产力和生产关系、经济基础和上层建筑之间的矛盾，根本任务由解放生产力变为在新的生产关系下保护和发展生产力。1979 年 4 月中共中央确定对国民经济实行"调整、改革、整顿、提高"的八字方针（称"新八字方针"）。喀什市执行农林牧副渔并举和以粮为纲、全面发展、因地制宜、适当集中的政策，农副产品收购价格提高。近郊发展蔬菜生产、远郊发展园艺和畜牧业生产，使城市的蔬菜、瓜果和其他副食品供应改善。集体所有制工业企业总产值较 1978 年增长 7.15%。市政工程建设修建 8000 米沥青路，铺设地下排水管道，改善城市卫生绿化。1986 年 1 月中共喀什市第四次代表大会立足改革开放、巩固农村联产承包责任制、城市经济体制改革，推行第二轮承包责任制。提出加快城市规划建设，发展各种加工业和横向经济联系，投资乡镇企业、街道企业，扩大企业自主权。

三　统一战线与民族宗教工作

重视安排有一定威望和一定参政议政能力的民主、民族宗教和爱国工商人士到各级政协、工商联组织。土地改革运动中对有一定社会地位的民主、民族宗教人士和工商界人士实行保护。注意从减租反霸、土地改革运动中选拔、培养、任用积极分子，使其担任各级领导职务。1953 年 4 月喀什市第一次各族各界人民代表会议召开，工商界、文教界、机关、工人、民主人士、市民代表、农民代表及党、政、军、群众团体推选代表出席。1953 年 7 月喀什市第二次各族各界人民代表会议，工商界、民主人士、农民代表均比第一次会议增加。喀什市第三次各族各界人民代表大会于 1953 年 10 月召开，由维吾尔族、汉族、乌孜别克族、回族、柯尔克孜族代表，农民、市民、工商界、民主人士、文教界、市级机关及特邀代表组成。强调尊重当地民族风俗习惯，各机关单位不同民族职工逢年过节、婚丧嫁娶时，都注意按各民族风俗礼仪办理。喀什市政协历届领导机构都有工商界和宗教界的代表。历届全国政协和全国工商联、自治区政协和自治区工商联都有来自喀什市的民主、民族宗教和工商界上层人士任职。

第三节　改革开放与喀什的经济社会发展①

一　经济体制改革

(一) 农村和城市经济体制改革

1. 农业生产责任制。喀什市执行农村经济体制改革政策，实行以家庭为经营单位的联产承包责任制。实施定勤、定土地、定产量、定费用、定工分、超产奖励的作业组生产责任制（"五定一奖"）；推行定额管理小包工，解决吃大锅饭、工效不高、同工不同酬的问题。按定额记分，同工同酬。1984 年农村改革进入第二步，即全面调整农村产业结构。农村经济出现"一稳"（种植业稳定）、"两降"（粮食播种面积占总播种面积的比例和粮食产值在种植业中的比例适当降低）、"三大发展"（畜牧业、乡镇企业和整个农村经济发展）的新格局。喀什市增加对农业的科技投入，强化农村基础地位。

2. 联产承包责任制。喀什市 1980 年初试行"大包干""五定一奖""口粮田""小段包工、定额管理"与零星作物包产到户等生产责任制。全市 124 个大队、835 个生产队均实行"口粮田加责任田"的生产责任制。125 个大队 825 个生产队将 29754 头集体牲畜包养到户。4 个大队 21 个生产队（占 2.4%）试行"五定一奖"责任制；89 个大队 598 个生产队（占 70%）试行"大包干"责任制；8 个大队 89 个生产队（占 10.3%）试行"小段包工，定额管理"责任制；25 个大队 153 个生产队

---

① 本题自《喀什地区志》《喀什市志》《喀什市 2013 年鉴》《喀什市 2013 年统计年鉴》《喀什民族工作年鉴》和《中国共产党喀什市简史》相关内容梳理；数据根据《中国共产党喀什市简史》,《新疆地方党史丛书》编委会, 2009 年, 第 133—231 页。

（占 17.3%）试行"口粮田"责任制。重新调整"三自留"（自留地、自留畜、自留树）。推广"口粮田加责任田"方法，即在实行口粮田的同时，集体田责任到人。1981 年实行"包干到户"生产责任制的试点。生产工具分到户管理使用，或作价归户，实行分户管理。生产投资自负，不再统一分配，只承包上交任务。要求"四个坚持"，即坚持生产资料公有制，土地只有使用权，不准出租、买卖、荒废；坚持按劳分配原则；坚持办好集体事业；坚持生产队领导；"八个统一"，即统一种植计划；统一农机具管理；统一灌水和兴修水利；统一经营集体副业；统一管理集体木材；统一管理集体牲畜；统一安排科学种田；统一管理集体财产。1984 年 10 月据中央《关于进一步发展农村商品生产的几项措施》，土地承包期由 3 年延至 15 年以上，对生长周期长的开发项目延到 30—50 年；允许折价转让。完善林、牧、渔、农机与农技推广承包责任制，集体工副业全部承包。

3. 城市经济体制改革。自 1980 年起，喀什市在部分企业试行经济体制改革的责任制形式。1984 年喀什市大力推进企业改革，主要是五方面的改革。一是简政放权。下放企业生产计划、产品购销、资金使用、劳动工资管理、干部任免和下属机构设置、价格、生产经营、超利税后留用的权限。二是实行厂长、经理负责制。企业由厂长、经理负责，党政分开，政企分开，扩大企业自主权。三是推行经济承包责任制。一大批企业、小门市部采取国家所有，集体或个人承包，或租赁给个人。四是支持横向联系，扩大对外经济技术协作，引进外来资金、技术、人才。五是一业为主，多种经营，鼓励竞争，保护合法劳动致富。企业形成多层次、多形式的经济承包责任制，级级有责任，层层有指标，责、权、利紧密结合，企业生产经营效益和职工切身利益直接挂钩，打破企业、职工的"大锅饭"和"铁饭碗"，企业从生产型转变为生产经营型。同时，改革商业体制。商业企业实行政企分开，扩大企业自主权；改革日用工业品批发体制，减少流通环节，对小型国营零售商业、饮食服务业实行放开经营和责任制。改革有碍企业发展的行政管理机构为经济实体。1985 年撤销市供销社和基层供销社，成立土产日杂公司；物资局改为物资公司，外贸局改为茶畜公司。

1984—1986 年深化以企业为中心的城市经济体制改革。改革价格体制、计划体制、财政体制、劳动制度和企业管理体制。1986 年全市实行厂长（经理）负责制的企业占企业总数的 84%。建筑业"百元产值工资包干"；运输业单车承包；工矿企业分级管理、分级核算、自负盈亏，计件工资加浮动工资制度，指标分解、利润包干。注重技术改造，协调产销关系，销售扩大。1984—1986 年市工业总产值平均递增 233.5%。1987年喀什市工业交通企业深化改革，实行经营效益目标承包责任制，落实企业责、权、利。厂长、经理拥有完全的经营自主、干部任免、机构设置、自有资产运用以及对工资总额内的工资、奖励分配形式、标准的决定权，使企业真正成为自主经营、自负盈亏、自我发展、相对独立的商品生产单位。

1988 年喀什市委、市政府深化经济体制改革。一是坚持所有权和经营权分开原则。1988 年年底全民所有制企业全面实行厂长（经理）负责制。全市 88.9% 的国营企业实行承包经营，市属二轻集体企业、乡镇企业签订承包或租赁合同。二是引入竞争机制。公开招标竞争，选择企业最佳经营者。承包者通过公开答辩、民主评议择优选定，促进领导机制的改革。三是改革企业内部分配制度。市 23 家国营企业实行工资总额同上缴利税、利润挂钩。企业内部实行分级承包，工资分配形式主要有全额计件工资制、结构工资制、百元营运收入工资含量包干制、实物工资含量制、百元产值工资含量制、百元销售百元利润工资含量制等。四是试行亏损企业产权制度改革和企业兼并的产权有偿转让，由厂长和职代会讨论自主决定和选择形式，政府不干涉。五是完善企业承包制，变经营者承包为全体职工承包，增强职工责任心和经营主体意识。1988 年 10 月开始推行全员承包、全员抵押。六是政策增支部分一般由企业自行消化，不得核减基数，严格履行合同；强化审计监督。七是依法划分厂长（经理）、党支部、工会的职权。依据《企业法》小型企业不设专职党委书记，党支部书记兼任政治副厂长。八是深化物资体制改革，调节供求关系，有计划地发展喀什商品经济。1988 年 5 月喀什市钢材市场始施行计划外钢材交易及其最高限价。

4. 整顿经济秩序。1988 年喀什市深化企业改革。重点解决政企不分、官商不分、转手倒卖、牟取暴利等问题。从经营范围、资金投入来源、人员组成、收益分配、经济效益打击"官倒""私倒"。税务部门检查税收7717 户，查出问题户 5392 户，占 70%，偷漏税款 50 余万元。检查财政、物价和清理社会固定资产投资项目。推行全员风险抵押承包责任制，试行风险基金制度，职工根据自己的责权利大小缴纳 200—2000 元风险金，以风险投资分解风险责任与利益。

（二）建立社会主义市场经济体制

1992 年 10 月，中共十四大明确提出中国经济体制改革的目标是建立社会主义市场经济。11 月，中共喀什市第六次代表大会召开，提出商贸兴市发展战略，提出的主要任务是：（1）积极培育社会主义市场经济体系。转换企业经营机制，把企业推向市场；发展第三产业和城郊型农业；扩大对外开放，加速实施"商贸兴市"的战略；精兵简政，推进机构改革；强化人才意识，充分发挥知识分子和科技人员的作用；推动城乡经济，提高城乡人民生活水平。（2）强化城市建设和城市综合治理；建设有实干能力、开拓新局面的干部队伍。

1993 年，喀什市加大了经济体制改革力度，强化综合管理部门作用。全市农业 8 部门合为农经委，经济 9 部门合为经贸委，城建 19 个部门统由建委管辖。其余市属机构将在 2—3 年内逐渐与财政脱钩，成为独立的经济实体。商业企业迈出新步伐。6 家商场自发实行国有民营试点，以全员和个人采取风险抵押承包方法，实行商业资金逐步回收、柜组承包经营。积极培育市场体系，设立 11 个生产资料市场，支持个体和私营经济，放宽经营范围，鼓励私营企业及个体户进入市场，完善会计和审计事务所等市场服务体系。

1997 年 3 月召开中共喀什市第七次代表大会，确定以城郊农业为基础、城市建设为重点、城市经济为中心，扩大开放，实现两个根本性转变：以国有企业改革为重点；推行各项配套改革。加快重点工程和基础设施建设，营造投资环境。农村改革重点是建好五大基地，一是依托城市，建立菜篮子基地；二是依托旅游资源，建立民特优产品基地；三是依托地缘优势，建立商品转换基地；四是依托农村，建立农用工业产品生产基地；五是依托农产品资源，建立饮食加工基地。在国有企业改革方面，配合政府转变职能，企业转换机制，以产权关系制度改革为突破口，实现政企分开。根据企业资产状况、负债率高低、效益好坏和经营管理水平，效益较好的企业，通过改革、改组、改造，保持其发展；一般少亏微利的企业，以股份合作制、兼并、租赁、托管、联合、承包等方式改革；较差的企业，资不抵债，不良资产数量大，不具备改制条件，扭亏无望，则出售或剥离经营。1998 年，喀什市完成 62 家企业的改革，其中改革国有企业

39 户、集体企业 23 户。基本完成改革目标。

喀什市乡镇企业依托城市，城乡结合，内引外联，多轮驱动，多轨运行，扩至农业、工业、建筑、交通、商业、服务等各行业，成为市国民经济重要组成部分。1996 年年底全市乡镇企业 10447 个，从业人员 20331 人，总产值为 27678 万元，总收入 27506 万元；乡镇企业工业产值达 11433 万元，实现利润 3589 万元。兴办市场对引导企业和农民进入市场流通，推动城乡经济，促进第二、三产业和个体经济发挥了巨大作用。

（三）世纪之交的经济发展

世纪之交喀什市已构筑起现代化城市的基本框架，城市综合经济增强。2001 年 8 月中共喀什市第八次代表大会，提出以城市建设为突破口，把喀什市建成南疆西部的中心城市和国际商贸城。

"十五"期间，以发展为主题、城乡结构调整为主线，产业优化升级，培育新的经济增长点，区域竞争力有很大提升。全市生产总值完成 110.64 亿元，较"九五"增长 107%；社会固定资产投资完成 65.6 亿元，较"九五"增长 267.7%；财政收入完成 11.65 亿元，较"九五"增长 174.1%。城市建设固定资产投资 15.1 亿元，是"九五"时期的 3 倍。2005 年与 2000 年相比，喀什市实现生产总值 32.09 亿元，增长 147.1%；社会固定资产投资 20 亿元，增长 484.8%；财政收入 2.53 亿元，增长 74.5%；社会消费品零售总额 14.63 亿元，增长 108.7%；城市居民人均可支配收入 7216 元，增长 84.27%；农民人均纯收入 2515 元，增长 44.47%。同时，加大了基础设施改造投入力度，城市面积由 198.14 平方千米增加到 554.8 平方千米。2005 年基础设施建设投资达 6804.3 万元，完成老城区 14 条疏散支巷改扩建及配套设施、城西区和吐曼河排污、天然气入户和集中供热附属工程；完成边境轻工业园 7 千米天然气管道、2 千立方米高位水池和 3.8 千米输水管道配套工程等。区域中心城市的辐射作用凸显，商贸旅游发展迅速，逐步成为南疆国际旅游圈中心。

"十一五"时期是喀什经济社会继续快速发展的时期。喀什是在科学发展观和可持续发展理念指导下，大力推进体制创新、扩大开放和科技进步，推进新型工业化、城市化、农业产业化，实现经济与社会、城市与农村、资源与环境、人与自然的可持续协调发展。喀什市围绕中亚、南亚经济圈重心战略，强化"大通道、大平台、大基地"建设，经济综合实力和区域商贸中心城市地位进一步提升。

二　党建与民主法制建设

(一) 党建与民主实践

1985 年 8 月，喀什市整顿作风，否定"文化大革命"的教育，以消除派性。在理论上彻底否定"无产阶级专政下继续革命"和"以阶级斗争为纲"等"左"倾思想，在组织上彻底清理"三种人"。主要整改意见如下。(1) 实现领导思想的转轨，与"四化"建设相适应。确立"无农不稳、无工不富、无商不活、无技不兴"的理念，把重心转移到农、林、牧、副、渔、工、商、运、建、服各业。(2) 解放思想，冲破小生产观念，增强时间观念、效益观念、信息观念、智力观念、竞争观念、市场观念和科学观念。(3) 兴办乡镇企业和街道企业。(4) 改革开放，内引外联，引进技术、资金、人才。(5) 老企业技术改造。(6) 落实知识分子政策。(7) 建设"四化"(革命化、年轻化、知识化、专业化) 领导集体和"第三梯队"。　(8) 有理想、有道德、有文化、有纪律教育。(9) 民族团结教育与社会治安治理。(10) 坚持调查研究，为基层服务。(11) 常委轮流接待群众来信来访制度，信有回音、访有所答，相信和依靠各民族干部、群众的绝大多数。(12) 党政分开。(13) 精简会议。(14) 常委会组织生活制度。(15) 严格党纪党规、党风廉政建设，反腐倡廉。坚持"一个中心，两个基本点"，发挥纪检职能。重视发挥人大常委会和政协的作用，监督市政府、法院、检察院职责。1987—1989 年市政协审定提案 442 件，办复 424 件。

1989 年 3 月中共喀什市召开第五次代表大会总结经验。会议总结喀什发展的若干经验：一是认识到中国正处于社会主义初级阶段；二是民族团结是喀什市各项事业的基本保证；三是改革开放是喀什市经济和各项事业的必经之路；四是健全民主与法制是改革开放的需要。

1992 年 11 月中共喀什市召开第六次代表大会，提出推行党建目标管理责任制。党建目标包括思想、组织、作风、制度建设和精神文明与物质文明建设，确定完善党员联系群众的制度。

1993 年 11 月中共中央发出《关于加强农村基层组织建设的通知》。新疆维吾尔自治区党委分别于 1993 年 11 月作出《关于加强农牧区基层组织建设的意见》，喀什地委于 1993 年 12 月颁发《关于加强农牧区基层组织建设的通知》，将疏勒县作为地区党建目标管理试点县。1993 年 11 月喀什市成立基层党组织整顿工作领导小组和办事机构,从市委、市政府等部门抽调干部组成工作团,分7个组赴10个重点村整顿,主要整顿内容是下列四个方面。(1)调整村组领导和农村(居委会)党员年龄结构;选派大批农业、畜牧、水利等科技人员任市行政村科技副村长。(2)减少一批清真寺。6座改为村民小组,3座改为村民小组库房,3座撤除,1座合并。(3)给予150余名村老党员、老干部生活补贴。(4)帮助乡里制定农村经济发展规划和理清思路,优化种植业结构,发展个体私营、乡办企业和庭院经济。

1997年3月中共喀什市召开第七次代表大会,强调维护新疆稳定,以所担职务保稳定,层层签订稳定工作责任书,实施稳定责任追究制度。喀什市执行南疆部分地区的"2411"工作机制,即乡镇一半干部24小时在岗,1/4培训,1/4轮休。推进设岗定责制,制定《喀什市农民党员设岗定责考核管理办法》,在农村无职党员中设立财务收支、公共积累田承包、社会稳定、勤劳致富等8个岗位,每月考核称职给予适当补贴,不称职的取消补助。3个月考核不称职,取消上岗资格。重点扶持农民党员科技示范户,制定市、乡、村三级创建标准。

自2001年2月开始,喀什市分批对115个机关部门、96所中小学、62个村、46个社区及街道、乡8980余名干部展开"三个代表"思想教育活动。加强村干部作风建设,调整个别村支部。针对工商管理收费过多,减收费200万元;针对城市弱势群体住房难问题,投资320万元,解决200多户贫困及搬迁户住房问题;市民政局、街道投资100多万元解决城市五保户住房100套;筹措和投资100多万元新建敬老院、孤儿院。

2005年1月至2006年5月,喀什市分批在各级组织展开保持共产党员先进性教育。建立非公有制企业党委,私营企业党组织和群团组织;强化国有(集体)和股份制企业组织观念;健全街道社区干部参与社区建设机制;强化新经济组织和社会中介组织党员意识和责任感。组织机关党员到农村和困难企业同宿同劳动;各乡设立群众事务全程服务窗口,村设立群众事务全程服务接待日,党员、干部到田间地头、农户访贫问苦。各机关开展群众服务办结制、挂牌上岗、党员监督台等制度。解决农民进城难,居民用气、用水、采暖难等问题。完成3.2万户天然气入户工程;解决130户900余名困难居民、"五保户"饮水难问题。再次增加老党员、老干部和老模范的生活补贴。投入资金1000余万元解决近年拖欠农

（居）民的拆迁费，青苗补偿费和企业改制、破产、转让拖欠的职工养老保险金、工资、生活费和补偿安置费等。老城区危房改造、域西区排污工程、垃圾处理厂工程、抗震安居建设工程等基础设施建设投资1600多万元。复核全市享受低保人员，新增低保户412户、2013人。

喀什市制定《领导干部勤政廉政办事制度》《领导干部深入基层调查研究密切联系群众制度》《党内监督若干规定》《党员领导干部六项纪律》等制度，执行领导干部个人重大事项报告制度、领导干部述职述廉制度、信访制度、纪委监督制度，推进党风廉政建设和反腐败工作。

（二）社会治理与普法教育

1984年成立喀什市社会治安综合治理和基层综合治理领导小组，1986年全市有基层综合治安领导小组494个。1987年综合治理推行治安承包制，公安机关与各单位签订治安承包合同393份，签订治安承包协约18324户，形成市公安局、基层派出所和机关单位点、面、线治安联防网。当年查处治安案件890起。1989年查禁和取缔严重影响社会治安和社会风气的卖淫、赌博、放映淫秽录像、吸毒等案件832起。1997年喀什市强化流动人口、个体工商户管理。1999年喀什区、地、市、乡工作队分赴乡、街办、村（居）委会集中整治。"十五"期间喀什市三级信访领导机构办理人大代表议案、政协委员提案，接待受理各类投诉、案件11327起。建立突发性事件预案，初步形成警民联防、低保人员参与、村（社区）、单位联动及邻里守望的治安巡逻格局。建立流动人口管理站和流动人口管理档案。

喀什市实施下岗职工再就业和城市困难群体"一家一帮扶"工程，政府购买公益性岗位267个，解决下岗失业人员再就业。分期、分批解决因城市化、道路改扩建和企业改制拖欠农（居）民拆迁补偿费及养老统筹金等遗留问题，清理拖欠农民工工资2333.2万元。取得国家远程教育项目支持，城乡中、小学校危房改造、布局调整及配套设施建设加快，科技、文化、卫生下乡，乡、街道文化站率达100%。推行计划生育优惠奖励政策，建立重大突发疫病的预警应急机制。"十一五"期间，完善社会保障体系，推进新型农村合作医疗试点。市享有低保37913人，发放低保资金1.23亿元，实现应保尽保。

1985年国家提出"用五年时间在全体公民中普及法律常识"。1986年喀什市据此开始"一五"（1986—1990）普法教育，建立普法责任制，公、检、法、司部门与工、青、妇等组织均承担普法任务。1991 年喀什市"二五"(1991—1995)普法教育，以领导干部、执法干部、教育者和青少年为重点，普及《中华人民共和国宪法》《中华人民共和国行政诉讼法》《中华人民共和国集会游行示威法》《中华人民共和国婚姻法》《关于禁毒的决定》《关于惩治走私、制作、贩卖、传播淫秽物品的犯罪分子的决定》等基本法律。喀什市以居委会为单位，不定期组织城镇社会青年法制教育集中辅导。同时推动宗教事务的依法管理，每年举办数期宗教人士普法学习班，重点学习《中华人民共和国宪法》《中华人民共和国民族区域自治法》《中华人民共和国国家安全法》《中华人民共和国继承法》《中华人民共和国义务教育法》《土地管理法》等。1996 年喀什市展开全民法制教育，在落实责任制等方面很有特色。2001 年喀什市评为地区和自治区"三五"(1996—2000)普法依法治理先进县(市)。"四五"(2001—2005)普法教育进一步巩固发展。2005 年市乡、街道办创建民主法制示范村，举办法律培训班 200 多期，培训人员达 10 万余人，征订《未成年人保护法》等资料 1200 余册。

(三)精神文明建设与民族宗教工作

1985 年喀什市开展文明单位创建活动。1986 年 2 月召开文明城市建设会议，确定加速城市建设，创建文明单位，建设文明城市等。

开展双拥模范城市建设工作。1982 年喀什市展开文明城市军民共建，创建拥军优属和拥政爱民"双模范市"。帮助农民脱贫致富成为部队共建活动重点。新疆军区于 1987 年和 1989 年赠送喀什市 12 辆汽车，出动车辆 2400 多台(次)为地方运送物资。1982—1990 年解放军第十二医院、南疆军区、守备团、某部炮团和步兵团、喀什武警支队、军区教导队、市人武部等单位与喀什市 40 多个单位结成军民共建单位。1991 年喀什市获自治区、新疆军区双拥模范城称号，1993 年被国务院民政部、总政治部授予全国双拥模范城称号。政府为部队开办夜校和函授教育，做好军人子女入学、就业和家属安置工作；全力扶持部队基地建设，城建部门优先营建用地选址、规划、勘察、建材供应等。

"十五""十一五"期间，喀什市巩固"两基"教育成果，大力推广"双语"教学工作。2006 年 7 月，中共喀什市第九次代表大会提出科教兴市战略，强调经济、人口、资源与环境协调发展。此期喀什市荣获全国双拥模范城双连冠、全国文化工作先进市、全国"两基"教育先进市、全国绿化造林工作先进市、全国科技工作先进市、全国计划生育优质服务先进市、全国"民族团结进步"模范集体、中国优秀旅游城市、中国西部大开发新疆十座区域经济增长速度最快市、中国西部大开发新疆十座投资环境最佳城市、中国西部大开发新疆十大风景名胜区、自治区"四五"普法先进市、自治区文明城市、自治区综合治理先进市、自治区最佳卫生城市等荣誉称号,入围全国魅力城市 40 强。

改革开放以来,喀什市注意贯彻党的民族宗教政策。每年组织民族团结教育活动,强调各级领导集体内的民族团结,做到"五个互相"(互相尊重、互相信任、互相支持、互相理解、互相帮助),树立"少数民族离不开汉族,汉族离不开少数民族,少数民族之间也相互离不开"的"三个离不开"意识。在实践中把民族宗教政策落到实处。一是大力培养少数民族干部。注意从历年毕业的大、中专毕业生和初、高中毕业生中选拔、培训少数民族干部,改善少数民族干部队伍的文化知识结构。二是大力发展民族文化教育卫生事业,出版少数民族文字报刊和书籍。少数民族小学由 1953 年的 19 所发展到 1990 年的 42 所,在校生由 6858 人发展到 17135 人;少数民族中学由 1953 年的 1 所发展到 1990 年的 15 所,在校生由 491 人发展到 10303 人。21 世纪以来,大力推行双语教育。2006 年建立农村学前双语幼儿园 22 个,开设中小学双语班 235 个。2007 年开设双语教学班 386 个,新增双语幼儿园 11 所。三是尊重民族风俗习惯为民族团结的重要内容。指定专人教育内地来的个体商贩、务工、务农人员等尊重少数民族风俗习惯,使新来、外来者入乡知俗。商业部门重视少数民族特需商品的供应。四是执行民族宗教政策,引导宗教与社会主义相适应。对宗教爱国人士施行政治上安排、思想上教育、生活上照顾、感情上联络的统战方针。地方财政专款用于统战宗教人士的生活医疗补助,穆斯林传统节日,政府领导带领统战宗教干部慰问爱国宗教人士。重视发挥民族宗教上层爱国人士的作用,帮助宗教人士解决子女就业、宅基地纠纷等。区分正常宗教和非法宗教活动,保护正常宗教活动,依法管理宗教活动和场所,维护信教和不信教群众的自由权。

三 喀什市经济社会的快速发展

改革开放为喀什市的发展提供了强大的动力。三十多年的开放,使喀什市经济社会面貌发生了巨大变化。

（一）经济综合实力增强产业结构进一步优化

喀什市 2010 年实现生产总值 89.26 亿元，是 2007 年的 1.8 倍，年均增长 22.7%，其中第一产业 3.9 亿元，年均增长 5.2%，第二产业 31.97 亿元，年均增长 25.4%，第三产业 53.39 亿元，是 2007 年的 1.9 倍，年均增长 22.9%；工业增加值 24.15 亿元，是 2007 年的 2 倍，年均增长 26.3%；人均生产总值 16874 元，年均增长 15.4%；完成固定资产投资 63 亿元，是 2007 年的 2.2 倍；地方财政收入 17.86 亿元，是 2007 年的 4.2 倍，年均增长 61.7%，其中一般预算收入 7.73 亿元，年均增长 36.1%；城镇居民人均年可支配收入 12811 元，比 2007 年增加 3801 元，年均增长 12.4%；全社会消费品零售总额 34.55 亿元，年均增长 17.8%；农民人均年纯收入 5185 元，比 2007 年增加 1657 元，年均增长 13.7%。全市经济持续快速健康发展，呈现出速度加快、总量翻番、效益提高、后劲增强的良好态势。

喀什市 2010 年三次产业在生产总值中的比例由 2007 年的 6.9∶33.6∶59.5，变为 2010 年的 4.4∶35.8∶59.8。农业结构进一步优化，畜牧业、林果业稳步发展，逐步由传统农业向现代农业转变，农民从事第二、三产业和其他非农收入的比重明显提高，占到农民纯收入的 66%。工业化进程明显加快，工业园区 35 家企业已建成投产，新入驻的 15 家企业已开工建设，经济发展后劲和综合竞争力明显增强。第三产业总量不断扩大，结构明显改善，商贸旅游业带动经济发展成效显著，累计接待国内外游客 461 万人（次），旅游收入 18.46 亿元；传统服务业改造升级步伐加快，引进了上海浦发银行、天津滨海银行、中信集团等金融机构落户喀什，为项目、企业投融资提供了有利条件；房地产、信息等现代服务业进一步发展壮大，第三产业成为喀什市经济发展的主导产业。

（二）城市建设速度加快，城乡一体化取得重要进展

喀什市城市规模不断扩大，特别是近年来城市基础设施建设全面开展，城市道路、供排水、景观改造等一批重点基础设施建设项目全面完成，城市综合服务功能不断提升；城市园林绿化不断加强，绿地总面积达到 1311.8 公顷，人均公共绿地面积达到 10.63 平方米。大力实施节能减排和城市环境综合整治，集中供热面积达到 680 万平方米，天然气入户率达到 75%，环境保护和生态文明建设取得新成效。

在推进城市建设的同时，喀什市着眼于"大喀什市"建设，始终把

失地农民的切身利益摆在首要位置，以解决农民进城、上楼、就业、富裕为核心，按照20年"四个不落后"的要求，制定了《喀什市新农村建设规划》和《喀什市安居富民工程"十二五"规划纲要》，目前已完成743户试点建设项目；制定了《喀什市户籍制度改革办法》，以夏马勒巴格镇7村为试点，整村推进户籍改革，并从社会保障方面妥善解决转户居民的后顾之忧，目前已有1032户3498名符合条件的农民转入城市户籍，社会保障、医疗救助、劳动就业等得到有效保障，以示范点为主的城乡一体化进程取得阶段性成果。

（三）社会各项事业蓬勃发展，民生得到进一步改善

喀什市大力实施科教兴市战略，2010年落实科技"三项经费"5156万元，科技进步对经济增长的贡献率进一步提高。同时，喀什市始终坚持教育优先发展战略，2010年中央、自治区和本级财政投入资金4.39亿元，新建校舍15万多平方米，教育质量不断提高，育人环境明显改善，顺利通过"两基"国检，教育事业实现历史性跨越。基层文化卫生基础设施建设步伐加快，分别投入1700万元和1390万元完成了一批基层文化、卫生项目的新建和改造；非物质文化遗产保护和文物管理工作取得明显成效。医疗卫生体制改革和城乡卫生服务体系建设稳步推进，新型农村合作医疗参合率达到100%。人口和计划生育工作取得新成效，人口自然增长率控制在预期目标之内。

喀什市着力改善和解决困难群众住房问题，老城区危旧房改造全面实施。截至2010年年底，开工13907户、130.8万平方米，完工8943户、82.26万平方米；保障性廉租住房累计开工建设23410套、117.05万平方米；新建农村抗震安居房15094户、节能房115户，城乡居民住房条件明显改善。喀什市高度重视就业工作，2010年开发公益性岗位860个，完成各类培训60366人次，实现就业再就业56230人，做到了零就业家庭动态清零。

第四节 喀什市"十二五"时期的跨越式发展

2010年中央召开新疆工作座谈会，明确提出了新疆要实现跨越式发展与长治久安的发展战略。喀什市作为南疆最大城市，被确定为特殊经济开发区，在中央支持、全国帮助特别是中国第一个经济特区深圳市的对口

支援下，开启了跨越式发展的征程。2015 年正值"十二五"收官之年和新疆维吾尔自治区建立 60 周年，回顾喀什市"十二五"时期的跨越式发展历程，不仅可以更好地了解这个丝路明珠城市重新振兴崛起的动因和奥秘，而且对于进一步明确今后喀什市的发展走向和战略重点，具有重要的价值。

一　跨越式发展战略的提出与实施

2010 年中央确定新疆跨越式发展战略，基于多种因素的考量。比如，面对中西部与沿海地区不断扩大的发展差距，仅仅依靠常规梯度推进战略难以使发展水平相对滞后的中西部地区尽快赶上来，发展差距继续拉大将对国家稳定带来不利影响。2009 年在多种因素共同影响下爆发的"7·5"事件，在一定程度上印证了发展差距可能导致的严重后果。当时的思路认为，只有尽快缩小沿海地区与中西部地区特别是边疆民族地区的发展差距，才能解决新疆面临的特殊困境。自 20 世纪末实施西部大开发战略之后，一些地区如内蒙古自治区等地实施跨越式发展战略取得了显著的成效，理论界对于跨越式发展战略十分推崇，不仅论证了这一战略的重要性和必要性，而且指出了该战略的可行性和操作性。

当时，这一思想影响比较大，理论界大多赞同或推崇跨越式发展战略。比如，陈泽水认为，"跨越式发展是一种新的发展方式。它是指落后国或地区，为了缩小与先进国家或地区的差距，直接吸收人类先进文明成果，主要是先进的科学技术和管理经验，通过实施不平衡发展战略，先在重点行业、重点领域和重点地区率先突破，并带动和促进其他行业、其他领域和其他地区快速跟进，最终实现经济、科技、文化等领域和国家发展水平整体跃升的一种新的发展方式"①。陈志良认为，"生产力跨越式发展中的'跨越'，指的是原本生产力水平处于比较落后状态的国家，它的发展不再走传统的按部就班的模式，而是在与世界生产力发展的交往中，以全球最先进的生产力来规范自己现有的生产力的发展，从而实现对传统的跳跃"②。这种提倡"某一区域在特定的历史条件下，利用并创造后发优势实现经济社会超常规、大跨步的发展以达到赶超先进或后来居上"的

---

① 陈泽水：《后发优势与跨越式发展》，《地方政府管理》2001 年第 4 期，第 6 页。
② 陈志良：《生产力跨越式发展及其当代特点》，《中国人民大学学报》2002 年第 2 期，第 8 页。

赶超型、跨越式发展战略，不仅在理论界盛行，而且影响到决策行为。中共十五届五中全会的有关文件，第一次直接使用跨越式发展这个范畴。当新疆提倡进一步缩小发展差距、尽快实现经济社会发展需要赶超的意愿后，2010年的中央新疆工作座谈会认可了这个提法，并提出作为"十二五"时期新疆发展战略的两大核心任务之一（另一项战略任务是维护社会稳定和长治久安）加以部署落实。

喀什市作为南疆三地州的中心城市，也是古丝绸之路的重要交通和商业文化枢纽，对落实新疆"跨越式发展"战略具有至关重要的作用。根据中央部署，喀什市和霍尔果斯口岸被确定为中国西部唯一的经济特殊开发区，承担起带动南疆乃至新时期新疆实现"跨越式发展"目标的重任。在中央各部委及对口援助城市深圳市的大力指导帮助下，喀什市制定了"十二五"和今后一个时期的跨越式发展规划，并且在2010年之后逐步启动实施。整个"十二五"期间，成为喀什市有史以来规模最大的固定资产投资和建设时期意义上的投资活动，工业化、城镇化和现代化进程不断加快。

二 跨越式发展战略的效果与问题

（一）喀什市跨越式发展的主要成效

2010年中央确定设立喀什经济开发区以来，在大投资、大开发、大建设的带动下，喀什市的发展进入了快车道。

1. 固定资产投资大规模增加，经济增速不断提高

喀什市本身经济基础比较薄弱，但是为了建设南疆中心城市，在国家支持特别是深圳援喀的大力带动下，喀什市固定资产投资规模跃进式翻番。同时，喀什努力把握深圳和内地产业升级带来的机遇，积极承接产业转移，建设喀什新城和现代产业基地。在已经建设的1.5平方公里深圳产业园区中，以连片聚焦开发快速带动金融商贸区的发展，2011—2015年累计引进企业682户（其中二产129户、三产653户），完成投资45亿元。新疆建立自治区以来，喀什地区累计投资3314亿元，其中2005—2014年为3074亿元。2014年，喀什市全社会固定资产投资138亿元，连续多年保持在100亿元以上的投资规模。在大规模投资的带动下，喀什经济摆脱了长期低速增长的格局，近年来联系保持两位数快速增长，2014年喀什地区生产总值达688.4亿元，其中喀什市实现生产总值188.9亿

元，比 2013 年增长 14.96%，喀什经济步入了高速增长的快车道。

2. 工业化、城镇化快速推进，产业结构不断升级

工业和基础设施建设是带动喀什经济快速增长的火车头。以喀什为中心的南疆基础设施建设是投资重点，也是促进工业化、城镇化建设的重要促进力量。2009 年，喀什—叶城高速正式开工建设，2012 年 2 月正式通车，改写了南疆三地州不通高速公路的历史。2013 年年底，喀什至伊尔克什坦高速公路建成通车；2014 年年底，三岔口至莎车、喀什至麦盖提、阿克苏至喀什 3 条高速公路建成通车，喀什航空线路日益增加，成为新疆区域内仅次于首付乌鲁木齐的又一航空枢纽。南疆铁路、喀和铁路 314、315 国道、中巴公路构成了喀什与首府乌鲁木齐和周边国家主要城市的便捷陆运交通体系；以喀什为始发站的"中吉乌"铁路、"中巴"铁路的开工建设，将连通第二座亚欧大陆桥，在建成后将成为中国能源通道的最大铁路枢纽。设立开发区以来，随着工业强区战略深入实施，喀什重点发展组装加工、棉纺、矿产冶炼、农副产品精深加工、建材、能源六大主导产业，喀什工业发生了巨大的变化。2005 年以来工业增加值年均增长达27.48%，2014 年达到 119.1 亿元。在工业化带动下，三次产业结构调整不断优化。第一、二、三产业结构由 1978 年的 56.4 : 17.6 : 26.0，到2014 年变为 30.7 : 30.5 : 38.8。第二、三产业特别是第二产业的快速发展，促使产业结构不断优化，为喀什经济的持续发展奠定了更加坚实的基础。

3. 优势资源有效转化势头加快，特色优势产业不断壮大

实施跨越式发展战略，喀什市各级党政坚持城乡统筹发展，发挥自身区位资源优势，着力培育新型优势产业。加强农村基础设施建设和产业结构调整，着力建设规模化、产业化、标准化农业产业基地，大力培育农民增收主导产业，全区形成了以粮、棉、林、畜、设施农业、非农收入为主的特色农村经济发展格局，农业基础设施建设取得重大进展，农民生产条件得到极大改善。2014 年，喀什地区实现农林牧渔业总产值 437.3 亿元，比 2009 年增加 197.43 亿元，增长 82.3%。工业体系初步形成。喀什的最大发展是第二、三产业的快速崛起。以经济开发区为依托，喀什市新型产业不断增多，工业体系初具规模。近年来，喀什市工业增加值以年均 20% 以上的速度增长，成为拉动经济发展的主要力量之一。第三产业发展迅猛，商贸物流、旅游、餐饮、住宿、外贸、仓

储等第三产业迅速兴起，旅游业、对外贸易特别是人民币结算落脚到喀什特区，为喀什市现代产业体系的完善，促进南疆经济中心城市建设奠定了更加坚实的基础。

4. 城乡居民收入明显增加，人民生活水平不断提高

经济快速增长明显提高了城乡居民的收入和生活水平。纵向看，喀什地区农牧民人均纯收入由 1958 年的 42.9 元到 2014 年的 7133 元，增加了 7090 元，增长了 166.3 倍，年均增长速度 9.1%。城镇居民可支配收入由 1990 年的 1149 元到 2014 年的 17310 元，增加了 16161 元，增长了 15.1 倍，年均增长速度 4.7%。喀什市作为喀什地区的经济中心，实施跨越式发展战略以来的经济增长和城乡居民收入增幅更加显著。2010 年，喀什市居民人均可支配收入在 2009 年的 10957 元基础上略有增加；而农民人均年纯收入 5185 元，比 2009 年增长 11.7%。2014 年，全市城镇居民人均可支配收入 18644 元，是 2009 年的 1.7 倍；农民人均纯收入 8800 元，是 2010 年的 1.7 倍。尽管城乡居民收入的绝对数仍低于新疆全区和全国平均水平，但实施跨越式发展战略以来收入增幅均在两位数以上，"连续五年增速居全国前列"①。

5. 民生建设不断加强，教育卫生等社会事业发展迅速

按照自治区"民生优先、群众第一、基层重要"的工作理念，喀什市把保障和改善民生作为工作的重要出发点和落脚点，重点解决实施跨越式发展战略中面临的突出矛盾和问题。实施农村饮水安全工程，解决农牧民群众的饮水安全问题。动用各种资源进行老城区改造，建成大批城镇保障性住房，解决和提升城乡居民住房质量。建设南疆天然气主干管网，解决群众天然气使用问题。发展社会保障事业，社会救助体系日趋完善。多措并举促进和扩大就业，解决城镇新增就业、农村富余劳动力转移就业、应届高校毕业生就业问题。在现代产业带动下，喀什农村劳动力特别是妇女逐步走出家门务工。比如，喀什丝路之花手工艺品云工厂成功落地喀什市乃则尔巴格镇尤喀克毛拉扎德村，适应了农村妇女离家不离村、离土不离乡的就业需求，月工资可达 2000 元左右。政府财政不断加大教育、卫生事业投资，根据国家战略部署，在喀什等南疆四地州率先实施 14 年免费教育计划，喀什大学筹建顺利，双语教育发展迅速。喀什已经构建了从

① 雪克来提·扎克尔：《2015 年政府工作报告》，新疆维吾尔自治区人民政府网，http://www.xjats.gov.cn/zwdt/tpxw/2016-01-21-4966.html。

学前教育到高等教育较为完善的资助体系。

（二）喀什跨越式发展的主要问题与挑战

1. 喀什自身经济基础与跨越式发展战略对接的问题

严格来说，喀什并不完全是在自身发展基础上实施跨越式发展战略的，更多是落实国家、新疆维吾尔自治区发展战略及其对发展喀什定位的结果。同时，喀什虽然地理位置优越，区位优势明显，但自身经济实力和发展阶段很难支撑跨越式发展战略的宏大目标。目前的跨越式发展资源，主要来自喀什外部。如何把这些外部资源与喀什自身已有的资源和区位优势对接，是喀什实施跨越式发展战略绕不过去的一个重要问题。

2. 人才不足问题严重制约喀什经济社会的快速发展

实施跨越式发展战略，最大的挑战是人才短缺。这些年援疆特别是援助喀什的干部数量不少，但是科技人才不足。2014 年，喀什大学筹建，可为培养当地人才提供依托。但目前仍在建设初期，还很难满足需要。在政府投资带动下，外地民营企业在喀什投资兴业的数量不少，但是当地企业家和经营管理人才严重不足。投资可以带来农村劳动力的转移就业，由于培训不足等因素制约，当地劳动力资源丰富的优势尚未充分发挥。

3. 大量贫困人口加大了全面建成小康社会的难度

喀什市快速的工业化、城市化虽然为城乡接合部和附近农村大量农业劳动力向非农产业转移提供了很多机会，但是很多当地农业劳动力缺少转移就业所需要的技能、知识、能力，无法实现有效转移。喀什城乡居民收入水平近年增长很快，但是绝对收入明显低于全疆和全国平均水平，贫困率依然保持在 10% 以上的高水平。大量贫困人口的存在，对于如期完成全面建成小康社会的目标造成很大压力。

4. "三股"势力冲击下的社会稳定问题比较突出

南疆地区是新疆宗教极端势力、民族分裂势力、暴力恐怖势力三股势力的活跃地区。喀什作为南疆中心城市，也是三股势力的重要活动中心。这里的暴恐问题频发多发，我们调研期间整个喀什地区不断发生暴恐事件。这些活动不利于喀什的稳定，对外来投资、游客、商贸旅游业等造成很大影响，而且破坏好不容易形成的跨越式发展环境。

三　喀什市的未来发展之路

2014 年中央召开第二次新疆工作座谈会和中央民族工作会议，明确提出新疆当前和今后一个时期的中心工作是维护社会稳定，确保长治久安。虽然在这次会议上没有提到 2010 年新疆工作座谈会确定的跨越式发展战略，但并不意味着发展不重要。而是在稳定与发展的关系上，首先要保证稳定的发展环境。历史经验一再证明，稳定是压倒一切的工作重点，没有稳定其他都是空中楼阁、无稽之谈。根据中央会议精神，新疆自 2014 年下半年开始严打三股势力特别是暴力恐怖活动的专项斗争。经过一年多的专项斗争，南疆乃至整个新疆的社会稳定形势有明显好转。"十二五"期末，正是总结上一个时期发展经验教训、谋划"十三五"时期发展规划的黄金时期。中央十八届五中全会提出了制定我国"十三五"经济社会发展规划的建议，为全国当然也包括喀什今后一个时期的工作明确了发展目标和战略重点。这对喀什"十三五"和今后一个时期的发展具有十分重要的指导意义。

根据对喀什市经济社会发展现状的调查，结合国家进入经济新常态及对新疆发展战略的新定位，喀什未来一个时期的经济社会发展要注意解决好以下几个关键问题。首先，树立新的发展理念，引导喀什走社会稳定优先、高速又可持续的发展之路。2010 年和 2014 年中央两次新疆座谈会给新疆的发展战略分别定调，第一次着重强调跨越式发展，第二次则把维护社会稳定和长治久安放到突出位置。喀什作为南疆发展稳定战略的桥头堡，首当其冲。"十二五"期间的快速发展，使喀什具备了实施"十三五"发展战略的较强基础。国家关于"十三五"时期发展战略的最大亮点，就是明确提出创新、协调、绿色、开放、共享五大发展理念。新发展观把我国的发展理念提升到新的高度，是引导我国实现全面小康社会建设的行动指南。喀什必须在总结经验教训的基础上，确立新发展理念统领"十三五"时期的经济社会发展全局，坚持把保障和完善民生作为一切工作的出发点和落脚点，实现经济快速发展、社会保持稳定新型发展之路。其次，坚持把外部援助与增强自身发展动力相结合，着力提升自身能力的新机制。在跨越式发展战略的引领下，喀什"十二五"时期的发展已经迈上了一个新台阶。国际支持和全国援助喀什的势头不减，这必将促进喀什继续保持较快发展速度。根据国内外经验，只有把外部力量与内部自身动力有机结合起来，才能形成可持续的发展机制。外援发展必须带动当地参与，必须着力培养能够参与发展进程的开放式、包容式发展道路，引导当地劳动力参与到发展项目、发展进程之中。要着力发展教育和劳动力技能培训，提升当地劳动力和百姓的参与能力，杜绝援助项目仅仅追求项目自身和援助方目标的问题，使外部力量与喀什自身需求更紧密地实现目标融合、整体推进、稳步发展。再次，围绕 2020 年与全国一道全面建成小康社会这一中期目标，下大力气补短板、改善民生。特别是要积极推进扶贫机制创新，加大财政扶贫投入力度，强化精准扶贫措施，重点支持贫困地区发展产业和改善基础条件，帮助贫困人口增强发展和脱贫能力。最后，坚持经济社会协调发展、城乡统筹发展，始终坚持教育优先，健全从学前教育到高等教育较为完善的公共资助体系。不仅实现 15 年免费教育，同时要把提升教师质量、教学水平、学生素质有机结合起来。大力发展卫生事业，健全基本卫生制度。加强就业培训，完善社会保障体系，维护社会稳定，使全体人民共同参与发展进程、共享发展成果。

第二章

从绿洲经济到现代农牧业

实现传统农牧业向现代农牧业的成功转型是发展我国西部农村经济、增加农民收入的有效途径。本章在分析喀什市绿洲经济和农牧业产业化发展现状的基础上，总结喀什市农牧业产业转型过程中已积累的基本经验和现存问题，探索实现农牧业产业化发展的思路和策略。

第一节 绿洲经济和农牧业发展现状

喀什市是我国最西部的一座边陲城市。早在 2100 余年前，这里是"丝绸之路"中国段内南、北两道在西端的总汇点，是中国对西方经济文化交流的交通枢纽与门户之地。西汉时期，以疏勒城（今喀什市）为首府的西域、疏勒国，就在古老的喀什噶尔绿洲上诞生了。

一 绿洲经济和绿洲文化

绿洲（Oasis），又称为沃洲、沃野、水草田、沃地、泉地、泽园、绿岛等，维吾尔族称其为"博斯坦"。[①] 绿洲是干旱区特有的生态景观之一，也是干旱区人类生产和生活的主要空间，绿洲的稳定关系到干旱区人类的生存和发展。[②]

喀什位于喀喇昆仑与神秘瀚海塔克拉玛干大漠之间，是典型的绿洲城市。克孜河冲积平原由冲积扇、冲积平原、干三角洲、托克拉克沙漠组

---

① 赵文智、庄艳丽：《中国干旱区绿洲稳定性研究》，《干旱区研究》第 25 卷，2008 年第 2 期。

② 王亚俊、曾凡江：《中国绿洲研究文献分析即研究进展》，《干旱区研究》第 27 卷，2010 年第 4 期。

成，由克孜河、恰克玛克河、布古孜河组成平原水系，地形总的趋势是由西向东倾斜。是喀什主要农区之一。盖孜—库山河冲积平原，地形总的趋势是西南向东北微微倾斜。由盖孜河冲积平原、库山河冲积平原、依格孜亚冲积平原、洪积平原组成。叶尔羌河冲积平原为年轻的沙质冲积平原，由叶尔羌河、乌鲁吾斯塘，提孜那甫河组成平原水系，地形总的趋势是从南向东微微倾斜，是喀什最大的绿洲。由于地理气候方面的有利因素，喀什绿洲盛产甜瓜、西瓜、葡萄、石榴、无花果等，人称"瓜果之乡"。享有"不到喀什，就不算到新疆"的美誉。喀什市平均海拔1289米，全市总面积554.8平方公里，属暖温带大陆性气候，夏无酷热，冬无严寒，年平均气温为11.8℃，年无霜期224天，年平均降雨量30—60毫米。主要河流为叶尔羌河、提孜那甫河、克孜勒河、盖孜河、库山河五条大河、八条小河。下辖6个乡2个镇1个农场，拥有105个行政村，676个村民小组，总人口60万（含流动人口15万），农业人口19.31万，居住着维、汉、回等十三个民族，其中以维吾尔族为主体的少数民族人口占总人口的82.8%。①

维吾尔族创造了喀什的绿洲经济并丰富了绿洲文化。喀什绿洲是维吾尔族人民勤劳与智慧的象征。维吾尔族是美丽绿洲的开拓者和建设者。兴修水利、植树造林以及发展园艺业是维吾尔族农业生产的一个显著特点，是绿洲经济的命脉。喀什维吾尔族人民经过数几代人的努力，完成了从牧业向农业的过渡，并在不断探索、不断实践、不断学习和引进其他民族的先进科学技术的基础上，创造并总结出了防风治沙、改良土壤、农业灌溉、园艺生产等适合本地农业生产特点的一系列经验与方法，为开发祖国西北边疆、丰富和发展我国农业生产技术做出了重要贡献。当地维吾尔族农民自古就有从事多种经营，农、牧、工、商一齐抓的传统。他们不但有人出游四方去扩散自己的绿洲文化，而且也接纳带来新的生产技术的外乡人到此落户，促进了绿洲文化的多样化发展。②

二　农业产业发展现状

喀什市在发展现代农业的过程中紧紧围绕区域化布局、专业化生产、

---

① 资料来源：喀什市人民政府办公室，2013年7月。
② 参见艾来提·铁木尔《从喀什市三乡地名看南疆绿洲经济的特点》，《中央民族学院学报》1988年第2期。

规模化经营、企业化管理、社会化服务的发展思路，在市场导向和提高质量与效益的前提下，以农业增效、农民增收、农村繁荣为目标，不断拉长产业链、追求高质量、打造新品牌，以生态农业为发展方向，来促进全市农业现代化的发展。

近几年来，喀什市农业经济得到快速发展，见表1和图1；农民收入稳步提高，见图2。

表1 　　　　　　　　2008—2012年喀什市农业总产值、增加值

指标名称	计量单位	2008年	2009年	2010年	2011年	2012年
农林牧渔业总产值	万元	94424	104801	115236	129818	147894
农林牧渔业增加值	万元	37919	41732	39000	46000	52000
农业总收入	万元	130614	130774	151200	170563	198774
耕地面积	万亩	18	17.9	17.48	16.63	16.63

资料来源：喀什市2009年、2010年、2011年、2012年国民经济和社会发展统计公报。

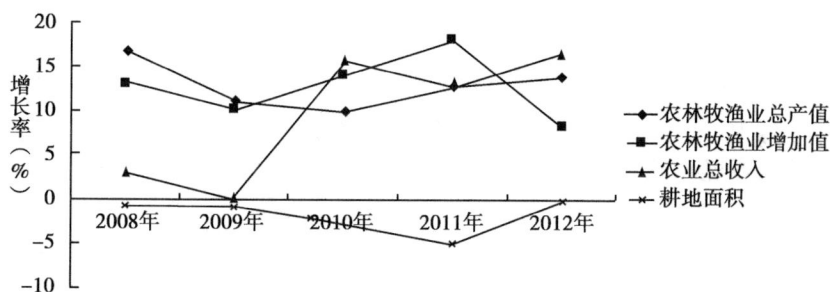

图1 2008—2012年喀什市农业总产值、增加值变化趋势

如表1和图1所示，2008—2012年，农林牧渔业总产值和增加值呈不断增长的趋势，农业总收入波动上升，但是喀什市的耕地面积却逐年下降。

如图2所示，2006—2012年，随着农业产业的升级，农民人均纯收入稳步上升。

近年来，喀什市农业发展表现为如下几个特点：

（一）依托主导产业组织生产和加工

农业主导产业是在农业经济发展过程中具有发展潜力和创新能力的产

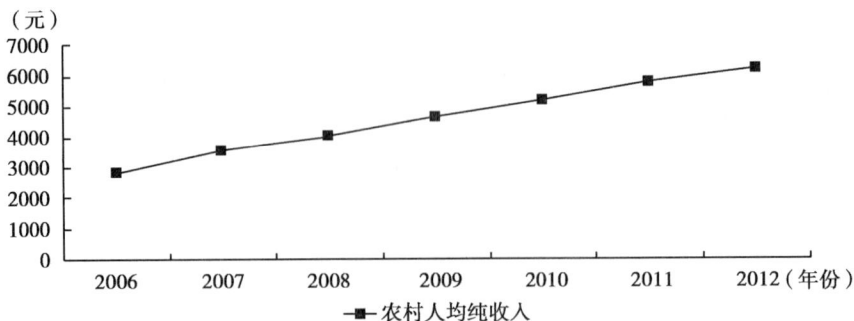

图2　2006—2012年农民人均纯收入变化趋势

　　资料来源：喀什市2006年、2007年、2008年、2009年、2010年、2011年、2012年国民经济和社会发展统计公报。

业，即一个地区在一定时期内农业产业体系中技术先进，生产规模大、附加值高、商品率高、经济效益好，能够在较大程度上增加农民收入，并在产业结构中占较大的比重，代表着农村产业结构变化的方向和趋势，对其他相关产业乃至对整个农村经济发展具有强烈推动作用的产业。

　　喀什市农业发展主要以稳定粮食生产，发展特色林果为主，在产业化发展过程中，特色林果和养殖在逐渐扩大，逐步实现从传统自给自足的个体农业向着现代设施农业的过渡。在粮食生产方面，通过进行农业科技进步和创新方面知识的培训，提高农民素质，充分发挥科技示范、推广引导、辐射和带动作用，如实施种子"125工程"，2011年实现种植穗行圃20亩，原种圃230亩，种子田14615亩，生产小麦良种5237.9吨，实现了小麦种子自给自足。[①]开展"科技之冬"培训提高技术人员的专业水平和农民的科学素质，2011年12月至2012年3月举办各类实用技术培训班538期，培训农民75528人次，授课题目228个，授课人数265人，印发各类培训资料1.8万份[②]。

　　在完善农产品标准化生产过程中，逐步完善硬件设施。如建立了喀什市农产品质量安全检测中心，购置了快速检测仪器，配备了农药、化肥、农资真假识别目录软件，净化农资市场。争取到国家项目资金300万元，建设的喀什市农产品质量安全检测中心，设置了收样室、样品库、速测

---

　　① 喀什市农业局：《2011年工作总结及2012年工作计划》，2011年12月。
　　② 同上。

室、常规检测室、天平室、高温间、无机前处理室、原子吸收室、原子夜光室、无菌间、高温灭菌室、土壤化验室、农药化验室等。从植物生产过程中的各个环节保证产品质量，逐步向绿色、无公害方向发展，构建生态农业结构体系。

在粮食生产过程中，主要是以小麦为主，这是根据当地气候、降水等因素因地制宜的布局。2012 年全市粮食种植面积达 15.9 万亩，粮食总产量 6.5 万吨，其中小麦 10.25 万亩，总产量达 3.8 万吨；水稻 1.8 万亩，产量达 1.8 万吨；玉米 3.9 万亩，产量达 1.8 万吨；复播冬小麦 8 万亩（平播 6 万亩，林粮间作 2 万亩）。[①] 如表 2 和图 3 所示，通过对比 2009—2012 年粮食种植面积、粮食平均单产和粮食总产量，可以看到粮食总产量在不断递减，粮食种植面积也在波动减少，因此，喀什市把稳定粮食生产放在重要位置。

表 2　　　　　　　　2009—2012 年喀什市粮食生产情况

	2009 年	2010 年	2011 年	2012 年
粮食种植面积（万亩）	16.78	17	17.77	15.9
粮食平均单产（公斤）	462	465	428.5	410
粮食总产量（万吨）	7.75	7.71	7.3	6.5

资料来源：喀什市 2009 年、2010 年、2011 年、2012 年国民经济和社会发展统计公报。

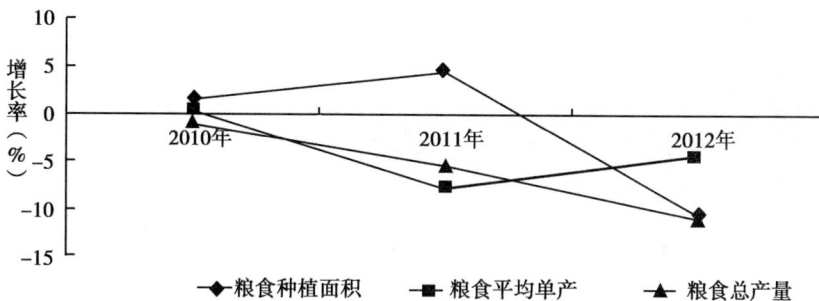

图 3　2010—2012 年粮食生产发展趋势

近年来随着市区规模的不断扩大，近郊的农业布局阻碍了城市的发展，近郊的农业布局需要进行相应的调整。首先，将一些靠近城市的生

---

① 喀什市农业局：《2012 年工作总结及 2013 年工作计划》，2011 年 12 月。

产基地搬迁，重新规划，并对其进行拆迁补偿；其次，发展市郊农业，重点种植符合市区市场需求的农产品，扩大经济作物的种植。如蔬菜生产基地和家禽饲养基地等。2012 年实施的"菜篮子"工程，蔬菜正复播面积达到 9.25 万亩，平均单产 3.03 吨，总产量达到 28 万吨。在露地蔬菜生产中，制定了 6 种"三高田"种植模式，"三高田"面积达到 3.02 万亩，温室大棚总数 4558 座，共 5514 亩生产反季节蔬菜 2.2 万吨。如表 3 和图 4 所示，通过对比 2009—2012 年蔬菜种植面积、蔬菜总产量和总产值，可知蔬菜种植面积呈波动上升，2010 年以后蔬菜总产量和产值快速上升，说明随着城市规模的扩大，蔬菜需求量在不断提高，蔬菜产业顺应市场需求，扩大种植规模和调整布局，产业与市场联系更加紧密。

表3　　　　　　　　　　　2009—2012 年喀什市蔬菜生产状况

	2009 年	2010 年	2011 年	2012 年
蔬菜种植面积（万亩）	10.5	9.82	9.22	9.7
蔬菜总产量（万吨）	33.4	24.57	26.79	32
蔬菜总产值（亿元）	3.3	2.69	3.6	4.2

资料来源：喀什市 2009 年、2010 年、2011 年、2012 年国民经济和社会发展统计公报。

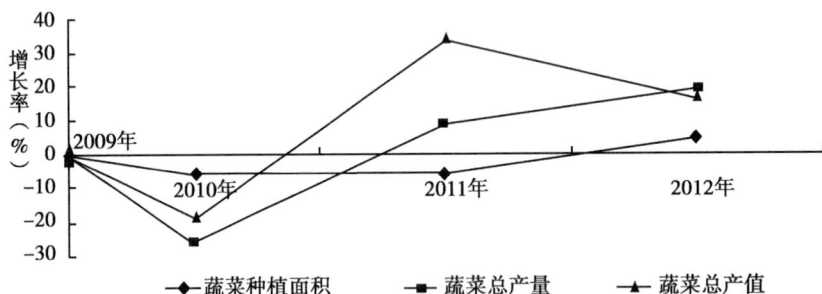

图4　2009—2012 年蔬菜生产发展趋势

注重重点项目建设，依靠项目实现产业的转变。如深喀现代化农业产业示范园，占地 1.2 万亩，是以种养殖业和种苗繁育结合为核心，集农产品加工、贸易、会展、研究、教育、文化、旅游于一体的外向型现代生态农业产业示范园。它具体涵盖了核心示范区、特色果品示范区、生态种植区、生态养殖区、农产品加工区、物流仓储区、民俗文化区和红柳林保护区。① 这是一个综合型的产业基地，它是一个小范围内的产业链条。

（二）龙头企业壮大

到 2012 年底，喀什市共有农产品加工企业有 191 家，主要有粮油加工、林果加工、畜产品加工、冷藏保鲜、特色林果、刺绣、其他农副产品加工业等。主要企业有南达乳业有限公司、新疆喀春粮油有限公司、知心食品有限公司、阿米娜清真食品有限公司、喀什博瑞树梅科技开发有限责任公司、新疆雅戈尔棉纺织有限公司等。农产品加工企业的具体企业分布情况如表 4 和图 5 所示，产值情况如图 6 所示。

表 4　　　　　　　　2012 年农产品加工企业产业分布情况　　　　　　单位：个

粮油加工	棉花加工	木材加工	特色林果	畜产品加工	糖加工	地毯加工	刺绣加工	皮加工	商贸	啤酒	骨粉加工	花帽加工
87	7	37	13	22	13	1	1	2	5	1	1	1

数据来源：《喀什市农产品加工企业产品产量、产值、带动农户调查汇总表》，喀什市农业局，2012 年 11 月。

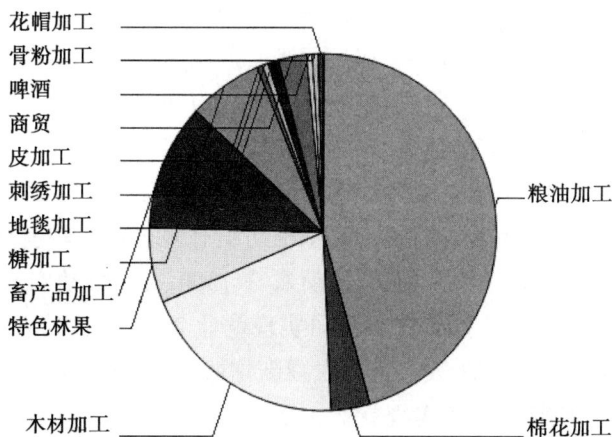

图 5　2012 年农产品加工企业分布

从农产品加工企业的分布来看，主要集中在粮油加工、木材加工和畜产品加工这三类行业，而这三类产业都属于人们生活必需品行业，因此，

① 喀什市农业局：《2013 年喀什市农业发展的主要经验和做法》。

产业的发展依托于当地的主导产品，产品的剩余促进了加工企业的增加，二者属于"双向互动"，即相互促进。

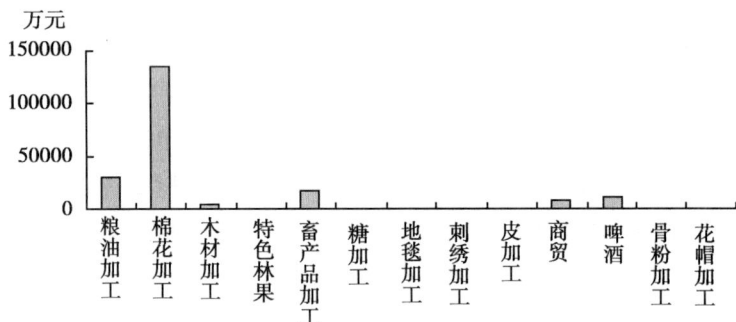

图6　2012年农产品加工企业各行业产值分布

从农产品加工企业的产值结构来看，产值主要分布于棉花加工、粮油加工和畜产品加工这三类行业，综合图5和图6，我们可以看出，产值的大小与产业规模不一定呈现正相关。这与产品加工深度和产品附加值的升值空间有一定的相关性。

加工企业，特别是龙头企业的发展促进了喀什市农产品生产种类，规模和产业布局的调整。2012年191家加工企业注册资金达到1.68亿元，实现产值达20.85亿元，带动就业6217人，订单带动农户42636人，带动农户新增收入143.75万元。如新疆喀什八一粮油工贸有限责任公司实现就业200人，劳动者报酬345.65万元，订单带动农户10200人，带动农户新增收入4.62万元。新疆雅戈尔棉纺织有限公司实现就业1616人，劳动者报酬2792.84万元，订单带动农户1300人，带动农户新增收入37.37万元。喀什知心食品有限公司实现就业28人，劳动者报酬48.39万元，订单带动农户903人，带动农户新增收入0.65万元。喀什博瑞树梅科技开发有限责任公司实现就业1220人，劳动者报酬2108.45万元，订单带动农户1220人，带动农户新增收入28.21万元。[①]

原料基地建设，是农产品加工企业发展的一个重要条件，是农业产业化链条上的重要一环，是企业与农民利益链接的纽带。实施种子"125工程"，为农民提供了安全、放心、高产、优质的种子，为农民的丰收创造

---

① 喀什市农业局：《喀什市农产品加工企业产品产量、产值、带动农户调查汇总表》，2012年11月。

了条件，是加工企业获得充足的原料供应的基础。

政府持续实施的"菜篮子"蔬菜工程，在 2013 年全市建设 25 个蔬菜基地村建设基地 2.5 万亩，新建温室 550 亩，大棚 175 亩，适时调整品种布局。建设绿色、无公害农产品生产基地和农产品品牌认证。2010 年建设 10.4 万亩绿色食品（胡萝卜）标准化生产基地和 9.3 万亩自治区级无公害农产品生产基地及 27 种农产品认证。胡萝卜标准化生产基地通过国家质量安全检测，在色满乡建立了 600 亩核心示范基地。① 2011 年在此基础上，新发展 6 种绿色蔬菜和 27 种无公害农产品生产。这满足了城市市场需求，同时也促进了蔬菜等经济作物向着绿色、无公害方向发展，为生态农业的发展奠定了物质和市场基础。

（三）农民的组织化程度提高

农民专业合作组织，是在农村家庭承包经营基础上，同类农产品的生产者或同类型农业生产经营服务的提供者、利用者，自愿联合、民主管理的互助性经济组织。近几年来，喀什市农民专业合作组织发展迅速，农民组织化程度大大提高，各类专业技术协会的发展，在促进喀什市优势产业、完善农村社会化服务体系和增加农民收入等方面发挥了重要作用，推动了农业产业化经营和农业结构调整。据喀什市农业局的统计，截至 2013 年初，全市共有专业合作经济组织 29 家，种植类 8 家，畜牧类 12 家，储藏类 3 家，其他类 6 家，成员 2808 户，带动非成员 4468 户，注册资产总额为 3746.6 万元，固定资产总额为 5089 万元。② 此外，政府积极鼓励发展生态农业，鼓励农民和企业家，参照现有的绿色无公害蔬菜生产基地，组织生态农业专业合作组织，为喀什市生态农业的发展"探路"。

三　畜牧业现状及其特征

喀什市的畜牧产业发展主要是以动物重大疫病防控和畜产品安全为主，这是因为喀什市畜牧业以流通和消费为主，畜产品流动大，市场活跃，发生输入性重大动物疫情的概率高；同时随着城市规模的不断扩大，市区人口增多，市民对肉、蛋、奶等产品的需求也日益增加。

---

① 喀什市农业局：《喀什市农业局 2010 年工作总结及 2011 年工作计划》，2011 年 12 月。

② 喀什市农业局：《喀什农民专业合作社摸底调查》，2012 年 12 月。

　　近几年来，喀什市畜牧业亦呈快速发展的趋势，见表5和图7。农民收入稳步提高，如图8所示。

表5　　　　　　　　　　　　　2008—2012年畜牧业产量

指标名称	计量单位	2008年	2009年	2010年	2011年	2012年
牲畜存栏数	万头	26.2	26.5	26.76	26.76	27.04
牲畜出栏数	万头	59.98	62.11	63.67	64.97	66.45
肉	万吨	2.1	2.25	2.35	2.47	2.63
奶	万吨	0.99	1.1	1.2	1.26	1.49
蛋	万吨	0.7	0.72	0.75	0.79	0.84

　　资料来源：根据喀什市2008年、2009年、2010年、2011年、2012年统计年鉴整理，喀什市政府办公室、喀什市统计局编。

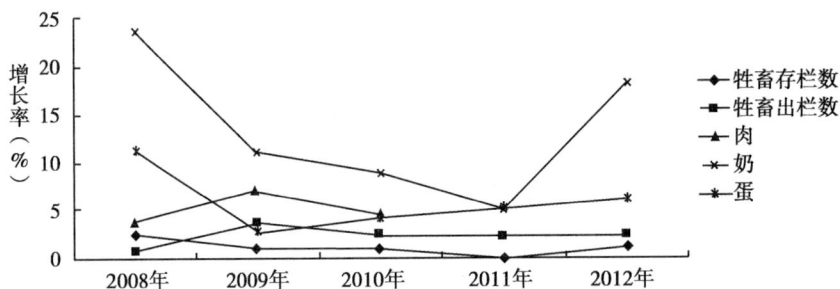

图7　2008—2012年畜牧业变化趋势

　　如表5和图7所示，牲畜存栏和出栏数、肉、蛋、奶产量不断增加，说明喀什畜牧产业正在稳步推进。

　　随着畜牧产业的不断转型，喀什市农民根据市场需求，养殖牲畜的规模在不断地扩大，农民的收入也在不断地提高。

　　（一）畜牧重大疫病防控和畜产品安全

　　近年来通过对《动物防疫法》的宣传，使得农牧民了解到对于疫病防疫的重要性，更多的人参与到行业执法队伍和村级动物防疫人员队伍中，使防疫意识得到强化。在具体疫病防控上，也采取了很多措施，主要有：家禽检疫标识制度（二维码识别）；规范牛羊屠宰场所并进行屠宰登记；开展畜禽参评的安全清理检查；建设疫病化验监测中心；开展奶牛健康普查和奶业监督；规范外地调入牲畜的监管，设置临时隔离场；建立养

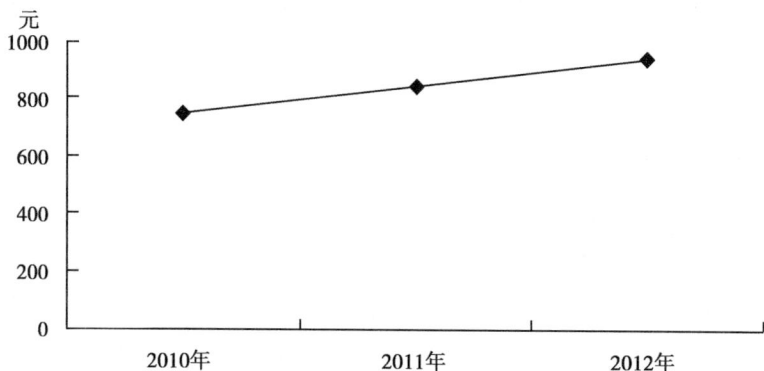

图8　人均畜牧业收入

资料来源：喀什市 2008 年、2009 年、2010 年、2011 年、2012 年统计年鉴。

殖大户和活畜贩运大户电子档案等。这些措施得力有效，使得近几年喀什市未发生重大疫情。

（二）推广畜牧科技，发展生态畜牧业

畜牧业从传统向现代的过渡，关键的一点就是使得科技应用到畜牧业的生产、加工等方面。示范推广奶牛、家禽高产养殖技术，使用机械挤奶器和牲畜药浴器，饲草青贮打包加工技术，绵羊冷配等技术，加快了改造传统畜牧业，使畜牧业科技装备水平得到了较大提高。如 2010 年，喀什市评定畜牧科技示范户 200 多户，培育出良种牛品种 2 个，羊品种 2 个，生猪品种 3 个，家禽品种 5 个，饲草青贮和黄贮量达到总量的 90% 以上，提高了饲草的利用效率，满足了饲草的需求。[①] 2012 年建成各类养殖小区 7 个，养殖专业合作社 18 个，养殖大户 230 个，家禽育雏中心 1 个。畜产品加工企业 22 家，资产总额达到 1.52 亿元，产值达到 1.79 亿元，订单带动农户 8022 户，带动农户新增收入 25.9 万元。主要企业有新疆南达投资有限公司、喀什德吾莘发展有限公司、喀什市古乡皮鞋厂、华鲁皮业有限公司、喀什知心食品有限责任公司、喀什市东方饲料有限责任公司。

第二节　农牧业产业转型的经验

经过多年的努力探索，喀什市在农牧业转型方面积累了一些经验，可

---

① 喀什市畜牧局：《喀什市畜牧行业 2010 年畜牧工作总结及 2011 年工作要点》。

以初步归纳为：重点抓项目建设，以项目带动产业转型；创新农村经营管理模式；依托主导产业，多形式培育龙头企业；重视品牌建设，扩大农牧产品销售渠道等。

一　以项目带动产业转型

由于喀什农牧业发展受资金、技术等因素的限制，从而提出项目带动战略，夯实农牧业发展基础。近年来主要是依靠项目建设，改善农村生产生活条件。如农村沼气建设项目、农产品质量安全检验检测中心建设项目、测土配方施肥项目、农村劳动力转移阳光工程项目、粮食直补、农资补贴项目、良种补贴项目、农业政策性保险等项目。这些项目的投入，使农村基础设施得到加速发展，农牧业生产投入的力度不仅因为项目资金的进入而加大，同时政府的配套设施资金相应地投入，使农村发展的条件得到改善。此外，在做好农牧产品质量安全检测中心建设、良种补贴、小麦农资直补、农村沼气建设等民生工程建设的同时，积极向上一级有关部门申报项目和组织项目实施。2011 年获批准实施项目 15 个，争取上级资金达 2358.5 万元。2012 年，在原有成果的基础上，继续做好项目申报和民生工程建设，获批准实施项目 12 个，争取上级资金达 1903 万元。

在利用好项目建设契机的同时，规范农牧业布局。实施农牧业标准化生产，提高了农牧产品的市场竞争能力。喀什市在项目的支持下，完成了特色林果、特色畜牧、无公害蔬菜等农业标准化项目，建立了一批具有影响力的农业标准化生产示范基地。各龙头企业也都开展了 ISO9000、ISO14000 等质量认证，新疆喀春粮油有限责任公司荣获自治区粮食行业首批"放心粮油"产品，被中国粮食行业协会授予"放心面粉"称号，获得了国家五类食品市场准入证和国家出口食品卫生许可证。实施牲畜棚圈标准化改造和颗粒饲料饲养家禽对比试验，发展标准化圈养。

此外，对农牧民进行知识培训，提高就业能力。

二　创新农村经营管理模式

农村由于历史原因，发展程度和管理模式要落后于经济发展的需要。因此，喀什市在原有的管理模式的基础上，创新提出新模式适应市场需要。

（一）开展土地转让制度改革

制定和印发了《土地流转管理办法》和《标准合同样本》。提出了在不改变土地集体所有的性质，不改变土地用途，不损害农民土地承包权益的前提下，选择合适的土地流转方式，制定完善土地流转体制、机制，鼓励具备条件的农户进行土地流转，发展专业大户、农民专业合作社等适度规模经营主体，为喀什市农牧业规模化经营、产业化发展奠定基础。

（二）发展农牧民专业合作组织

印发了《2012年农民专业合作社发展指导意见》，指导其发展。主要从各乡村优势产业出发，建立相应的专业合作社，引导农牧民发展多种经营和适度的规模经营，通过项目资金扶持和强化管理，突出其效益。2012年新发展农民专业合作社10个。

（三）开展城市居民到农村认种土地

印发了《关于做好土地认种试点工作的通知》《土地认种操作规程》，由农业局牵头组织农业单位率先在浩罕乡8村开展了试点。主要是进一步探索土地认种机制，在充分尊重农牧民意愿和保证农牧民权益的前提下，让市民深入农村游览农村风光、体验农村生活、感受农业文化，实现城乡互动发展。

（四）发展农家乐和观光农业

以发挥当地资源优势为基础，通过优化农业生产结构和品种结构，合理规划布局，开发一批观光农业区，把农业建设、科学管理、产品生产、艺术加工和游客动手融为一体，吸引众多的城市居民。

三　多形式培育龙头企业

在农牧业转型过程中，喀什市积极培育、壮大龙头企业，发挥龙头企业的引导和带动作用。目前喀什市主要从三个方面来培育、壮大龙头企业：一是引导民营企业家创办龙头企业。主要是通过政策、税收等优惠政策，提升政府相关服务水平，改善区域内投资环境，吸引企业家从事农业领域的开发，农牧产品的加工，创办龙头企业。如博瑞树莓有限责任公司、佰什克然木乡果品协会、雅戈尔棉纺织厂等都是通过这种方式建立和发展起来的。二是做大做强现有龙头企业。对市场前景好、发展潜力大、辐射带动力强的龙头企业，在资金、土地、信贷、税收等方面采取倾斜政策，实行扶优扶强，促进其快速发展。如南达乳业在政府的扶持下用两年的时间，建立乳业加工生产线、现代畜牧良种奶牛基地、良种奶牛繁育基地，促进了生产规模化、加工技术化、产品质量化、销售市场化进程。鼓励现有龙头企业开发新产品，拓展市场，引进技术，提升企业层次。放宽企业融资渠道，加快企业资本累积。三是将非农领域的企业改组改造成农牧业龙头企业。引导、鼓励工商企业进入农牧业生产领域，开展农牧产品加工，参加产业化经营。支持供销、粮食等部门服务功能延伸，与农牧民结成利益共同体，这样就拓宽了产品的销售渠道。如新疆喀春粮油有限责任公司，2010 年拥有资产 4100 余万元，具有年加工面粉能力 10 万吨，仓储能力 2.5 万吨；拥有日处理小麦 220 吨和 150 吨的制粉生产线两条，所生产的"喀春"系列产品，除占领喀什地区市场外，还远销其他地州，并已进入中西亚市场。①

除了政策宣传以外，引导和鼓励民间机构开展宣传，形成社会共性认知。同时还要开展多行业的培训，培训企业家、技术人员和群众。针对企业家，主要是引导培训，宣传行业前景，以及政府的优惠政策，鼓励企业家参与农业领域的开发；针对技术人员，主要是对其进行"优化升级"，巩固原有的技术，学习新技术，适应产品开发的需要；针对群众，主要是宣传新品种的优势以及目前企业收购种类和价格预测。

四　重视品牌建设

近年来，喀什市企业重视对品牌的培育，扩大农牧产品的知名度。一是示范区农牧产品积极参加无公害农牧产品、绿色食品、有机食品或地理标志产品认证。据统计，2011 年，种植业无公害农产品基地认定面积 9.3 万亩，认定数量 9 个；无公害农产品认证 31 个，其中复查 26 个、新申报 5 个，分别在夏马力巴格乡 4 村和色满乡 7 村建立示范点 2 个；认证的绿色食品 6 个。国家绿办（中心）批准设立的全国绿色食品原料（胡萝卜）面积 10.4 万亩，为全国绿色食品原料标准化生产基地。二是对生产的农产品实行分等分级，贴无公害农产品和绿色食品标识和包装上市。三是充分利用各类展会平台，宣传、推介、销售名优特农副产品，积极组织农牧业协会和农牧产品加工企业参加上海、广州、北京三大展会、江苏巡回行、上海跨采大会、上海喀什文化周和自治区等举办的各类农牧产品展示展销会，做好产品的包装、设计、宣传推介资料印制等工作。通过参加各

---

① 喀什市农业局：《2010 年喀什市农业产业化发展调研报告》。

类农牧产品博览展销会，充分展示了喀什农牧产品，扩大农牧产品知名度和市场占有率。四是引导更多的农牧民进入市场，发展农牧业产业化经营，提高农牧产品竞争力，促进农民增收。积极推行农超对接，扩大绿色蔬菜的销售渠道。强化品牌创建工作，大力实施农牧产品品牌战略，积极创造条件引导、鼓励和扶持农牧产品生产基地、加工企业和专业协会，对产品进行了包装和标识，创立品牌，发挥品牌效益。①

第三节　农牧业转型过程中存在的问题

目前，喀什市农牧业转型过程中存在的问题和矛盾主要有：城建用地与农村耕地的矛盾突出，失地农民潜在的后续生存问题；产业化水平不高，对外市场开拓水平低；富余劳动力增加素质较低；农业基础设施滞后等。

一　失地农民的后续生计

近年来，随着喀什市经济社会快速发展，城镇化步伐不断加快，建设用地供需矛盾日益突出，同时耕地红线不能突破，使得二者之间的矛盾更加突出。喀什市城市大农村小，而且农村人多地少，随着城市规划建设，城区得到快速扩张，耕地面积在逐年减少。1998 年喀什市耕地面积为191966.36 亩，2012 年耕地面积为 147053.45 亩，从 1998 年到 2012 年农业耕地被征用达到 58100.56 亩。农牧业发展与城市建设的矛盾一直制约着喀什市经济发展。

城市化规模的快速扩张，导致围绕城市的大片耕地和草原被征用作为城建用地，使得更多的农牧民失去土地。对于这些失去土地的农牧民，政府采取的措施是进行一次性补偿。从 1998 年到 2012 年，农业耕地被征用达到 5.81 万亩，被征用土地占全市耕地的 40%，失地农民达到 5.9 万人，占喀什市农民总人口的 32.6%。随着城市布局的调整和经济的发展，失地农民将会进一步增加，预计到 2015 年达到 7 万人，被征用耕地达到 7万亩，这意味着喀什市 50% 的耕地被征用，50% 的农民的土地被征用。②

对于这些失地农民，虽然一次性补偿短期内大大提高了他们的收入，

---

① 喀什市农业标准化示范区项目建设自查报告，2011 年。
② 喀什市规划局关于喀什市农民失地情况的调查报告，2013 年。

但是从长期来看，由于这些人不具有高素质和专业技能，失去了土地这个赖以生存的基础后，他们将来的后续生计问题尚难以预测，失地农民极有可能会成为社会的不稳定因素。

二　对外市场开拓水平低

目前，喀什市农牧业龙头企业发展相对滞后，产品加工、转化升值的能力差，各种农牧业中介组织、专业协会和农民经纪人仍以单独分散经营为主场竞争与辐射带动能力都很低。同时市场发育程度低，主要还是针对本地市场，品牌缺乏，市场销售体系落后，农牧业生产、交换和物流信息不畅通，导致农牧产品仅仅局限于本市，有少量供应新疆区内，对外其他地区市场开拓少。

三　农村劳动力素质较差

随着耕地面积的减少，喀什市富余劳动力大幅增加，如何有效解决富余劳动力转移就业已迫在眉睫。但是喀什市劳动者素质不高，不能满足本地农牧产业发展的需要，制约了喀什市富余劳动力掌握实用技术的能力，从事营销、开拓市场的能力，以及开辟新的生产门路的能力。更突出的是，在发展劳务经济的过程中，工作强度和薪资水平与劳动者期望值相差太大，深层次的矛盾越来越突出。如劳动者由于素质低，没有专业技能，从事的基本上都是最苦最累的工作，工资水平又低，导致务工的愿望大打折扣，出现一些游手好闲的人群。虽然到目前为止，喀什市采取了多次扫盲行动，但实际反映的效果不明显。

四　农牧业基础设施滞后

喀什市农牧业的基础设施，由于资金缺乏以及一些自然条件的限制，滞后于产业发展的需要。一是农村基础设施总量不足，这是由当地经济发展水平决定的。二是农村基础设施结构失衡。农村基础设施存在低档和硬件设施供给较多、高档和软件设施供给少的问题。农村基础设施大多直接服务于农民生产生活建设项目，而农业综合开发，农业产前、产中和产后的各种服务设施投入明显不足。三是原有的农村基础设施老化严重，没有及时更新，导致部分地区没有田间配套设施，涝不能排、旱不能灌，基本上是靠天吃饭。

第四节　农牧业现代转型的路径选择

通过对喀什市农牧业现状和存在问题的分析，结合我国西部地区一些省区的经验，我们认为，未来喀什市农牧业从传统走向现代的路径和方向有三个方面：发展生态农牧业和观光农牧业；组建农牧业专业合作组织；构建农牧产品销售体系；积极创造条件发展农村金融业。

一　发展生态农牧业和观光农牧业

随着耕地和草场的不断减少，农牧业的发展需要走高产、优质、高效、生态、安全和高附加值产业发展道路。

（一）生态农牧业

结合喀什市农牧业发展的现状和农牧民增收的需要，首先要大力发展生态农牧业。

1. 加大对草原和耕地的保护和建设力度

应用好农牧业的扶持补贴资金，对生态保护起到突出作用的个人、企业和组织进行奖励。同时加强对耕地和草原保护和建设的监管，强化执法手段，依法加大对非法开垦草原和破坏耕地等违法行为的查处力度。转变农牧业生产方式，稳定发展草原畜牧业和设施农业，在资源状况较好的地区，以配套建设节水灌溉设施和基础设施，发展生态农业。以建设饲草料基地、棚圈、青贮窖、储草棚等基础设施，以户或联户为单位，通过草牧场合理流转等方式，大力推进生态家庭牧场建设。大力推行农业标准化和规模养殖，逐步从分散的家庭种养殖模式向规模化园区种养殖模式转变。

2. 调整优化农牧业结构

首先，进一步提高优质高产高效作物比重，推动粮油高产创建活动向更大规模、更广范围、更高层次发展，带动大面积粮油作物均衡增产。其次，优化畜群畜种结构，加快优势品种选育提高步伐，突出发展标准化规模养殖。

3. 加强农牧业基础设施建设

首先，农业要向水源条件好的地区集中，大力推广使用滴灌、喷灌等节水灌溉技术，加大对中低产田的改造力度，进一步提高土地的产出率和效益，在稳定粮食播种面积的基础上，保持粮食实现稳产高产。其次，要加大对基本草原的基础设施建设。一方面通过自然恢复提高草原植被盖度；另一方面要加大人工改良草场的力度，采取建设、保护、管理等形式，提高草场的利用效率。要大力发展设施农牧业，增强农牧业抵御自然风险和市场风险能力。

4. 推进农牧业产业化经营

继续按照"依托龙头企业和知名品牌，做大做强乳品和棉花生产加工业，加快培育肉类、粮油、果蔬生产加工龙头企业，打造一批绿色知名品牌"的思路，以标准化、规模化、专业化基地建设为重点，进一步加强无公害、绿色、有机农畜产品以及农畜产品原产地的地理标识认定工作和农畜产品质量安全监管工作，扩大优质安全农畜产品产地规模，实现农牧业增产增效。

(二) 观光农牧业

根据喀什市自然资源、人文资源、农业资源和乡镇功能定位，与新农村建设、"安居富民"工程相结合，重点发展集采摘、观赏、民俗为一体的"农家乐"，建设一批休闲观光农牧业示范点，不断延伸农牧业的服务功能。要定位明确，观光农牧业是人们观光休闲、丰富农业知识、交流农业经验、体验农业生产劳动与农民生活、享用农业成果、利用田园环境休憩健身的重要场所和农业深层次开发的样板。因此，在考虑农牧业观光的经济利益的同时也要考虑社会效益。主要可以从以下几个方面考虑：

1. 观光牧场

开放了一些具有观赏性的牧场、养殖场，让游人参观、喂食、拍照、购物，充分体验牧业生活风情。

2. 租赁农场

将农地划分成若干小区，分块出租给个人、家庭或团体。平时农园由出租者管理，并按照租赁者的意愿更换、增添园内种养品种，假日则交给承租者享用。

3. 观光果园

通过开放成熟期的果园，供游客观赏园内美景和自摘、自食、自取果品，体验果农生活。

4. 各种农产品节等

根据不同的季节，以展示喀什名特优农产品的名义举办各种节庆活动，把这些节庆活动与宣传产品、交流技术、引进技术、引进新品种、洽谈贸易与观光旅游融为一体，也是促进农业开发的有效形式。①

二　组建农牧业专业合作组织

喀什市要因地制宜，突出特色，按照"优势区域、优势产业、优先发展"的原则，组建各种类型的农牧业专业合作组织。农牧业专业合作组织不仅在促进当地农牧业结构调整，提高农牧民的组织化程度等方面发挥重要作用，而且更重要的是它增加了农牧民的现金收入，使农牧民得到真正实惠。

要把农牧民专业合作组织建设成名副其实、能带动群众致富的专业组织。第一，政府要倡导发展专业合作社，要在政策、资金等方面给予优惠和扶持。第二，要积极建立完善农村现代流通体系。通过围绕特色优势产业，实施连片集中规模经营，打造特色农牧产品品牌，真正形成"一社一品，一村一品"的生产经营模式。第三，构建农牧业产业服务体系。按照作物和牧畜生产的不同要求，及时开展产前、产中、产后跟踪服务。同时，积极组织引进新品种、聘请专家进行技术培训、对开发产品进行包装、组织农产品深加工等。还要借鉴内地一些影响深远、经济效益良好的专业合作组织为农服务的好经验，如"建立合作社互助资金"等。第四，要充分尊重农民的意愿。在一些客观条件确实不完善的地方，特别是在经济效益还不明显的区域，不能"一窝蜂"，不能为了所谓的"大局"，强制一个区域内的人都参加。

三　构建农牧产品销售体系

在农牧产业发展过程中，销售是其中的最重要一个环节，只有产品销售出去了，才能实现其价值，农牧民才能获得生存的资本。从喀什现状了解到目前其销售混乱，产品卖不出去的问题突出。因此拓展销售渠道成为喀什发展农牧业的关键，可以从以下几个方面来发展：

加快农村集贸市场发展，城市与农村市场配合，批发与零售市场结合，综合性与专业化市场结合，合理规划和布局农村集贸市场，同时要加强监管，保证产品质量和安全。

充分发挥区域优势，有计划、有步骤地加快专业化批发市场的建设。

---

① 王宁：《新疆城郊旅游农业发展初探》，载彭德、杜发春主编《西部开发及其社会经济变迁——中加比较研究》，知识产权出版社 2009 年版，第 319 页。

构建电子信息交易平台，提高工作效率。电子信息交易平台可以拓宽接收信息的人群，拓展销售范围。

加快物流渠道的建设，为大宗商品和外地运输提供便捷化的服务。农产品冷链物流中心，提高调控农产品价格的能力。

大力发展农牧民专业合作组织和农牧民经纪人队伍建设，切实提高农牧民的组织化程度，开展"农超对接""农企对接""农校对接"，减少流通环节，促进蔬菜直销，有效保护农民、牧民与消费者利益。

四　积极创造条件发展农村金融业

国家近年来逐步放开了金融市场，内地一些私人信贷也发展起来了，中共十八大三中全会明确提出支持农民办金融机构，这个制度的出台，使喀什的农业很有发展前景。可以通过招商引资的办法引进一批外地投资人、企业家与喀什的农民联合办穆斯林农业银行。这个银行成长起来后，还可以吸引周边国家客商投资或贷款，这就要求喀什有关部门要策划好农民如何与企业家联手办好私人银行。

第三章

工业化与现代产业发展

喀什市的总体发展战略定位已经确立为：以区域经济跨越式发展和地区长治久安为导向，努力将喀什建设成为历史文化和现代文明交相辉映的"西部明珠"。在建设西部明珠的进程中，工业化及其现代产业支撑极其重要。本章在分析喀什市总体经济运行的基础上，探讨喀什市工业化进程、工业化的动力机制、工业发展的现代产业支撑、工业化进程中存在的问题、新型工业化与跨越式发展等问题。

第一节 宏观经济运行特征和工业发展

喀什市作为拥有两千多年历史的古老城市，在历史上有其辉煌的一面。到了近代在工业文明的传播和刺激下，喀什也发展了一些工业，有了一定的工业基础。但是由于历史、地理、条件等因素的限制，喀什市的工业化步履维艰。直到2009年中央新疆工作会议后，得到中央和发到地区的大力支持，喀什经济才真正起飞。

一 宏观经济运行及其特征

喀什市的经济发展与喀什地区和周边地区经济发展息息相关。同时喀什市的各项经济指标发展大大促进了喀什地区的发展。

表1　　　　2009年喀什市与周边地区经济发展情况比较　　　单位：万元

名称	喀什地区	喀什市	疏附县	疏勒县	大喀什
生产总值	3264518	729304	197567	329718	1256589
人均生产总值	8569	16036	6042	9991	10689.67

续表

名称	喀什地区	喀什市	疏附县	疏勒县	大喀什
第一产业	1208999	41732	102134	119822	263688
第二产业	944355	256600	39773	147896	444269
工业	543003	193200	13140	92000	298340
建筑业	104352	63400	26633	55896	145929
第三产业	1111164	430972	55660	62000	548632
运输邮政	98199	58666	2438	2539	63643
批发零售	273103	118052	3930	4653	126635
住宿餐饮	59823	30265	1568	4474	36307
金融业	48736	14091	1825	3237	19153
房地产业	62580	16611	9320	2477	28408
营利性服务业	115632	59369	3829	3845	67043
非营利性服务业	453091	133918	32750	40775	207443

资料来源:《喀什市城市总体规划(2010—2030)说明书》,喀什市人民政府,2011年11月。

如表1所示,喀什市的生产总值占喀什地区22.34%;喀什市的第一产业占喀什地区3.45%;喀什市的第二产业占喀什地区27.17%,其中喀什市的工业占喀什地区35.58%,喀什市的建筑业占喀什地区60.76%;喀什市的第三产业占喀什地区38.79%;喀什市的运输邮政占喀什地区59.74%;喀什市的批发零售占喀什地区43.23%;喀什市的住宿餐饮占喀什地区50.59%;喀什市的金融业占喀什地区28.91%;喀什市的房地产业占喀什地区26.54%;喀什市的营利性服务业占喀什地区51.34%;喀什市的非营利性服务业占喀什地区29.56%。

而喀什市经济发展的具体现状如下:

1. 从国内生产总值(GDP)总量上看,喀什市实现了大发展。如图1和图2所示。

如图1所示,喀什市的GDP是在逐年上涨的,基本上都保持在20%的年增长率基础上,普遍高于全国水平,发展势头良好。如图2所示,人均GDP也呈现逐年上升的趋势。

2. 从产业结构比重上看,第一、二、三产业比重越来越合理。具体如图3所示。

如图3所示,第一产业占GDP的比重呈现逐年下降的趋势,并且都

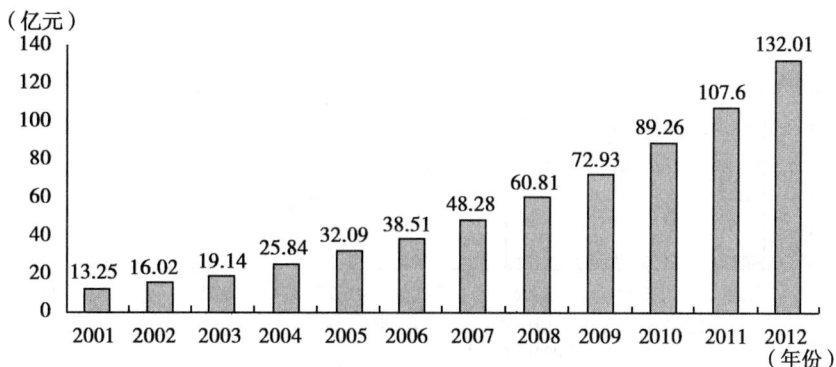

图 1 2001—2012 年喀什市国内生产总值

资料来源：喀什市 2009 年、2010 年、2011 年、2012 年国民经济和社会发展统计公报。

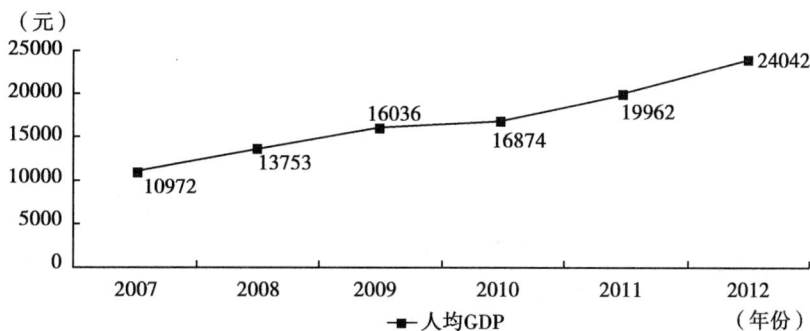

图 2 2007—2012 年喀什市人均 GDP

资料来源：喀什市 2007 年、2008 年、2009 年、2010 年、2011 年、2012 年国民经济和社会发展统计公报。

小于 10%；第二产业占 GDP 的比重上下波动，但是比重基本保持在 30%—40%；第三产业占 GDP 的比重呈现波动上升的趋势。

3. 从全社会固定资产投资上看，它呈现出逐年上涨的趋势，并且增长幅度逐渐扩大。具体如图 4 所示。

4. 从外贸进出口上看，外贸进出口总额受经济环境影响呈现出阶段性特征。具体如图 3 所示。

如图 5 所示，在 2008 年以前，喀什市外贸进出口总额呈现不断上升的趋势，但是 2008 年受全球金融危机的影响，喀什市外贸进出口总额大幅度下降，从那以后，喀什市进出口总额在波动变化着，对整个经济的拉

（百分比）

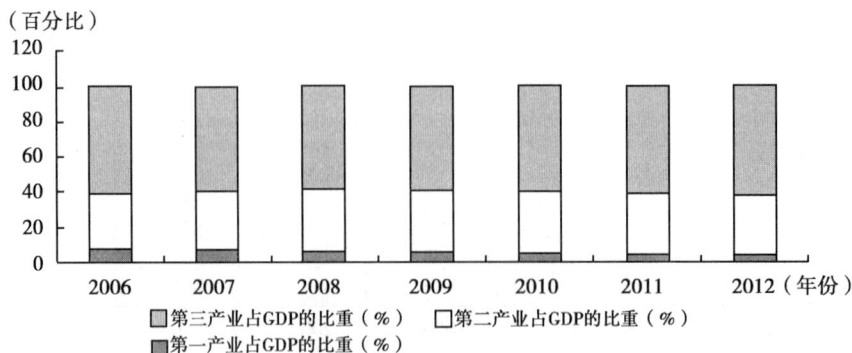

图3　2006—2012年喀什市三大产业占GDP的比重

资料来源：喀什市2006年、2007年、2008年、2009年、2010年、2011年、2012年国民经济和社会发展统计公报。

（亿元）

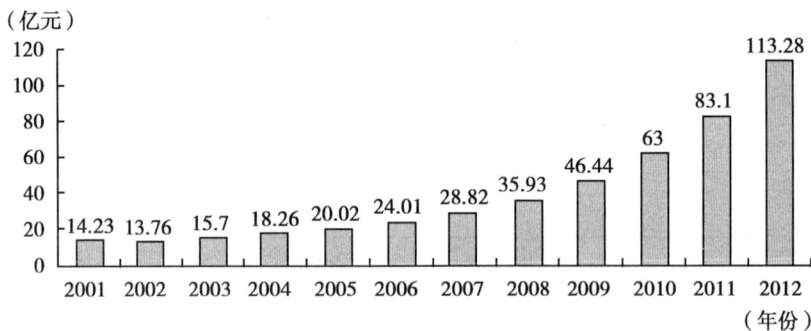

图4　2001—2012年喀什市全社会固定资产投资总额

资料来源：喀什市2009年、2010年、2011年、2012年国民经济和社会发展统计公报。

动效果越来越不明显。

5. 从喀什市地方财政收入上看，它呈现不断上涨的趋势。但是在2012年，由于国有土地使用权出让收入下降，导致地方财政收入下滑。具体如图6所示。原因是国有土地使用权出让收入只有3.39亿元，只完成年初预算8.74亿元的38.77%，比上年同期18.81亿元减收15.42亿元，同比下降81.99%。

6. 从居民收入角度上看，2006—2012年，喀什市城镇居民人均可支配收入和农村人均纯收入都呈现不断上升的趋势，但是增长还是比较缓慢的，低于人均GDP的增长速度，同时二者的收入差距也在不断地拉大，

（亿元）

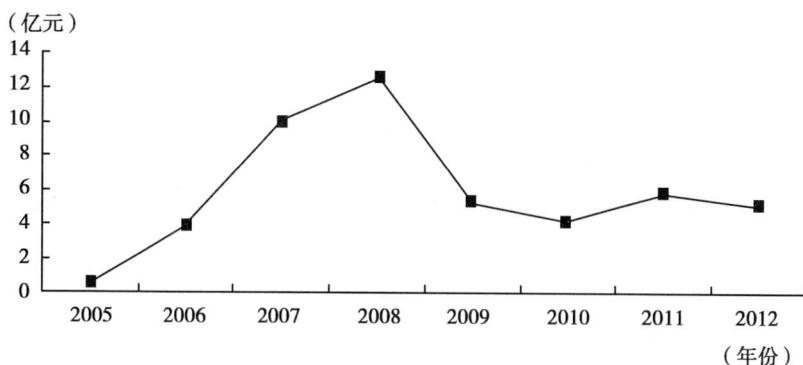

图5　2002—2012 年喀什市外贸进出口总额

资料来源：喀什市 2006 年、2007 年、2008 年、2009 年、2010 年、2011 年、2012 年国民经济和社会发展统计公报。

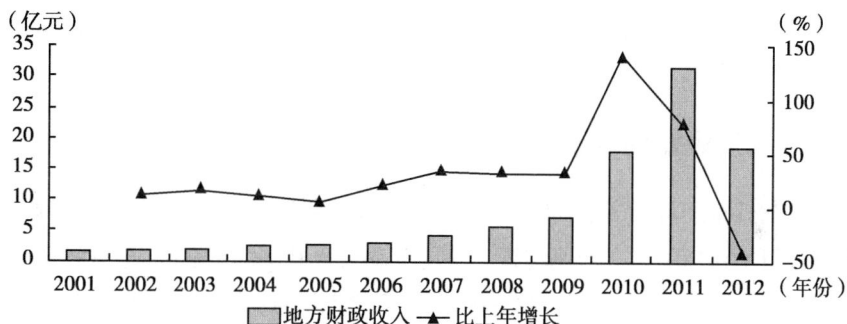

图6　2001—2012 年喀什市地方财政收入及其增长变化趋势

资料来源：喀什市 2009 年、2010 年、2011 年、2012 年国民经济和社会发展统计公报。

如图 7 所示。

综上所述，喀什市的宏观经济运行的总体特征是机遇与挑战并存。近年来，喀什经济快速增长，产业结构逐步优化，对外经贸往来不断加强，社会经济发展水平在南疆处于领先地位。特别是中央新疆工作座谈会和全国对口援疆工作会，进一步明确了新时期对口援疆的总体战略，为喀什特区的建设和发展创造了良好的政策环境。但是也必须看到，喀什经济社会发展仍然面临较大困难。主要是经济总量较小，发展质量不高；土地沙化严重，生态环境较为脆弱；资金、技术、人才相对匮乏，对外开放程度与其延边优势相比明显偏低；交通、水利、能源等重大基础设施条件有待进

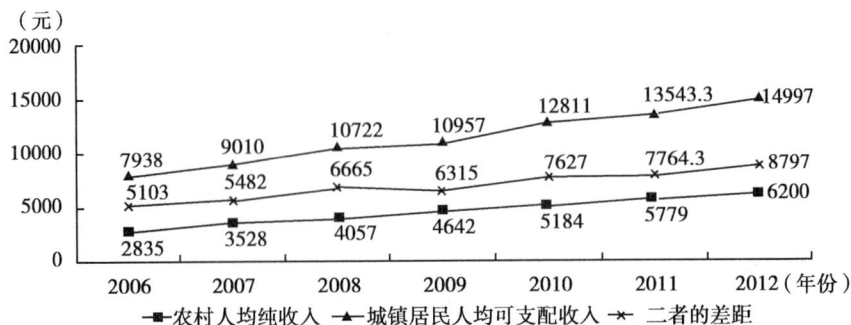

图7　2006—2012年喀什市城镇居民人均可支配收入、农村
人均纯收入及二者的差距

资料来源：喀什市2006年、2007年、2008年、2009年、2010年、2011年、2012年国民经济和社会发展统计公报。

一步完善。此外，喀什市所在的南疆三地州是我国集中连片特殊困难地区之一，扶贫开发任务依然繁重艰巨。

二　工业发展现状

在喀什市经济腾飞过程中，工业的发展起到了重要作用。首先，工业的发展吸引了部分从第一产业转移出来的劳动力；其次，工业的发展促进了关联产业的发展；最后，工业的发展拓展了第三产业的发展空间和发展层次。

从工业的产值和增加值角度看，近几年，喀什市工业在得到中央的大力支持下，工业发展日新月异。具体如表2和图8所示。

表2　　　　　　　2006—2012年喀什市工业产值、增加值　　　单位：亿元

		2006	2007	2008	2009	2010	2011	2012
1. 全部	工业总产值	24.57	34.43	48.22	57.35	69.01	71.38	103.81
	工业增加值	8.57	12	16.8	19.32	24.15	26.45	34.61
2. 规模以上工业企业	工业总产值	17.85	25.34	27.83	30.22	31.54	44.35	47.04
	工业增加值	6.42	8.87	9.82	10.84	11.33	11.58	14.74
3. 规模以下工业企业	工业总产值	6.72	9.09	20.39	27.13	37.47	27.03	56.77
	工业增加值	2.15	3.13	6.98	8.48	12.82	14.87	19.87

资料来源：根据喀什市统计局2009年、2010年、2011年、2012年国民经济和社会发展统计公报整理。

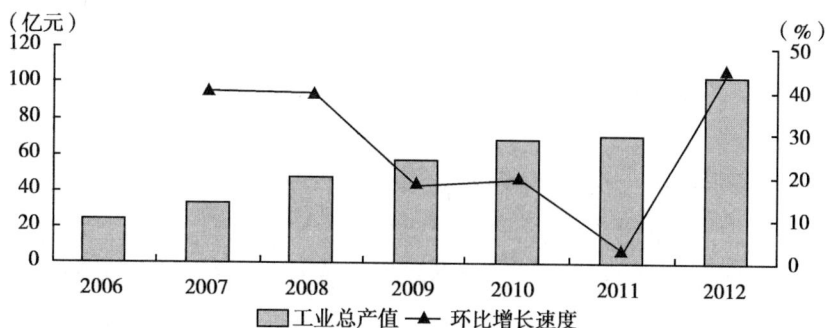

图8　2006—2012年喀什市工业总产值及环比增长趋势

如表2和图8所示，喀什市的工业总产值呈现不断上升的趋势，喀什市工业增长率都在18%以上。

从工业企业数目和规模结构上看，工业企业的数目在不断增加，规模在不断扩大，结构趋向合理，特别是近三年以来，援疆项目的实施，对喀什市的产业结构、类型等的调整，促使喀什市的产业走向跨越式发展的道路。2009年，喀什市有工业企业216家，其中规模以上企业22家，规模以下企业194家，工业企业吸收就业人数达到14637人。在这216家工业企业中，大型企业只有疆南电力公司，中型企业有华电、雅戈尔、飞龙水泥、天山多浪和南达乳业5家，其余210家均为小型企业。规模以上的22家中，电力、燃气、水及热力行业企业占6家，水泥及其制品行业企业占5家，农副产品加工及食品、饮料制造业企业占4家，其余分布在冶炼业、塑料制品业、化肥制造业、电器组装、陶瓷制品及钢结构行业中；规模以下的194家企业中，建材企业占31家、汽车修理企业占18家、砖瓦制造企业占53家、砂石料开采企业占13家、其余分布在纺织、塑料制品、手工艺、农副产品加工、食品饮料加工、无机化工、木材加工、印刷及保鲜行业中。①

从喀什市工业积累的角度看，喀什市的工业企业虽然发展缓慢，但是经过长期的发展，也形成了电力、纺织、冶炼、建材、农副产品加工和组装加工业六大重点行业。以2009年为例，当年实现发电量33.97亿度；棉纱1.32万吨；商品混凝土39.32万方；水泥121.62万吨；陶质砖210

---

① 喀什市经信委：《喀什市工业"十二五"发展规划》，2010年12月。

万平方米；钢锭 7000 吨；果汁加工 3756 吨；啤酒 2.6 万吨；奶粉 3545 吨、液奶 3810 吨；面粉 3.36 万吨；复合肥 4 万吨，塑料制品 1940 吨。实现产值 57.35 亿元，增加值 19.32 亿元。[①] 基本满足了喀什市经济发展的需要。

就总体而言，喀什市目前依靠中央的大力支持，工业化正式起步。依靠喀什市当地的实际和区位优势，依托援疆项目，走的是新型工业化道路。主要是通过发展新兴产业带动整个工业经济的发展和产业结构的转型。在这几年中，主要发展思路是通过做大做强现有的电力、建筑建材业、纺织业等工业，培育发展组装加工业、农产品深加工业、清真食品加工业等支柱产业，积极发展以电子信息、生物工程、新材料、新能源、高新技术装备制造业等科技含量高、环境污染少、经济效益好、辐射带动作用强的产业。

第二节　工业化进程及其动力机制

一般认为，工业化是指工业尤其是制造业或第二产业的产值在区域 GDP 中比重不断上升的过程，以及第二产业就业人数在总就业人数中比重不断上升的过程。但是，我们不能把工业化狭隘地仅仅理解为工业发展，而应视作传统农业社会向现代工业社会转变的历史过程。

一　工业化进程及其特征

喀什市作为西部边疆城市，其工业化发展呈现出特有的特征。一是以发展高新技术产业为先导；二是外力快速推进的工业化；三是出口导向型的工业化。

(一) 喀什市工业化发展阶段分析

世界银行经济学家钱纳里 (Hollis B. Chenery) 等人提出衡量一个国家是否完成工业化，主要有三个最重要的结构性指标：农业产值占 GDP 的比重必须降到 15% 以下；农业就业人数占全部就业人数的比重降到 20% 以下；城镇人口上升到 60% 以上。[②]据世界银行的数据，目前全球实

---

① 喀什市经信委：《喀什市工业"十二五"发展规划》，2010 年 12 月。
② H. 钱纳里等，《工业化和经济增长的比较研究》，上海三联书店 1989 年版。

现工业化的国家和地区，包括美国、日本、德国、法国、英国、意大利、加拿大，以及经合组织中的其他 16 个成员国，还有"亚洲四小龙"被称为新兴工业化国家和地区，以上共 27 个国家和地区人口合计 10 亿多人，占全球人口的 15.3%。

在我国，根据国家统计局的数据，1979 年的 GDP 总量中，第一、二、三产业的比重分别为 28%、48% 和 24%。2011 年，这三个数字已变为 10%、47% 和 43%。从产值指标看，我国在 20 世纪末已基本实现了工业化。但是，从更为重要的就业和城镇化指标看，我国的工业化之路才刚刚走了一半左右。2011 年，我国第一产业就业人数为 2.66 亿，占全部就业人数的比重仍然高达 35%，高于 20% 的国际工业化标准；我国城镇人口所占比重为 51%，也低于 60% 的国际标准。从总体上看，我国现在"基本上处于工业化中期阶段"。

再看喀什市情况。2011 年喀什市的第一、二、三产业产值比重分别为 4.3%、4.3%、61.4%，农业就业比重约在 25%，城镇化率为 59.77%。与国际标准相比，差距依然存在。第一产业产值比重为 4.3%，低于国际最低标准 10.7 个百分点；农业就业比重为 25%，高于国际标准 5 个百分点；城镇化水平与国际最低标准持平。从总体上判断，目前喀什市正处于"工业化的初期末尾向中期过渡阶段"。

（二）以发展高新技术产业为先导

相比较我国早期工业战略是以发展重工业为主，喀什市是以发展高新技术产业为主的；与我国其他地区工业发展不同，我国其他地区工业起步基本上是从轻工业和粗浅加工业开始的，而喀什市虽然也依靠过去的一定积累，但是发展策略和起点要高于其他地区。

具体而言，目前喀什市发展高新技术产业，在电子信息技术方面，主要是依靠国家级经济开发区的带动作用，依靠国家政策支持，抓住深圳对口援疆的机遇，借助深圳在电子产品上的技术优势和企业管理优势，重点发展的是计算机、手机、数字机顶盒、数字试听产品和电子元器件等信息产业。在生物工程和制药方面，主要是依靠喀什市特有的农畜产品及植物资源，发展胶原蛋白糖衣、石榴活性成分等医药成分的药品。在先进制造技术方面，依靠周边市场，发展的是家电、低压电器设备、机电化工设备和汽车制造加工业。

（三）外力快速推进的工业化

喀什市的工业化发展主要还是政策推动的，当地前期的独立发展未形成规模。自从新疆工作会议后，中央大力支持新疆发展经济，喀什借助深圳援疆的东风，依托自身的优势，大力发展工业经济。这属于一种"拔高式"发展，快速推进型工业化。其原因是发展重点都是现代产业，这些产业只有部分，甚至没有当地发展的基础，这些产业起点高，大部分高新技术产业，而且目前还在建设当中，经济效益尚不明显。

（四）出口导向型的工业化

喀什市在工业化发展过程中最大的优势就是国际市场，喀什市是区域集散中心，是连接中亚、南亚和国内的要道，而在新疆区域内不具有比较优势，此外，喀什及新疆人口密度小，市场容量有限。因此，喀什市工业化发展定位为出口导向型的工业化，这符合当地的实际，也充分发挥了自身优势，但是容易受到国际市场波动的影响。

二　工业化的动力机制

喀什市工业化发展，有其内部的积累，但是主要还是外部推动。

（一）内部的积累

喀什市工业企业规模不大，数量较少，虽然工业体系未形成，但是也形成了电力、纺织、冶炼、建材、农副产品加工和组装加工业六大重点行业。工业基础薄弱，但是在长期工业发展过程中，也形成了一定的资本、技术工人队伍等的积累，伴随着人们观念的不断更新，推行工业化的阻力也在降低。

（二）外部推动

外部推动主要是中央政策大力支持。1984 年，喀什市被评为"国家乙级对外开放城市"。自 2000 年实施的西部大开发战略以来，西部地区经济整体得到快速发展，但是部分地区依然落后，在 2010 年西部大开发下一个十年（2010—2020 年）规划中，要实现西部地区综合经济实力上一个大台阶，基础设施更加完善；现代产业体系基本形成，建成国家重要的能源基地；人民生活水平和质量提高，基本公共服务能力与东部差距缩小；生态环境保护上一个大台阶，生态环境恶化趋势得到遏制。

喀什市作为西部重点建设城市，它的发展紧紧抓住这个机遇，争取国家的工程项目资金。2010年中共新疆工作座谈会召开，强调新疆的发展，是加强民族团结、维护祖国统一、确保边疆长治久安的迫切要求，是拓展我国经济发展空间的战略选择，是我国实施互利共赢开放战略、发展全方位对外开放格局的重要部署。会议确定了对口援助的力度和实施西部大开发的深度，成立了喀什经济开发区，确立深圳对口援助喀什市等措施。

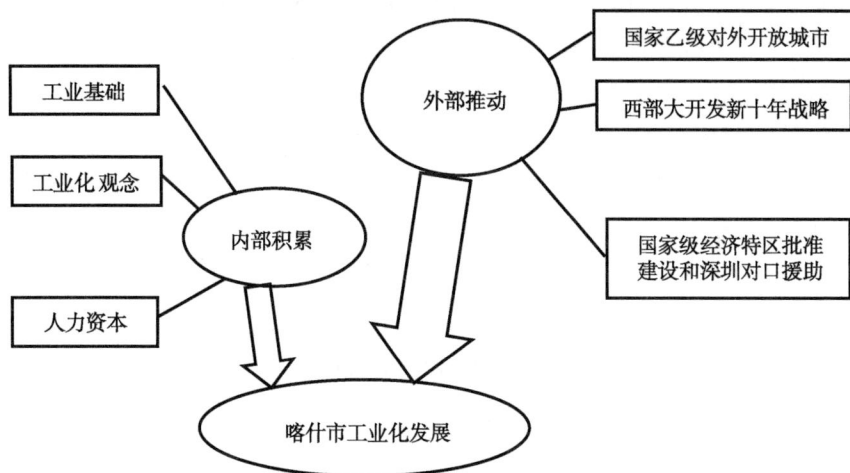

图9　喀什市工业化的动力机制

随着东、中部省市援助的到来，喀什市工业发展日新月异。突出在产业结构的调整和新兴产业的发展，为喀什市的发展注入新的动力，培育了新的增长点。援疆项目实施以来，喀什市经济社会得到了迅速发展，主要表现在：

——经济总量增加。2012年，喀什市实现生产总值132.01亿元，较2009年增长71.65%，年均增长19.73%。人均生产总值24042元，增长42.17%，年均增长12.44%。第一、二、三产业结构由2009年的5.7：35.2：59.1调整为3.9：34.4：61.7。

——工业经济得到新发展。2012年，实现工业增加值32.66亿元，较2009年增长61.49%，年均增长17.32%。2012年工业增加值占全市经济总量的24.7%，这三年，全市累计实现工业投资38.88亿元，一批起点高、规模大、效益好的工业项目相继建成投产，壮大了工业经济实力，提升了集聚效应，带动了全市工业经济的提速。

——国内贸易快速发展。2012年，全市实现社会消费品零售总额

51.5 亿元，比 2009 年增长 60.04%，年均增长 16.97%。

——财政收支大幅度增加。2012 年，地方财政收入完成 18.61 亿元，较 2009 年增长 150.8%，年均增长 35.9%。其中，公共财政预算收入完成 13.14 亿元，增长 156.1%，年均增长 36.8%。地方财政支出完成 49.63 亿元，较 2009 年增长 104.7%，年均增长 26.98%。其中，公共财政预算支出完成 41.02 亿元，增长 81.9%，年均增长 22.07%。[①]

——固定资产投资和招商引资数目不断扩大。三年期间累计完成固定资产投资 258.3 亿元，相当于（1990—2009 年）20 年的投资总量，比前一个三年（2007—2009 年）总量高出 1.3 倍，尤其是 2012 年，喀什市固定资产投资突破了百亿元大关，达到了 113.1 亿元，与 2009 年相比增长 1.4 倍，年均增长 34.5%。2012 年招商引资项目 53 个，完成招商引资到位资金 34.5 亿元，较 2009 年增长 163.8%，年均增长 38.2%。

——城乡居民收入稳步提高。2012 年，农牧民人均纯收入 6200 元，比 2009 年增加了 1558 元，较 2009 年增长 33.6%，年均增长 10.1%；实现城镇居民人均可支配收入 14997 元，比 2009 年增加了 4040 元，较 2009年增长 36.9%，年均增长 11%。

第三节　工业发展的现代产业支撑

喀什市作为区域性商贸旅游中心城市，国家批准设立喀什经济"特区"后，给喀什经济开发区产业定位为商贸物流、出口机电产品配套组装加工、农副产品深加工、纺织、建材、冶金、进口资源加工、机械制造、旅游、文化、民族特色产品加工、生物技术、可再生能源、新能源、新材料等产业。喀什市的发展目标是把喀什市建设成为建设区域性商贸物流中心、金融贸易区和优势资源转换加工区，对今后的经济发展起到支撑拉动作用。

喀什市根据当地的富余劳动力就业、提高劳动者收入水平和加快喀什市工业体系向知识化、科技化转型，确立了今后发展的重点是：一是做大做强现有工业；二是培育发展三大支柱产业；三是加强发展六大重点产业。

---

① 喀什市统计局：《喀什市援疆三年经济发展分析报告》，2013 年 7 月 6 日。

一 做大做强现有工业

如前所述，喀什市现有的工业主要是电力、建筑建材、纺织等行业。

针对电力行业，做大做强电力企业的生产能力和经营规模。如重点支持华电 $2 \times 350MW$ 热电联产项目，鼓励和支持水泥制造等企业建设余热发电项目和自备电厂项目等。

针对建筑建材行业，主要是做大做强建材行业，促进建材行业升级，扩大建材门类，打造建材工业基地。

针对纺织行业，依托喀什市丰富的棉花资源，加快传统产业生机改造，形成纺织行业聚集区，延长纺织产业链条，建设民族服装生产基地。

二 培育发展三大支柱产业

喀什市依据工业化战略确定了三大支柱产业，包括高新技术产业、纺织服装业和出口组装加工业。

（一）高新技术产业

主要是高新技术产业中的数字视听、新型元器件、液晶显示器、电子通信设备及软件等产品制造业，结合喀什市产业发展特点，使产品在种类上、数量上抢占周边国内和国外两个市场，吸收当地人就业。

（二）纺织服装业

主要是发展完整的产业链和产业集群。通过建设民族服装生产基地和纺织工业园区，提升纺织行业技术含量，发展高支纱、高档面料、彩色棉纱等新品种，提高技术装备水平，引进纺布、纽扣、丝线等服装配套产业，延伸纺织深加工产业链。

（三）出口组装加工业

发挥集群口岸的地缘优势，加速推进"东联西出，西进东销"的外向型经济建设步伐，承接内地产业转移，发展先进制造业，培育组装加工业，建设南疆出口商品加工基地。引进组装加工企业，重点发展汽车、家电、低压电器设备、机电设备、大型机械、摩托车、电动车组装，立足南疆地区消费产品升级换代需求和周边国家市场需求，提高喀什市轻工业产品科技含量和生产水平。通过市场规划效应，建立面向周边国家市场的日用百货小商品生产基地和批发零售集散地，使出口组装加工业逐步成为加快喀什市工业发展的支柱产业。①

三　加强发展六大重点产业

包括农副产品加工、食品及饮料业；日用百货和小商品制造业；革皮、皮革服装、针织品及制鞋业；建材业；黑色金属冶炼业；石油化工及其制造业。

（一）农副产品加工、食品及饮料业

发展农副产品、果品、畜产品等的产业化，重点发展的是精炼植物油，食品精深加工，果品饮料的深加工，肉禽蛋等的出口加工等。推进喀什市特色农副产品加工业向"精特新"的方向发展，形成农副产品加工业在产、供、销、储、运及包装物上的产业集群，并向高附加值产品方向研发发展。②

（二）日用百货和小商品制造业

依靠周边国家市场，发展符合其需要的小商品，增加外汇收入，同时也解决一部分当地人的就业问题。

（三）革皮、皮革服装、针织品及制鞋业

利用喀什地区丰富的原料，发展现代制革业，以革皮服装、皮鞋制造为目标，建立完整工业产业链及相关配套产业，满足周边国家巨大的市场需求。

（四）建材业

扩大水泥、地板砖、墙体涂料、新型环保建材的生产规模，保证喀什大开发、大建设、大发展需求的同时，推动企业向周边国家及地区出口，打造国际品牌。

（五）黑色金属冶炼业

充分利用周边地区及国家的资源优势，加快推进喀什市产业结构调整和优势资源转换战略，实现年产200万吨的钢铁等冶炼产业的生产规模，为喀什市工业发展提供原材料基础。

---

① 喀什市人民政府：《喀什市国民经济发展和社会发展第十二个五年规划纲要》，2011年1月。

② 喀什市经信委：《喀什市工业"十二五"发展规划》，2010年12月。

（六）石油化工及其制造业

以中亚、西亚的石油、天然气资源优势，开发石化、天然气新产品，解决劳动力就业的同时，为喀什市工业发展提供广泛的原材料。

第四节　工业化进程中的矛盾和问题

综合考察各方面的因素，我们认为，喀什市工业化进程中的突出矛盾首先是传统工业化与新型工业化发展的矛盾，其次是失地农民的潜在的社会问题，此外还有工业体系不健全水平低，劳动力素质和技术水平较低等。

一　传统工业化与新型工业化

我国的新型工业化强调的是以信息化带动工业化，以工业化促进信息化，实现生产力的跨越式发展。而我国传统工业化过程中由于受到西方国家的封锁，同时由于政体与苏联相同，而选择向苏联学习，使得我国的工业化呈现出不同的特点。就总体而言，传统工业化的主要特点是：从所有制来看是单一的公有制经济；经济运行方式是计划经济体制；从发展方式来看优先发展重工业，甚至以牺牲农业和消费品工业的发展为代价；强调经济增长的高速度；从工农业及城乡协调方式来看，通过行政手段，限制农村劳动力的流动与转移等。而新型工业化不仅仅反映在工业增加值方面，还反映在将科技含量高、经济效益好、资源消耗低、环境污染少、人力资源优势等方面兼顾和统一，正确处理工农、城乡的关系，遵循市场经济规律，工业反哺农业，发展农村经济。

如前所述，喀什市的新型工业化是依托喀什经济特区和产业园区，发展新兴产业和高科技产业；以出口型战略为导向，发展对外加工贸易产业；同时依靠援疆项目，加快产业结构优化升级，发展深加工产业。

喀什市的新型工业化还处于起步阶段，从 2010 年后才开始发展，目前尚处于建设期，经济效果不明显。虽然才起步，但是按照整体规划的要求，在逐步完善工业化体系。到 2014 年初，喀什市已经基本完成工业园区近 10 平方公里内的基础设施配套，达到"八通一平"的标准，入驻企业 53 家，包括纺织、食品、建材、照明、药品、仓储物流、机械制造、农产品深加工、家具制造、电气制造、家电组装、电线电缆制造 12 个行业。园区中小企业成长迅速，企业自身建设逐渐壮大，生产规模逐渐扩大。

喀什市在推进新型工业化过程中，传统工业化发展的粗放、"三高""三低"① 与新型工业化的低碳、环保和循环经济的矛盾越来越突出。新型工业化从当地的富余劳动力、就业难的实际出发，注重把发展资金技术密集型产业和劳动密集型产业很好地结合起来。在促进产业结构的不断优化升级的同时，强调扩大就业，改善就业环境，降低失业率。在使劳动者就业得到制度保障的同时，享受新型工业化带来的好处。

二　失地农民问题

在发展喀什市经济过程中，扩展城建用地，导致围绕城市的大片耕地和草原被征用作为城建用地，使得更多的农民失去土地。对于这些失地农民，政府采取的措施是进行一次性补偿。从1998年到2012年年底，农业耕地被征用达到58100.56亩，被征用土地占全市耕地的40%，失地农民达到59041人，占喀什市农民总人口的32.6%。随着城市布局的调整和经济的发展，失地农民将会进一步增加，预计到2015年达到70000人，被征用耕地达到70000亩左右，这将是本市50%的耕地被征用，50%的农牧民的土地被征用。②

对于这些失地农民，可能游离于"农民"和"市民"，"城市"和"乡村"之间，正如陈锡文所言："农民失去土地以后，他当不成农民了，而领到的那点补偿金，也当不成市民，既不是农民，又不是市民，只能是社区游民，社会流民。"③ 失地农民既失去了生活保障、就业机会，又失去了一项重要的财产和财产权利，还失去了与土地相关的一系列权益，如政府对农民的技术、资金、农资等方面的支持以及由于失地导致的农民对村民自治失去热情，从而最终失去对民主政治权利的追求。④ 虽然一次性补偿短期内大大提高了他们的收入，但是从长期来看，由于这些人不具有高素质和专业技能，失去了赖以生存的基础后，走上什么样的道路，无法预测，这些人将会成为社会的不稳定因素。如近几年来发生在新疆区域内

---

① "三高"指高污染、高能耗、高成本；"三低"指生产工艺低、科技含量低、附加值低。
② 喀什市规划局：《喀什市农民失地情况的调查报告》，2013年7月。
③ 陈锡文：《为了保护农民利益，必须改革征地制度》，《地政研究动态》2002年第11期。
④ 白呈明：《农民失地问题的法学思考》，《人文杂志》2003年第1期。

的暴恐冲突事件，其背后的成因是很复杂的，其中我们认为在工业化过程中，一部分高新技术产业部门对当地居民，尤其是维吾尔族，"边缘化"有一定的关系。因此，在工业化过程中，如何吸收当地人就业，让更多的当地人参与工业化过程就显得尤为重要。应当着重指出，对失地农民的一次性补偿与现实往往事与愿违。喀什开发区和喀什新城建设大面积征地可能导致一系列很难解决的后遗症。从农民到市民的跨越所形成的文明鸿沟，使他们面临较大的考验。根据我们的访谈，从目前看只有少数农牧民可以实现这种跨越式发展，有可能成为城镇中的难民。

因此，特别需要加强对失地农牧民的培训，提升其素质和技能。一是建立再就业创新机制，政府制定统一的就业政策和劳动力市场，统筹城乡就业。如政府加大资金投入，以技校和阳光工程培训为载体，建立培训基地，开展免费培训等。二是健全完善再就业培训体系。加大对失地农牧民的职业技能培训，开拓就业渠道，鼓励社会企业和组织吸收失地农牧民再就业。

三　工业体系不健全水平低

2009 年喀什市 216 家工业企业主要分布在农夫产品加工、再加工，采掘品的加工、再加工的中型企业和对工业品的修理翻新等小企业中，其余工业行业基本都是空白。各个行业之间关联性较低，除去基础工业水、电、气、热外，每个行业基本没有形成产业链，这些行业主要是原材料初级加工和满足城市建设的建材行业及满足本地居民个别需求的农副产品加工业。由此导致喀什市广大人民群众生产生活所需的绝大部分工业消费品基本来自内地和北疆地区，而这正是喀什市包括广大南疆地区经济落后的根本原因。[①]

2012 年喀什市工业企业完成工业增加值 34.61 亿元，占喀什市地区生产总值的比重仅为 33.34%，较自治区水平低 5.57 个百分点，较全国平均水平低 5.14 个百分点。实际上喀什市的工业尽管发展了几十年，但由于历史、地理、条件等因素，仍处于"工业化的初期末尾向中期过渡阶段"。全市工业企业普遍规模较小，在规模和数量上远远赶不上内地发达地区的水平。

---

① 喀什市经信委：《喀什市工业"十二五"发展规划》，2010 年 12 月。

四　劳动力素质和技术水平较低

随着工业发展和城市建设，喀什市富余劳动力大幅增加，同时动者素质不高，不能满足喀什市工业发展的需要，制约了喀什市工业发展的速度。更突出的是，在发展劳务经济的过程中，工作强度和薪资水平与劳动者期望值相差太大，深层次的矛盾越来越突出。如劳动者由于素质较低，没有专业技能，他们的生存面临挑战。

表3　　　　　　　　　2012 年喀什市农村劳动力文化程度调查汇总

	合计	文盲	小学	初中	高中以上
合计	90640	51	32316	54209	4064
乃则尔巴格镇	14535	4	5567	8359	605
夏马力巴格镇	10318	13	2845	6578	882
多来提巴格乡	14713	11	5752	8559	391
浩罕乡	13414	11	4726	8239	438
色满乡	7928	1	1738	6063	126
荒地乡	5579	8	1826	3533	212
帕哈太克里乡	6504	3	1808	4598	95
伯什克然木乡	17649	0	8054	8280	1315

资料来源：《喀什市 2012 年度农村劳动力现状调查摸底汇总表》，喀什市农经局，2012 年 2 月 20 日。

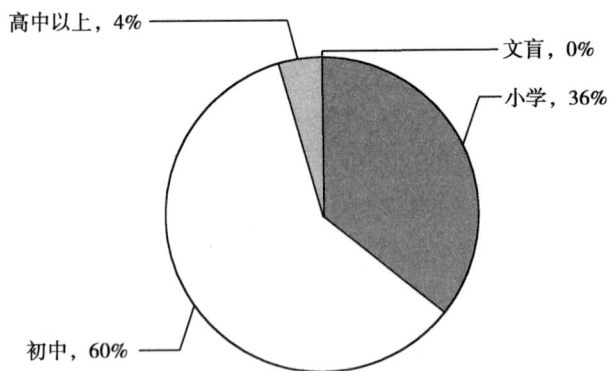

图 10　2012 年喀什市各学历比例

如表 3 和图 10 所示，喀什市农村劳动力的文盲率几乎为 0，小学文化程度占 36%，初中文化程度占 60%，高中以上文化程度占 4%，主要集中在小学和初中文化程度，低水平和高水平的都很少。在工业化发展过程中，农村的富余劳动力能够适应加工业和制造业的需要，对于高新技术产业，参与程度不足。

第五节　跨越式发展及其产业依托

所谓"跨越式发展"，是指一定历史条件下落后者对先行者走过的某个发展阶段的超常规的赶超行为。既然是"超常规"，它就不是通过单纯地加快速度可以实现的。从哲学上来说，跨越式发展理念主要特点是避免社会遭受矛盾在推动社会发展进步过程中所产生的巨大破坏作用。它不仅是一种超常规的发展，而且也是一种非均衡的发展，即它不是全面、平行地推进，而是可以在不同的领域有先有后、有所侧重。

喀什市的跨越式发展是对国际发展趋势正确分析，反思过去所走过的道路，以及对我国现实发展状况有了比较明确的认识的基础上提出的。喀什市工业化的最终目标是"把喀什建设成为商贸物流中心、金融贸易区和优势资源转换加工区"。

一　跨越式发展的衡量指标

喀什市的跨越式发展一种可持续发展。主要是突破传统工业化道路中单纯追求"速度型"增长，避免经济发展中的短期行为，以及"单项突进"的发展模式。喀什市的跨越式发展主要集中在产业发展重点的跨越、整体技术水平的跨越和经济增长方式的跨越。产业发展重点的跨越主要是改变传统工业化进程中产业结构梯次演进的路线，有重点地发展高科技含量的新兴产业，促进产业结构的"软化"；整体技术水平的跨越主要是瞄准现有主导产业和新兴产业关键性、前沿性、带动性的技术；经济增长方式的跨越主要是在改变传统现代化的推进方式，在实现第一次现代化任务的同时，越过粗放型的增长方式和以牺牲环境为代价的发展阶段，大力发展高科技产业、生态产业。

在衡量指标上，当地政府是将人均 GDP 作为衡量跨越式发展的标准，其近期指标是到 2015 年实现生产总值 350 亿元，年均增长 31.4%，较"十一五"末翻两番；实现人均生产总值 38889 元，年均增长 18.3%；地方财政一般预算收入 32 亿元，年均增长 32.9%；完成固定资产投资 360

亿元，年均增长 41.7%。

但是，根据我们实际的访谈调查，许多当地人认为跨越式发展最重要的是人的发展。应该从当地的人口、劳动力、就业形势等基本实际出发，强调扩大就业，改善就业环境，降低失业率，即在喀什市跨越式发展中要依靠当地民众，特别是占当地人口 80% 以上的维吾尔族民众，使得当地工业发展的成果惠及当地人民群众本身，实现社会和谐和稳定。因此，喀什市在发展经济、进行经济建设中，不仅要吸收当地人就业，尤其是争取当地维吾尔族群众的参与，只有各民族参与了的工业化才是最符合当地需要的工业化，才是完整的工业化。

此外，跨越式发展必须是在不破坏当地环境的前提下来推进工业化，无论是前述的"三大支柱产业"还是"六大重点产业"的确定，都必须充分考虑区域尤其是绿洲的环境容量和环境压力，不能以牺牲良好环境来发展工业。

二　跨越式发展的产业依托

综合诸多方面因素的考虑，喀什市跨越式发展的产业依托主要从以下两个方面来推动：

一是发展高科技新兴产业发展高科技新兴产业。依靠援疆政策上的优势，发挥好深圳援助的作用，利用深圳发展经验和人才援助的机遇，发展符合周边市场需要的产业。大力引进涉及高新技术的产业，特别是深圳援疆企业向喀什产业园区转移。要加强自主创新。在引进技术的同时要消化吸收先进技术，并进行自主创新。加强自主创新研发队伍建设。在引进的过程中，吸收当地人就业，依托当地人的自主创新成果才是最符合当地需要的技术和产业。加强产业基地建设，主要是基础设施建设。良好的基础设施就意味着投资环境的改善，有利于吸引资金、技术、产业的进入，扩大高新技术产业的规模，壮大企业实力，最终形成产业集聚和产业链的延伸。在招商引资上，要克服招商引资的困难，调整招商引资的方式，壮大新兴产业资本实力。如细化市场分析，维护社会稳定，调控土地价格高，促进金融、能源、资源、基础设施等要素发展，提升地方领导干部服务意识、大局观念、工作效率等。要落实好优惠政策。主要是细化优惠政策，让来自各地的企业、资本和人才看到实际的优惠，同时也要落实好喀什落地签证，这样方便高新技术企业的进入，资本的进入，人才的进入。

二是推动产业园区建设。喀什市的产业园区按照整体发展规划，主要有四大产业园区，分别是城北围绕喀什经济特区、城东北火车站附近发展重工业园区、城南建设纺织工业园区、城南克孜勒河以南重点发展重化工园区。产业园区建设的重点：一是打造园区产业特色；二是推动园区开发建设；三是努力争取产业援疆资源。

此外，加快喀什市城区未入园的符合园区产业发展导向的工业企业快速入园区建设，实现本地产业优先转移。如图 11 所示，喀什经济特区采

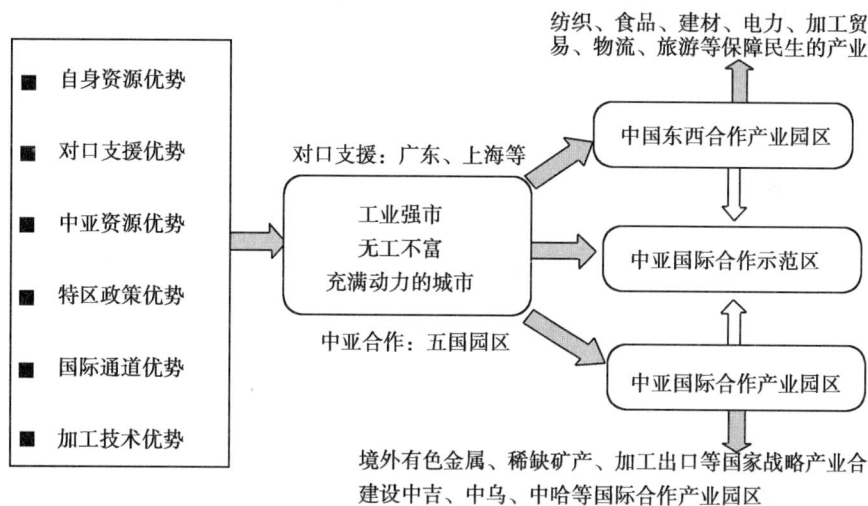

图 11 喀什市产业园区发展示意图

资料来源：方创琳：《实施走西口战略，把喀什建成中亚国际贸易中心城市》，喀什论坛发言 PPT，2013 年 6 月 28 日。

取"一园两区"式布局。"一园"指中亚南亚工业园区；"两区"指喀什机场周边片区和喀什新城东侧片区。到 2013 年上半年主要工作是进行基础设施建设。发展以无污染的高新技术产业中的数字视听、新型元器件、液晶显示器、电子通信设备及软件等产品制造业；出口组装加工业中的农机组装、家用空调、洗衣机、电冰箱、电视机、电动环保自行车等制造业。同时在经济特区中设立综合保税区及保税区中面向周边国家市场的出口商品加工区，生产以满足周边国家市场需求电子产品、日用百货和小商品及家电、汽车等产品的原配件等，突出喀什经济特区中的产业优势。城东北火车站附近发展重工业园区，以发展黑色金属冶炼、金属制品及建材行业为主。城南建设纺织工业园区，以雅戈尔棉纺厂向南扩展发展以纺

织、印染、服装业及革皮、皮革服装、针织品及制鞋业为主。

　　需要指出，喀什市工作发展规划中，城南克孜勒河以南重点发展重化工园区。以发展化工业、平板玻璃制造业、乙烯和天然气下游产品开发为主。① 但是，我们认为，城南重化工园这一发展规划欠妥。因为重化工行业已基本无前景可言。众所周知，重化工业是一个高污染、高消耗工业，是造成现在内地一线城市阴霾的主要原因。由此可见，要保护好新疆和喀什这块蓝天，重化工行业在喀什没有发展前景，而且喀什的市场也很有限，重化工行业也难以被看好，这与可持续发展相矛盾。

---

① 喀什市经信委：《喀什市工业"十二五"发展规划》，2010 年 12 月。

第四章

基础设施骨架与城市化建设

跨越式发展离不开基础设施建设的助推。沿海地区经济快速发展和某些区域开发的成功，一条共同的经验就是通过率先启动大规模的基础设施建设，为经济高速增长奠定坚实的基础。尤其是喀什这样的特区城市在新的起点上推进新跨越，加强基础设施建设就显得更加紧迫。本章将就喀什市的基础设施骨架与城市化建设进行深入研究，重点考察喀什市的交通运输骨架现状，然后探讨喀什城市化的进程及其特征、城市化的动力机制，接着分析喀什城市化面临的主要挑战尤其是城市化进程中的生态保护问题，最后从宏观上就城乡发展一体化问题进行简要总结。

第一节　基础设施和交通运输骨架建设

基础设施是指为社会生产和居民生活提供公共服务的物质工程设施，是用于保证国家或地区社会经济活动正常进行的公共服务系统。基础设施建设具有所谓"乘数效应"，即能带来几倍于投资额的社会总需求和国民收入。一个国家或地区的基础设施是否完善，是其经济是否可以长期持续稳定发展的重要基础。基础设施主要包括交通运输、机场、港口、桥梁、通信、水利及城市供排水供气，供电设施和提供无形产品或服务于科教文卫等部门所需的固定资产，它是一切企业、单位和居民生产经营工作和生活的共同的物质基础，是城市主体设施正常运行的保证，既是物质生产的重要条件，也是劳动力再生产的重要条件。

一　城市基础设施总体状况

城市基础设施状况是城市发展水平和文明程度的重要支撑，是城市经济和社会协调发展的物质条件。随着城乡人口的不断增加，对基础设施需求也不断增加。喀什市作为新疆西南部的重要城市，其发展在服从国家关于新疆建设整体规划的前提下，立足自身的实际，利用援疆建设的各项优惠，发展外向型经济。同时，也利用援疆建设的机遇，整合地方经济结构和产业布局，规划交通网络，重新规划城市布局，加速推动城市化。

近年来，喀什市把中央政府、新疆维吾尔自治区政府的支持和深圳市的对口援助，通过加快基础设施建设，主要项目包括大力推进老城区危旧房改造，加快城乡道路建设，城市垃圾污水处理，做好供排水、供气、供热、园林绿化、环保和防震减灾等基础设施建设。喀什市充分利用国家赋予的各项优惠政策，将喀什经济开发区建立为中国向西开放窗口。2011年9月，国务院就出台《国务院关于支持喀什霍尔果斯经济开发区建设的若干意见》，明确喀什经济开发区总面积约50平方公里，其中包括喀什市40平方公里和伊尔克什坦口岸10平方公里。目前，喀什经济开发区将作为拓展对外联结的通道，争取2015年完成喀什经济开发区的基础设施建设。中央财政将对经济开发区建设每年给予一定数额的补助，尤其在基础设施方面将加大支持投资力度。将积极推动中吉乌、中巴铁路建设、边境口岸铁路、公路建设等。

在喀什市的基础设施建设中，交通运输骨架建设具有重要地位。

二　交通运输骨架现状

喀什市的交通建设，主要是围绕公路、铁路和航空，组建立体化的综合运输体系，将喀什市建设成为辐射中亚、南亚、西亚地区与全国的国际航空港、铁路和公路枢纽。

喀什市是古丝绸之路南路的中心城市，长期形成了以少数民族占多数的聚落，虽然人口较少，但是在历史的长期发展过程中也形成了一些公共道路和运输线路，喀什市的现代交通运输业是在此基础上发展起来的，并处于逐步完善的过程中。

（一）公路

喀什市在长期的城市发展过程中形成了"六纵八横"交通性干道，六纵指的是建设大道—建设南路、解放路、315国道、新区一路、城东大道、瓦普东路；八横指的是机场南路、城北大道、乃则路、天山东路、人民路、深喀大道、纬五路、纬六路。中心城市交通网络的逐步完善，方便了城市人民出行，促进了城市化的发展。

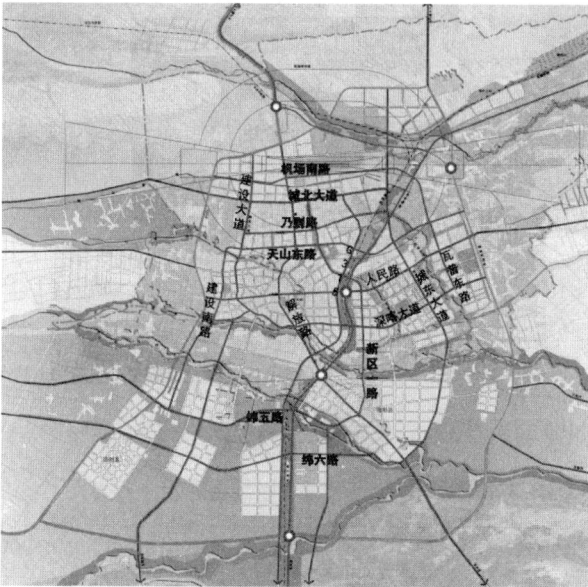

图1 喀什市城区交通网络体系结构

与此同时，在出城方面，也形成了高速路和环大喀什快速路。主要出城高速公路有喀伊高速、喀和高速、喀阿高速、穿城高速。主要环大喀什快速路有314国道、绕城快速路和高速连接线等。

近年来，喀什逐步开通了喀什至叶城等高速大通道，314、315国道连接线也已建成通车，阿喀、三莎、喀麦三条高速公路主线已贯通，项目建设进入收尾阶段。喀伊高速公路作为一条极其重要的国际商贸通行线也已于2013年10月底全线贯通，这条公路投资40多亿元，全长213.9公里，连接吐尔尕特和伊尔克什坦两个国家一类公路口岸，是新疆通往中亚、北亚和西亚的重要通道，是亚欧大陆的交通枢纽。公路交通正成为喀什特区腾飞的有力助推器。

为进一步加大与巴基斯坦的经济贸易往来，改善中巴公路条件，提高公路等级，喀什地区正在积极争取国家资金的支持，将对中巴国际公路进行改建。2013年喀什地区还在农村公路建设方面完成投资9.2亿元。

（二）铁路

喀什市的铁路，目前主要还是内延铁路，即沿着古丝绸之路的南线，建设的连接喀什至和田的铁路。全长488.27公里，连接喀什市与和田市的喀和铁路已在 2011 年 6 月开始客运运营。为尽快打开陆上对外通道，目前喀什正致力争取中吉乌铁路国内段、喀什—阿克苏铁路复线项目尽早开工，加快中巴、中塔铁路前期工作。对于出国的铁路运输还在规划中。为了更好地发挥铁路的联运作用，同时为了更好地服务喀什市经济发展，在开发区东设置编组站，将中吉乌铁路喀什市北与南疆铁路并线，此外，还将喀和（喀什—和田）铁路经铁路南站至铁路客运中心站。

（三）航空

喀什机场位于喀什市北面，距市中心 10 公里。机场于 1953 年建成，飞行等级 4E，可供 B747 – 400 及其以下机型起降，跑道长 3200 米，宽 45 米，候机楼面积 2. 38 万平方米。1993 年 4 月经国务院批准正式对外开放。喀什市的航空港建设主要是建设喀什 1—2 小时飞行圈。

表1　　　　　　　喀什市 1—2 小时飞行圈覆盖城市一览表

1 小时飞行圈			1—2 小时飞行圈		
国家	首都	距离	国家	首都	距离
乌兹别克斯坦	塔什干	600km	阿富汗	喀布尔	820km
吉尔吉斯斯坦	比什凯克	380km	印度	新德里	1220km
塔吉克斯坦	杜尚别	635km	哈萨克斯坦	阿斯塔纳	1350km
巴基斯坦	伊斯兰堡	700km	土库曼斯坦	阿什卡巴德	1525km

资料来源：《喀什市城市总体规划（2010—2030）说明书》，喀什市人民政府，2011 年 11 月。

近年来，喀什努力打造"空中丝绸之路"战略，大力发展空港经济，使喀什国际机场的客货量逐年攀升。2013 年，喀什机场先后引进天津航空公司开通天津—乌鲁木齐—喀什定期航班，海航开通深圳—乌鲁木齐—喀什航班。并实现了喀什飞香港的包机和喀什直飞伊斯兰堡的国际航班，成为国内最大的 4E 级支线机场之一。随着喀什机场消防等级（含医疗）提升至 8 级，南航投入波音 777 运行喀什，与"北上广"一样，实现了宽体客机运送旅客的目标。截至 2013 年底，喀什机场先后由 9 家航空公司运营 13 条航线，形成了多家航空公司共同运营喀什机场的新格局。去年，喀什国际机场累计运输旅客近 115 万人次，货邮 628 万公斤，起降飞机一万余架次，比 2012 年分别增长 5.81%、32.37%、15.44%。

随着喀什机场落地签证获得国务院的正式批复，喀什市正在建设一个以航空、数字化、全球化和以时间价值为基础的全新竞争体系。目前，喀什市已启动编制空港经济区发展规划。致力发展以航空保税物流为重点的空港经济，带动整个商贸物流业发展，进而带动加工业发展。进一步推进"空中丝绸之路"战略，积极组建喀什航空公司，争取开辟喀什直飞内地主要城市和欧洲城市航线，把经济开发区发展与内地和欧洲市场连接起来，实现跳出周边、面向全球发展，进而带动影响周边发展。2014年，喀什地区将设立5000万元航空基金，其中喀什市财政不低于2000万元用于支持喀什航空公司组建和航线培育。鼓励中外航空企业开通喀什机场直达周边国家主要城市的国际航线。不断加强与中亚、南亚、西亚和东欧的紧密联系与合作。喀什机场也已成为区域经济发展的强大动力，已从传统意义上的单一运送旅客和货物的场所演变为全球化生产和商业活动的重要节点及带动地区经济发展的引擎，不断吸引众多与航空业相关的行业聚集到其周围。

2013年8月，喀什—伊斯兰堡国际客货航线成功实现直航，成为壮大空港经济、助推喀什特区腾飞的重要引擎。另外，喀什至对口援疆省市、香港—喀什、西安—喀什—阿里航班、喀什—乌鲁木齐—伊宁疆内环线开通，还将积极争取开通更多喀什至内地，大中城市和周边国家、中东、欧洲航线，全力推进莎车机场、塔什库尔干机场项目建设，形成以喀什经济开发区为基点，形成一个半小时可以到达中亚国家，六个小时可以到达欧洲的空中丝绸之路。喀什将依托喀什国际机场及其综合交通枢纽建设和综保区的各类优惠政策加快发展空港经济，使喀什临空经济区成功承接中东部地区的产业向西部转移，并带动其外向型出口加工业及其他产业的协调发展 。

此外，近年来喀什口岸基础设施建设加快，相继实现了中巴红其拉甫口岸、中塔卡拉苏口岸、喀什航空口岸、喀什（新怡发）二类口岸的对外开放。

三　交通运输骨架建设发展方向

（一）公路

根据喀什市交通运输规划，该市将建立和完善公路布局，大力发展公铁联运，引导客运、货运交通流合理分布，加速城市化的发展，促进城市交通和环境的可持续发展。预计到2020年公路年旅客运输量为9461万人次，货运量为 9690 万吨；2030 年公路年旅客运输量为 2.889 亿人次，货运量为 3.236 亿吨。主要采取的措施：一是根据国家高速公路网规划及新疆"十二五"规划，结合南疆地区客、货流联系，布局高速公路；二是升级改造国省道，形成环形加放射的干线公路网，补充高速公路网骨架的不足；三是结合公路枢纽、火车站、机场枢纽建设长途客运站。

（二）铁路

未来喀什市将抓住我国铁路提速的发展契机，大力发展集装箱作业，提升喀什对南疆地区的铁路交通的辐射能力，进一步完善喀什综合交通运输体系。预计到 2020 年铁路年发送量为 517 万人次，货运量为 3210.6 万吨，其中集装箱 200 万标箱；2030 年铁路年发送量为 1926 万人次，货运量为 1.375 亿吨，其中集装箱 500 万标箱。主要措施：一是建设三大通道（南疆—喀和铁路通道，新建中吉乌铁路，预留中巴铁路通道）；二是建设"一心两极多点"战场；三是区站结合、公铁联运。

（三）航空

主要是建设以喀什国际机场为核心，多方式、一体化、复合型的区域性综合交通运输枢纽，并以此为突破，通过客运带动旅游、金融、会展、商务等服务业的发展，加速推进喀什市的城市化。预计到 2020 年，喀什国际机场年客运、货运吞吐能力分别达到 362 万人次和 19.4 万吨；2030 年机场年客运发送为 1284 万人次，货运量为 115.6 万吨。主要措施：一是加强机场基础设施建设；二是完善集疏运系统，加强复合型综合交通枢纽建设。

四　交通运输骨架与城市化的关系

交通对于一个城市的发展而言，至关重要。随着城市化进程的快速推进，对支撑城市经济发展的交通基础设施提出了更高的要求，反之，良好的交通条件将极大地推进城市化水平的提高，二者相互依存，相互促进。喀什市的经济和社会发展，同样也需要二者共同进步，相互促进。

（一）随着喀什市城市化快速推进，人口快速集聚，出行压力和货运压力显著增加

国际普遍认为，一个地区的城市化率达到 30% 以后，客运将会有一个高速增长期。目前喀什市的城市化率达到 60.3%，居民出行量有明显

的增加，特别是各个城市之间的客运量增长幅度更加突出，这就要求城市之间的交通条件要不断升级改造，向着完善的交通运输体系发展。

（二）交通条件的改善，加强了大城市的辐射功能，带动沿线地区的经济发展，加快了城市化进程

大城市在发展过程中，对附近的中小城市有相当强的辐射效应，同时，这些中心城市会对大城市提供必要的补充，但是这些互补效果与距离成反比，良好的交通条件可大大缩短大城市与中小城市的时空距离，使优势互补效果大大增强，带动沿线地区的经济发展，加强城市化进程。喀什市作为乌鲁木齐的二级城市圈的中心城市，与其他县市联系密切，机场、高速、铁路、公路都具备，这些交通条件使得该地区城市化率高于周边地区，高于全省平均水平。

（三）城市化的发展将带动和促进交通的发展

城市化的发展，促进城市布局的调整和城市规模的不断扩展，随之而来的就是城市布局整体规划的不断实现。城市发展布局更加科学合理。喀什市在援疆项目的支持下，重新规划城市布局，重点建设交通枢纽。不仅不断扩展国内的交通，还积极拓展国际交通，如中吉乌铁路、中巴铁路以及国际航空港建设。城市化的发展使得喀什周边地区的居民向市区集中，外来人口的进入，使得交通压力增大，交通的硬性要求提高。

第二节　城市化的进程及其特征

如前所述，喀什是一个典型的绿洲城市。同时，喀什在一定程度上可以看成是由于宗教圣地而形成的城市。①喀什是古代伊斯兰教圣地之一，维吾尔语称"喀什噶尔"，古名疏勒，是古丝绸之路上的重镇。喀什于1952年设市，市区有著名的艾提尕尔清真寺。喀什现已发展成为新疆西南部的中心城市和塔里木盆地西部物资集散地，同时也是中国与巴基斯坦等中东国家陆路物资流通的集散地，巴扎（集市贸易）非常繁盛。喀什大巴扎具有鲜明的民族特色和地方特色，它是新疆十大农贸市场之一，它的全称是"喀什中西亚国际贸易市场"，占地面积250亩，有"中亚物资

---

① 我国的宗教圣地城市主要有拉萨、日喀则、喀什等，虽然是人口比较少的小城市，但是在西藏、新疆的社会经济和文化发展中占据重要地位。

博览会"之称，大巴扎内设 21 个专业市场，有 4000 多个固定售货摊位和一条食品街，上市商品种类齐全。

一　喀什城市化所处的阶段分析

人们通常把城镇人口占总人口的比重，即城镇化率作为衡量城镇化水平的最主要标志。1975 年，城市地理学家诺瑟姆（Ray M·Northam）曾把一个国家和地区的城镇化率的变化过程概括为一条稍被拉平的 S 曲线。诺瑟姆认为，城镇化的过程分为三个阶段，即城镇化水平较低、发展较慢的初期阶段，人口向城镇迅速聚集的中期加速阶段，进入高度城镇化后城镇人口比重的增长又趋缓慢甚至停止的后期阶段。[1] 一般来说，在城镇化率低于 25% 以前，工业化和城镇化物质基础薄弱，规模小，发展缓慢，是城镇化大发展的准备阶段和打基础的阶段；在 25%—75% 阶段是城镇化和工业化飞跃发展，第三产业进行性增长的阶段，这个阶段的发展对一个国家民族的振兴具有决定性的意义；75% 以后的阶段，经济社会各方面发展趋势渐趋成熟，速度明显下降，进入城镇化的晚期。同时，在 50% 前后两个阶段也有不同特点，在此之前的城镇人口增长速度具有递增趋势，而呈指数曲线攀升；在此以后增长转而具有递减趋势，而呈对数曲线扩展，同时城镇分布和城镇规模也发生扩散和缩小的变化。[2]

总体而言，喀什市的城市化进程，前期是基于宗教及地方经济发展的实际，缓慢推进的。但是自 2010 年新疆工作工作座谈会以后，东中部地区大力援助新疆，喀什市作为新疆第二大城市，借助这样的历史机遇，喀什市各项产业得到快速发展，城市规模在不断扩大，城市化进程在不断加快，谓之"快速推进型城市化"。2012 年喀什市的城镇化率为 60.3%，处于城镇化发展的中期阶段，各项产业都在快速发展。

二　节水型城市化

喀什市作为西部干旱区的城市，在发展城市化过程中最大的障碍就是水资源严重缺乏。虽然现实的城市化与水资源及生态环境保护之间存在着各种矛盾，但是通过建立水资源约束下干旱区城市化过程及其生态效应的预警指标体系、通过节水措施满足西北干旱区城市化发展和城市化水平提

---

[1]　Ray M·Northam, *Urban Geography*, John Wiley and Sons, New York, 1975, p. 66.

[2]　参见饶会林《城市经济学》（上卷），东北财经大学出版社 1999 年版，第 62—63 页。

高所需的用水量，能有效地利用现有的水资源，同时在有条件的地方开展少量的生态移民，开发深层次的地下水资源，在区域内形成良性循环。

三　大喀什的规模效应

城市布局由单一中心向多元中心的转变是城市现代化发展的必然趋势，也是城市布局的重要指导思想。一些区域具有区位、资源和产业优势，已经达到了较高的城市化水平，形成了城市发展相对集中的城市群或都市圈。

喀什市作为南疆地区的重要城市，属于乌鲁木齐二级城市圈。目前，喀什市按照新疆城市的总体规划，与周边的和田等城市，以及疏勒城区、疏附城区形成了南疆地区沿铁路沿线的城市带，具有一定的规模效应。根据喀什市城市发展规划，目前，喀什地区正在构建以一市两县地区为基础，构建"一核三极、一廊三带"面向绿洲开敞的"大喀什"地区组团式空间结构形态。一核：喀什城区。三极：特殊经济开发区、疏勒城区、疏附城区。一廊：城镇功能与产业发展走廊。三带：北部生态缓冲带、中部生态休闲带、南部生态保育带。喀什市的城市人口规模达到 100 万人，用地规模 125 平方公里，人均用地达 125 平方米/人。①

可以看到，由于都市圈、城市群在本质上打破行了行政区的束缚，在一个较大的城乡交融的区域内实现经济社会的整合，缩短了人们在空间上的距离，经济活动不再局限于某一地区之内。跨地区的产业集团、物流业也以前所未有的速度和规模发展，从组织结构上确保资本、技术、信息等更加畅通无阻地向周边地区流动、扩散，成为南疆地区的经济发展的支撑点。此外，由于户籍制度的改革，外地人口落户喀什市相对比较容易，更加推动了城市化的进程。

第三节　城市化动因及其类型

世界城市化发展的经验表明，城市化快速发展是任何一个国家或者地区不可逾越的阶段，但是其发展或多或少都受到一些外部因素的推动而加速发展，"因机遇而触发"。喀什也是如此，借助产业援助的东风和政府

---

① 喀什市人民政府：《喀什市城市总体规划（2010—2030）说明书》，2011 年 11 月。

的优惠政策，从而得到大的发展。此外，喀什市的城市化是多元主体推动的城市化，即以政府（中央政府和地方政府）、企业（国有企业、乡镇企业、三资企业和外资企业）、个人（市民和农牧民）等多个市场主体各自以其独特的方式影响和共同推动城市化。

一　城市化的集聚与扩散

城市化的过程，在经济学意义上，可以理解为劳动力从农业向非农产业、从农村向城市的转移。非农产业由于收入的需求弹性大于 1，而农业因为缺乏收入的需求弹性，共同导致了劳动力从农业向非农产业的转移。由于存在规模经济和资源禀赋的差异，自给自足的自然经济被分工和贸易所取代，分工使得生产效率大幅度提升，同时贸易会产生交易成本。随着分工的进一步深入，为了节约交易成本，制造业和服务业的生产者开始集中居住。产业在空间上的集中分布，表现为各种形式的开发区和工业园区。城市专业化分工导致的更高的生产率对应了较高的工资水平，交易成本也因为交易效率的提升而远远低于农村，劳动力从农村源源不断向城市转移。诺思（North）发现的经验证据表明：城市世界是 20 世纪百年间的一个发展，它更多的是同交通费用戏剧性地下降，农产品生产率的提高以及经济活动集中产生的聚集效应相联系，而不是同工业城市相联系。[①]

当集聚发展到一定程度，城市土地的价格就会随着需求的增加而上升。城市开始出现交通堵塞，劳动力的通勤时间增加；城市生态环境恶化、失业率上升和基础设施供应不足，导致了交易成本上升引发的集聚不经济。在专业化分工提高生产效率与集聚不经济增加交易成本之间存在静态博弈的均衡。各种要素开始向城市外围扩散，城市规模因此而扩大，新的集聚过程继续使得劳动力向城市非农产业转移。

从流的运动形态看，集聚和扩散是两种基本形式。缪尔达尔（Myrdal）的"循环累积理论"把经济增长的空间过程理解为回波效应和扩散效应的相互作用，城市化过程中回波效应和扩散效应是并存的；[②] 赫希曼（Hirschman）的"核心—边缘理论"认为在涓滴效应和极化效应的作用

[①]　North Douglas（ed.），*Structure and Change in Economic History*，New York，1981，pp. 158-162.

[②]　Myrdal G.，*Economic Development and Undeveloped Regions*. London：Duckworth，1957.

下，区域发展之间的差距倾向于扩大。[①] 而城市化作为一种流的形态，其本质上也是集聚和扩散的空间表现，作用力则相应表现为集聚产生的向心力和扩散带来的离心力。

从喀什市来看，它作为南疆地区的中心城市，在南部沿铁路线城市中的集聚效应更加明显，特别是近几年喀什的跨越式发展，依托"五口通八国"的优势，产业集聚，人才、技术等因素的集聚效应越来越明显，但是目前扩散效应还不是太明显，主要表现为产业和服务业的辐射带动作用，以及城市功能布局的分散。

二　多元主体推动

市场和政府对城市化的推动作用明显，喀什就是一个最明显的例子。喀什市的工业化和城市化就是由于中央政府要建设新疆，发展新疆社会经济而快速推进的，它是政府干扰下的城市化。

现阶段，政府不再通过行政手段主导城市化进程，而是扮演公共物品供应者的角色，通过规划等手段对城市化进程进行宏观调控。市场对城市化的作用，主要体现在资源的配置上，劳动力、土地、资本等要素在农业和非农产业间重新配置。作为城市化主体的农村剩余劳动力，其追求效用最大化的行为决策直接影响到城市化进程的速度。政府方面，喀什市通过整顿产业布局，规划城市功能区，招商引资优惠政策，使得喀什市的市场逐渐繁荣，市场活跃度增加。市场方面，优惠的政策吸引到更多的产业和企业落户喀什市，周边地区的资源、人才开始向喀什市流动，土地按照市场配置进行扭转，促进了城市的扩展，城市化进程迅速推进。

此外，喀什市的经济发展得益于深圳的对口援助建设，引进很多符合当地实际需要的新兴产业。使喀什市产业结构和层次得到了很大的提升。新兴产业的引进，伴随而来的就是人才和资源的引入，人口流量增加，对城市规模和交通等基础设施的要求更加明显。产业园区和生产基地建设不断增加，基础设施等硬件条件不断改善，不断吸引人才和劳动力进入，从而经济能得到持续发展，城市化水平和规模不断提高。

三　外向型经济拉动

如前所述，喀什市的外向型经济发展战略的实施，城市以及产业都围

①　Hirschman AO, *Strategy of Economic Development*. Yale University Press, 1958.

绕着出口而开展，特别是中央新疆工作座谈会以后，对外开放口岸和各项限制措施的松动，喀什市对外经济发展更加顺利，规模不断扩大，"外引内联、东联西出、西来东去"的模式发展的广度在扩大和深度在加深，从而促进了喀什市城市化的加速发展。

第四节　生态城市化发展之路

无论从世界城市发展的历史，还是从近年来中国东部发达城市特别是北京、天津、河北等地雾霾天气的大面积出现，使人们饱尝到粗放型传统城市化发展所带来的恶果。而对喀什的未来而言，不能再走传统型工业化和城市化的老路，而应代之以生态城市化之路。换言之，只有创新转型、绿色发展，才能建成物质丰富、环境良好、人民幸福的西部明珠美丽喀什。生态城市化也应是喀什跨越式发展的重要度量指标之一。

一　传统城市化与生态城市化的差距

1987年，美国生态学家理查德·瑞杰斯特（Richard Register）在《生态城市伯克利：为一个健康的未来建设城市》中，最早对"生态城市"（A sustainable city, ecocity or ecopolis）作出系统阐述。他提出了一系列的生态城市建设原理，最重要的是要转变观念，按照生态学最重要的原理：所有事物彼此联系共存于一个复杂的关系网络中。生态城市建设的标准是生命、美、公平。生态城市首先是要给各种生命提供庇护所，而不是使精英们最大限度受益，也不是妥协地寻找平衡点，既满足大多数也满足少数。在生态城市中要考虑两种目标：一是为提供健康的、可以让人创业的、美丽的环境；二是满足个人和集体的需求和愿望的功能都应该在生态城市中考虑。[①]

以此相适应，生态城市化是指在实现自然生态系统良性循环的前提下，以生态经济体系为核心，以实现社会可持续发展为目的，使城镇经济、社会、生态效益实现最佳结果。具体到实践中是指坚持以人为本，以生态产业化为动力，以因地制宜，优势互补，统筹兼顾，相辅相成为原

---

① Richard Register, *Ecocity Berkeley: Building Cities for a Healthy Future*, North Atlantic Books, 1987. ［美］理查德·瑞杰斯特：《生态城市伯克利：为一个健康的未来建设城市》，沈清基译，中国建筑工业出版社2005年版。

则，以生态文明建设为主体，推进大中小城市和农村小城镇的生态化、集群化、现代化的发展，全面提升城镇化的质量和水平，走科学发展、集约高效、功能完善、环境友好、社会和谐、个性鲜明、城乡一体、大中小城市和小城镇协调发展的生态城镇之路。而传统外延扩展型城镇化强调的是城市规模的不断扩大。

建设西部明珠，要求把生态环境放在首要位置。喀什是中国西部最远且知名度最高、最古老、最有民族特色的城市，加之喀什周边辐射很多国家，喀什在我国西部是最有吸引力的一个商业集散点、旅游集散点。对此，只有不断加大力度改善生态环境，使喀什的环境优美、天蓝水绿，才能吸引全国、全球游客在这里旅游、度假。

喀什市在加速工业化和城市化过程中，也面临许多矛盾和挑战，如何处理好这些挑战关乎喀什的跨越式发展，也关系到城市化的质量和速度。这些挑战主要表现在以下几个方面：

（一）生态城市理念较难落实

2011 年，由英国环保组织气候组织和喀什特区战略发展研究院共同发布的《喀什，绿色新"丝"路》指出："第五代城市跨越传统城市的发展顺序和阶段，以可持续发展为核心……构架以绿色、低碳、高效、清洁为特征的现代产业结构，建立自然和谐、经济高效和人文健康的综合性城市系统。"根据这个报告的定义，喀什还处在第一、二代城市之间。[1] 喀什市在 2011 年提出了打造"第五代城市"理念，有超前性，但在实践中难以落实。在喀什市的发展中，各项指标基本还是按照传统习惯来的，虽然也存在部分高新产业，但是主体还是传统产业。

喀什市在发展生态城市化过程中，虽然提出了这个口号，但是实际做到的不多，很多地方以生态化作为商业宣传。如楼盘宣称"生态住宅"，但是实际上却与生态大相径庭，能源都来自喀什的市政管网，与太阳能、风能等新能源无关，垃圾处理也和喀什其他地方无异，都倾倒在机场附近。2013 年 7 月我们在喀什调研时，当地市民对更加富裕的未来感到兴奋，但对"更加绿色"的规划方向却所知甚少。市民抱怨交通越来越堵，环境越来越差。

---

① Olivia Boyd：《喀什"跨栏"第五代城市狂想》，《南方周末》2012 年 6 月 25 日。

（二）城市化与工业化发展不协调

喀什市的城市化已经处于中期阶段，而工业化还处于初期末尾向中期过渡阶段，这主要是喀什市当地的实际决定的。喀什市周边人口较少，生活条件差，人口向着周边的几个集镇聚集，从而形成了城市化快速发展；喀什市从历史上就是一个发展集贸市场（巴扎）的地区，喀什人天生就具备经商的天赋。但是，如前所述，目前而喀什市的工业基础薄弱，工业化发展缓慢，虽然近几年受政策推动，工业得到了较大发展，但是这些工业还处于建设、规划中，带动效应作用不明显。此外，工业化理念尚比较滞后。不少集镇是农业主体型经济结构，许多干部、群众都习惯或多或少地沿用政府计划模式搞农业，尚不熟悉运用市场经济理念来推进现代工业文明。

（三）少数民族的参与度低

喀什市绝大部分劳动力是少数民族，存在通用语言障碍，文化程度不高，劳动生产率偏低。在政府推动城市化过程中，农民市民化问题更加突出。如何跨过这一道门槛，政府没有明确的措施，目前对于这些失地农牧民采取的都是一次性补助，其后续生计问题，在人口城市化过程中，形成了"人虽城市化了，但生活和观念还是原来的"的局面。根据我们的调查访谈，当地居民反映虽然建起来了高楼大厦，道路变宽变好，但与他们没有太大关系，不仅如此，还带来了大量的污染问题。远处的摩天轮映照在拆建的喀什城市之下，反差格外凸显。近郊地区的居民反映："现在房子拆了，钱花完了，没事可以干，生存出问题了。"从而增加了社会不稳定因素。很明显，由于缺乏少数民族的参与和支持，这种形式的城市化是不完整的城市化。

此外，在新一轮援疆中，喀什特区70%的资金都用在了民生工程，例如老城区改造、就业、生活环境等。但是居民实际感受到发展带来的实惠的较少，他们感到的是道路乱挖乱修，到处都在搞建设，垃圾和灰尘满天飞，大气污染越来越严重。

二　发展生态城市化的战略体系

未来喀什在建设西部明珠，推进跨越式发展的过程中，不能再走传统型工业化和城市化的老路，而应代之以生态城市化之路。其战略体系包括以下几个方面。

（一）依托生态产业发展建设生态城镇

在产业选择上，要大力发展生态农牧业，软件产业和高新技术产业等。从发展模式上，主要从生态工业、农业、服务业、居住和消费模式角度分析。在工业上采取生态工业模式：工业向园区集聚，集中建立清洁产业园；在农业上采取生态农业模式：土地向规模经营集中，建立生态城郊观光型和林粮牧业型生态农业；在第三产业上采取生态服务业模式：生态旅游与生态物流模式；在居住条件上，采取生态居住模式：人口集中居住，集中建设生态居住区；在消费观念上采取生态消费模式：践行"低碳消费"方式。

（二）构建环境污染治理的长效机制

1. 在大气污染方面，喀什市实施"蓝天工程"，削减大气污染负荷，稳定优化能源结构，建立以电力、天然气等优质清洁能源为主的能源供应体系，发展太阳能、风能、沼气能等新能源和可再生能源，提高清洁能源的使用率；对于工业污染源治理，主要实施电力及集中供热企业脱硫除尘改造，提高水泥行业除尘效率，采取有效的治理技术措施，实施污染治理工程项目，严格各类大气污染源的环境监督管理；建立扬尘污染防治长效管理机制。通过改善道路质量，加强道路洒水及清扫，减少车辆抛撒逸散。加大对采石取土、建筑施工和渣土运输等施工环节的监管力度，减少扬尘污染的产生和排放。

2. 在水资源方面，大力发展节水型工业、节水型农业，严格限制高耗水产业发展，从源头控制好用水量；同时推广应用节水新技术、新工艺、新设备，在全社会推进实施节水生产、生活方式，降低水耗，减少浪费；积极推进中水回用和污水再生利用设施建设，在各领域大力开展中水、污水的重复利用，提高水资源的综合利用率。

3. 在降低噪声方面，控制城市交通噪声污染，推广使用低噪路面材料，对市区道路两侧噪声敏感路段采取降噪措施，限制机动车鸣笛，种植绿化带、建设声屏障、安装降噪装置等综合措施，控制交通噪声污染影响；控制市建成区工业和社会生活噪声污染；控制建筑施工噪声污染。

4. 在垃圾处理方面，实施资源化和无害化。建设固体废物处理处置场所或设施。坚持废物回收、综合利用和无害化处置相结合的原则，对全市固体废物进行资源化、减量化和无害化处理。对垃圾分类收集，配备与分类收集相适应的垃圾储存、转运、运输等设施，尽量使垃圾资源化，发展循环经济。

（三）生态城市化发展与城乡一体化发展相结合

喀什市的城市化是依靠第一产业与第三产业主导且相互融合、互补和渗透，以及自身特征与时代需要的耦合。城市化发展是与城乡一体化发展紧密相连的，二者都属于城市整体规划的目标，都是其不可分割的两个部分。因此，在发展城市化，调整产业结构和布局的同时，也要同步推进城乡一体化建设。

喀什市的城乡一体化建设不仅要重视区域一体化，更重要的是"人"的一体化。我们认为人的一体化包括两个方面：一是本地人与外地人的一体化，二是少数民族和汉族的一体化。简言之就是要在就业、学习、工作中一视同仁，不搞差别化，但是必须照顾弱小群体和少数民族。只有做好二者的统一，顺利地推进城乡建设一体化，缩小城乡差距，才能有利于改善民族关系，促进社会的和谐稳定，促进工业文明与生态文明的统一，最终实现喀什各民族人民的共同富裕和共同繁荣。

第五章

西向开放与商贸物流业发展

喀什市是我国西向开放的重要门户，是古丝绸之路南道和中道重交汇点和交通枢纽，同时还是我国与中亚、南亚和西亚交流的中心城市，通商历史悠久，商贸物流业发达。把喀什打造成为西部开放窗口和新增长极是我国战略目标之一。本章首先分析喀什西向开放与商贸物流业发展的基本特征，进而探讨喀什市商贸物流发展的因素，总结喀什市商贸物流业发展的特点和初步经验，制约因素，最后提出喀什市商贸物流业未来的发展战略思路。

第一节　西向开放与商贸物流业发展进程

喀什古称疏勒，有文字记载的历史长达 2000 多年，是古丝绸之路的交通要冲和东西方文明荟萃之地，历史悠久，文化底蕴深厚，民族特色浓郁，享有"不到喀什、就不算到新疆"的美誉。

一　西向开放与商贸物流业发展的进程

喀什是中国的西大门，周边与巴基斯坦、塔吉克斯坦、阿富汗、吉尔吉斯斯坦、印度五国接壤，拥有红其拉甫、吐尔尕特、伊尔克什坦、喀拉苏及喀什机场五个一级对外开放口岸，区位优势独特，是我国向西开放的桥头堡。

2010 年 5 月，新疆维吾尔自治区党委七届九次会议全委会议提出新疆向西开放将提升为国家战略，全方位扩大对内开放对外开放，面向国际和国内"两个市场、两种资源"，坚持全面推进"外引内联、东联西出、西来东去"的开放战略，促进新疆区域繁荣稳定。中央新疆工作会议后，加大了各省市支援新疆的力度。之后，又提出了丝绸之路经济带战略。家为了促进喀什发展，出台了一系列扶持政策，还放权给当地，允许喀什在加快发展中可以先行先试，这对实现喀什优势资源转换战略，提升国际形象和国际地位，最终把喀什建成"珠三角""长三角"进军中亚、南亚、西亚以及欧洲国际市场的战略储备和贸易加工基地、西进东销的商品集散地、商贸旅游购物中心奠定了坚实的基础。

喀什在今后的发展中，必然成为"丝绸经济带"的一个支点，因为从历史上来看，重走丝绸之路有三条路，北边一条，南边一条，中间还有一条，而喀什就是位于中间的一条的中心，也就是古丝绸之路的重镇。而过去的喀什区位优势与武汉相同——"九省通衢"，是我国通向西方的必经之地。喀什具有"五口通八国，一路连欧亚"的独特区位优势，这样的区位优势就是今后发展的经济优势。因此，从某种程度上可以这样说"中国看西部，西部看喀什"，在丝绸之路经济带战略的实施过程中，喀什将成为撬动我国西部经济跨越发展的一个最有力的核心支点。

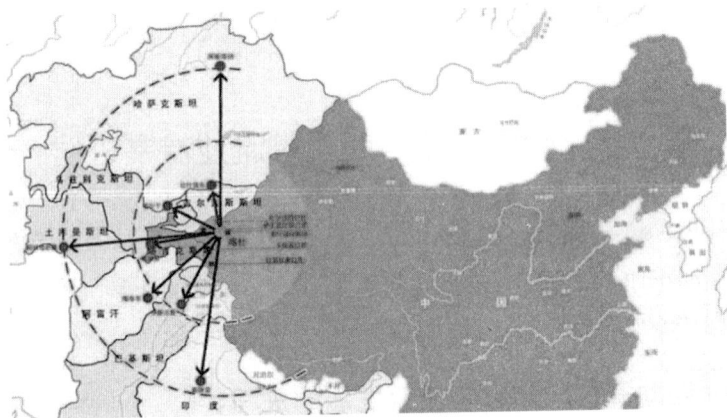

图1 喀什市在中亚南亚经济圈中的区位

近年来，喀什市西向开放成果显著，主要体现在对外贸易上；对内贸易主要体现在消费品零售总额上，具体如表1和图2所示。

表1   **2005—2012年喀什市外贸进出口总额**   单位：亿元

年份	2005	2006	2007	2008	2009	2010	2011	2012
外贸进出口总额	0.65	3.95	10.02	12.6	5.47	4.2	6.05	5.19
进口总额	0.03	0.01	0.04	0.03	0.01	0.01	0.02	0.05

续表

年份	2005	2006	2007	2008	2009	2010	2011	2012
出口总额	0.62	3.94	9.98	12.57	5.46	4.19	6.03	5.14
贸易顺差	0.59	3.93	9.94	12.54	5.45	4.18	6.01	5.09

资料来源：根据喀什市统计局2005—2012年国民经济和社会发展公报整理。

（百万美元）

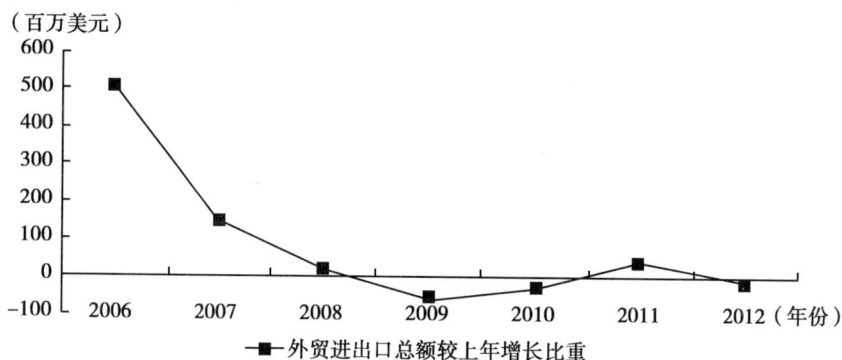

—■—外贸进出口总额较上年增长比重

图2　喀什市外贸进出口总额增长趋势

　　由表1和图2可知，喀什市的对外贸易起伏比较大，2008年之前增长明显，之后呈现出大幅度下降趋势，主要是由于2008年以后受到金融危机的影响，呈现出负增长的情况，但是近年来增长速度在不断回升。

　　从喀什市的外贸出口结构上看，喀什市的外贸出口主要是以传统商品为主，这里的传统产品是指服装鞋帽、纺织品、日用百货等。2010—2013年，喀什市的对外出口，传统大宗商品所占的比重在波动上升。同时，随着喀什市跨越式发展战略的实施，新兴产业和高技术产业的推动作用发挥不明显（见表2）。此外，在所有的出口产品中，喀什市本地产品占出口总额的比重很低，同时还呈现出不断下降的趋势（见表3）。这是由于外贸出口总额在不断增长，但是本地产品的出口增长率低于喀什市总出口的增长率。

表2　　　　　　　**2010—2013年喀什市外贸出口结构**　　　　　单位：亿美元

年份	出口总额（亿美元）	传统大宗商品（亿美元）	所占比重
2010	4.19	3.07	73.27%
2011	6.03	4.78	79.27%

续表

年份	出口总额（亿美元）	传统大宗商品（亿美元）	所占比重
2012	5.14	3.58	69.65%
2013（1—6月）	2.34	1.96	83.76%

资料来源：《喀什市 2010—2013 年外贸进出口运行情况及特点》，喀什市商务局，2013 年 7 月。

表3　　　　2010—2013 年喀什市本地产品出口占出口总额的比重

年份	出口总额（亿美元）	本地区产品（亿美元）	所占比重
2010	4.19	0.2	4.77%
2011	6.03	0.12	1.99%
2012	5.14	0.1	1.95%
2013（上半年）	2.34	0.03	1.28%

资料来源：《喀什市 2010—2013 年外贸进出口运行情况及特点》，喀什市商务局，2013 年 7 月。

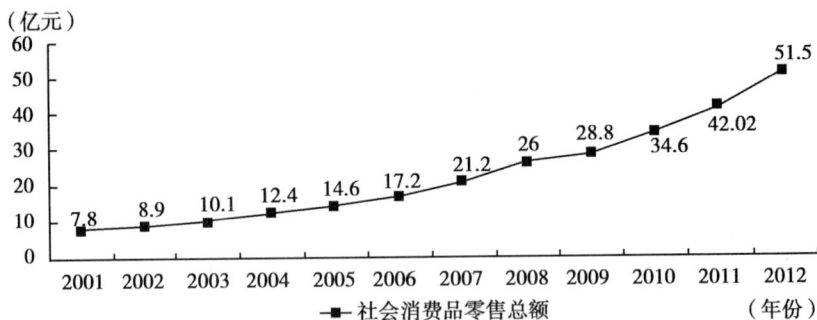

图3　2001—2012 年喀什市社会消费品零售总额

资料来源：喀什市统计局 2005—2012 年国民经济和社会发展公报。

由图 3 可知，喀什市的社会消费品零售总额一直处于不断增长的趋势，特别是 2009 年以后增速不断加快。

二　喀什商贸物流业发展的主要因素

在喀什市商贸物流发展过程中，交通、市场、资源、产业布局、城市规划布局、政策等因素的推动起到重要作用。

（一）地缘和交通优势

喀什市是以机场和口岸为依托，国、省道公路和铁路相互配套，构建由航空、公路和铁路组成的立体化综合运输体系，形成以航空为核心，铁路为骨架，建设成为新疆重要的交通枢纽，发挥其在南疆地区交通枢纽和物资集散贸易中心的作用。详细包括：以机场和口岸为依托是指以国际航空口岸和红其拉甫、吐尔尕特、伊尔克什坦、喀拉苏四个内路口岸为依托；国、省道公路和铁路相互配套是指依托314国道、315国道、中巴铁路、中吉乌铁路建设国际物流园。

如表4所示，喀什市交通运输量在不断增加，规模在不断扩大。公路运输上，货运一直处于高速增长状态，客运处于波动上升状态；铁路运输上，货运处于波动上升趋势，客运一直处于高速增长状态；公航空运输上，货运和客运一直处于高速增长趋势。

表4　　　　　　　　　　喀什市近五年客运、货运情况

名称	运输类型	单位	2008 年	2009 年	2010 年	2011 年	2012 年
公路	货运	万吨	790.2	1130	1242	1428	1620
	客运	万人次	2570	2480	2637	2980	3168
铁路	货运	万吨	240	214.1	226.7	264.1	268.1
	客运	万人次	56	103	114.6	135.6	145.52
航空	货运	吨	1833	2424.3	3251	3664.8	4744.3
	客运	万人次	42.8	57.45	79.3	91.3	108.6

资料来源：根据喀什市统计局2008—2012年国民经济和社会发展公报整理。

喀什市在发展商贸物流，与周边国家的中心城市的直线距离比较小，喀什市发展成为区域性商贸物流中心城市的基础良好。

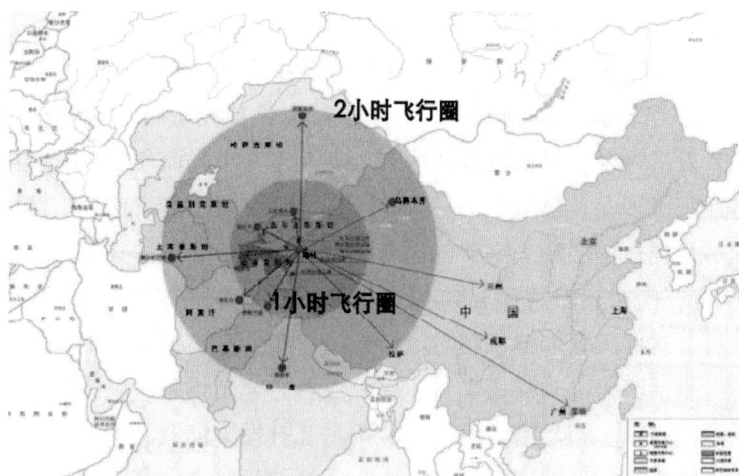

图4　喀什1—2小时飞行圈

表5　　　　　　　　　　　喀什 1—2 小时飞行圈覆盖城市

1 小时飞行圈			1—2 小时飞行圈		
国家	首都	距离	国家	首都	距离
乌兹别克斯坦	塔什干	600km	阿富汗	喀布尔	820km
吉尔吉斯斯坦	比什凯克	380km	印度	新德里	1220km
塔吉克斯坦	杜尚别	635km	哈萨克斯坦	阿斯塔纳	1350km
巴基斯坦	伊斯兰堡	700km	土库曼斯坦	阿什卡巴德	1525km

资料来源：《喀什市城市总体规划（2010—2030）说明书》，喀什市人民政府，2011 年 11 月。

（二）市场基础

由于特殊的地缘优势和交通条件，疏勒城作为丝绸之路商品的中转和集散地，从秦汉时期一直到清朝，喀什市都是中西交换商品集散地与贸易中转市场，喀什噶尔是"城镇相连，极繁盛"，同时还有"日中之市，谓之'巴扎'"，成为丝绸之路上繁华的商埠和古代东西方文化交流的枢纽。时至今日，喀什古城中仍保留了部分传统巴扎，包括阔纳克巴扎（棉花集市）、帽子巴扎、花盆巴扎、铁匠巴扎等，有的已运转了上百年，今天仍十分兴隆。喀什人从事商业流通，不仅促进了当地经济的发展，也带动了当地居民的就业，吸引更多本地人投身到商业活动中来，经商逐渐成为一种世代相传的民俗。《新疆图志》中曾记载："新疆土著缠回。好贾趋利，甚于汉人，常越境行贾，以土货往，以洋货归，时获盈利。"

截至 2013 年 7 月，喀什市拥有本地商贸企业 19 家，总投资额达到 8.86 亿元，市场面积 37.49 万平方米。其中最高投资额达到 3 亿元，市场面积 8 万平方米；最低投资额达到 150 万元，市场面积 8120 平方米。[①]

喀什市发展商贸物流中心最大的区位优势就是中亚、南亚广阔的市场优势。喀什周边的中亚、南亚八国有巨大的消费市场。中亚五国共有人口约 6367 万，南亚三国共有人口 12.37 亿，潜在消费市场广阔。从消费水平方面看，这些国家和地区随着经济的进一步复苏，消费水平有了较大的提高，对生活必需品及交通工具、医疗设备、化工设备、电力机车等商品有这强烈的需求、市场潜力巨大。从贸易互补性方面看，中亚南亚国家自然资源极为丰富，能源资源储量极大，但其他经济产业基础却相对较为薄

---

① 资料来源：《2013 年商贸物流产业发展情况汇报》，喀什市商务局，2013 年 7 月。

弱，这些相对于我国目前的经济状况而言，双方在经济各个方面存在极大的互利性和互补，为喀什地区外向型经济提供了广阔的发展空间，也为喀什商贸物流业发展提供了广阔的平台。[①]

（三）中亚地区与喀什市存在经济的互补性

20 世纪 90 年代以来，吉尔吉斯斯坦、塔吉克斯坦经济严重的衰退，进行了艰难的经济转轨。吉尔吉斯斯坦黄金产量高，水力资源丰富，经济以农牧业为主，电力工业和畜牧业比较发达。主要工业有采矿、电力、燃料、化工、有色金属、机器制造、木材加工、建材、轻工、食品等。塔吉克斯坦是以铀为主，储量占独联体国家首位，铝矿和水力资源丰富。印度是南亚最大的国家，不仅交通方便，而且丰富的自然资源条件下，大部分土地可供农业利用，农作物一年四季均可生长，有着得天独厚的自然条件。巴基斯坦是传统上的农业国。粮食作物以小麦为主，自给有余。稻谷产量仅次于小麦，但稻谷出口量居世界前列；棉花是最主要的经济作物，产量居世界前列，并且出口。阿富汗农业是主要的经济支柱，但可耕地不足农用地的 2/3，是世界上最贫穷的国家之一，但是矿藏资源丰富，未得到充分开发。目前已探明的资源主要有天然气、煤、盐、铬、铁、铜、云母及绿宝石等。[②]

从产业方面看，周边国家基本以农业经济为主，工业发展基础薄弱，尤其是轻工业落后，主要生活用品依赖进口，如纺织、服装、小商品、日用百货、平板玻璃、卫生陶瓷、家居建材等轻工产品。而喀什市的制造业相对滞后，67% 的本地工业产品以满足喀什地区需求为主，仅有 3% 的工业企业产品出口。几乎没有大型外贸进出口企业、集团在喀什落户。贸易方式单一，代理出口贸易额占到出口总额的 80%。同时商贸物流企业发展滞后，主要还是一些小企业为主，对外商贸发展深度不够，广度不高，发展动力不足，制约了喀什市产业的发展。近年来，喀什市树立外向型产业发展战略，重点生产中亚、南亚市场需要的产品，未来发展的方向是市场的深度开拓和产品结构的升级。

（四）政策优势

喀什市的发展主要是受到中央政策大力支持。喀什市建设目标的一项

[①]　资料来源：《喀什市城市总体规划（2010—2030）说明书》，喀什市人民政府，2011 年 11 月。

[②]　同上。

就是商贸物流中心城市建设。这些政策主要包括：1984 年，喀什市被评为国家乙级对外开放城市；2010 年西部大开发新十年战略；2010 年中共新疆工作座谈会，以及后来确定的喀什经济开发区建设和深圳对口援助喀什市等政策。而与之配套的就是各项优惠政策，促进当地产业和物流的发展，发展好喀什市内部区域，集中力量进军中亚、南亚市场。这些优惠政策实施以来，西部经济社会迅猛发展，商贸物流业呈现出空前良好的发展势头，"挑箩叫卖、小商小贩" 式的传统商贸物流发展模式已经开始向现代商贸物流业转变，成为经济快速发展中不可或缺的重要组成部分。

从城市规划方面看，在喀什市的整体规划中，规划商贸物流中心园区、各商业网点及功能区布局。使得商贸物流企业更好地服务当地经济发展的需要，更好地发展外向型经济。

第二节　商贸物流业发展的特点和经验

在分析了喀什市西向开放与商贸物流业发展的进程后，有必要探讨喀什西向开放与商贸物流业发展的主要特点，总结在这方面取得的经验。

一　商贸物流业发展的总体特点

目前，喀什市商贸物流业发展的总体特点主要是：吸引富余劳动力就业；市场网络逐步完善，物流配送初步形成；项目带动作用比较明显；新型商业经营模式不断引进和吸收。

（一）吸引富余劳动力就业

喀什市商贸物流业发展是从当地的实际出发，结合区域、国内和国外的市场，通过科学地规划布局，从而使得喀什市商贸物流业与当地的经济发展密切契合。喀什市商贸物流业发展过程中面临的实际是多方面的，其中最明显的是商贸物流业吸引了大量富余劳动力。这是由于商贸物流业属于劳动密集型产业，同时由于喀什市城市建设，失地农民越来越多，富余劳动的大幅度增加。二者的契合，加速了商贸物流业资本积累，为未来的经济腾飞奠定了基础。

（二）市场网络逐步完善，物流配送初步形成

喀什市现已初步形成农副产品交易市场，建筑建材、汽车及零配件、小家电、日用小商品交易市场，工业产品批发市场等种类较齐全的商业布

局。截止到 2013 年 7 月，有以惠农、正大、利农、龙达等农贸市场 15 个，以环疆、正大、汇嘉时代、温州地下街、步行街、香榭大街、蔼敏欧达勒等休闲购物市场 20 个，以远方、开源为主的建材机电市场 4 个，以亿家、民心、伊合拉斯等超市 5 个，家具市场 3 个，电脑市场 3 个，手机市场 5 个，屠宰交易市场 3 个，早夜市场 4 个，其他市场 8 个，共计十大类 70 个。①

另外，在喀什市中心城区初步实现了物流配送，构建了自己的物流信息服务站，主要是满足本地区的配送需要，规模小，未辐射周边地区。

（三）项目带动作用比较明显

喀什市的城市建设整体规划，将产业园区与商贸物流区相配套，在建设产业园区配套的基础设施的同时，对商贸物流服务设施和专业市场进行升级，提高了信息化服务水平，提升了硬件设备，使商贸物流业整体水平得到一定的提高，吸引了更多的人从事物流行业。

（四）新型商业经营模式不断引进和吸收

各种连锁店、直销店、精品专卖店相续涌现，超市等一批新型业态企业迅速成长，零售市场日益活跃。2012 年，建成 37 个平价蔬菜直销店，其中市政府新建、征用门面房等方式建设 17 个，用于地区投放冬季储存菜工作；在社区已有蔬菜店基础上采用合作方式建设 20 个，效果显著，社会反响较好。有 28 家成品油销售企业，1020 家酒类批发零售商，其中 34 家批发，986 家零售。规模（营业面积 5000 平方米）以上大型购物中心 7 个，大型超市 2 家，大型家居建材市场 6 个，大型商品交易市场 1 个。②

二　商贸物流业发展的基本经验

喀什市商贸物流业发展的基本经验可以归纳为以下四个方面：

（一）发挥区位优势，走"外引内联、东联西出、西来东去"的开放战略

喀什市作为我国与中亚、南亚和西亚交流的中心城市，发展商贸物流时，充当我国与中亚、南亚和西亚物流集散中心和交换媒介，同时喀什市

---

① 喀什市商务局：《2013 年商贸物流产业发展情况汇报》，2013 年 7 月。
② 同上。

人民自古就有从事这方面交易的传统和经验。喀什市的商贸物流业的发展主要是发挥区位优势，走"外引内联、东联西出、西来东去"的开放战略，即引导国外与中国内地的联系，发挥喀什市的媒介作用，将东中西部的产品等通过喀什市输送到中亚等地区，引进中亚等地区的，我国需要的产品和资源，向东中西部输送。

从中西亚等地区的需求角度，中西亚等地区的国家经济整体发展水平要远低于我国的发展水平，对于一些商品和服务需要从周边国家进口，同时，他们位于内陆地区，向其他地区发展国际贸易条件不足，而中国作为中西亚地区唯一的产品体系比较完善的国家，这些地区与我国贸易紧密联系成为必然。与此同时，中亚地区的局势的稳定，人们的生活水平在不断提高，对产品的需求层次也在不断提高。此外，中西亚地区有丰富的资源，无法得到充分的利用。

从喀什市商贸发展角度，喀什市立足与中西亚的市场需求，规划布局商贸物流基地，"东联西出"。中国部分产品剩余越来越多，资源缺口越来越大。

与中西亚等地区的互动发展，能有效地减少我国部分产品的产能过剩，为相关产业发展提供动力支持；能有效地缓解我国资源不足的压力，促进我国经济的持续健康发展。对于中西亚等地区来说，将资源转换为财富，促进本地区经济发展，也提高了人民的生活水平。

(二) 统一规划商贸物流业

喀什市作为我国与中西亚等地区联系的重要交通枢纽，在发展商贸物流方面有得天独厚的优势。喀什市依靠良好的优势，统一规划商贸物流业。通过建立商贸物流基地，规划商贸物流发展的空间布局，扶持商贸物流企业的壮大等这些措施，发挥媒介作用，更好地服务二者之间的贸易，带动喀什市的经济发展。

(三) 商贸物流的发展与产业的发展相适应

喀什市的商贸物流业的发展，自足本地，拓展周边区域，联动发展。在内贸方面，构建商贸物流体系，更好地服务本地企业，活跃本地市场；构建商贸执法体系和完善市场监测信息上报，规范本地商贸物流市场，维持本地市场稳定；做好大型批发市场、农贸市场、餐饮业的项目申报，积极争取优惠政策和资金支持；商贸物流企业的分布与产业规划布局区域相邻，为企业节约了成本，提高了效益。在外贸方面，商贸物流企业积极开拓市场，推销产品，同涉外部门联系，优化通关环境；与生产企业合作，发展订单生产；构建企业交流平台，商贸企业与生产企业交易信息化，节约成本，加快速度，提高经济效益。

（四）重点发展中亚区域贸易市场

喀什市的商贸物流业发展，定位比较明确。在稳定本地物流市场的同时，重点拓展的是中亚区域内的市场。中亚五国人口 6367 万，产业结构落后，竞争力弱，消费市场广阔。中国的产品进入壁垒也小，产品物美价廉，竞争力强。此外，喀什市发展商贸物流有一定的群众基础：一是历史上长期形成的巴扎市场；二是跨地区的民族比较多，相似性比较强；三是面向伊斯兰国家，互市贸易的长期存在。这些使得喀什市与其贸易的阻碍变小，矛盾减少，二者的认同感加强。

受苏联工业化模式和苏联解体的影响，中亚国家经济结构比较单一，重工业、机械制造、能源工业较为发达，但轻工业、食品工业严重不足；从中国出口的商品来看，中亚是重要的工业消费品潜在市场，喀什有条件成为面向中亚、南亚的商贸物流基地。

第三节　西向开放和商贸物流发展的制约因素

如上所述，得益于国家向西开放战略的实施，近年来喀什市的商贸物流业发展迅速，取得了一些实践经验，但也存在一些问题，主要有以下四大制约因素。

一　区位优势未能转换为竞争优势

喀什与中亚、南亚的吉尔吉斯斯坦、塔吉克斯坦、阿富汗、巴基斯坦、印度五国接壤，拥有巨大的国外市场空间，但因周边国家政治环境和经济发展水平的限制，以及喀什产业自身的薄弱性，导致喀什市发展商贸物流最大的区位优势（市场优势）无法转化为竞争优势。

喀什市的额商贸物流业的发展受三个方面因素的影响：一是中西亚地区的市场影响，主要是这些国家的政局不稳，生活水平低，消费能力不高的影响；二是受本地市场的影响，主要是当地社会受到暴恐事件的影响不太稳定，商贸物流企业规模小，实力弱，产品结构和种类不多的影响；三是受东中部市场的影响，主要是物价的上涨，短期供求不平衡，产品结构和质量不适合中亚区域的需要。

二 人气不足对经济的带动能力有限

喀什市地广人稀，形成的市场、群落等都比较小。近年来，喀什市在中央政策的支持下得到了跨越式发展，各类产业、市场、园区大量建设完工，但也带来了凸显的各种问题，主要是产业园区和开发区建好了，很少企业和产业进入，内地来的建设工人回去了，喀什市的环境未能留住大多数外地人，留给喀什市的大多是空空的房子。

从事商贸物流的人员呈现出两种情况：一是本地人从事的个体经营。二是外地人从事的大的物流企业。本地人的个体经营、生存空间在不断压缩，带动能力不断下降；外地人的物流公司在缓慢发展。就整体而言，商贸物流发展缓慢，数量增加慢，对喀什市整个经济带动能力有限，不能满足"外引内联、东联西出、西来东去"的需要。

三 市场发育的空间布局不合理

由于历史和地理条件的限制，喀什市的人口分布比较集中，人口少，长期形成了比较集中的商业布局，后期形成的聚集区很少甚至没有商业网点。此外，以前的商业布局规划缺乏科学的论证，没有明确的发展目标，商业网点规划没有考虑到商业区周围环境、人口、交通等的条件，使得商业区建设太集中。城市中心区商业过于密集，优势明显，发展相对健康繁荣，而新建的区域则没有商业区，城郊区域服务业特色不够明显，社区商业网络还不够发达，甚至存在空白点。从专业市场角度，城市内设有专业市场，但乡镇、农村目前的农资配送中心只有两家：兵团和自治区。社区服务不发达，社区配套设施、便民网点、农贸市场建设不完善，没有形成城市、乡镇、农村三级市场体系。

物流企业发展滞后，喀什市长期以来形成的巴扎市场，基本上都是以个体户为主，经营规模小，固定资产少，产品种类和技术含量低，长期落后于市场发育程度。近年来，虽然有些企业整合壮大，但是数量还是少，商贸流通限额以上流通企业数量较少，限额以上企业总数仅为30家，没有大型的、国内外知名的企业落户喀什市对其相应的行业进行整合，商贸物流企业带动性较差。

四　物流体系和物流管理水平低

喀什市的物流体系尚处于起步阶段，各项基础设施发展还不完善，特别是现代物流体系，在近几年来才开始起步。但是随着喀什市产业结构的调整升级，物流形式也将逐渐由杂货居多向散装化、集装化转变，经济总量的不断增加将会带来大量的潜在物流需求。与此同时，物流服务的供给能力不足。交通基础设施建设滞后，交通网络格局未形成，铁路运输难以满足市场需求，而公路货物运输缺乏有效的运输组织和管理，口岸通关能力较弱，物流节点的建设更是区域物流体系建设中的最薄弱环节。

此外，物流企业规模小，实力弱，其技术装备水平和管理手段落后，服务网络和信息系统不健全，采用专业化的物流管理系统和先进物流技术的物流企业更少，不能有效地整合物流信息。物流企业在低层次上发展和竞争，无法在质量、速度和效率等方面得到提升。同时，物流管理体制和运行机制相对滞后，运输方式缺乏有效地组织，返空率多年保持在55%—70%，完成一次物流运输要经过几次中转，缺少延伸服务，缺乏公路铁路联运，物流成本居高不下。①

第四节　西向开放和商贸物流发展战略思路

综合考虑喀什西向开放和商贸物流业发展的现状特点和制约因素，我们认为，今后应从以下三个方面来进一步促进其发展。

一　面向中亚南亚的商贸物流发展战略

充分发挥喀什市的资源优势、地缘区位优势、人文历史优势、外向型市场需求优势、政策优势，克服或缓解发展基础薄弱、产业结构不合理、政策需求与国家政策供给不协调、社会不稳定等因素的影响，实现喀什市商贸物流真正地走出去。

争取国家给予喀什市更多的优惠政策。鉴于喀什市在国家能源安全、边疆稳定的战略地位及喀什对稳疆兴疆的重要作用，扩大资金投入，给予

---

① 资料来源：《喀什市城市总体规划（2010—2030）说明书》，喀什市人民政府，2011 年 11 月。

更多的优惠政策。如给予喀什办理出国护照机构，落地签证和入境人员与车辆特别通行证权限等。

加强喀什与中亚南亚国家的合作与交流。喀什市与中亚南亚国家有长期交往的历史，双方民族、文化艺术既具有鲜明的地方特色，也有相近的文化内涵，因此要加强双方的文化交流。如建设中国文化中心，弘扬中国文化底蕴，掀起学习汉语热潮等。通过文化交流，使周边国家对我国有倾向性，达到包容、接纳中国的产品和文化的作用。争取建立与周边国家的经济合作，构建经济合作平台。可以通过每年举办喀交会，在周边国家举办各种展销会，增加对双方产品的了解和对政府的互信。发挥好上海合作组织的作用，加强双方的反恐合作，维持双方地区的稳定。

加强基础设施建设，改善招商引资环境。集中资金建设喀什市各口岸的基础设施，实现喀什中南亚大通道枢纽的畅通。建设乡镇级别的商贸市场和道路，实现农产品原料供应链的畅通。努力实现中巴、中吉乌铁路的贯通，形成亚欧大陆桥南部通道，都建"现代丝绸之路"。实现喀什市商贸物流"外引内联、东联西出、西来东去"的媒介作用。

优化物流业空间布局，促进与城市功能之间的协调发展。主要是调整物流业空间布局，使之集聚发展，发挥规模效益，从而与城市功能之间的协调发展。主要是：一是改变仓储布局分散、土地利用效率不高、对城市生活干扰等问题，优化物流空间布局。二是注重与城市功能的协调，物流活动空间布局应靠近主要服务对象。商贸物流园区布局于城市主要商圈周边、有便捷的交通联系；生产物流园区结合主要工业园区布局；生活资料仓库宜贴近商业网点和居住用地，生产资料供应仓库宜接近工业区，且临近交通要道。中转储备性仓库应布置在联运方便的城市外围地区；危险品仓库应距城市建设用地有足够的防护间距。三是通过以园区为核心集聚，有利于同类企业集聚、规模增大并带来经济效益提高。引导各种物流活动在空间上集中，吸引仓储、流通加工等活动向一定地区靠近，形成集聚力，发挥规模效益和集聚效应。①

① 资料来源：《喀什市城市总体规划（2010—2030）说明书》，喀什市人民政府，2011年11月。

二　打造国际商贸物流中心

如前所述，喀什市具有良好的区位优势，广阔的中亚南亚市场，为喀什市建设国际商贸物流中心城市和中西物流集散中心提供了良好的外部条件。发展特区的各种政策优势，加强物流保税区、出口加工区建设，这些都为喀什市建设国际商贸物流中心城市和中西物流集散中心提供了良好内部基础。

一是加强扶持政策，充分发挥政策效应。争取国家资金的投入，建设喀什市物流集散中心。对重点物流企业进行重点指导和扶持，搭建政银企合作平台，帮助其融资，扩大规模；二是整合本地商贸企业和物流公司，壮大实力，扩大规模；三是提高出口质量，转变出口产品结构，扩大国内急需资源和产品的进口；四是培育出口主体，鼓励企业申办自营进出口权及开展进出口业务，努力提高产品出口份额，大力开拓国际市场，促进市场多元化发展；五是搭建企业交流平台，降低交易成本，提高企业效益。努力把喀什建成面向周边国家的对外贸易中转集散地、仓储配送中心和出口加工基地。

同时，加快现代物流业的发展。一是加快城北环中吉乌铁路、国际航空港、314和315国道建设完善以公路、铁路、航空为一体的运输体系；二是引进规模大、辐射强知名物流企业，发展集运输、仓储、包装、流通加工、配送为一体物流体系；三是重点发展多式联运物流、大宗工业原料及能源物流、农产品冷链物流、航空物流、保税物流、口岸物流等现代物流业；四是培育一批第三方物流公司；五是合理布局物流园区。按照国际物流、区域物流和市内物流的不同空间需求，在机场、铁路等货运枢纽附近布局货运枢纽或综合型物流园区；在主要的城市生活、生产中心区的外围结合交通干道合理布局配送型园区；注重发挥特殊经济开发区的保税物流中心作用，与周边区域和城镇加强协调。

此外，对内大力发展现代商贸流通业。一是按照城市总体规划和产业发展方向，科学布局城市商业区；二是建设辐射南疆的商品批发零售中心；三是完善报税、展示、加工、仓储、运输、冷藏、包装配送、国际货贷、报关等现代服务功能；四是加快推进物流方式由过去的面对面洽谈向电子商务、连锁经营、代理联运等现代流通方式转变。以此来推进现代化商贸流通业发展。

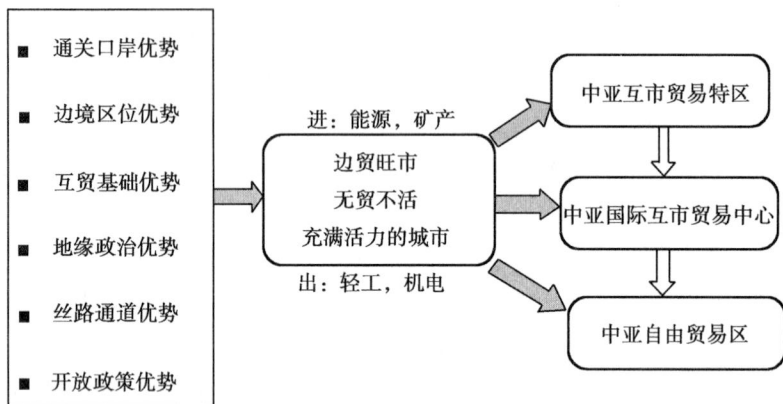

图 5　喀什市边贸旺市驱动示意图

资料来源：方创琳：《实施走西口战略，把喀什建成中亚国际贸易中心城市》，喀什论坛发言 PPT，2013 年 6 月 28 日。

三　留住人才创造人气

在喀什市商贸物流发展过程中，人的缺乏成为制约其发展的重要因素。人主要分为两类：一类是高技术人才和管理人才；一类是从业人员。

针对喀什人才匮乏的突出问题，一是要制定切实可行的商贸物流业人才资源发展战略，优化人才培养和使用机制，吸纳培养一批有战略眼光、素质全面的外向型人才、复合型人才，特别是要加快培养和吸引社会急需的信息服务、金融、中介服务以及熟悉商贸物流规律等方面的人才。吸引各种人才带领创办商贸物流企业，鼓励大专院校专业人才从事商贸物流业，建立完善物流业人才库和人才需求网络，为西部经济欠发达地区现代商贸物流业的快速发展提供人才保障和智力支持。二是制定晋升、收入、住房、生育等方面的优惠政策，依靠西部大开发、产业西移和对口"人才援疆"的机遇吸引中东部人才留在喀什，提高喀什市的创新能力。三是加大商贸物流、市场建设专业人才本地化教育和培养，鼓励咨询、培训等商务服务业发展，鼓励企业开展岗前培训、在职学习等职业教育。此外，疏通国内外、区内外人才交流渠道，促进人力资源良性循环，建立产、学、研相结合的有进有出、能上能下、活跃而高效的人才流动机制。①

针对从业人员不足的问题，我们认为应当从以下四个方面进行突破：一是发挥政策优势，吸引外地人来本地从事商贸物流行业；二是对现有的外地人，通过税收、福利等吸引他们继续留在喀什市；三是加大对本地人的教育和培训，提高工人素质和科学技术水平；四是落实好外国人进入喀什市的各项政策和机制，特别是落地签证和护照办理，想方设法留住外国人在本地就业。

很明显，喀什发展的一个瓶颈问题就是教育相对比较弱。虽然喀什大学等高校在建设之中，但其专业设置专业目前尚较单调，缺乏档次。这就要求喀什要积极争取升级，还要增加各类专业，努力使喀什的大专院校不仅要吸引当地的生源，还要面向全国和周边国家吸引生源。更重要的是喀什的文化与周边国家的文化相通，历史渊源，有很多同步性，对此还要加大力度争取培养周边国家的留学生，把喀什的教育做实、做大、做强，为喀什吸引投资奠定基础。

总之，人气旺了，喀什市面向中亚南亚开放打造、国际商贸物流中心的目标就有基础了。人气旺了，日益增多的世界各地各民族人民相聚在喀什，那么把喀什打造成为历史文化和现代文明交相辉映的"西部明珠"的国家战略就有望真正实现。

① 喀什市商务局：《2013 年商贸物流产业发展情况汇报》，2013 年 7 月。

第六章

喀什特殊经济开发区

喀什噶尔，是塔克拉玛干沙漠西边的一片绿洲，是一座拥有 2000 多年历史的古老城市，曾经是古丝绸之路上的重镇。2010 年以来，喀什特殊经济开发区建设使这座古老的历史文化名城再次插上腾飞的翅膀。

第一节　喀什特殊经济开发区建设背景及人才战略

喀什灿烂的历史文化和淳朴好客的民风总能够让人感动。作为古丝绸之路上的一个重镇，这里是中西方文化的交融地。然而，随着丝绸之路逐渐成为历史，喀什日渐闭塞。虽然巴扎依然喧闹、维吾尔族大叔依然热情，但是与工业化、后工业化的现代文明，与改革开放后迅猛发展的祖国东部地区相比，曾经的丝路明珠显得黯淡了。

但是，喀什渴望复兴的梦想始终没有停止过，现在又站在了一个时代赋予的历史转折关口。2010 年，中央新疆工作座谈会提出了一系列支持新疆发展稳定的重大政策措施。9 月 30 日，国务院《关于支持喀什霍尔果斯经济开发区建设的若干意见》颁布，正式确立了喀什经济特区的重要地位。与此同时，我国东南沿海的"老特区"深圳也开始了对口援建喀什的工作。

一　喀什特殊经济开发区建设背景

喀什历史上曾因贸易而兴盛，也随贸易中断而滞后，变成中国西部内陆交通闭塞的"口袋底"。但喀什独特的区位优势、口岸优势和与周边各国趋同的人文优势依然存在，加之我国交通运输产业的发展，喀什成为目前中国最有条件与中亚、南亚乃至欧洲经贸合作的承接地和聚合点。

喀什与周边经济互补性很强。从资源禀赋看，邻国能源储量丰富，石化能源储量和水电潜力巨大，中国煤炭资源丰富，但石油资源拥有量不及中亚国家；中亚、南亚国家的轻工、纺织、食品工业滞后，每年的进口数量很大，而中国则成为面向这一区域的机电产品、蔬菜、肉制品等的主要出口方。相邻的亚洲国家希望加强与中国的经济合作，对内地投资者来说喀什是进入中亚、南亚市场的便捷通道。

国家把进一步扩大新疆喀什向西开放纳入沿边开放的整体战略之中，以大开放促进喀什经济社会的大发展，批准设立喀什特殊经济开发区，并赋予国家计划单列权限，享受产业、税收、金融、土地、外贸等特殊扶持政策。喀什经济特区可以充分发挥地缘区位优势，依托沿海内地及乌昌石（乌鲁木齐、昌吉、石河子）地区、天山北坡、天山南麓经济带等先进生产要素优势，辐射全疆，促进内地开放型产业向西部转移，成为向西出口加工基地和商品中转集散基地，以及进口能源和稀缺矿产资源的国际大通道。

在 2011 年首届亚欧博览会期间，喀什地区组成了 200 多人的参展团。喀什地区在博览会期间拟签约投资合作项目共 145 个，资金达 571.5 亿元，项目涉及建筑建材、石油化工、纺织服装、农副产品深加工、矿产冶炼、机械组装加工、旅游、商贸物流、房地产及城市综合体开发等。①

借新一轮对口援疆工作东风，特别是国家在喀什设立特殊经济开发区等一系列优惠扶持政策的支持，喀什大力推进了新型工业化、农牧业现代化和城镇化进程，加快建设棉纺织、冶金、石油化工、建材、商贸物流、高新技术、清真食品、出口组装加工、农副产品精深加工和国际旅游目的地"十大产业"基地，加快建设面积超过 100 平方公里、人口超过 100 万的"大喀什市"中心城市。各类出口加工企业也在喀什落户，喀什正面向中亚、南亚等广阔市场加快超常规发展步伐，努力成为引领南疆地区发展的引擎和重要的经济增长极。

目前，喀什地区贸易伙伴主要是哈萨克斯坦，与其他国家的贸易规模相对较小，而且年际波动较大。这表明，一方面，中国与邻近国家的贸易潜力较大；另一方面，区域经济合作尚有一些制约因素，需要克服。

交通基础设施滞后于经济发展是第一重障碍。近年来喀什的交通条件

---

① 张欢、刘兵、李晓玲：《突破障碍充分释放喀什向西开放的经贸潜力》，www.2ks.com.cn，2011 年 9 月 5 日。

虽然得到了较大的改善，但是相对于地区经济的快速发展还较为滞后，尤其是与周边国家通道不畅、路况差、运输成本高，铁路线和航线不发达。中阿间虽然有90多公里的边境线，但目前陆路及空中交通仍需绕经他国。这种交通上的不利条件不仅制约着边境贸易的发展，影响喀什当地经济社会发展，以及喀什与内地的跨区域合作，更影响了许多进军边贸市场的企业的投资信心。

中亚、南亚区域与喀什的经济合作缺乏执行机制是第二重障碍。目前，成员国中央政府、部长等高层达成的合作协议缺乏执行机构来落实，其实，地方政府完全可以扮演这一角色，然而地方政府参与跨国经济合作却不足。不少专家认为，应当给予新疆一定的自主发展政策，让新疆立足于本地经济有一定的权力自主开发、自主开放。

产业结构与资源优势和区位优势没有很好结合是喀什区域经济合作发展的第三重障碍。喀什地区工业化水平低、工业结构单一、加工能力弱，绝大部分出口货物非本地生产，喀什仅起到了货物周转地和通道的作用，对当地经济的拉动作用有限。第三产业发展也仅以传统服务业为主，金融、信息、物流、旅游等现代新兴服务业刚刚起步，难以满足喀什地区外向型经济发展的需要。新疆的发展应该多利用其资源优势在当地兴办产业，发展配套服务产业，带动当地经济发展和就业。

如何优化生产要素在区域间的配置是喀什特殊经济区在建设工业园区过程中面临的一个挑战。由于喀什地区各个县市都建有工业园区，在财政力量薄弱的情况下不仅使有限的财力、物力过于分散，而且使园区硬环境建设难以吸引企业落户，甚至有时还可能造成恶性竞争，使各市县的资源无法得到高效配置。

地缘优势和经济强势的互补关系，使中亚、南亚国家的经济合作对新疆喀什有很强的依赖性，双方都希望推动区域经济合作迈上一个新台阶。

研究沿边开放的多位专家建议，致力于潜力可挖的交通项目是首要。一是尽快开工建设中巴铁路，打通中国直达印度洋的大通道，为我国建立一条能源安全通道。因此要积极申报建设中吉乌铁路，打通第二条亚欧大陆桥。二是尽快将喀什—和田铁路延伸至青海格尔木，与青藏铁路对接，继兰新铁路之后形成第二条出疆大通道。三是尽快开通喀什至深圳、上海、广州、济南四个对口援建省市的直达列车，加深新疆特别是南疆地区与内地经济发达地区的物质文化交流。四是早日筹备建设以喀什经济特区为中心的一小时区域经济发展圈的城市轻轨铁路。

国家和自治区已出台了促进喀什发展的特殊政策，包括新办企业享受企业所得税"两免三减半"的政策；放宽水泥、钢铁等具备资源优势的行业准入限制；国家支持企业进行纺纱、织布、印染及服装加工，并在出疆运费上给予补贴和减免出疆棉花铁路建设基金政策。特殊政策还涉及喀什金融、农副产品深加工、新能源及商贸流通等领域。喀什各县市可以动用对口援疆资金对落地企业在用电、用水、企业员工养老等方面给予补助；支援省市将整装企业转移至喀什地区的，企业增值税地方财政留成部分与企业所在地按50%分成等。中央同时决定在喀什特殊经济开发区设立综合保税区，区内企业享受国家特殊海关监管区的政策。

这些措施可以优化地区产业结构，充分释放当地的资源和区位优势能量。如果经济开发区内的综合保税区可以与以城市群为基础的交通运输有机结合，则可以使不同行政区域物流、信息流、资金流等资源要素高速集聚，发挥功能政策带动下的区域辐射与放大效应。

喀什可以充分利用国家即将给予综合保税区稀有的政策优势资源，鼓励和吸引全国各地的企业以子公司或分公司的形式进入园区，利用全域封闭化、信息化、集约化监管的港口作业、国际中转、国际配送、国际采购、国际转口贸易、出口加工、商品展示等功能，开展集装箱拆拼、临港增值加工、物流仓储、分拨配送、集装箱国际中转等业务。使这些企业有效降低经营成本，大幅提升其在国际市场中的综合竞争力，拉动企业所在地的经济发展，加速区域经济深入融合，最终形成泛中亚国家自由贸易新区。

在喀什特殊经济开发区的规划建设中，还要充分利用上海、山东、广东、深圳、江苏、江西六省市的援建资源，将其与受援地的优势资源科学合理地对接，形成喀什一区多园产业集群互动的强大引擎。可以集中优势力量打造资源优化配置标准和促进基础产业发展标准两者兼顾的、基础条件较好的几个现代化工业园区。可以通过建立区域利益分享机制，优化生产要素在区域间的配置，即由地区政府建立资源产地与园区所在地的利益分享制度，使资源产地应得的利益得到保障。同时，以国际化的视野大力发展总部经济，吸引一批国际经济、文化等领域的常设性机构落户，提高国际高端资源配置能力，提升整个南疆区域经济社会参与全球分工与竞争的层次。

二　喀什人才战略与城乡一体化

自 2010 年 5 月中央批准设立喀什特殊经济开发区以来，地市两级积极开展前期规划调研，编制特区总体规划、产业规划、大交通规划等，本着"创新思维，先行先试"原则，充分利用对口援建的有利契机，积极吸取深圳特区建设的成功经验，抢抓机遇，注重好，突出快，立足干，加紧做好特区筹建各项工作。

喀什特区自批准设立之日起，就被赋予了推动区域跨越式发展新的经济增长点、国家向西开放的重要窗口和沿边开发开放的重要示范区三大动能。

开发区筹备办公室在确立了特区党工委领导班子后，根据工作需要，抽调地、市有特殊才能的干部和援疆干部骨干组成团队，制订了特区筹建工作方案，从政策研究、产业规划、建章立制等方面先期开展工作。

依据功能定位，明确发展目标，特区筹备工作以高起点规划为统领，以率先发展、转型发展、创新发展为主线，于 2010 年 10 月委托深圳规划院开展了《喀什市城市总体规划（2010—2030）》和《喀什特殊经济开发区规划（2011—2020）》的研究编制工作。规划明确了喀什特区包括喀什园区和乌恰园区。其中，喀什园区位于喀什北部，占地 40 平方公里左右，重点发展商贸金融、保税物流、出口加工、轻工加工制造业以及先进制造业；乌恰园区位于伊尔克什坦口岸，占地约 10 平方公里，依托伊尔克什坦口岸，重点发展口岸作业和进出口商品物流仓储、进出口产品加工。

喀什特区管委会还积极推进土地征迁、耕地补偿、相关单位外迁等先期工作，启动并完成了特区范围内土地现状、地质条件、人口分布、耕地面积、水文分布、道路状况等调查和勘探工作。筹备办公室安排骨干人员参加特区建设与发展专题培训，认真学习广东在特区建设上的成功经验，并举办了特区形象标识全球征集活动。

根据规划，喀什市还将依托喀什特区拓展城市空间结构：在喀什机场周边片区，机场北侧形成"铁路保税区、机场北保税区和出口加工区"三大板块，在机场西侧和南侧则形成特区"东部产业合作区、跨境产业合作区、生产性配套服务区和地方特色产业区"四大功能板块。同时依托喀什特区规划，在喀什新城东侧则重点发展国际金融商务区板块，主要发展国际性商务中心商贸、国际金融、免税购物、会展经济、文化创意、科技研发、信息咨询、餐饮娱乐等产业。

为强力带动喀什市东城新区开发区建设与喀什新城建设融合推进、有机统一,喀什特区将加大合作范围,借鉴深圳前海新区的经验,由管委会成立投资控股公司,对区内建设项目、产业企业、金融机构等,进行参股、控股、联合组建或独立创建金融机构。通过募集的资金进行开发建设,尽快让特区形成投资热潮和产业聚集效应。

打造100平方公里、100万人口的"大喀什"发展规划,喀什人已提出了好多年,这是基于过去喀什行政区域限制针对喀什地区行政区域"一市两县"(喀什市、疏附县、疏勒县)发展模式而提出来的发展战略。目前全世界区域性国际商贸旅游中心城市土地面积都大于300平方公里。这一面积才能更好地发挥城市功能和合理布局支持城市持续发展的各类产业;改革开放以来国内的省会城市面积绝大多数达到了300平方公里。新疆维吾尔自治区内的南疆三地州(喀什、克州、和田)面积大于东部沿海各省级行政区域面积,按照国家给喀什经济开发区(喀什市)的定位,在开始的5年内是新疆维吾尔自治区的经济开发区,要完成300平方公里城市土地面积的扩容,必须考虑谋划多年的喀什边境经济合作区、喀什综合保税区、国际物流园区的用地布局,同时还要考虑近邻的克州未来经济社会发展的需要。科学的规划必须把喀什经济开发区和克州行政区域内的四个出境口岸捆绑,打通喀什国际机场北面的兰杆塔格尔山,在恰河上修建几座市政干道大桥,将克州紧邻喀什国际机场北面兰杆塔格尔山的大片低效农业用地类土地资源作为大喀什经济开发区的规划用地。

用与前面关联的大标题提出喀什经济开发发展规划实施建议思路。

1. 大力引进人才和劳动力

只要充分利用上海、山东、广东、深圳四省市的援建资源,就可以有效实施人口转移。因为这四省市是全国改革开放中最早的窗口,31年来积累了宝贵的成功经验,目前其经济总量居全国前列。在这四省市常年有大量的流动人口,这些流动人口一部分是外出务工的拥有一定技能的农村居民,另一部分是专业训练有素的高校毕业的大学生。只要将他们进行有效组合,就可以为喀什经济开发区建设带来企业生产第一线的技术工人和管理人员、研发团队。

2. 加快人才培养

经济特区建设，中等专技型教育先行。城市经济学理论表明：城市与大学互动时，可以产生良好的协同发展效应。因此，喀什行署与喀什师范学院通力合作，抓住目前这一千载难逢的历史机遇，整合各类资源，为喀什师范学院快速发展提供充足的发展空间，充分利用国家发展南疆中等教育的优惠政策，快速将喀什师范学院打造成为综合性大学——喀什大学。喀什大学计划在新疆维吾尔自治区外招生，有计划地为喀什经济开发区建设培养一批专业人才。

3. 实施经济开发区城乡一体化战略

全国各类经济开发区建设经验表明：在经济开发区建设过程中方圆500公里内的人口将会快速向经济开发区的核心区聚集。因此，大喀什经济开发区的人口发展规划必须考虑喀什经济开发区城乡一体化发展战略。实施这一发展战略一方面可以使部分农村居民集中安置在成片开发的廉租房和保障性住房小区中；另一方面可以使这部分聚集在喀什经济开发区核心区的农村居民的农业土地实现集约化、规模化经营。

4. 部队转业官兵安置开发区就业

借鉴深圳经济特区早期人口发展规划的经验——国家基建工程兵部队大批转业安置到深圳就业。这些年来，喀什已经在留疆官兵招考方面积累了相对成熟的经验，为实现喀什经济开发区300万人口发展规划和长治久安，建议把全国每年部队的部分转业官兵安置到喀什经济开发区来。特别是那些领取转业安置费和固定工资自谋职业的转业干部，对其每月再增加部分转业安置费和固定工资，将他们转业安置到喀什经济开发区来。这样在增加人口的同时，可以快速提升城市的综合消费能力。

5. 开发区公务员中央选派和全国公选

因为由中央选派的政府高级公务员可以为喀什经济开发区建设向中央政府申请更多的优惠政策，更高效地协调政府运营中存在的低效能问题。全国公选来的部分高级公务员一般具备较高的政府工作管理素质和丰富的工作经验，他们可以把全国各类经济开发区的宝贵经验带进喀什，加速喀什经济开发区的建设进程。

第二节　喀什特区建设的进展、问题及前景

根据规划，喀什特区建设将结合深圳援疆资金，带动社会资金，依托

由深圳市自主开发的"深圳产业园区"和"深圳城"(开发区核心示范项目),吹响特殊经济开发区产业集聚发展号角,做大一个产业,建成一个标志,打造一片高地,通过以点带面引领示范。自 2011 年 5 月开始,深圳市和喀什市签订的一批批协议项目已逐步落户新规划建设的喀什特区。如今,喀什市"一年一变样、三年大变样、五年见成效"的规划正在快速变为现实。喀什大地上出现了建设升温、投资升温、工作升温的发展态势,经济建设出现喜人的局面:喀和铁路等一批重点建设项目相继竣工,中心城市功能得到强化;克孜都维路等一批市级工程相继完工,城市交通、城市面貌得到改善和提升;齐鲁钢城等一批招商引资项目签约、开工、投产,发展的后劲明显增强;富民安居、城乡社会福利院等一批涉及民生的社会项目全面推进和改善,发展的环境得到优化。另外,还有喀什月星上海城等 18 个城市综合体项目,如一颗颗巨大的宝石正被特区的建设者镶嵌在喀什特区的版图上;香妃园等一批具有丰富内涵的国家级、世界级的历史文化节点特色景观、景区,逐步展现在世人面前;"文化生态保护试验区""文化创意产业园区"等一系列示范园区即将在喀什诞生;商贸物流区、综合保税区、出口加工区、金融贸易区和农副产品加工区等产业布局框架逐步建成。

一　特区建设总体进展

(一)　总体规划上报审批

2012 年 2 月 7 日,《喀什特区总体发展规划(2010—2020)》通过自治区人民政府评审。5 月,国务院批转国家发改委会同财政部、国土资源部、环境保护部、商务部、国家海关总署等相关部委审查修改。6 月 26 日、7 月 31 日,国家发改委及国家相关部委与喀什特区两次对规划进行沟通协商。目前,规划已通过了国家发改委和相关部委的审查,再次上报国务院待批。

(二)　组织管理机构设立

2011 年 10 月,自治区编办下发《关于喀什经济开发区机构编制有关问题的通知》,批准设立党工委、管委会,暂设纪工委、党政办公室、财政局、发展改革和经济促进局、规划土地建设局、公共事务局、口岸园区管理局 7 个工作部门。2012 年 3 月,中央编办批复同意设立管委会。4 月,党工委、管委会挂牌成立。目前,党工委、管委会及 7 个工作部门领导班子成员任命到位，机构基本正常运转。建立喀什特区、深圳前指、喀什市"三位一体"工作机制，发挥三方优势，整合三方力量、资源，聚焦特区全面建设。综合保税区采取兵团分区、喀什特区共建共享模式，并借力广东省援疆优势，打造兵地融合发展典范。兵地双方分别选派3人共同成立综合保税区管委会，分别注资3.5亿元共同成立综合保税区投资公司，综合保税区管委会与投资公司两块牌子一套人马，管委会主任、投资公司董事长由双方人员轮流担任，双方人员、注资已全部到位。

（三）基础设施建设

国务院33号文件要求，到2015年，喀什特区要基本完成基础设施建设主干骨架，初步构建科学合理、特色鲜明、功能配套、协调发展的空间布局和产业体系。2012年，特区道路、供排水、燃气、电力、通信等基础及配套设施全面铺开，完成征地拆迁投入12.47亿元，基础设施投入16.22亿元。建成深喀大道6.75千米、深圳产业园道路7条6.5千米、综合保税区"一环二横三纵"道路17千米，完成喀麦高速喀什城东新区段6.5千米路基建设；开工建设城东新区污水处理厂，启动了"一市四县"一体化供水规划和2座110千伏变电站建设项目前期工作；启动了104万平方米的喀什花园住宅建设，60万平方米实现封顶。2013年之后，相关基础设施建设项目陆续展开，并取得明显成效。

（四）产业发展

坚持基础设施建设与产业招商同步推进，整合喀什特区、深圳前指、喀什市三方招商力量，成立了专业化招商队伍。研究制定了《喀什特区招商引资优惠政策》《喀什特区加快高新技术产业发展意见》《喀什特区发展总部经济优惠政策》《喀什特区支持商会招商引资办法》。设立专项资金，对入驻特区、符合产业目录的企业，在运费、电费上给予补贴。2012年，引进注册备案工业企业14家，投资总额70亿元，其中10家企业开工建设，完成投资11.45亿元。

（五）金融贸易区建设

自2010年以来，上海浦发银行、天津滨海银行、乌鲁木齐商业银行、广东发展银行相继落户喀什。2012年，成立了喀什特区金融办、产权交易中心、企业上市服务中心，启动了喀什发展银行筹建工作，发行城投债券8亿元。启动了股权投资工作，注册各类股权投资（创业）企业9家，持有股权市值近 32 亿元。

坚持基础设施建设与产业招商同步推进，整合开发区、深圳前指、喀什市三方招商力量，成立专业化招商队伍。在上海、深圳分别成立了招商服务中心，与商务部投资促进局、中国投资协会、中国商业网点建设开发中心建立合作关系。累计引进注册备案工业、物流企业 35 家，完成投资 33 亿元，其中宝钢集团 100 万吨金属制品项目建成投产，深圳拓日新能光伏发电项目基本建成。

大力培育引进科创企业，与深圳市科创部门共同成立了喀什特区科创中心，已引进清华研究院、长城、网易得、优联科等 16 家科技创新企业。

加快金融贸易区建设。上海浦发银行、天津滨海银行、乌鲁木齐商业银行、广东发展银行等金融机构相继落户喀什。加强融资平台建设，与中国银河投资管理有限公司、中国先锋金融集团湖南涌鑫集团等机构签订的投资协议陆续实施。

（六）喀什深圳城、深圳产业园建设

喀什深圳城、深圳产业园由深圳市对口援建，并作为喀什特区的核心启动区、产业聚集区和示范区。2012 年，深圳城启动了一期 14 万平方米商业建筑和写字楼建设，深圳产业园启动了 20 万平方米标准厂房和产业综合服务中心项目。大批企业陆续进园，不少项目已建成投产。

（七）综合保税区建设

根据国务院 33 号文件支持设立海关特殊监管区政策，立足喀什的区位优势和开发区紧邻喀什国际机场建设的良好条件，喀什市向国家海关总署提出了建设综合保税区的请求，得到了国家海关总署大力支持。综合保税区采取兵团分区、开发区共建共享模式，并借力广东省援疆优势，打造兵地融合发展典范。综合保税区管委会由双方人员共同组成，综合保税区投资公司双方分别注资 3.5 亿元共同成立，管委会主任和投资公司董事长由双方领导轮流担任。综合保税区 3.56 平方公里，已完成 6 条 17 公里道路建设，一期 8 万平方米的联检大楼、物流保税仓项目主体工程和围网工程，共完成投资 6.6 亿元。

（八）空中通道建设

加快空中通道建设，打造"空中丝绸之路"，能够迅速将喀什发展与内地发达城市和东南亚、欧洲国家连接起来，从而放大区位优势并转变成经济优势，进而放大资源优势和人文优势。2012 年，地市两级投入 1000 万元提升喀什机场应急救援保障等级，满足了大型宽体客机运行标准，加强了喀什机场国际航空港地位。启动了"空中丝绸之路"战略，开通了喀什—香港旅游包机直航。喀什直飞迪拜、法兰克福等国际航线计划逐步落实。

二　2013 年特区建设情况

2013 年开发区计划实现全社会固定资产投资总额达 70 亿元，引进企业达到 70 家以上，完成楼宇建设 100 万平方米，实现股权（创业）投资企业持有股权市值（股权净值）超 100 亿元，实现各种税收收入 4 亿元，新增就业岗位 4000 个，培育储备拟上市企业 4 家，实现生产总值达 20 亿元。招商引资到位资金完成 80 亿元以上。

截至 2013 年 6 月底，喀什特区完成生产总值 15532 万元；完成全社会固定资产投资 79084 万元；完成全口径财政收入 1.17 亿元；完成招商引资签约项目 77 个，签约金额 144 亿元。实现边建设边发展的良性循环。在特区的开发建设中，特别注重抓好"一园一城一区"建设，以提升特区产业聚集效应，展显特区建设风采。

（一）基础设施建设情况

2012 年，开发区进入实质性建设阶段，到 2013 年 6 月底累计完成征地拆迁 27 亿元，完成基础设施 35 亿元。

道路框架基本形成，已建成道路 19 条 39 公里，在建道路 13 条 32 公里，正在规划建设的道路 23 条 11 公里。以金融贸易区、综合保税区、深圳产业园、深圳城四个启动片区为核心的水、电、气、热等市政配套项目全面跟进建设，启动了"一市四县"一体化供水工程、2 座 110 千伏变电站项目前期工作和污水处理厂建设。喀什深圳城、深圳产业园由深圳市对口援建，并作为开发的核心启动区、产业聚集区和示范区。深圳城 3 万平方米商业中心主体完工，深圳产业园东区 14 万平方米标准厂房与产业服务中心主体完工。

为加快公共服务设施建设，启动了 104 万平方米的住房保障工程，其中 60 万平方米年内达到入住条件，44 万平方米年内实现封顶。启动了 5.6 平方公里的小亚郎湿地保护和景观公园工程前期工作。启动了市民服务中心、图书馆、医院、公交站点及停车场、中小学、喀什大学等工程建设，图书馆主体结构封顶，市民服务中心和市人民医院东城分院项目年内实现主体封顶。

（二）喀什深圳产业园建设情况

位于喀什机场的西北侧和西侧，总面积3.3平方公里，以314国道为界限，分为东区和西区两个片区，由深圳、喀什合力打造，深圳援疆资金投入4.3亿元，用于基础设施、平台建设和产业扶持等，是喀什特区的产业核心启动区、产业集聚和示范区，已成为喀什特区崛起的强力引擎。截至2013年5月已落地企业65家，投资总额66亿元，其中54家为注册在创新中心的股权投资、商贸服务和科技孵化企业，11家为生产企业。

（三）深喀科技创新服务中心建设情况

占地5.8万平方米。目前竣工面积2.2万平方米，共建有5栋办公研发大楼、2栋人才公寓、1栋综合服务楼。主要承载企业科技创新功能、企业孵化功能、金融创新成果转化功能、人才培养功能四大功能，成为企业的服务平台、成果展示平台、融资服务平台、交流培养平台，截至2013年6月底，注册入驻企业54家。其中：16家高新技术企业，注册资本1.4亿元，协议投资总额7.8亿元；11家股权（创业）投资企业，注册资本3.4亿元，持有股权市值或净值42亿元，2013年1—6月为喀什特区缴纳税收1.17亿元；27家商贸服务类企业，注册资本3.4亿元，2013年1—6月的营业额为0.26亿元。

（四）产业服务中心及标准厂房建设情况

位于喀什深圳产业园东区，占地12.8万平方米，建筑面积13.3万平方米，投入援疆资金2.5亿元，项目包括7.7万平方米标准厂房（已全部封顶）、3.3万平方米服务中心及2.3万平方米人才公寓，项目着重体现产城融合、以人为本的发展理念，产业发展和城市功能有机结合，生产区与生活区之间以绿地等公共空间分隔，配套民汉餐厅、社康中心、室内外文体设施等，重点引进本地中小型企业，扶持民族特色产业发展，打造企业发展平台，将建成产业聚集、配套完善的现代化生产厂区，成为喀什特区产业聚集的典范。

（五）建设典型：喀什综合保税区建设情况

喀什综合保税区自2012年4月13日开工建设以来，按照规划、建设、招商、申报、管理"五个同步"的原则高效推进。得到了国家部委、自治区、地区领导的关心和大力支持，综保区建设得到了空前的关注，来综保区视察的省部级领导多达十余位，包括中央领导、自治区、兵团、国家部委和援疆省市的领导，2013年5月25日中央政治局常委、全国政协主席俞正声在听取了综保区的情况汇报后，对综保区的建设、招商等工作表示满意，张春贤书记2012年4月13日亲自出席并见证综保区开工，车俊政委也亲临综保区视察。喀什地委书记曾存在刚上任后的第三天就到综保区来调研指导工作，党工委书记陈旭光多次到现场指导工作，协调解决各方面的困难和问题，各级领导们对综保区建设都给予了高度的评价，也对综保区对新疆经济的跨越式发展和长治久安的重要作用寄予了殷切的期望。

目前，喀什综合保税区可行性报告已经完成，通过了特区管委会的评审。

保税区基础设施建设方面，一环、两横、三纵，共6条17公里道路已经完成，综合管网配套建设工程和绿化工程取得重大进展。整个围网工程和启动区围网工程已经全部竣工。21640平方米的卡口综合体和64000平方米的8个保税库项目主体结构分别在2013年4月10日和4月13日全部封顶。海关监管库、查验库、广货展示中心等项目陆续建成投产。

三　开发区建设需要解决的问题

综合喀什开发区建设发展过程中面临的一些实际困难，还需要国家和自治区支持解决如下问题。

(一)　出台相关政策具体实施细则

国发文件明确要求，"国务院各有关部门要抓紧研究出台各项政策措施的具体实施细则"，但至今相关实施细则依然没有出台，造成国家扶持政策落实困难，甚至无法落实。建议自治区人民政府报请国务院尽快批准总体发展规划，敦促国家有关部门尽快出台扶持政策措施具体实施细则，推进国家扶持政策的落实，为自治区相关部门下放自治区级管理权提供指导与服务。

(二)　重大项目指标实行计划单列

建议对光伏、天然气等国家统一规划而喀什特区有重大需求的项目，实行自治区计划单列，争取国家计划单列。

（三）支持空中通道建设

希望从国家、自治区层面出台支持喀什空中通道建设具体意见，开辟喀什至欧洲主要国家及中亚、东南亚国家国际航线，喀什直飞内地主要城市航线，加快"空中丝绸之路"建设。

（四）支持基础设施建设

喀什市基础设施薄弱，需要投入大，希望中央、自治区财政加大基础设施建设补助力度，对电力、水利、交通等重大基础设施项目安排优先保障喀什特区建设需要。

（五）支持综合保税区建设

为打造向西开放的物流中心，要进一步争取更大额度的旅客免税购物政策，以改善商贸物流、旅游购物环境，吸引人流、物流、信息流、资金流等资源要素高速集聚。

（六）支持主导产业发展

尽快落实企业用电、运输等方面特殊价格和补贴政策。鼓励中央企业到喀什特区投资，以发挥示范效应，进一步提升国内外企业对喀什特区发展的信心。鼓励19个援疆省市聚焦喀什特区建设，在喀什特区建设总部经济大楼，发展总部经济，搭建向西开放的窗口和展示援疆成果的平台，为推进"外引内联、东联西出、西来东去"的开放合作战略奠定坚实的基础。

（七）支持人才队伍建设

加大对喀什特区人才培养培训力度。支持在喀什普及中技人才教育设立喀什大学。加大对口援疆干部选派力度，对喀什特区的人才需求计划单列。

（八）批准留存或缓缴相关规费

喀什主题园区主要分为城北转化加工区、空港产业物流区、城东金融贸易区3个片区。城北转化加工区，位于喀什市恰克玛克河与外环快速路围合区域，用地面积13.88平方公里，主要发展农副产品等优势资源的精深加工业、特色消费品工业等产业；空港产业物流区，位于喀什国际机场北侧及西侧，为北外环快速路、阿瓦提渠、迎宾大道、机场北路及恰克玛克河围合区域，用地面积12.89平方公里，现代物流、保税加工和仓储、先进制造业，以及新材料、生物技术、新能源等新兴产业；城东金融贸易区，位于喀什市城东大亚郎水库东西两侧，为瓦普东路、深喀大道、兰干路、阿瓦提路、城东大道、新区大道、亚郎东二路及瓦普南路围合区域（扣除大亚郎水库用地），用地面积为 13.23 平方公里，主要承担喀什经济开发区 CBD 的功能；主要发展创新金融、国际商贸、总部经济等产业。

四　开发区近获多项政策支持

2014 年 3 月 25 日，自治区党委办公厅、人民政府办公厅出台了《关于在喀什、霍尔果斯经济开发区试行特别机制和特殊政策的意见》（以下简称《意见》），提出了体制机制、财税、金融、土地、产业、人才等多方面政策措施，其中包括自 2014 年起，自治区每年为喀什经济开发区各安排补助资金 5000 万元等多项前所未有的扶持政策。

（一）开发区管理：强调管委会主体作用和政策协同性

《意见》一方面进一步明确了喀什开发区管委会作为自治区人民政府的派出机构，代表自治区人民政府对开发区依法行使统一的行政管理权，协调指导自治区有关部门设立在开发区相关机构的工作；另一方面，规定了涉及开发区建设发展的财税、金融、土地、产业集聚、人才集聚和发展以及配套服务等方面的支持政策，系统性、整体性明显加强。这样既可以充分发挥各区管委会主体作用，又高度重视了各类政策的协同性。

（二）财税政策：设立股权激励专项资金

《意见》明确提出了自治区层面和开发区层面的财税支持政策：要求自治区、兵团和开发区所在地（州）要加大支持力度。同时设立专项发展资金，并在其中设立股权激励专项资金，用于产业扶持、人才激励、科研资助、创业扶持等。特别是股权激励专项资金的提出，将极大地吸引并激励科技人才和经营管理人才，在开发区科技成果转化中做出贡献。同时，全额留存喀什开发区 2012—2021 年 10 年内的地方财政收入（包括地方税收）。由各区管委会制定管理办法自主使用，扶持园区建设和产业发展。

（三）金融服务：推进经济开发区上市融资

金融是现代经济的核心部分，如果企业现在落户喀什开发区，可能获得上市融资等方面政策的支持。通过积极推进金融产品、融资工具、金融服务等各类创新试点，对于推进开发区投资环境改善、促进建设发展具有重要的现实意义；通过推进开发区跨境人民币创新试点和金融贸易区建设，对于把新疆建设成为改革创新先导试验区具有深远的意义。《意见》还明确提出：加紧落实中国人民银行、银监会、证监会、保监会《关于金融支持喀什霍尔果斯经济开发区建设的意见》各项支持政策。加强金融服务支持，通过注入资本金、资产注入等方式，增强开发区各类开发主体的融资能力；支持通过发行企业债券、中期票据等方式募集资金；支持通过融资担保、科技信贷风险补偿、投贷保联动等政策，为在喀什开发区的企业创造更加宽松的融资环境，推进开发区金融对外开放和上市融资。

（四）土地政策：商业用地实行弹性出让政策

喀什开发区土地出让将打破国内目前以法定最高年限一次性出让使用权的制度，实行弹性年期。目前国内商业用地法定最高使用年限为50年，而《意见》提出，实行商业用地弹性出让政策，对新增商业用地可分别设定10年、20年、30年、40年的出让年限，切实减轻企业用地成本，特别是将大大减轻企业前期投资的压力。此外，还将推进项目用地带方案出让政策，帮助用地单位及时掌握土地利用指标和科学规划。允许土地使用权依法转让、出租和抵押，或者作为合资、合作的条件，支持喀什开发区内企业盘活土地资本，拓宽企业发展能力。

（五）资金支持：加大各类产业扶持资金倾斜力度

《意见》强调加大各类产业扶持资金向喀什开发区倾斜力度。自治区园区建设、产业发展等各类专项资金，对喀什开发区予以重点倾斜。推动重大功能性政策在喀什开发区尽快实施。创建国家级高新技术产业园区和中亚科技合作平台，推进进出口加工和贸易基地建设，支持喀什开发区开展现代物流技术应用和共同配送综合试点，建设服务业发展示范基地。推动落实喀什开发区成为国际航空运输发展综合试验区。值得一提的是，自治区还将推进喀什开发区综合保税区建设，落实免税购物政策，支持设立免税店，实行免税购物游补贴。

（六）人才政策：开展户籍制度改革吸引人才聚集

开发区当地和周边的农村户籍人员，具有一定知识水平、具备一定技术能力，进入喀什开发区可实现农转非，成为企业职工。喀什开发区开展户籍制度改革试点吸引人才聚集。在实施人才财政奖励和津贴方面，喀什开发区可根据人才个人综合贡献等情况，实施人才财政奖励政策（或所得税补贴政策）。对喀什开发区工作的高级人才给予科研经费等方面的扶持，对科技人员自主知识产权成果转让，可补贴个人所得税，对企业应用科技成果予以扶持。在高级人才户口迁移、子女入学等方面提供帮助。对从事基础教育、医疗卫生、公共服务等相关人员，每月给予一定额度的经济开发区津贴。给予重大贡献者物质和精神的特别奖励或破格聘任。《意见》还将通过采取创新人才引进政策、加强人才住房保障等措施，支持喀什开发区各类人才集聚和发展。

（七）基础设施：加快国际运输大通道建设

《意见》还就对内对外大通道建设、信息化建设、海关特殊监管区建设和教育、卫生、商业服务等公共配套设施建设，以及方便人员出入境政策等方面提出了较详细的具体措施。在重大基础设施建设方面，提出了加快国际运输大通道的建设，加大现有铁路、公路、航空和管道等交通设施通达能力建设，加快推进喀什铁路枢纽建设，中吉乌、中巴铁路及伴行高等级公路建设。在喀什开发区内设立海关保税监管场所或其他特殊监管区域，商品（武器、毒品及有污染的物品除外）可无限期保税存放或展示，海关不征收任何监督费用。经海关同意，保税货物、物品（在交纳保证金后）允许在海关特殊监管区域外短期展示。提出允许外国人及中国香港、澳门特别行政区人员凭本人护照或其他有效证件，大陆人员（包括本地居民）持本人身份证或其他有效证件，直接并免费进出喀什开发区海关监管区等政策。

支持喀什开发区举办重大活动，要求凡是适合在喀什开发区举办的重大赛事、会展等大型活动，自治区和相关地州优先安排在喀什开发区举办。[①]

《关于在喀什、霍尔果斯经济开发区试行特别机制和特殊政策的意见》的出台将有效推动喀什开发区各项事业健康持续发展。

---

① 郭玲：《喀什、霍尔果斯经济开发区试行特别机制和特殊政策》，www. kstq. gov. cn，2014 年 4 月 14 日。

第七章

援疆战略与深圳对喀什市的对口支援

新疆工作在党和国家事业发展全局中具有特殊重要的战略地位，进一步做好新形势下新疆工作，推进新疆跨越式发展和长治久安，对深入推进西部大开发、提高各族人民生活水平、实现全面建设小康社会奋斗目标，对加强民族团结、维护祖国统一、保障国家安全具有极为重要的意义。2010年4月23日，中共中央政治局为此召开会议，对下一阶段新疆工作做出一系列重大决策部署，为新疆发展和稳定指明了正确方向。

第一节　援疆政策的发展历程

一　对口援助的背景

在国际上，一个国家的中央政府对经济欠发达的某一地区实施开发建设的先例较多，如美国建设西部、日本开发北海道等，但区域、政府间相互支援建设的案例几乎没有，对口援助可以说是一个创新的公共政策实例。新疆是一个多民族地区，对口援疆政策在实践之初更多的是侧重于对民族地区经济社会发展的考量，在实践过程中才逐步转向国家整体发展的战略。作为一项对国家有战略意义的政策必然与当时的国际国内环境密切相关。

在改革开放初期，邓小平对我国区域经济发展在不同历史阶段的战略选择做过全面而深刻的阐述，对东西部问题做过多次论述。1988年9月，邓小平强调，"沿海地区要加快对外开放，使这个拥有两亿人口的广大地带较快地先发展起来，从而带动内地更好地发展，这是一个事关大局的问题。内地要顾全这个大局。反过来，发展到一定的时候，又要求沿海拿出更多力量来帮助内地发展，这也是个大局。那时沿海也要服从这个大局"①。1992 年邓小平在南方谈话中表示，"一部分地区有条件先发展起来，一部分地区发展慢点，先发展起来的地区带动后发展的地区，最终达到共同富裕"。"解决的办法之一，就是先富起来的地区多交点利税，支持贫困地区的发展。当然，太早这样办也不行，现在不能削弱发达地区的活力，也不能鼓励吃'大锅饭'。""在本世纪末达到小康水平的时候，就要突出地提出和解决这个问题。到那个时候，发达地区要继续发展，并通过多交利税和技术转让等方式大力支持不发达地区。"② 援疆政策的出台和实施，正是两个大局思想的具体实践。

我国对口支援政策萌芽于 20 世纪 50 年代，60 年代初正式提出和实施，对口支援制度正式确立于 20 世纪 70 年代末期。1979 年 4 月，在全国边防工作会议上，中共中央政治局委员、中央统战部部长乌兰夫在大会上作了题为"全国人民团结起来，为建设繁荣的边疆、巩固的边防而奋斗"的报告，针对我国边境地区多为经济欠发达的少数民族地区的现状，确定了东部发达省市对口支援边境及少数民族地区的具体方案，中共中央批转了这一报告，第一次确定了我国内地省市对口支援边境地区和少数民族地区的具体对口安排。从这一报告可以看出，当时确定对口支援方案一个重要目的就是加强少数民族地区建设、巩固边防。1979 年通过中央 52 号文件以国家政策的形式正式确定下来。

二　对口援疆政策的演进过程

对口援疆政策在对口支援制度的演进过程中可以分以下几个阶段。

第一阶段：1979 年至 1984 年——对口支援制度的初创阶段，也是对口援疆初试时期。这一阶段对口支援法律制度的建设，以 1979 年召开的全国边防工作会议以及中共中央批转的全国边防工作会议的报告为主要标志，中共中央第一次确定了我国内地省市对口支援民族地区的具体对口安排，即北京支援内蒙古，河北支援贵州，江苏支援广西、新疆，山东支援青海，上海支援云南、宁夏，全国支援西藏。为了加强内地经济发达省、市同民族地区的对口支援工作，1982 年 10 月，国家计委和国家民委在银

---

① 中共中央文献编辑委员会：《邓小平文选》第 3 卷，人民出版社 1993 年版，第 277—278 页。

② 同上书，第 373—374 页。

川召开了"经济发达省、市同少数民族地区对口支援和经济技术协作工作座谈会"，会议总结了经验，肯定了成绩，并制定了有关政策措施。

第二阶段：1984 年至 2000 年——对口支援制度建设的充实提高阶段，也是对口援疆进入实质援助阶段。为了进一步加强对民族地区对口支援活动的管理，1983 年 1 月，国务院以国发文件批转了《关于组织发达省、市同少数民族地区对口支援和经济技术协作工作座谈会纪要》，文件在总结经验的基础上，将内地经济发达省、市同民族地区的对口支援工作继续推向深入、广泛开展的局面，并确定对口支援工作由国家经委、国家计委、国家民委共同负责，由国家经委牵头。1984 年通过的《民族区域自治法》第 61 条首次以国家基本法律的形式明确规定了上级国家机关组织和支持对口支援的法律原则。这标志着我国对口支援制度建设进入了国家基本法律层面，而且将之作为我国民族区域自治法律制度的重要内容。1984 年 9 月，经国务院批准，国家经委、国家计委、国家民委和国家物资局共同召开了"全国经济技术协作和对口支援会议"，有力地推动了对口支援工作的全面开展。各地按照扬长避短、互利互惠、互相支援、共同发展的原则，大力开展对口支援和经济技术协作，对口支援范围和领域不断扩大，形式也多种多样。如国家新增加了上海支援新疆、西藏，广东支援贵州，沈阳、武汉支援青海。各民主党派和全国工商联开展了对少数民族地区的经济咨询服务和智力支边活动。在我国少数民族比较集中的西南和西北地区，形成了西南六省（自治区、直辖市）七方（云南、贵州、四川、广西、西藏、重庆、成都）经济协作区和西北五省区（陕西、甘肃、宁夏、青海、新疆）经济协作区，并各自成立了协调组织。这个时期，对西藏的对口支援有了重大举措。"九五"期间，根据加快新疆发展和维护新疆稳定的需要，中央决定从内地省市和国家机关选派 2000—2500 名热爱新疆、坚持党的基本路线和方针，正确执行党的民族、宗教政策的党政领导骨干和专业技术骨干到新疆工作，从而为实现党中央、国务院关于加快西部地区开发，逐步缩小地区间差距的战略目标，提供强有力的组织保证。1996 年，为进一步加快新疆经济社会发展、维护新疆社会政治稳定，中央做出了对口援疆的决策部署。1997 年 2 月，率先由北京、天津、上海、山东、江苏、浙江、江西、河南 8 省市和中央及国家有关部委选派到新疆工作的首批 200 多名援疆干部陆续抵疆。后来，中央对援疆工作做了调整，将无偿援助与互利互惠结合起来，努力促进新疆尤其是南疆地区的发展稳定，以干部支援为龙头，实行经济、科技、文化全方位支援。

第三阶段：2000 年至 2010 年 2 月——对口支援制度建设的全面发展阶段，也是对口援疆政策全方位落实阶段。2001 年 2 月 15 日国务院第 35 次常务会议通过的《长江三峡工程建设移民条例》规定，国务院有关部门和有关省、自治区、直辖市应当按照优势互补、互惠互利、长期合作、共同发展的原则，采取多种形式鼓励名优企业到三峡库区移民点投资建厂，并从教育、文化、科技、人才、管理、信息、资金、物资等方面对口支援三峡库区移民。值得注意的是，中央决定从 2005 年起，对新疆南疆四地州和兵团在南疆的三个师，实行干部支援和经济对口支援相结合，分别由北京等 8 省市和中国长江三峡工程开发总公司等 15 户国有重要骨干企业承担对口支援任务。对口支援南疆的省份和单位在原来的基础上，新增加了辽宁省和中国长江三峡工程开发总公司、鞍山钢铁集团公司、中国电子信息产业集团公司等 15 户国有重要骨干企业。同年 5 月，援疆工作领导会议和对口支援南疆工作会议召开，内地 7 省市援疆干部领队、南疆四地州及 33 个县市的主要领导、兵团三个师的主要领导参加了对口支援南疆的会议。

2007 年 9 月，国务院召开常务会议研究加快新疆经济社会发展时强调，坚持不懈加大对口援疆工作力度，促进民族地区经济、政治、文化、社会全面进步。同月，国务院颁布了《国务院关于进一步促进新疆经济社会发展的若干意见》（即国务院 32 号文件），强调要加大对新疆的对口支援力度，提出要本着办实事、求实效的原则，完善和创新对口支援方式，把工作重点放在培育当地自我发展能力上。要以经济、科技、教育、医疗、文化援助为重点，全方位开展援疆工作，特别要在资金、人才、技术和项目等方面，加大对南疆三地州的支持。要进一步扩大干部和专业人才的援疆规模，加大对新疆各类专业人才的对口培训力度。引导东部地区经济实力雄厚、产业优势明显、人才和技术力量突出的大企业和企业集团，同新疆联合开发各种优势资源。鼓励更多的省市、企业向新疆提供人才、资金、项目援助，加强经贸合作交流，形成全国支援新疆发展的格局。

在援疆政策的执行过程中，由于中央的多方面协调，截至 2010 年 2 月底，基本上形成了固定的对口援助关系（见表 1）。

表 1　　　　　　　　　　1997—2010 年全国对口支援新疆分布情况

受援方	援助方
和田地区	北京、浙江和中国电子信息产业集团公司、中国三峡总公司
克州	辽宁、江西和中国华能集团公司
喀什地区	天津、山东和中国网络通信集团公司、中国南方电网公司、中国五矿集团公司、鞍山钢铁集团公司、中国华电集团公司、中国通用技术集团公司
阿克苏地区	上海、河南和国家开发投资公司、中国国电集团公司、中国海运（集团）总公司
博尔塔拉蒙古自治州	湖北省
巴音郭楞蒙古自治州	河北省
伊犁州哈萨克自治州	江苏省
昌吉回族自治州	福建省
哈密地区	广东省
吐鲁番地区	湖南省

自 1997 年实施对口援疆工作以来，到 2009 年年底已累计选派了 6 批 3749 名援疆干部。各援助省市和单位累计向新疆无偿援助资金物资折合 43 亿元，实施合作项目 1200 多个，到位资金 250 亿元。广大援疆干部积极投身新疆各项改革和建设事业，真心实意地为新疆各族人民办实事、谋利益，给新疆各族干部树立了榜样，以实际行动维护、促进了民族团结和社会稳定。13 年来，对口援疆工作的内涵不断延伸、领域不断拓宽、力度不断加大，特别是中办发文件和国发文件的下发，使援疆工作由最初的干部支援，到实行干部支援与以科技、教育、医疗、文化援助相结合的对口支援工作，密切了新疆与内地的联系，推动了新疆特别是受援地区（师团）经济社会的发展和民生的改善，促进了各民族大团结，增强了中华民族的凝聚力和向心力。

第四阶段：2010 年 3 月至今：新一轮全国对口支援新疆建设发展高潮时期。2010 年 3 月 29—30 日全国对口支援新疆工作会议的召开，标志着"对口援疆"理论的形成，这次会议是党中央、国务院在西部大开发 10 年的节点上和上一轮 13 年的对口援疆的基础上召开的会议，是新疆改革开放和现代化建设进入关键时期召开的一次重要会议。会议决定动员北京市、上海市、天津市、辽宁省、吉林省、黑龙江省、河北省、山西省、河南省、山东省、江苏省、浙江省、福建省、湖北省、江西省、安徽省、湖南省、广东省和深圳市共 19 个省市开展对口支援新疆工作，并要求支援省市把对口援疆作为自身工作的重要组成部分，早谋划、早部署，抓紧做好各项前期准备工作。会议学习贯彻中央关于组织开展新一轮对口支援新疆工作的重要决策，对进一步加强和推进对口支援新疆工作进行了动员部署，李克强在会上讲话，强调指出：进一步加强和推进对口支援新疆工作，是中央新时期新疆工作总体部署的重要组成部分，是贯彻两个大局思想、促进区域协调发展的战略举措，是发挥社会主义制度优越性、巩固和发展各民族大团结的重要体现，是增强自我发展能力、促进新疆跨越式发展的有效途径，是促进社会和谐稳定，实现新疆长治久安的必要途径。他强调要建立起人才、技术、管理、资金等全方位对口支援新疆的有效机制，把保障和改善民生放在支援的优先位置，帮助各族群众解决就业、教育、住房等基本民生问题，支持新疆特色优势产业发展。力争经过 5 年努力，在重点任务上取得明显成效；经过 10 年努力，确保新疆实现全面建设小康社会目标。全国对口支援新疆工作会议结束后，各支援省市高度重视，迅速行动起来，组成高规格的代表团纷纷赴疆，到 5 月 7 日，全国 19 省市全部完成对口援疆的初步调研和工作对接任务，全国对口援疆开创了新疆发展的历史新局面。同年，5 月 17—19 日中央新疆工作座谈会召开，使全国对口援疆工作进入具体实施阶段。2011 年 5 月 27—29 日召开的第二次全国对口支援新疆工作会议，是在援疆工作取得显著成果的前提下召开的，说明了党中央及国务院对这一理论及政策的充分肯定，参与“对口援疆”这一计划的各级党政机关对这一理论都做出了积极的探索，并推动其不断向前发展。2012 年 5 月 30 日召开了第三次全国对口支援新疆工作会议，对进一步全面推进对口援疆工作、加快新疆经济社会发展具有重大意义。会议要求：按照胡锦涛总书记在中央新疆工作座谈会上提出的“五个始终”的要求，实现“五个明显”“一个确保”的目标：到 2015 年力争使新疆特别是南疆地区经济发展明显加快、各族群众生活明显改善、城乡面貌明显改观、公共服务水平明显提高、基层组织建设明显加强，到 2020 年确保实现全面建设小康社会目标。这使对口援疆政策从理论到实践得到进一步检验，使对口援疆战略成为国家整体发展战略的必要部分。

2013 年 9 月 23—24 日召开了第四次全国对口支援新疆工作会议。中共中央政治局常委、全国政协主席俞正声作了重要讲话并强调，援疆工作要突出重点。第一，一定要千方百计把就业搞上去，通过实施就业优先战略、产业发展、增加企业就业、加强政策支持和就业服务、热情支持新疆少数民族群众到内地就业，不断拓宽新疆特别是南疆少数民族群众的就业渠道。第二，一定要坚定不移把教育搞上去，通过支持双语教育和职业教育、加强和改进思想政治教育，不断提高新疆各族群众的科学文化素质和就业创业能力。第三，一定要坚持不懈把人才建设搞上去，通过加强内地专业人才援疆、支持新疆培养本地专业人才和党政人才，为新疆发展稳定提供人才保障。俞正声要求，各地区各部门要高度重视援疆工作，确保援疆工作力度不减。要完善目标责任制，确保各项工作取得实效。要加强监督管理，确保把每一个援疆项目打造成精品工程、廉政工程。要做好援疆干部人才交接工作，选派优秀干部人才去援疆，安排好期满返回的援疆干部人才。要充分发挥新疆的主体作用，更好地服务援疆工作，推动新疆工作上新台阶。

出席会议的张高丽副总理在讲话中指出，新疆具有明显的区位优势、资源优势、后发优势和政策优势，必须把新疆的发展放到全国的大局中统筹谋划，这既是新疆实现跨越式发展的内在需要，也是全国实现可持续发展的战略需要。各地区各部门要全面贯彻落实党的十八大精神和习近平总书记重要指示，进一步开创援疆工作新局面。他强调，第一，要从全国大局出发，统筹规划支持新疆科学发展。抓住西部大开发历史机遇，坚持以规划统筹发展、以政策引导发展、以产业提升发展；发挥资源优势，努力使新疆成为国家能源资源的战略基地；围绕丝绸之路经济带建设，努力把新疆建设成为我国向西开放的桥头堡。第二，要从本地实际出发，发挥优势加快新疆科学发展。加快构建具有新疆特色的现代产业体系，着力保障和改善民生，大力促进南北疆协调发展，全面加强生态环境保护和建设，积极推动新疆地区民族和谐发展。第三，要从互利共赢出发，对口支援促进新疆科学发展。切实发挥援疆省市政府的关键作用，把新疆的事情当作自己的事情全力以赴办好；切实发挥企业合作的推动作用，积极引导各种所有制企业特别是民营企业到新疆投资兴业；切实发挥优势互补共赢发展的重要作用，援受双方按照平等协商、互利互惠原则，不断拓宽合作渠道，促进共同发展。

第二节　援疆战略与深圳对喀什的大力援助

一　援疆战略与各地援疆规划

（一）援疆战略的主要内容

国务院在 2010 年政府工作报告中提出：加强对革命老区、民族地区、边疆地区和贫困地区的支持。实施区域发展总体战略，重在发挥各地比较优势，有针对性地解决各地发展中的突出矛盾和问题；重在扭转区域经济社会发展差距扩大的趋势，增强发展的协调性；重在加快完善公共财政体系，促进基本公共服务均等化。中央推进新疆跨越式发展和长治久安工作主要政策。

1. 集中力量优先保障和改善民生，使新疆各族群众生活更加富裕幸福。

2. 加强宣传思想文化工作，巩固新疆各族干部群众共同团结奋斗的思想基础。

3. 坚持党的民族政策和宗教政策，促进新疆不同民族、不同宗教信仰群众和谐相处，巩固和发展新疆社会和谐稳定的局面。

4. 坚持中央关心支持、东中部地区支援和新疆各族干部群众自力更生、艰苦奋斗相结合的方针，认真做好对口支援新疆工作。

5. 加强党对新疆工作的领导，增强各级党组织的凝聚力、战斗力、创造力，为新疆实现跨越式发展和长治久安提供坚强有力的政治和组织保证。根据中央新一轮对口支援新疆工作的决策部署，19 个省市对口支援新疆 12 个地州和兵团 12 个师，重点支援基层和南疆。党中央、国务院一直高度重视新疆特别是南疆三地州的经济社会发展和民生改善，这次重点安排了北京、广东、深圳、天津、江苏、上海、山东等九个经济实力强的省市对口支援贫困程度较深的南疆三地州，并且在重大建设项目布局和投资计划安排上对南疆三地州给予了重点倾斜。

新一轮援疆是借鉴 2008 年汶川地震灾后恢复重建对口援建的经验，把作为我国反分裂、反渗透、反恐怖主战场的新疆经济社会发展搞上去，把长治久安搞扎实，需要进一步动员组织全国力量，支援新疆、发展新疆。这既是具体落实中央新时期新疆工作任务的重大措施，也是对口支援政策措施从应急逐步走向制度化的最新实践，是西部大开发新阶段模式和道路的新探索，更是社会主义制度优越性通过对口支援的充分发挥和直接体现。新时期对口援疆，可以说是多年来支援地域最广、所涉人口最多、资金投入最大、援助领域最全面的一次对口支援。通过对过去 13 年（1997—2010）对口支援和对汶川地震灾后重建总结的经验，从 2011 年开始的新一轮对口援疆对原来的援疆布局做了调整，主要有以下四方面特点。

第一，支援范围扩大。受援方由过去的新疆 10 个地州、56 个县市和新疆生产建设兵团 3 个师，扩大到新疆 12 个地州、82 个县市和新疆生产建设兵团 12 个师。在支援省市中，新增了安徽、山西、黑龙江、吉林四省和广东深圳市。其中，特别强调对新疆生产建设兵团的支援。目前，建设兵团面临着产业结构单一、公共保障能力不足、历史包袱沉重等难题。有必要扩大对兵团对口支援范围，使兵团更好地发挥推动改革发展、促进社会进步的建设大军作用，确保其稳定社会经济的中流砥柱作用。

第二，调整结对关系。考虑支援方综合实力和受援方实际困难，力使支援双方强度匹配。比如，北京、上海、广东、江苏及深圳等经济实力强的省市对口支援贫困程度较深的南疆三地州，地域上相对集中便于开展工作，尽可能安排一个省市对口支援一个地州或一个地州的几个县市和师团场，考虑双方资源地理气候特点，更有效做好援助工作。比如，东北三省对口支援气候条件相似的北疆塔城、阿勒泰地区等。

第三，从各方面全方位开展援疆工作。新一轮的对口援疆工作，采用了不同于以往的方式，从过去单一的资金援疆，向经济、产业援疆工作迈进；从过去人才交流，向前后方指挥部协同推进转变。开展了经济援疆、干部援疆、人才援疆、教育援疆、科技援疆协同推进的全方位援疆，努力推进新疆经济社会协调可持续发展。

第四，重点支援基层和南疆。新疆主要困难难在基层、难在南疆、难在国家扶贫县、边境县和团场。因此，要把援助重点放在基层，放到贫困县、边境县和团场，放到乡镇和农村。

按照中央的要求，新时期对口援疆能否取得成功，关键在能否建立全方位援疆的有效机制。这就需要在支援资金的同时，使更多的干部、人才、技术、管理到新疆去，把输血和造血、硬件建设和软件建设结合起来，形成经济援疆、干部援疆、人才援疆、教育援疆以及企业援疆协同推进的新局面。

总之，在新的历史环境条件下，可以说新一轮援疆将是支持地域最广、所涉人口最多、资金投入最大、援助领域最全的一次援疆行动。毫无疑问，国家层面的大动员，政策、资金、人才等各种要素的大调度必将为新疆跨越式发展和长治久安插上腾飞的双翅，为民生的改善奠定坚实的基础。

（二）各地援疆规划

新一轮对口援疆，可以说是这么多年来支援地域最广、所涉人口最多、资金投入最大、援助领域最全面的一次对口支援。权威人士透露，2011 年 19 个省市对口援疆资金总规模将超过 100 亿元，以后还会逐步增加。同时，通过转移支付、专项资金等渠道，中央投入资金规模将数倍于对口援疆资金规模。目标就是用十年时间，最大限度地缩小新疆与内地差距，确保 2020 年新疆实现全面小康社会目标。

经过充分调查研究，党中央国务院确定新一轮对口援疆工作的具体部署及目标如下。

1. 建立起人才、技术、管理、资金等全方位对口支援新疆的有效机制。

2. 把保障和改善民生放在支援的优先位置，着力帮助各族群众解决就业、教育、住房等基本民生问题，着力支持新疆特色优势产业发展。

3. 2010 年要深入调查研究，编制专项规划，加强人员培训，抓紧做好对口援疆的前期准备。

4. 2011 年起全面实施对口援疆工作。力争经过 5 年努力，在重点任务上取得明显成效。

5. 经过 10 年努力，确保新疆实现全面建设小康社会目标。

通过广泛征求各方意见，党中央国务院又重新调整了对口援建的结对关系。

北京市：对口支援和田地区的和田市、和田县、墨玉县、洛浦县及新疆生产建设兵团第十四师团场。

上海市：对口支援喀什地区巴楚县、莎车县、泽普县、叶城县。

广东省：对口支援喀什地区疏附县、伽师县、兵团第三师图木舒克市。

深圳市：对口支援喀什市、塔什库尔干县。

天津市：对口支援和田地区的民丰、策勒和于田三个县。

辽宁省：对口支援塔城地区。

浙江省：对口支援阿克苏地区的 1 市 8 县和新疆生产建设兵团第一师的阿拉尔市。

吉林省：对口支援阿勒泰地区阿勒泰市、哈巴河县、布尔津县和吉木乃县。

江西省：对口支援克孜勒苏柯尔克孜自治州阿克陶县。

黑龙江省：对口支援阿勒泰地区福海县、富蕴县、青河县和新疆生产建设兵团第十师。

安徽省：对口支援和田地区皮山县。

河北省：对口支援巴音郭楞蒙古自治州、新疆生产建设兵团第二师。

山西省：对口支援第六师五家渠市、昌吉回族自治州阜康市。

河南省：对口支援哈密地区、新疆生产建设兵团第十三师。

江苏省：对口支援克孜勒苏柯尔克孜自治州阿图什市、乌恰县，伊犁哈萨克自治州霍城县、第四师 66 团、伊宁县、察布查尔锡伯自治县。

福建省：对口支援昌吉回族自治州的昌吉市、玛纳斯县、呼图壁县、奇台县、吉木萨尔县、木垒县六个县市。

山东省：对口援助喀什地区疏勒县、英吉沙县、麦盖提县、岳普湖县。

湖北省：对口支援博尔塔拉蒙古自治州博乐市、精河县、温泉县与新疆生产建设兵团第五师。

湖南省：对口支援吐鲁番地区。

二　对口援疆的管理模式

2010 年 5 月 17—19 日中央新疆工作座谈会召开，中央新一轮促进新疆稳定与发展的决策部署也趋于清晰，出台了对口支援新疆计划，中央采取 "5·12" 汶川特大地震灾后重建模式对新疆进行扶持。李克强在会上强调，2010 年要深入调查研究，编制专项规划，加强人员培训，抓紧做好对口援疆的前期准备。2011 年起全面实施对口援疆工作。力争经过 5 年努力，在重点任务上取得明显成效；经过 10 年努力，确保新疆实现全面建设小康社会目标。值得注意的是，与会代表还观看了对口支援 "5·12" 汶川地震灾后恢复重建工作专题片，听取了广东、江西、辽宁、山东、河南、新疆维吾尔自治区、新疆生产建设兵团和中组部、国家发改委、财政部负责人的发言，围绕如何做好新一轮对口援疆工作进行了讨论。"5·12"汶川地震灾区援建在 2010 年收尾，在全国对口支援新疆工作会议结束后不到两周内，多个在四川地震灾区援建中承担重任的省市就向新疆派出了由主要领导带队的党政代表团考察援建工作。借鉴此模式，新疆 12 个地（州）市的 82 个县（市）、兵团 12 师，将获得来自 19 个省区市的对口支援，其中发达地区的九省市对口支援穷困程度较深的南疆三地州。在"十二五"（2011—2015）期间，对口援助新疆的 19 省市计划援助资金为 650 亿元左右。根据国家《关于进一步加强和推进对口支援新疆工作的实施方案》，19 省市应该按照财政收入的 0.3%—0.6% 安排对口援助资金，并根据经济增长情况，逐年有所增加。根据以往经验，新一轮对口援疆的管理模式如下。

第一，公共援建模式。即按照受援地区的需求来划分，确定"一对一"的支援方式，支援方的省市对口支援到县、市。按照项目类型分，可分为民生类、产业发展类和人才建设类，其中民生类投资最大，按照要求民生类项目占到全部援疆资金的 70% 以上；按照项目重要性分，可分为重点项目和一般项目；按照项目管理主体、管理方式，可分为"交钥匙"方式、"交支票"方式、合作共建方式三种，并以此三种方式偏重。

"交钥匙"方式，即项目由支援省市全权运作，全面管理，建设好后由支援省市援疆指挥部与自治区及兵团有关部门共同组织竣工验收，验收合格后，交付给受援县和团场使用。该方式的优势是可充分发挥支援方的优势，集中财力、人力、物力，推进重点工程建设，保工期、保质量、保效果。在汶川大地震的灾后重建中，广泛采用该种方式，以便高标准、高质量、快速地建起亟须使用的学校、医院、村委会，以及恢复急需的公路、桥梁等基础设施。新一轮对口援疆与汶川灾后重建有很大区别，同时该方式也会使得项目成本提高，造成资金的漏斗效应，因此，此次援疆中该种方式只在南疆较多地采用。

"交支票"方式，即支援方只拨付资金，不参与直接管理，项目建设由受援县及师、团负责。该方式的优势主要体现在降低了项目成本，便于项目施工的组织和管理，尤其是对分散、小型、简单的项目，同时也有利于受援地的职工群众就业和增收。

合作共建方式，即由支援方前方指挥部与受援县及团场联合成立项目管理组，共同组织实施、共同管理、共同监管。在具体做法上，重点项目和一般项目采取不同的管理方法。重点项目一般涉及的资金较多，项目也较复杂，因此一般采取由支援方前方指挥部、受援地区的发改委、建设局、环保局等单位组成的联合管理组。该管理组从项目前期筹备到施工组织、现场监督全面负责，实施"一条龙"服务。普通项目一般涉及的资金较少，项目较简单，也比较分散。因此一般采取受援地州、县、市及师团与支援省市前方指挥部联合办公、联合会议的形式对项目进行联合督察。这种联合督察可以有定期和不定期，有综合和单项的，有从上到下立体进行的，也可在受援师内横向开展。该方式的优势在于可充分发挥支援方和受援师团两个主体的积极性，便于将双方的优势结合起来，可使援建双方能合力推进项目建设，确保项目高效安全运行，也可给受援方带来理念转变，增强"造血"机能。

第二，市场化产业援建模式。可分为市场扶持型、资源导向型、产业链延伸型、市场开拓型等。

其一为市场扶持型。是指国家、自治区和兵团出台产业发展扶持政策，促进自治区及兵团和支援省市之间的产业对接。自 2010 年新疆工作座谈会以来，国家针对新疆出台了一系列差别化产业发展政策，既有对企业税收的减免，也有对企业贷款的支持，还有对企业用地的支持，更对企业能耗方面降低了要求。2011 年 10 月国务院又出台了《国务院关于支持喀什霍尔果斯经济开发区建设的若干意见》（国发〔2011〕33 号），该意见将支持喀什、霍尔果斯经济开发区建设的政策明确化、具体化，将更有利于两大经济区招商引资，并将带动周边地区经济的发展。通过这一系列激励性的、差别化的产业政策改变一些企业投资区位的选择，使其主动到自治区及兵团来投资。

其二为资源导向型。新疆有丰富的矿产资源以及太阳能、风能等自然资源，因此，市场化对接主要集中在资源导向型项目。市场化产业援建模式下，企业偏好与自治区和兵团进行资源开发、资源深加工类的合作，光伏电子新材料方面的合作成为新的增长点。

其三为产业链延伸型。多适用于自治区及兵团拥有资源，且有一定发展基础的产业，目前的合作主要集中在农业产业化方面。如北京援建农十四师 47 团的红枣加工项目，就是将兵团由单纯地种植红枣，延伸到红枣的深加工阶段。产业链延伸型有利于将单一优势、单项效益变为多种优势、多项效益，使自治区的兵团资源优势由潜在转化为现实。

其四为市场开拓型。指的是以提高市场占有率，扩大市场销售额为目标。市场开拓型可分为两类，一类是受援师团企业与支援省市企业合作，提高兵团自产产品在内地市场的占有率、销售额。如兵团很多农产品企业与支援省市的百货、超市、批发市场等大型商贸流通企业合作，销售兵团特色农产品；另一类是支援省市企业和央企以提高其产品在兵团乃至新疆相邻国家的占有率、销售额，而进行的投资活动。

三　深圳市对喀什发展的大力援助

（一）深圳市对喀什的资金项目支持

为了让喀什人民共享经济社会发展带来的福利成果，早日实现喀什梦、中国梦，对口援疆省市深圳市委、市政府提出，要带领全市人民，凝聚各方面智慧和力量，以加快转变经济发展方式、提升自我发展能力为主线，开拓创新，务求实效，紧紧围绕聚焦"三大战场"、加快特区发展、保障和改善民生、维护社会稳定和全面加强党的建设总体部署，实现喀什市的科学跨越和后发赶超。

深圳市提出的喀什市经济跨越式发展，是在经济实现跨越式发展的基础上，体现可持续发展思想。在发展理念上"既要考虑当前经济发展的需要，又要考虑未来经济发展的需要；不以牺牲后代人的利益为代价来满足当代人的利益"。努力追求一种速度与效率并重，当前发展与长远发展兼顾，经济和社会、生态环境协调发展的经济模式。简而言之，经济跨越式发展是以可持续发展为基础的经济跨越式发展。它客观上要求突破传统工业化道路中单纯追求"速度型"增长，避免经济发展中的短期行为，以及"单项突进"的发展模式。

首先，产业发展重点的跨越。改变传统工业化进程中产业结构梯次演进的路线，有重点地发展高科技含量的新兴产业。在着力于促进工业化后期制造业结构转换升级的同时，突出加快发展新兴的服务产业，加大知识经济的比重，促进产业结构的"软化"，优化产业结构，重构实现现代化的产业基础，形成具有区域特色和国际竞争力的经济结构。

其次，整体技术水平的跨越。利用科技迅速发展的机遇，以信息化为契机，培育新的经济增长点和抢占竞争制高点，瞄准现有主导产业和新兴产业关键性、前沿性、带动性的技术，通过抢先引进先进技术和政府的有效扶持引导，培育消化、吸收先进技术的能力，推进产业技术由点到面的突破，促进整体技术水平的提高，为率先基本实现现代化提供可靠的技术支撑。

最后，经济增长方式的跨越。要改变传统现代化的推进方式，在实现第一次现代化任务的同时，越过粗放型的增长方式和以牺牲环境为代价的发展阶段，大力发展高科技产业、生态产业，建设绿色城镇，实现经济增长方式由粗放型向集约型的转变，走可持续发展的道路。

人均 GDP 是衡量一个国家和地区经济社会发展水平最重要的综合性指标。根据喀什市未来经济走势的初步判断，喀什市现代化战略目标导向的经济跨越式发展，主要以人均 GDP 作为衡量指标，以 2010 年度为基期，其具体发展指标如下：喀什市第十二个五年规划提出的主要近期指标是，到 2015 年预计实现生产总值 350 亿元，年均增长 31.4%；实现人均生产总值 38889 元，年均增长 18.3%；地方财政一般预算收入 32 亿元，年均增长 32.9%；完成固定资产投资 360 亿元，年均增长 41.7%。①

根据党的十八提出的到 2020 年实现全面建成小康社会目标，国内生产总值和城乡居民人均收入比 2010 年翻一番，喀什市到 2020 年达到全国平均水平，则预计实现生产总值 599 亿元，年均增长 21%；实现人均生产总值 59984 元，年均增长 13.6%；地方财政一般预算收入 51.8 亿元，年均增长 21%；完成固定资产投资 300 亿元，年均增长 16.9%。

目前，"十二五"规划已进入中期阶段，根据前两年半的指标完成情况看，按计划完成"十二五"整体目标压力巨大，必须对相关目标进行适度调整。

喀什市一直以来被定为区域性商贸旅游中心城市，国家批准设立喀什经济开发区后，给喀什经济开发区产业定位为商贸物流、出口机电产品配套组装加工、农副产品深加工、纺织、建材、冶金、进口资源加工、机械制造、旅游、文化、民族特色产品加工、生物技术、可再生能源、新能源、新材料等产业。喀什市重点建设区域性商贸物流中心、金融贸易区和优势资源转换加工区。相信在国家相关政策的大力支持下，喀什经济开发区、深圳前指、喀什市"三位一体"有效机制推动下，上述相关产业将

---

① 喀什都市网，www.xjks.net，2011 年 4 月 16 日。

会在今后的经济发展中起到支撑拉动作用。

中央新疆工作座谈会、19 省市援疆和国家在喀什设立经济特区,深圳对口支援喀什市,深圳市全面援助喀什市各项事业快速、健康、高效发展,产业援疆主要以建设深圳产业园为依托,大力扶持喀什产业发展,深圳产业园是重点援疆项目,援疆工作开始以来,由深喀合力打造,深圳负责园区基础设施和服务平台建设,目前已完成主干道及市政配套设施建设、深喀科技创新中心及产业服务中心办公楼已完工、10 万平方米标准厂房已全面封顶。到 2013 年上半年,落地企业 65 家,其中拓日新能、拓方科技、广东浩元三家企业部分厂房已封顶,拓日新能一期 20 兆瓦发电项目于 2013 年 7 月并网。拓日新能光伏发电的建成能拉动就业 40 余人;年替代 3.6 万吨标准煤,减排 CO_2 9 万吨,年发电量约 9681 万度。并为喀什提供先进技术,已承接了两个节能项目,浩元环保中标了喀什市城东污水处理厂建设项目,善水科技业承接了两个计算机网络建设项目,新海鸿公司已创意并注册了“深喀缘”农产品品牌,目前这些落地企业都是采取边建设边运作的模式在喀什开拓市场,逐渐形成了喀什高新技术产业区,为喀什市产业升级提供了坚实的基础。

同时,工业园区基本完成近 10 平方公里内的基础设施配套,达到“八通一平”的标准,入驻企业 53 家,包括纺织、食品、建材、照明、药品、仓储物流、机械制造、农产品深加工、家具制造、电气制造、家电组装、电线电缆制造 12 个行业。2013 年 1—5 月完成工业产值 8612 万元,同比增长 16%,工业增加值 2620 万元,同比增长 10%;安置城乡富余劳动力 1100 余人,实现利税 172 万元,实现利润 280 万元。园区中小企业成长迅速,企业自身建设逐渐壮大,生产规模逐渐扩大。

人才援疆方面,深圳推出“银龄行动”,深圳市老专家顾大公义务为喀什市工业企业进行业务指导。经过老专家顾大公的指导,从技术革新到经营理念都有了质的跨越,很大程度上促进了工业企业技改项目的顺利实施。

对口援疆工作为喀什市工业经济发展起到了显著作用,促进喀什市工业产业升级,提高了工业技术水平。由于喀什市人才匮乏,深圳高级人才众多,希望能够进行更多的人才交流培训,促进喀什市工业企业发展。

实施对口援疆三年来,深圳市已安排对口援建资金 15.83 亿元,其中 2011 年投入资金 5.39 亿元;2012 年投入资金 4.63 亿元,2013 年计划投入资金 5.81 亿元。目前，已竣工项目 4 项，为喀什市十八小、福利供养中心、社会福利供养中心生活设施及用品购置和基层组织阵地建设项目。

自 2010 年开始，深圳市投入资金 7250 万元，先期启动喀什市十八小、福利供养中心两个试点项目，创造了"深喀速度"，为南疆教育、福利事业起到了示范作用。

2011 年实施项目 28 项按照规划先行、强化规划的指导作用，投入援建资金 1936 万元，高水平编制了喀什市、喀什经济开发区等一系列发展规划，社会事业、城乡住房、科技产业、基础设施和干部培训等援疆工作全面启动，为科学有序推进对口援疆工作奠定了良好的基础。

2012 年共实施项目 23 项。深、喀两地按照突出重点，打造亮点的原则，在继续推进 2011 年社会事业、城乡住房、科技产业、基础设施和干部培训等项目的基础上，重点推进了新老城区连接主干道深喀大道，启动建设了"一城一园"，规划设计东城市民服务中心等项目。

2013 年实施项目 21 项，以着力推进科技和产业，重点打造"一城一园"，着重做好深、喀科创中心、安居富民、基层阵地建设项目。

三年来，深圳市已先后有三批教师和医生赴喀，支医、支教队员们不仅带来了新的管理和工作理念，而且帮助各族教师迅速提升了教学水平和业务能力，帮助医院解决技术难题和提高综合服务水平，受到了社会各界和各族群众的广泛好评。

（二）深圳市开创出"智力援疆"的新路径

实施深圳援喀以来，深圳援建单上不仅有资金有项目，还有人才选派、观念提升；不仅提供喀什发展的外部动力，还尽可能挖掘其自身发展的内在动力。从而开创出一条"智力援疆"的新路径。

智力援疆从规划开始。援疆初期，深圳就充分发挥自己在城市发展和规划方面的优势，规划先行，构筑经济开发区发展蓝图。在深圳方面的努力下，制定的《喀什经济开发区总体规划》和《喀什市城市总体规划》获自治区批准实施，《喀什经济开发区发展总体规划》获国务院批准。这些规划充分结合了深圳及东部地区发展的经验，结合喀什实际，避免了发展的盲目性，使喀什经济开发区在一个高起点展开，谋定而后动。此外，在规范项目建设管理上，深圳援疆指挥部先后制定出台了《援疆项目管理办法》《援疆工程项目招投标管理办法》等，建立了一整套援疆项目建设和管理制度体系。并以多种形式促进深喀两地建设部门沟通联络，提升受援地建设管理水平。

智力援疆做好人才文章。一方面是"走进去"。深圳充分发挥自身的人才优势，多渠道选派援疆干部人才，三年来选派的各类援疆干部人才已达 230 多名，远超中央计划内的 56 名。比如教育援疆，深圳先后启动了结对帮扶、名师送教、双语交流、骨干研修等六大工程，开展"募师支教""太阳花"支教等活动。

深圳还将受援地医疗人才的培养、新技术运用等作为工作重点，创建喀什市人民医院病理、内窥镜等优势学科，为受援助医院留下一支专业骨干队伍。

另一方面是"走出去"。深圳承担了喀什地区未就业大学生的培养任务。2011—2012 年，深圳共协调安排 1500 余名民族大学生在深圳、广州、武汉、兰州等地培养，开创了异地培养的新模式。在受援地干部培训上，深圳与喀什市、塔什库尔干塔吉克自治县共同组织了 2860 余人（次）赴深圳、北京、浙江等地培训，安排喀什地区科技英才到深圳挂职培养，邀请专家赴喀讲学，参与举办"喀什文化大讲堂"，16 期喀什文化大讲堂共培训干部 15000 余人次。①

据统计，三年来深圳共安排援疆资金 3000 万元，用于对医疗卫生、教育系统实施干部人才交流培训，每年安排经费 400 万元，大力帮助受援地提高干部人才队伍素质和储备人才。

智力援疆突出文化引领亮点。2012 年，深圳共向喀什地区及其所属 12 市县赠送 1000 多册《深圳十大观念》，共同分享深圳 30 年改革开放的思想成果；组织深圳文艺团队赴喀什举办交响乐、"丝路涌潮、深塔放歌"等演出，连续三年举办深喀塔中小学生上万人参与的朗诵、合唱、歌舞比赛。2013 年 6 月 29 日，深圳市委宣传部副部长吴忠带领市文博公司总经理叶建强等人，与喀什市副市长古丽鲜·亚祖农等在喀什座谈，一一落实"深喀情缘"专场文艺演出、募师支教，利用高端文化交流平台推动喀什文化产业发展等 12 项文化援疆的重点工作。

智力援疆立足社会工作创新。深圳对口援疆（喀什）社工站是南疆地区成立的第一家社工站，2012 年 5 月获得"全国先进民办社工服务机构"称号。深圳还广泛搭建公益援疆平台，引进"壹基金""海惠基金"

---

① 喀什市史志编纂委员会办公室编：《喀什市年鉴·2012》，新疆人民出版社 2012 年版，第 25—26 页。

"松禾成长关爱基金"等公益机构参与援疆。深圳残友集团帮助残疾人士就业，为喀什地区近 200 名维吾尔族残疾人免费提供就业培训。深圳巾帼家政公司开展维吾尔族妇女就业技能培训，已培训了超过 3500 人，其中3154 人取得了国家职业技能证书、2275 人顺利实现就业。

（三）喀什地区对口援建工作存在的问题与建议

新一轮援疆工作开展以来，喀什地区落地援助项目 438 个，到位资金193.4 亿元，其中相当大一部分资金用于在各县市建立工业园区，对发展当地经济发挥了巨大的作用；援助省市帮助喀什地区培训干部和专业技术人员 4.8 万人次，另有 2058 名未就业普通高校毕业生赴援助省市接受就业培训。在援助方和受援方的共同努力下，喀什地区经济社会发展发生了翻天覆地的变化。但我们在近日的调研中也发现，对口援疆政策在实践中还存在着一些深层次的问题。

1. 建设项目集中开工，导致建材和人工价格上涨，一定程度上隐性地削减了援疆资金

一系列对口援建重点工程的集中开工，导致喀什建设市场需求旺盛，建材、钢筋、水泥产品供不应求，价格翻番；当地虽然有大量维吾尔族富余劳动力，但由于大多不适应集团作业和缺乏纪律性，合格的建筑工人紧缺，加之施工季节正值当地维稳节点，人工价格节节攀升。原材料和人工价格的上涨，造成援疆资金的无形削减。鉴于此，建议对部分援建项目做出适当调整，把握援建节奏，先慢后快，让当地建材市场有一个逐步满足建设需求的过程；同时援建方要与当地有关部门配合，加强对少数民族建筑工人的岗前培训，使之转变传统观念，逐步适应和掌握集团作业的节奏与技术。

2. 援建项目对喀什地区相关行业的拉动力度有限

在对口援建过程中，援助方提供了大量资金开展对口援建项目，由于当地在技术、人才等方面的欠缺，项目的规划、设计、建设等环节都以援建省市为主，对当地相关行业的拉动不很明显。加之当地缺乏相对合格的建筑工人，援建项目对劳动力的吸纳能力很有限。特别是部分"交钥匙"工程，从规划、施工、竣工等各环节，均以援建省市为主，所以部分资金在无形中回流到援建省市，一定程度上偏离了带动当地经济发展的同时带动当地就业增加的初衷。建议采取双方合作共建的方式，在完成建项目的同时，使当地群众在建设中受益，并且尽可能地采取多种措施，实现援建

项目对当地相关行业的拉动力度。

3. 各县市皆开工建设工业园区，部分项目重复建设

上海、广东、山东、深圳4省市在喀什地区12县市的产业援疆建设中，均将打造各种类型的工业园区作为重点，因此形成在有限地域内资源开发和项目建设重复的现象，虽然短期内还未出现问题，但从长远看，有可能在成本供应与市场竞争中产生不利影响。为此，希望各援建省市和受援地区要有全局意识，成立地区乃至自治区级协调机构，打破县域行政的界限，针对资源和市场的情况加以整合，距离较近的县市可以统一规划较大规模的工业园区，形成合力共建共享，避免不必要的重复建设与恶性竞争。

4. 安居工程建设中存在主要的问题

由于"安居富民"工程是以任务的方式分配给各县市，无论受援方还是援建方都急于完成上级下达的安置计划，有的为了完成任务，对各乡镇进行评比排名，于是部分农牧民很"被动"地开始建设自己的新家。有些农牧民由于经济能力有限并不想修建新房子，经过村组干部一再动员，只好贷款，然而在短期内收入难以提高的情况下，很可能造成届时无法还贷的困境。建议安居工程建设根据当地实际情况，按照农牧民的意愿进行援建，在资金使用上切忌一刀切，尽可能不搞平均主义，对困难户加大资金扶持力度，要以当地农牧民的实际承受能力为主，不建超出当地实际标准的安居房。

5. 援建项目地方配套资金压力依然较大

新一轮援疆开始后，中央、自治区和援建省市加大了对喀什地区的支持力度，用于改善民生的项目资金持续增加，县市财政用来保障项目资金实施的前期投入、运转及监督管理经费也相应增长，使本来就主要依靠转移支付的县市财政，收支矛盾进一步加剧。

第八章

喀什市富余劳动力职业培训与转移就业

喀什市是一个多民族聚居的地区。2012 年,全市境内主要有维吾尔族、汉族、塔吉克族、回族、柯尔克孜族等 20 多个民族。2012 年,喀什市总人口 51.6616 万,城镇 28.3970 万人,农村 23.2646 万人,农村人口占总人口的 45.03%,汉族 8.7785 万人,少数民族 42.8831 万人,少数民族占总人口的 83.01%。①

喀什市人多地少,人均耕地 0.07 公顷。② 全市城市低保户达到 23144户、59536 人;农村低保户 8566 户、18979 人;农村五保户 618 户、745人(其中集中供养 67 人,分散供养 618 人)。③

改革开放以来,随着新疆经济社会的快速发展,新疆的城市化进程也日益加快。随着新疆农村人口的增加、农业生产的机械化,在新疆农村产生了大量维吾尔族富余劳动力。新疆农村地区人多地少,尤其南疆地区更为突出。新疆 95% 的人口集聚在占总面积 4.3% 的绿洲上。绿洲人口密度为 249 人/平方公里,是全国人口密度的 2 倍多。全区人均耕地面积 3.2亩,其中南疆 2.5 亩(克州 1.4 亩、喀什 2.4 亩、和田 1.5 亩)。目前,新疆的农村劳动力为 405.69 万人,按农村劳动力人均 12—15 亩耕地计算,剩余劳动力在 180 万人左右,占农村劳动力的 44%。新疆经济发展水平低,农业经济占的比重大,非农就业机会少,农村剩余劳动力较多,农民收入一度徘徊不前。④

---

① 喀什市史志办:《喀什年鉴 2013 年》,喀什维吾尔文出版社 2013 年版,第 437 页。
② 同上书,第 907 页。
③ 同上书,第 899 页。
④ 阿布都外力·依米提:《制约少数民族农村劳动力流动因素的分析及其对策——以维吾尔族为例》,《黑龙江民族丛刊》2006 年第 5 期。

最近几年，新疆农村维吾尔族富余劳动力为了增加经济收入，改善生活条件，开始了进城务工的新生活。他们不仅流入新疆各城市，而且也流入内地各大城市。

维吾尔族流动人口调查研究表明，维吾尔族流动人口大多是经济驱动型流动。高达81.7%的流动人口是由于经济上的原因来到乌鲁木齐，他们来到城市的原因无非是要打工或者做生意赚钱，对于改善家庭经济状况的愿望非常迫切。[①]

维吾尔族农民外出打工途径主要有：第一，一些富有冒险精神的村民到内地贩卖新疆特产和从事疆内外的商品贸易；第二，经营有新疆民族特色的饮食和文化服务；第三，地方政府组织的大规模劳动力流动，如去兵团拾棉花、到内地企业打工；第四，也是当前较有代表性的流动形式，即在一些城市做零散工。[②]

维吾尔族流动人口来到城市务工之后，因教育水平、语言能力、技术能力等原因受到了就业市场的激烈竞争，也给流入城市带来了相应的社会问题。

第一节　喀什市富余劳动力转移与培训

一　农村劳动力转移状况

为了增加村民收入，加快农村富余劳动力转移是喀什经济社会跨越式发展的内在要求。近年来，喀什市农村富余劳动力转移工作在地委、行署的业务指导和关心支持下，在市委、市政府的正确领导下，始终把加快推进农村富余劳动力转移，大力推进城乡一体化战略作为重点工作抓紧抓实，取得了一定的成效。

喀什市委、市政府始终把农村劳动力转移就业工作作为解决"三农"问题、统筹城乡经济社会协调发展、增加农民收入的一项重点工作来抓。结合农村富余劳动力多的实际情况，适应喀什市建设、城乡一体化发展的

---

① 徐平、于泷：《乌鲁木齐市维吾尔族流动人口的社会排斥和融入》，《中南民族大学学报》2011年第6期。

② 阿布都外力·依米提、胡宏伟：《维吾尔族流动人口特点、存在问题及对策——基于乌鲁木齐市和西安市的调查》，《中南民族大学学报》2010年第1期。

形势，提出了围绕"发展产业吸纳一批、劳务输出转移一批、提高技能培训一批"的思路，从组织引导、宣传动员、加强培训、管理服务等环节入手，多渠道、多途径转移了富余劳动力。

喀什市 2011 年转移富余劳动力 49668 人次。2012 年农村劳动力 9.9482 万人，其中：富余劳动力 6.3840 万人（女性 26121 人、男性 37719 人）。2012 年喀什市累计转移农村劳动力 4.9668 万人，占农村劳动力总资源的 63.8%，其中：在本市区就近就地转移 42830 人，本市外本地区内转移 3007 人，本地区外疆内转移 3486 人，内地转移 331 人，国外转移 14 人；转移至第二产业就业 0.8756 万人，转移至第三产业就业 4.0912 万人，劳动力转移总收入 65349.75 万元，人均创收 13157 元，农民劳务输出人均纯收入达 3575 元。

2012 年，农民人均纯收入达到 6200.48 元（不含政策性转移支付收入），增收 841.85 元，增长 13.58%。农业总收入中，实现人均纯收入 2313.32 元，占农民人均收入的 37.30%；劳务创收 1.58 亿元，第二、三产业劳务创收实现人均纯收入 3887.16 元，占农民人均收入的 62.70%。另外，政策性转移支付收入达 2.23 亿元，农民人均收入达 1269.84 元。[①]

2013 年以来，喀什市累计转移农村劳动力约 4.2935 万人（男劳动力 33449 人、女劳动力 9486 人），占农村劳动力总资源的 43.2%，其中：在本市区就近就地转移 38737 人，本市外本地区内转移 1189 人，本地区外疆内转移 2691 人，内地转移 299 人，国外转移 19 人；转移至第二产业就业 0.6959 万人，转移至第三产业就业 3.52 万人，劳动力转移总收入 39278.17 万元，人均创收 9140 元，农民劳务输出人均纯收入达 2147 元。

喀什市辖区内企业累计 339 家，主要涉及建材、建筑、农产品加工、销售、纺织、家具等行业，需求岗位 2855 个，多数企业一般劳动力工资每月为 1500 元左右。据统计，这些企业已经吸纳农村富余劳动力约 5746 人。

二　喀什市劳动力培训工作

就业是民生之本、发展之要、民心之盼，促进就业是保障和改善民生

---

① 喀什市史志办：《喀什年鉴 2013 年》，喀什维吾尔文出版社 2013 年版，第 438 页。

的头等大事。文化程度低与没有技术技能对农村富余劳动力转移就业带来极大的困难。在喀什，就业结构性矛盾比较突出，"求职难"和"用工荒"现象仍然存在。

喀什市在全面掌握全市劳动力资源的规模、结构、素质和就业现状的基础上，科学制定就业措施，健全人力资源市场，完善就业服务体系，有针对性地加强劳动者职业技能培训，促进就业再就业工作，取得了一定的成效。目前，全市有中等职业教育学校 8 所，中等职业学校在校学生12420 人。

（一）2011 年培训情况

喀什市职业培训中心截至 2011 年 12 月底共培训 11225 人，完成年计划 11000 人的 102%。其中城镇失业人员 3840 人，农村劳动力转移培训5671 人，劳动预备制培训 1714 人。培训后实现就业 8930 人，其中：城镇各类人员 3570 人，农业富余劳动力 5360 人。目前已对农村劳动力职业鉴定 4894 人，完成地区下达的 5962 人计划的 82%。

截至 2011 年 12 月 16 日，朝阳劳务派遣公司有登记备案农民工 2200余人。接待临时用工单位及用工个人 15600 个，派遣临时就业农民工82500 人次，农民工公寓接待入住农民工 73000 人次。

（二）2012 年培训情况

截至 2012 年 12 月 3 日，喀什市职业技能培训 16396 人（主要培训电焊、服装裁剪、缝纫、中式面点、农机修理、砌筑、电工、架子工、地毯编织、餐厅服务员、美容美发、钢筋工、装饰装修工、混凝土工、计算机操作、家政服务、汽车驾驶等十多种专业），完成地区年计划的 126%。其中：城镇失业人员 4041 人，农村劳动力转移培训 12355 人，其中少数民族 16396 人，女性 2355 人；订单定岗式培训 10505 人，储备性技能培训 5891 人。培训后实现就业 11969 人，其中：城镇各类人员 2210 人，农业富余劳动力 9759 人。完成地区下达培训就业任务的 73%。农村劳动力职业技能鉴定 10688 人（合格 9743 人）。1—10 月共计鉴定考核初级 5992人次、中级 23 人，其中：市内 4348 人次、市外初级 1644 人、中级 23人，核发证书 3482 人。

城镇失业人员和农村富余劳动力享受培训补贴资金 798 万元。国家通用语言项目自 2011 年 1 月在喀什市启动以来，已开展汉语培训 600 人次，（其中大中专毕业生 130 人，农村富余劳动力 470 人）。

（三）2013 年 1—6 月的培训情况

截至 2013 年 6 月底，喀什市安置就业人数 7241 人。各乡镇、街道办事处积极发挥自身优势，积极与企业对接，采取各种措施和方法，拓宽就业渠道，完成地区年度就业再就业指标的 48.14%，登记失业率为 3.8%，"零就业"家庭动态清零。

截至 2013 年 6 月底，喀什市六乡两镇四街办共培训 10794 人，完成地区年计划培训任务 13500 人的 79.9%。其中城镇失业人员培训 3693 人（低保户培训 3135 人），农村富余劳动力培训 7101 人（失地农民 1262人）。通过培训实现就业 7560 人，其中：城镇各类人员 2218 人（低保户1421 人），农村富余劳动力 5342 人（失地农民 810 人）。同时，认真做好喀什东城农民工就业服务和技能培训工作，与企业搭建劳务对接平台，开展有针对性的农民工培训就业服务，确保农民工"失地不失业"。

2013 年 1—4 月，喀什市已输出富余劳动力 4.32 万人，其中：本市区就近就地转移 36330 人、本市外本地区内转移 3007 人，本地区外疆内转移 3486 人、内地转移 331 人、国外转移 14 人，创收 2.71 亿元，人均创收 6273 元，农民人均纯收入达 1509 元。

第二节　喀什市劳动力转移培训工作的主要做法与经验

喀什市在富余劳动力职业培训与转移就业方面积累了一定的经验，主要可以总结以下几个方面。

一　健全机构，明确责任目标

一是市委、市人民政府成立了由市长挂帅，市委副书记任组长，相关部门主要领导为成员的市农村富余劳动力转移领导小组，领导小组下设办公室，抽调专职工作人员负责日常各项具体工作。各乡镇党委、人民政府都配强领导班子，精选人员，成立相应机构，把农村劳动力转移作为一项重点工作，村级配有联络员，实行村、乡（镇）、市三级联络网优化服务管理体系。

二是将富余劳动力转移工作列入市委年度目标考核内容，制定了考核细则，并与各乡镇签订责任书。以目标任务促进农村富余劳动力大转移，确保该项工作落到实处。各乡镇将各项指标下发至各村，保证一级向一级负责，做到层层分解，层层落实，责任到人，任务到人。

二　人力资源培训

围绕失业待岗和岗位闲置并存的状况，喀什市组织人员深入全市各重点企业和乡镇企业，主动上门联系培训项目，落实需求人数，逐一摸底调查和征求意见，详细了解企业的用工需求和技能培训信息，开展贴身订单培训，做到"企业需要什么工人，就培训什么技术""企业需要什么专业，就开设什么课程"。面对喀什特区建设步伐的加快和产业结构的调整，对不同行业对劳动者素质的新要求，坚持以劳动力市场需求为导向，以提高劳动者的职业技能为重点，以定向培训和适应性培训为主，努力做到培训一批、鉴定一批，逐步形成了市场引导培训、培训带动鉴定、鉴定促进就业的职业培训新局面。

三　深入基层，摸清底数

摸清掌握城乡富余劳动力资源底数是做好转移就业工作的基础。为了全面掌握全市农村富余劳动力转移的分布状况和劳动力结构，相关部门组织全市 8 个乡镇、105 个村，对 18—50 岁劳动力分布情况和劳动力结构进行实名制调查和统计工作。主要内容包括调查对象的年龄（18—30 岁、31—40 岁、41—50 岁）、性别、居住地、文化程度、就业状况、所从事的职业和所在的行业、工作时间、收入以及参加社会保障情况、未就业原因、就业意向和培训意向等信息情况。

通过逐乡、逐村调查、登记、造册、建立档案，及时全面掌握了全市农村富余劳动力的数量，类型及技术特点等动态情况，为开展农村富余劳动力转移奠定了良好的基础。据统计，喀什市农村总户口数为 40981 户，农村人口约 18.2768 万，农村劳动力 9.9482 万人，富余劳动力 6.3840 万人，其中：女性 26121 人、男性 37719 人。

喀什市这次调查摸底的范围大、人员广，具有一定的准确性和可靠性。从这次统计情况看，未就业人员有以下三个特点：一是未就业人员文化程度偏低。初中以下文化程度的未就业人员占到 78%。学历低，文化程度不高，无法满足大部分企业的用工需求。二是无技能人员多。大多数人员属于低技能或无技能人员。三是女性多，少数民族失业人员多。其中：女性占 58.6%，少数民族占 95.3%。

四　大力发展职业技术教育

坚持职业教育为经济建设服务，积极探索建立政府主导、多方参与的职业教育办学体制。紧紧围绕当前和今后职业培训和就业工作的发展方向，喀什市以提高城乡劳动者的就业创业能力、岗位工作能力和外出就业能力为核心，建立了覆盖对象广泛、培训形式多样的职业培训工作机制。喀什市有关部门对职业培训中心和7个培训部强化责任，明确目标，主动上门服务，将工作落到实处。

（一）突出培训重点，实行综合培训

喀什市职业培训中心重点开展了对"三类群体"（"两后生"、有劳动能力的低保人员、失地农民）的培训。同时积极与民政部门合作，发展第三产业和开发社区服务业岗位。针对这三类群体中"双语能力差"的人员先开展双语培训，实行"语言＋技能"综合培训，对培训合格人员可参加巾帼家政实训基地，进行实用技能培训。

（二）抓好培训，提升培训质量，提高职业技能

喀什市帕哈太克里乡准备建立喀什市最大的苗圃育苗基地，其他多乡准备成立蔬菜大棚实训基地；佰什克然木乡成立林果业实训基地，喀什市利用此资源对"三类群体"进行专项培训，鼓励和引导各培训部承担培训任务，充分发挥培训部的作用。

喀什市根据农村富余劳动力、城镇无业人员、有劳动能力的未就业低保人员、两后生等不同的就业群体，开展专业化、职业化的"一类一培"和"订单式"培训。依托现有的办学资源、劳动力市场，坚持转移与培训相结合、技能与就业相结合，采取多种办法加大职业技能培训力度。

一是为了保证各大项目顺利完成，以乡镇为主体，2012年喀什市大力开展了各项技术培训累计102期，据统计，参加培训的农村劳动力总人数为12355人，取得初级证书人数10688人，促进就业9759人，转移就业率达78.9%。2013年1—6月，全市实现劳动力培训7101人，取得初级证书人数为5860人，转移5442人，转移就业率达76.6%。

二是充分发挥政策的作用，通过培训解决实际问题。为解决因城市扩张而产生的失地农民的就业问题，2012年由人力资源和社会保障局牵头，多来特巴格乡、浩罕乡通过培训等办法组织880名失地农民转移就业。为了适应城市绿化的要求，2012年喀什市在帕乡组织200名农村富余劳动

力进行树苗的培育等培训，实现稳定就业。

三是利用冬季农闲时机由市统一组织对各乡镇采取分片区进行培训和集中培训，对全市 8 个乡镇共开展 48 期培训班，每期培训 45 天。

(三) 巾帼家政培训学校建设情况

喀什巾帼家政服务有限公司于 2011 年 5 月成立，是喀什地区政府人力资源和社会保障局批准成立的专业家政培训机构，经喀什地区工商局批准注册，是喀什地区妇联直属企业。公司注册资金已达到 500 万元，固定资产已超过 1500 万元。喀什市巾帼家庭职业技能培训学校占地面积 1000 平方米，下设综合办、培训部、人力资源部、业务拓展部、就业安置部等。汉族、维吾尔族员工共有 76 人，其中高级讲师 15 人，中级讲师 12 人。

现开设职业技能培训包括初中高级月护、育婴师、保育员、护工、保洁员、按摩技师、家政服务员、足浴师、养老护理员、厨艺师、美发师、茶艺师、酒店服务员、客房服务员等培训项目。现有家政服务员 200 多人、钟点工 300 多人、育婴师 20 多人、护工 300 多人、月护 30 多人。在将近两年的工作中，现已培训总人数 4453 人。

五 劳动力市场配合农村富余劳动力转移

近年来，随着各大企业在喀什纷纷落户及各行业的蓬勃发展，喀什市人力资源市场需大于求的矛盾越来越突出，为了抓住机遇，喀什市充分发挥人力资源市场的作用，促进农村劳动力有效转移。一是与地区联系大力收集企业用工岗位 6640 余条，利用网络在全市共享。二是充分发挥乡镇 8 个人力资源市场的作用。2012 年喀什市对市属各级人力资源市场进行整合，采取定期与专场相结合的方法，召开农村专场招聘会 36 场，累计开展农村劳动力职业介绍 5000 人次，实现就业 2341 人。三是积极发挥劳动力派遣基地的作用。为了适应喀什市发展的需要，自 2006 年 9 月以来，喀什市先后投资 585 万元加强了对市场的建设，形成了集"培训、就业、维权"于一体及"企业经营、市场运作、规范管理"的模式。

目前农民工公寓日均接待能力由 300 人增加到 880 人，每日参加劳务派遣人数 500—2000 余人。2012 年接待临时用工单位及用工个人 27000 余家、派遣临时就业农民工 83000 余人次、农民工公寓接待入住农民工 85000 余人次，全年农民工收入 866.8 万元，历年来累计无偿解决劳务纠纷 486 多起、调解工伤事件 17 起、收回劳务欠款 75000 余元。截至 2013 年 6 月，接待临时用人单位及个人 6300 余人次、派遣临时就业农民工 43000 余人次、农民工公寓接待入住农民工 45000 余人次。

六　劳动力市场建设

2006 年 9 月，喀什市委、市政府结合喀什市农村劳动力转移就业工作实际投资 490 万元新建了喀什朝阳劳务派遣服务有限责任公司。2007 年 7 月，正式命名为"喀什市城乡就业人力资源市场和喀什市农村劳动力转移培训基地"。该市场位于"中西亚国际贸易市场"侧面，市场共有工作人员 22 名（其中公益性岗位 8 名）。市场占地面积 7200 平方米，建筑面积 6200 平方米，其中有办公大厅、农民工公寓、食堂、洗手间、浴室、培训教室、实习操作间、篮球场、电视播放室、电子显示屏等设施。

2012 年 8 月底改造完成后，农民工公寓日均接待能力由 300 人增加到 800 人，每日参加劳务派遣人数 2000 余人，为广大农民工提供更为广阔的就业平台。每月平均接待临时用工单位及个人 2460 余家，派遣临时就业农民工 7270 余人次，接待入住农民工 7500 余人次。

该市场主要开展：劳务派遣、劳务输出、就业指导、职业培训、人才引进等。主要服务对象是喀什地区城镇下岗失业人员、无业人员和农村富余劳动力及外来务工人员。为城乡劳动力搭建了一个广阔的就业平台。

截至 2012 年，已签订劳务派遣合同 16 份，共计派遣了 260 人；接待临时用工单位及用工个人 99200 余家/人；派遣临时就业农民工 312000 余人次；农民工公寓接待入住农民工 280000 余人次；无偿解决劳务纠纷 486 多起；调解工伤事件 16 起；收回劳务欠款 75000 余元。截至 2013 年 6 月底，接待临时用工单位及用工个人 11200 余家/人，派遣临时就业农民工 43900 人次，农民工收入 1346.53 万元；对进入劳动力市场的农民工进行登记、建立档案发放劳务证。农民工公寓入住接待农民 43300 人次，无偿解决劳务纠纷 18 起，为 86 名农民工收回劳务欠款 13400 元。保障了农民工合法权益、维护了社会稳定。

七　帮扶中小企业提高就业容纳能力

按照"企业用人、机构培训、政府埋单"的劳动力培训机制，针对文化水平较低、劳动技能单一的下岗失业人员、社会失业青年、农村富余劳动力，在开展职业技能培训和鉴定的费用上给予减免，调动他们参加培训和鉴定的积极性。

为加大本地劳动密集型企业容纳就业的能力，喀什市认真执行自治区、地区有关扶持企业发展的政策规定，积极为企业申请技术改造、技术创新、外贸协调发展促进、农产品加工等专项补助资金，充分发挥鑫泽担保公司的作用，加强与商业银行和金融机构对接，积极为企业提供贷款担保，扶持企业发展。快速发展起来的企业在解决本地少数民族人员就业方面发挥了极大的作用。

八　农村劳动力转移经纪人队伍建设

据乌鲁木齐维吾尔族流动人口相关研究，流动人口来到城市的途径较为简单和单一。强关系纽带是引领流动人口进入城市的关键。调查表明，维吾尔族流动人员来到城市的契机多是基于老乡、亲属的引领，他们的居住地、工作也大多经由熟人推荐介绍，难以单独形成有效的新的地缘、业缘网络，造成他们的强关系纽带不断加强，但是能够带来更多资源的弱关系网络却难以建立。[①]

喀什市根据维吾尔族外出务工的特点，按照"一村一中介一能人"的工作思路，大力支持农村经纪人，中介人队伍建设，发挥他们组织、引导、协调等工作，组织带领本地农民外出务工，使一大批农村劳动力转得出、有事干。通过初步统计，喀什市共有劳动力转移经纪人和中介人84余人，他们本身既是打工者，又是管理者，活跃在喀什市的各乡镇。

九　组织引导农村富余劳动力季节性转移

新疆作为全国主要的棉产地，每年拾棉花时需要大量的季节性劳工。喀什是一个有丰富的农业劳动力资源的地区。为了进一步促进农民增收，各乡镇都积极想办法抓好各种时机，引导和组织农村富余劳动力开展季节性转移，形成了农民增收的一个亮点。一是充分与周边各大团场、地区及新开工企业对接，开展拾棉花、修路、拉电线等短期转移工作。二是每年瓜果成熟季节，为了满足各地对新疆瓜果的需求，由经济人牵头，组织农村富余劳动力在本地、外地进行瓜果销售。2012年累计转移季节性农村

① 徐平、于泷：《乌鲁木齐市维吾尔族流动人口的社会排斥和融入》，《中南民族大学学报》2011年第6期。

劳动力 20574 人，劳务创收 3104.6 万元，其中拾棉花等 6300 人次、销售瓜果 2760 人次。

第三节　问题与建议

一　主要问题

（一）"就业难与用工难"并存

喀什的劳动力以维吾尔族农业人口为主要组成部分。农民思想守旧，技术能力较低。目前，相当一部分农民的小农意识非常强，小富即安，不富也安，学习一技之长，转移致富的原动力不足。喀什市城乡低保人口达77800 人，其中 18 岁以上、50 岁以下、具有劳动能力的有近 1.5 万人。

此外，近年来由于自治区、地区大量开发公益性岗位，致使劳动力紧缺，随着企业对劳动力素质要求越来越高，没有一技之长的劳动力难以就业，造成了"招工难、就业难"并存的现状。导致市面上出现了"一面是企业渴求劳动力，另一面是劳动力不愿进企业"的尴尬局面。

（二）农村富余劳动力就业能力较低

一是教育水平低。教育水平对就业及收入水平的影响是众所周知的。新疆全部农村劳动力中文盲占 7.24%，小学程度的占 42.84%，初中程度的占 40.81%，高中程度的占 6.62%，中专及以上程度的占 2.5%。[①]

喀什市农村富余劳动力中绝大多数是初中以下文化程度，综合素质偏低、技能差，缺乏就业竞争能力，难以适应社会形势需要，很难进入高收入、环境好的高层产业就业。

二是在汉语环境为主流的城市社会中，不懂汉语就很难融入主流社会，在就业过程和实际工作中给他们带来巨大的困扰。掌握汉语的水平较低，与用人单位对汉语的要求形成明显反差。

三是城镇劳动力掌握职业技能有待进一步提高，不能满足目前企业用工的技能要求。

[①]　阿布都外力·依米提：《制约少数民族农村劳动力流动因素的分析及其对策——以维吾尔族为例》，《黑龙江民族丛刊》2006 年第 5 期。

（三）转移输出渠道狭窄，行业工种亟待拓宽

外出务工缺乏有组织的转移输出管理，主要以亲带亲、邻带邻、自发式等形式为主，加之生活习惯、语言交流、文化差别等原因，导致外出就业成本风险大，务工不稳定，合法权益得不到有效保障。即便是外出务工，从事的职业大多是简单、危险、技术含量低的体力劳动，仅限于建筑业、粗加工、餐饮服务业、拾棉花、小商贩等行业，工作强度大，报酬低。

（四）转移服务基础薄弱，投入经费要进一步增加

喀什市一直缺乏综合性技工学校，难以培养大批的合格产业工人。师资力量不足、培训场地受限等问题比较突出。一方面，劳动者由市场机制主导，流动性大，对参加培训和职业技能鉴定缺乏积极性；另一方面，企业对提高员工素质和技术水平关系到企业的发展认识不足，主动开展培训积极性不高，投入不足。

目前深圳市援建的实训基地有望缓解培训难题。2006年喀什市建立了城乡就业服务体系，在各乡镇街道成立劳务派遣站，基本形成了覆盖全市的公共就业服务体系。但是，由于本级财政紧张，上级财政拨付经费有限，公共就业服务体系基础相对薄弱，办公条件有待改善，管理人员匮乏，培训机构师资力量不足，实训基地和培训设施受限，一部分城镇失业再就业人员没有鉴定补贴，因此而放弃参加职业技能鉴定。

二　对策与建议

据相关部门预测，2013年喀什市未就业人数达9.5万人，其中：有劳动能力的低保人员近3万人，"两后生"近3000人，失地农民近2万人，2012年年底未就业人数1077人，农村富余劳动力近4万人。根据喀什市就业形势的严峻性，喀什市委与政府实施了积极的转移就业政策，把富余劳动力培训与转移就业工作摆到更加突出的位置，引导劳动者转变就业观念，鼓励多渠道多形式就业。在促进创业带动就业，加强职业技能培训，提升劳动者就业创业能力，增强就业稳定性方面，还要做好以下几个方面的工作。

（一）引导转变就业观念

采取各种行之有效的方式，在全社会大力倡导勤劳致富、就业光荣的

理念，教育引导各类群体牢固树立生计意识、危机意识、竞争意识和创业意识。排除"不愿出门、不敢离家"的畏难情绪，切实转变那种以就业单位性质、从业身份、工资收入形式作为就业标准的陈旧观念，培养"先就业、后择业、再创业"的就业理念，加大就业政策的宣传力度，积极鼓励自强自立、敢闯敢干、自主创业。

（二）提升综合素质和就业技能

积极与内地大中专职业院校、具有实力的培训机构联系，采取"送出去"的办法，建立开放式培训格局。职业技能培训对象、培训方式要具有实用性和针对性，开展专业化、职业化的"一类一培"和"订单式"培训。同时，喀什市要对社会需求量大的旅游、餐饮、家政服务、建筑行业，社区服务业主要紧缺的高层电梯的维修，物业小区急需的上下水管网、暖气、电路维修等加大职业技能培训和就业介绍工作。重点强化农村富余劳动力的培训，进一步提高素质技能，增强就业能力，加快从体力型向技能型、低收入向高收入、无序向有序、不稳定向稳定的根本性转变。

（三）职业培训中心、实训基地与重点群体培训

2013年6月底，由深圳援建的喀什市技能实训基地完工，喀什市将借助这一优势，做好实训基地的师资、培训种类、培训对象等规划，发挥培训部的作用，根据地域人文特点，加强对"四类"重点群体的培训。

一是开展对"两后生"（初高中毕业未升学的学生）的培训。掌握"两后生"基本信息，了解所学专业，做好摸底调查工作，明确他们的培训需求，促进社会和谐稳定。

二是开展对有劳动能力的低保人员的培训。积极了解培训意向，提供多种实用性培训技能，保证培训一批，上岗一批。

三是开展对拆迁户的培训。把拆迁户底数摸清，重点培训实用性技能。针对特区大建设的需求，建筑行业、服务业用工多的实际以及帕哈太克里乡苗圃基地和多乡蔬菜基地的建立，组织当地农民参加实用技能培训，掌握建筑技能，苗木嫁接、管理及蔬菜种植、培育，培训一批合格的工人，服务于全市人民。

四是开展对失地农民的培训。因特区建设以来城市建设用地、道路建设等基础设施用地占用不少耕地，产生了许多失地农民。2013年，东城区作为全市"三大战场"之一，鼓励农民积极参与东城建设，因地因时制宜，认真做好东城农民工技能培训工作，使东城区农民成为产业工人，

成为东城发展的建设者，有效保障失地农民生计，有序推进农民的市民化。

2013 年 3 月 15 日至 3 月 25 日，人社局积极与多来特巴格乡、浩罕乡联系，共组织 880 名失地农民，供 2 家企业从中挑选用工，计划选用 400 人，委托企业以干代训，满足东城区发展用工需求，确保东城区建设顺利进行。今后在现有的经验基础上，要继续引导失地农民参与特区建设。

（四）发挥乡镇、街办作用，拓宽就业渠道

各乡镇、街办积极发挥自身优势，积极与企业对接，采取各种措施和方法，拓宽就业渠道。一是入户走访，加强政策宣传；二是充分发挥基层就业平台作用，积极组织未就业人员参加企业招聘会；三是及时与建工集团、新隆集团、正大钢铁厂、多郎水泥厂、红旗水泥厂等多家企业对接，通过职业介绍、职业技能培训等渠道，重点加强对失地农民、农村富余劳动力培训，解决就业。

（五）有序组织富余劳动力转移和输出

加快建立本市劳务输出基地，组织劳务对接，拓展劳务市场，开展定向输出，减少就业盲目性，提高劳务市场职业服务水平，进一步降低转移就业成本和风险。通过对转移就业人员签订劳动合同、缴纳"三金"等相关政策的监督管理，保障农村富余劳动力转移就业人员的合法权益，使其利益和权益不受侵害。积极引进以农副产品加工为主的各类企业，加快农村城镇化和农业产业化步伐，逐步建立起政府推动、市场主导，农民自由流动，多层次渠道、多形式的劳动力转移就业格局。

（六）建立政府促进就业的长效机制

在社会主义市场经济条件下，充分发挥市场机制在就业和再就业中的主导作用，通过市场调节劳动力供求，引导劳动者自主就业。政府在促进就业和再就业中的作用主要是实行积极的就业政策，制定就业发展战略，完善就业服务体系，引导全社会转变就业观念，努力改善就业和创业环境，为市场配置劳动力资源创造条件。当前的工作重点是培育和建立统一的劳动力市场，完善劳动保障制度，规范劳动用工秩序，加大劳动监察执法力度，提高就业培训和职业介绍服务的针对性和效果，完善社会保障制度，维护劳动者的合法权益。通过积极努力，要建立以市场调节就业为基础，劳动者自主择业为主导，政府促进就业为动力的就业机制。

（七）基地建设服务于特区建设

为了满足低学历、无技能的城乡居民对就业的要求和喀什市"人才兴市"战略目标的现实需要，从 2010 年起喀什市着手编制，争取喀什市技能培训和实训基地建设项目。该项目由深圳市援建，地点设在机场工业园区内，总投资 6000 万元，用地面积折合 87 亩，建筑面积 22160 平方米，含教学楼、理论培训和实践操作一体化实训厂房、宿舍楼和食堂等。项目建设六大实训功能：建筑类、机械类、电子电工类、加工类、服务类和语言类。可提供建筑类、机械类、电子电工类等 36 个专业的培训。

（八）依据劳动力市场，改进转移输出方式

研究制定相应的促进就业的扶持政策及提高农村富余劳动力的工资待遇的政策。喀什地区由于地缘的问题，比较偏远、经济发展相对比较落后，劳动力市场用工待遇比较低，多数企业一般劳动力工资为 1500 元左右，为此通过采取政策扶持，相对提高农村富余劳动力工资待遇，促进就业。

农民工主要以"经纪人"组织为主自发式外出务工，缺乏有组织的转移输出管理，导致农民工外出就业成本高、风险大、务工不稳定，根本利益得不到有效保障，存在诸多弊端。近年来，市政府也多次组织乡（镇）、街道开展农村富余劳动力转移就业工作，但由于生活习惯、语言交流、文化差别等原因，导致此项工作进展缓慢，即使组织外出务工从事的职业大多是简单、技术含量低、粗放式、危险的体力劳动，仅限于建筑业、粗加工、餐饮服务业、拾棉花、小商贩等行业，工作强度大，报酬低，市场上缺乏竞争力，就业渠道少、面窄。

针对以上情况，要建立劳务输出基地，提高便利劳务市场和职业服务，组织劳务对接，拓展劳务市场，开展定向输出，减少就业盲目性，确保农村富余劳动力外出务工出得去、留得住、干得好、挣得多，降低转移就业成本和风险。集中培训与就业单位专业训练相结合的教育，是完成农民向技能工人转化的关键有效的步骤。

第九章

教育事业发展与双语教学

　　教育是一个地区发展的动力与标志，更是塑造心灵与培养技能的基本途径。古今中外的历史充分证明，没有一个地方的发展离得开教育。喀什市历来重视教育问题，进入 21 世纪以来，喀什市的教育事业取得了长足进步，基础教育、中等教育、技术教育发展迅速，高等教育取得突破，双语教育日益普及，这为喀什的未来发展奠定了日益坚实的基础。

第一节　喀什市 21 世纪的教育发展

一　喀什市教育发展沿革

　　喀什市是我国的西部边陲重镇，也是我国经济发展和教育水平相对落后的地区。中央和自治区政府一直高度重视和支持喀什的教育发展。

　　2000 年，《国务院关于实施西部大开发若干政策措施的通知》（国发）中明确将"发展科技教育作为西部大开发的四项重点任务和战略目标之一"。

　　2004 年，新疆维吾尔自治区政府出台了《关于大力推进双语教学工作的决定》，中央和自治区政府快速推动新疆的双语教育工作。喀什作为南疆重镇，学前双语教育和中小学双语教育开始快速发展。

　　2010 年，"中央新疆工作座谈会"总结"西部大开发"的十年经验，对推进新疆跨越式发展和长治久安进行了战略部署，正式批准喀什设立经济特区，确立由东部特区深圳援建喀什。同年自治区人民政府出台了《新疆维吾尔自治区少数民族学前和中小学双语教育发展规划（2010—2020 年）》，为未来十年的新疆双语教育指明了方向。喀什市依据《发展规划》，制定了喀什市的双语教育十年发展目标。

2000年，喀什市实现"两基"（基本实施九年义务教育和基本扫除青壮年文盲的简称）目标还困难重重，高中阶段升学率仅27.32%，高中阶段入学率仅22.49%。到2008年喀什市已基本普及九年义务教育，基本实现了"两基"目标。到2012年时，初中毕业生升入高中阶段入学率达到74.08%。

2004年，喀什市开始正式启动双语教学，在第三小学、第八小学开始了两个双语实验班，学生72名。到2013年，喀什市学前及中小学接受双语教育的学生数占少数民族在校生总数已达到59.2%。

2013年，包括喀什在内的南疆三地州实行高中阶段免费义务教育，加上学前两年免费义务教育，喀什等地区率先在全国实现14年义务教育。

2013年，确立筹建"喀什市职业技术学院"，开始大力发展职业技术教育，以解决南疆地区长期存在的劳动力问题。

2014年，在"喀什师范学院"的基础上开始建设"喀什大学"，为南疆经济社会发展培养急需的高学历人才。

喀什市抓住深圳对口支援的契机，与深圳共同开展教学科研工作，截至2014年上半年，深圳市已经派遣了8批援疆支教队，并通过开展名师送教工程、结对帮扶工程、质量提升工程、双语教育工程、骨干培训工程、学生交流工程等措施，扎实推进教育援喀工作。喀什市教育局还组织安排了多种形式的市级双语教学活动，如定期进行民语系双语课堂教学示范研讨交流活动、幼儿园教育教学现场会、"送课下乡"等。

喀什市教育部门组织自编的地方教育读本《和谐喀什》，是具有喀什地区特色的爱国教育读本，贴近喀什实际，便于理解。鉴于喀什地区传统文化中法制教育单薄的情况，喀什市长期开展"法制教育进课堂"的教学活动，通过组织少年法庭等形式，让学生从小学法、知法、守法。

喀什市的中小学足球运动蓬勃发展，自2010年申请加入校园足球布局城市以来，喀什市教育部门倾力培养青少年对足球的兴趣。2012年12月6—7日，在北京举办的2012年全国中小学校长研讨会暨阳光体育运动展示活动，授予喀什市第十八小学为2012年全国中小学阳光体育优秀案例。2013年6月9—13日，全国青少年校园足球冠军杯西宁赛区喀什市派出两支足球队（中小学）双双获得了大赛第一名的好成绩，将进军全国总决赛。喀什市的"草根足球"进课堂活动，让更多喀什市的孩子爱上足球，不仅增强了体质，也大大增强了孩子们的自信心。

二　喀什市基础教育发展状况

（一）教育投入迅速增长

据不完全统计，"十一五"期间，国家和自治区财政对喀什市教育各类拨款达 2.9 亿元，本级财政投入达到 1.49 亿元。2006 年至 2009 年全市征收的人民教育基金 2387 万元、城市教育费附加 3699 万元全部用于教育事业，保证了教育投入总量逐年大幅增长。

（二）基础教育学校师生发展状况

2012—2013 年，喀什市中小学、幼儿园计 169 所，在校（在园）学生总数 99166 名。

1. 在校学生人数

全市在校生 82347 名，分别为：民语系 64307 人，汉语系 18040 人。其中，少数民族 68497 人，民考汉 4191 人，双语 25579 人（模式一①21718 人，模式二 3861 人），双语普及率 43.46%。各类在校（在园）学生情况如下。

（1）幼儿园：在园儿童总数 16819 名（其中少数民族 13655 人）。

公办幼儿园：城区 3562 人（双语系 1103 人，汉语系 2459 人，少数民族 1788 人），农村 10637 人（双语系 10457 人，汉语系 180 人，少数民族 10503 人）。

城区民办幼儿园：1751 人（双语系 0 人，汉语系 1751 人，少数民族 516 人）。

小学附设学前班 869 人（双语系 869 人，汉语系 0 人，少数民族 848 人）。

（2）小学：55551 名（民语系 42255 人、汉语系 13296 人）。

少数民族 45549 人，民考汉 3294 人，双语 20917 人（模式一 17318 人、模式二 3599 人），双语普及率 53.3%。

（3）初中：20811 名（民语系 16778 人、汉语系 4033 人）。

少数民族 17622 人，民考汉 845 人，双语 3967 人（模式一 3705 人、

---

① 模式一：理科用汉语授课，文科用民语授课；模式二：全部用汉语授课，加授民语语文课。

模式二262人），双语普及率27.31%。

（4）普通高中：5240名（民语系4598人、汉语系642人）。

少数民族4650人，民考汉52人，双语695人（模式一695人、模式二0人），双语普及率16.1%。

（5）职业高中：745名（民语系676人、汉语系69人，少数民族676人）。

2. 从教职工人数

2012—2013年，喀什市教职工总数5995名（民语系4514人，汉语系1030人，民汉合校451人，少数民族4857人）。其中，城区2658名（民语系1576人，汉语系834人，民汉合校262人，少数民族1830人）；农村3337名（民语系2938人，汉语系196人，民汉合校189人，少数民族3027人）。

（三）喀什市从初中升入高中阶段的升学率情况

随着教育事业的发展，特别是高中教育的发展，喀什市初中阶段毕业生升入高中阶段学习的人数不断增加，升学率迅速提高，由2000年的27.32%提高到2012年的74.08%（见表1）。

表1　　　　　　　　喀什市初中升入高中的升学率　　　　单位：%

年份	高中阶段升学率
2000	27.32
2001	27.95
2002	31.49
2003	34.72
2004	34.93
2005	31.82
2006	35.02
2007	36.19
2008	47.48
2009	54.32
2010	61.81
2011	68.55
2012	74.08

第二节　喀什市双语教育的发展

一　双语教育的必要性

在我国，双语教育可以分为两大类：一类是指汉—英双语教育，另一类是指汉—民双语教育。在汉—英双语教育中，汉语是母语，英语是国际通用语。在汉—民双语教育中，如果对象是少数民族，则民语是母语，汉语是国家通用语；如果对象是汉族，则汉语是母语，民语是工作语言或生活语言。

目前新疆地区推行的双语教育，主要是指以少数民族为主要对象的，大力推广国家通用语（汉语）的民、汉兼通培养模式。那么为什么新疆的少数民族需要同时掌握民、汉两种语言？

我们知道，语言是思维的工具、交际的工具和学习的工具，是人类掌握的最重要技能之一。以喀什的维吾尔族为例，维吾尔语是占喀什地区90%多人口的维吾尔人的主要生活语言，是维吾尔族凝聚家庭关系和接受家庭教育的主要媒介，是本民族知识、文化传承的主要工具。一个维吾尔族孩子在习得母语的同时，慢慢建立起了概念体系、逻辑思维能力和情感认知能力，学习并掌握维吾尔语，对维吾尔族孩子来说是一件自然而然的事情，如果不会维吾尔语，势必很难真正融入当地的维吾尔语族社会中。

同时，在一个多民族国家，每个人都具有两重身份：民族身份和国家身份。维吾尔族的孩子除了是维吾尔族人之外，也是中国人。我国除了维吾尔族之外，还有五十多个其他民族，大多数民族拥有自己的语言，有些民族语言中还有不少方言。这些民族之间要相互交流，现代化发展成果要互相共享，政府部门要开展工作，都只有采用国家通用语的方式才能进行。只有掌握了国家通用语，才能最大可能地分享我国现代化科技、教育、人文等各方面的发展成果，才能在全国乃至世界其他地方得到更多的就业和发展机会，才能实现与全国各个民族之间的沟通理解，才能在中国多元一体的发展格局中实现作为个人和民族的价值所在，才能真正地融入我国现代化发展中。

基于此，自治区从2004年开始在全疆范围内大力推进双语教学。从2010年起，更加明确了民、汉兼通培养，民、汉教学并重的教学模式和工作思路。

除了面向少数民族的"国家通用语"普及教育之外，面向汉族的少数民族语言教育，也得到了越来越多的重视。在全国范围里，维吾尔族是少数民族，而在喀什地区，占人口不到10%的汉族则是"少数"民族。

对当地汉族老百姓来讲，学习当地人口较多民族的语言，首先会使自己的生活方便很多，其次通过学习维吾尔语，更好地了解维吾尔族的风俗礼仪、饮食禁忌、生活习惯等，有助于两个民族之间的沟通理解，由于语言产生的民族隔阂和不信任，也会得到很好的缓解。

对当地的汉族基层干部来讲，党的"群众路线"教育，要求基层干部主动拉近与维吾尔族老百姓之间的关系，在实施工作的过程中要尊重群众、了解民意、为群众排忧解难。要做到这些，学习基本的维吾尔语是非常有必要的。目前南疆的基层公务员在入岗前要接受为期至少三个月的维吾尔语培训，培训达标后方可正式工作。喀什汉族基层干部选拔任用时，已经将维吾尔语水平作为一个考核标准。2014年开始自治区将陆续选派20万名机关干部下基层住万村，开展"访民情、惠民生、聚民心"活动，机关干部掌握双语是基层工作有效开展的重要条件之一。

对当地的汉族教师和师范院校的学生来讲，"双语教育"对教师的要求是民汉兼通、专业合格。要做到这两点，除了要勤练专业基本功之外，还要了解和掌握维吾尔语，只有做到这两点，才能胜任喀什地区的双语教育工作。

二　新疆地区双语教育的定义

双语教育是个包含很广的概念，国情差异、语言差异、历史阶段差异等，使得不同国家的双语教育其具体的实施方式和实施目的都不尽相同。

从总体上讲，双语教育从实施方式上分类，有：（1）单指语言学习，也就是说仅采用语文课程来学习；（2）不仅指语言学习，还指将语言作为媒介工具，进行知识学习的方式。其中前一类对应于科林·贝克双语教育模式分类[1]中的"滴注式双语教育"，后一类对应于"沉浸式双语教育"。

双语教育从实施目的上分类，有：（1）"添加性双语"；（2）"缩减性双语"。前者是指具备第一语言的状况下，又添加了第二语言；后者是指以并重形式习得第二语言。

那么从实施方式和实施目的上看，新疆地区的双语教育是什么类型呢？

---

[1]　科林·贝克：《双语与双语教育概论》，翁燕珩译，中央民族大学出版社2008年版。

在新疆的中小学教育中，有双语班、民语班和汉语班三种类型。其中"双语班"是以少数民族学生为主要对象，同时学习民、汉两种语言，目前双语班主要有两个模式：一类是理科课程用汉语授课，文科课程用民语授课；另一类是全部用汉语授课，加授民语课；民语班是以民族学生为主要对象，用民语授课，加授汉语，目前有条件的民语班大多数学生转入双语班教学模式；汉语班是以汉族学生为主要对象，部分是民考汉学生，以汉语授课。

2011 年自治区出台的《双语教育发展十年规划》中明确指出"要坚持民汉兼通培养、民汉教学并行的原则，在努力推进国家通用语言文字教学的同时，切实加强少数民族语言文字教学工作"。基于此，我们认为：新疆的双语教育是以少数民族为主体对象的沉浸式添加教育，其目的是培养"民汉兼通"的高素质人才。不过在南疆尤其是农村欠发达地区，因为合格双语教师的缺乏以及语言环境的限制，目前"沉浸式"双语教育受到客观条件的制约，其教育模式还处于摸索期，双语教学的效果也不理想。

对社会普遍关注的双语并重问题，自治区从 2012 年开始在汉语班里进行加授民语课试点工作。张春贤书记在 2012 年年底对自治区的双语工作的指示中说："要试点倡导各民族互学语言，研究能否在汉语授课学校开设少数民族语言课程，可以替代英语，在政策上也可以给予指导和扶持。"自治区自 2012 年秋季开始在汉语授课学校开展民语语言课试点工作，2013 年在 2012 年试点的 6 地州 12 县市的基础上又增加新的试点地区。①

三　新疆双语教育的历史沿革

新疆地区的双语教育经历了一个长期的发展过程，自 2004 年起大规模推广。中央和自治区政府一直高度重视，从人力、物力、财力各方面大力投入，2013 年 9 月南疆三地州率先在全区实行了高中阶段免费教育，并力争 2015 年在新疆基本普及 12 年免费义务教育。② 从 2014 年起，自治区农村学前两年双语教育保障全面覆盖，保障范围及对象由之前已经实施的 7 地州及 9 县市农村学前两年各民族幼儿，扩展至全区农村学前两年各

---

① 自治区教育厅发布《关于扩大汉语授课学校开设少数民族语言课程试点工作的通知》。http://www.xjedu.gov.cn/wjgg/wj/2013/61965.htm。

② 《吐鲁番日报》，http://tlf.xjkunlun.cn/xwpd/xwdt/jnxw/2013/4013708.htm。

民族幼儿①。这一系列政策的实施充分展示了中央和新疆维吾尔自治区在新疆双语教育方面的巨大成绩。

20 世纪 80 年代至今，新疆地区的双语教育主要经历了以下四个发展阶段。（1）1984 年，自治区党委专门下发文件，决定少数民族学校从小学三年级到高中三年级都要开设汉语课，力争在高中毕业时达到"民汉兼通"②。（2）从 1992 年开始，新疆又开展了少数民族中学部分学科（数、理、化）汉语授课实验工作。③（3）2004 年、2005 年新疆维吾尔自治区党委、政府出台了《关于大力推进双语教学工作的决定》《自治区关于加强少数民族学前双语教育的意见》④，自此，新疆维吾尔自治区的学前双语教育从几乎空白开始，中小学双语教育也快速发展。（4）2010 年新疆维吾尔自治区人民政府出台了《新疆维吾尔自治区少数民族学前和中小学双语教育发展规划（2010—2020 年)》（以下简称《发展规划》），为未来十年的新疆双语教育指明了方向。⑤

2004 年之前，中小学双语教育主要有三种：（1）母语授课，加授汉语的教学模式；（2）部分课程（主要是理科课程）使用汉语授课，其他课程（文科课程）采用母语授课模式；（3）汉语授课，加授母语的教学模式。2004 年以后，第一种基本取消，将之前的第二种（理科用汉语，文科用母语授课）定义为模式 1，之前的第三种（全部汉语，加授母语）定义为模式 2。

2004 年之前，学前双语教育几乎空白，就喀什来讲，整个喀什市仅有几所城市幼儿园，没有一所农村幼儿园。自治区从 2006 年开始制定和出台了很多的优惠政策，这些政策在喀什的实施，彻底解决了喀什市农村没有幼儿园的状况，实现了双语教育从娃娃抓起的设想。然而，在南疆地区尤其南疆欠发达的广大农村，双语教育从无到有，缺乏成熟语言环境和合格师资，没有现成的教育体制可以依据，各级政府、学校以及教师都是摸着石头过河，在前进的过程中遇到了许多实际困难和问题。

为了更好地推进双语教育，提高教育效果，2010 年《发展规划》制

---

① 新疆日报网，http：//www. xjdaily. com. cn/xinjiang/002/1019429. shtml。

② 《中国教育报》，http：//www. jyb. cn/gb/jybzt/2002zt/zxxjy/155. htm。

③ 同上。

④ 周欣：《对新疆少数民族学前双语教育体系的构想》，《中国民族教育》2010 年第 6 期。

⑤ 新疆维吾尔自治区教育厅主页，http：//www. xjedu. gov. cn/wjgg/wjggtb/2012/48245. htm。

定了更加实事求是的政策，明确指出，"现在双语教育工作，还不能适应实现新疆跨越式发展和长治久安的需要，还不能满足广大人民群众对高质量双语教育的要求和期盼。双语教师数量不足和素质不高的问题仍然十分突出，学前和中小学双语教育条件需要进一步改善，双语教育管理需要进一步加强，双语教育行为需要进一步规范，双语教育理论研究需要进一步深入，双语教育质量需要进一步提高"。制定了双语教育的几个基本原则，"不急于求成，有效推进；分区分类指导，不搞一刀切；尊重教育规律；坚持民汉兼通培养，在努力推进国家通用语言文字教学的同时，切实加强少数民族语言文字教学工作；坚持从幼儿抓起，从教师抓起"。2010—2020 年，制定了分阶段的目标，并针对实际问题，制定了详细的实施细则。

四　喀什双语教育的发展成绩

2004 年，根据自治区党委、自治区人民政府《关于大力推进"双语"教学工作的决定》（新党发）精神，喀什市在第三小学、第八小学开设了两个双语实验班，学生 72 名，正式启动了"双语"教学。

2008 年，根据自治区《关于进一步加强少数民族学前和中小学"双语"教学工作的意见》（新党办发）要求，喀什市进一步扩大了双语班的招生规模，城区、乡中心小学、有条件的村级小学从起始年级全面进入了双语教学模式。民语系中小学双语班增至 317 个，双语班学生 15680 人（含民考汉学生 3511 人），双语普及率为 23%。

2010 年，中小学接受双语教育的学生占少数民族学生的 36.1%。幼儿园（包括学前班）入园率 64.79%，公办学前教育机构除 4 所汉语系幼儿园外（少数民族幼儿占 29.4%），其余均为双语幼儿园。

2011 年，根据自治区的双语教育发展规划，喀什市制定了《喀什市少数民族学前和中小学双语教育发展规划（2010—2020 年）》，确立了喀什市的双语教育发展思路。成立专家督导组，对全市学前及中小学双语教育教学进行了督导检查。截至 2011 年年底，全市接受学前教育的幼儿 14368 名，其中双语教育幼儿 11656 名，中小学双语班 544 个，学生 26721 名（民考汉 4133 名），双语教学普及率达 40%（义务教育达 42%）。

2012 年，喀什市有 88 所民语系中小学，其中 78 所学校实施了双语教学，双语班达 616 个，学生有 29688 名，其中民考汉学生 4109 名，中小学双语教学普及率达 44%；学前双语教育机构 73 个，其中 60 所民语系幼儿园全部开展了双语教育，接受学前双语教育的幼儿达 13655 名，其中民考汉幼儿 1247 名，学前双语教育覆盖率达 92.11%。

截至 2013 年年底，喀什市在校生 9 万多人，其中少数民族学生占83%。喀什市 100 所民语系中小学（含民汉合校 3 所）中 98 所学校实施了双语教学，双语班达 844 个，学生有 38671 名，其中民考汉学生 3886名；学前双语教育机构 72 个，其中 69 所民语系幼儿园全部开展了双语教育，接受学前双语教育的幼儿达 15056 名，民考汉幼儿 1435 名；学前及中小学接受双语教育的学生数占少数民族在校生总数的 59.2%。

在现有双语合格师资、教材严重短缺的情况下，喀什市大力实施中小学信息技术教育工程。在自治区政府的支持和协助下，2010 年全市中小学配备了计算机教室 57 间（计算机 2076 台），多功能学术厅 2 间，语音教室 7 间，多媒体教室 64 间，DES 数字化实验室 26 间。农村中小学现代远程教育工程进入应用实施阶段，共建成中小学教学光盘播放室（模式一）54 间，卫星教学接收播放室（模式二）79 间，计算机、多媒体教室（模式三）14 间，"远程网络视频会议教室" 5 个。2011 年开始依托自治区 "班班通" 项目建设，做到 100% 的班级完成远程教育双语 "班班通"工程，通过 "班班通" 这种远程教育资源进行教学，共享乌鲁木齐等地的优质教学资源。同时喀什市自筹资金，建设喀什市教育城域网，计划到2015 年进入信息技术教学深化应用阶段，使所有城区学校和 90% 以上的农村中小学接入 "喀什市教育城域网" 形成全市教育系统网络联通。喀什市大力发展 "课堂辅助教学软件"，目前在喀什地区有三种课堂辅助教学软件：科大讯飞的 "畅言" 智能语言教具；新疆理化所的双语教学软件；上海韬图动漫科技有限公司的教学软件。三种教学软件的使用，可以给本地教师提供更加自由的操作和讲解功能，弥补远程教育中本地教师自主权受限的缺陷。

五　喀什双语教育存在的主要困难

（一）双语教师结构化短缺问题

所谓结构化短缺是指：在严重缺乏合格的双语教师的同时，还有大批不能胜任双语教学的民语教师。即使在目前已经上岗的双语教师中，很多教师的双语水平也不符合双语教学的工作要求，要么是语言不过关，要么是专业不过关。喀什市目前 4600 名少数民族教师中，只有 1200 名使用汉语授课，在这 1200 名中合格的双语教师也达不到 60%。由于学生的汉语水平不行，只会汉语的汉族教师在教学中因为无法用维吾尔语给学生作解释，学生有时候跟听"天书"一样，其教学效果也不好。

2006 年之前，除了喀什市有 5 所城市幼儿园之外，整个喀什农村地区的学前教育都是空白的。至今喀什地区已经发展了近 70 所双语幼儿园，因为政策的扶持力度大（硬件设施完善，农村免入园费，同时每天补助 4.5 元/人伙食费），越来越多的幼儿家长愿意把孩子送到幼儿园读书。但是具有幼儿教育资质的教师欠缺，在具有幼儿资质的教师中，双语水平过关的教师就更少，在我们实地调研的"喀什第四幼儿园"，是喀什市各方面条件较好的幼儿园，在 50 多名幼儿教师中，也只有 20 来名教师符合双语幼儿教师资格。

我们知道掌握一门语言不是短期内可以实现的，在短期内维吾尔语教师经过语言培训转入双语教学也存在客观的困难。合格的双语教师需要同时掌握国家通用语和维吾尔语，并且具有一定的专业素质。这对双语教师的要求是非常高的。

随着国家对双语教育的加大投入，以"民考汉"为主的符合双语教育条件的教师越来越多了，但又面临一个新的问题：教育系统的编制问题。

（二）教育系统的编制问题

喀什市是人口输入型城市，近几年的学生人口增长很快，2013 年比 2007 年增加了近 6000 名学生。但是双语教师的编制还是 2007 年核定的，早已经满足不了喀什市的教育发展需要。

目前通过"特岗"等方式招聘教师，"特岗"是指新招聘的双语教师前三年定岗不定编，前三年由中央直接发放工资，等三年之后才考虑入编问题。特岗教师主要是应届毕业生，其双语能力较好。但因为超编，喀什市近几年增招的 2000 名特岗教师将来的入编、职称评审等都是问题。同时，随着双语教育的深入和普及，在编的纯母语教师如果不能尽快转入双语教育体系，这些教师的工作位置、待遇等都是问题。随着双语教育的全面推行，使用国家通用语言开展双语教育的师资严重不足的矛盾日益凸显。截至 2013 年年底，喀什市共有 4500 余名民语系教师，其中仅有 27% 的在岗中小学双语教师，其余 3000 余名教师中，绝大多数不具备双语教学能力，严重制约了喀什市双语教育的推进力度。

相比中小学，喀什市学前教育的师资力量严重紧缺。截至 2013 年年底，全市学前教师编制仅有 399 个，全市接受学前教育幼儿数预计已近 18000 人。2013 年上半年的统计显示：城市幼儿园缺编 489 个（含教师和保育员），缺少 398 人（含教师和保育员）；农村幼儿园缺编 679 个（含教师和保育员），缺少 384 人（含教师和保育员）。

除了合格双语教师不足之外，合格的双语教育管理者也严重不足，而且由此带来的问题更大。双语教育管理者，尤其是基层学校的校长，他们对双语教育的政策及执行措施的理解程度，以及他们自身的双语教育水平将直接影响相关政策的执行、教师考评和学生考评。一个校长的教育理念，辐射的是一个学校的教师、学生以及众多的学生家长，所以培养合格的双语教育管理者，甚至要走在培训合格双语教师的前面。

（三）双语教材问题

2013 年之前，喀什市中小学主要使用了两套教材：人教版的纯汉语教材和自治区编写的双语教育教材。其中不管模式一还是模式二，理科的教材都是人教版；模式一的文科，使用新疆版的；模式二的文科，使用人教版的。

人教版的教材，对学习要求有明确规定，与教学大纲也相匹配，但是是针对单语教育的学生编写的，不适合双语教育的学生，也没有考虑到新疆特色文化。其中理科教材，因为没有考虑到双语教学的特点，理科教师还要承担术语的解释工作（我们在调研中看到，中小学生在暑假里要额外补课，集中学习下一学年教材中会用到的相关术语）。文科教材，其中部分诗歌和散文，对维吾尔族学生来讲，很难领会其语感和意境，维吾尔语教师将其翻译成维吾尔文解释，也往往做不到信、达、雅这种高级的翻译水平，使得学生在学习中无法领会汉语诗歌其原本的魅力，学习效果大打折扣。

新疆版的双语教材，能够体现出本地特色，能够关注到第二语言学习的特点，但是因为编写经验不足，对学习要求较为模糊，对必须会认读和必须会写的要求不清晰，课标上的要求和教材中的要求不明确，并且对少数民族学生来说，字词的量太大。

除此之外，按照《关于在汉语授课学校开展少数民族语言课程试点工作的通知》要求，喀什市从 2012 年秋季起在推行模式二的学校及汉语系学校起始年级开设民族语文课程，但因目前没有任何可依据的课程设置及教学计划，这种民族语文教材使用、师资配备、课程标准、评价考核等问题尚没有解决。

　　为了解决现有人教版《语文》教材不适应新疆双语教育的问题，新疆维吾尔自治区教育厅与人民教育出版社合作开发了《语文》新疆专用教材，该教材以维吾尔族学生为对象，考虑到学生汉语水平的现状，在保持人教版教材特色的基础上增加新疆特色文化、自然景观、民风民俗等内容，目前已经在喀什市部分模式二的学校推广使用。

　　（四）其他问题

　　1. 幼儿教师培训机构的短缺问题

　　幼儿教育的特殊性在于幼儿是教育和保育相结合的阶段，是心智发育的关键阶段，是语言启蒙的敏感阶段，只有专业合格的幼儿教师，才能胜任幼儿教育。

　　2008—2010 年度按照自治区的要求，喀什市就新建双语幼儿园 65 所，因为没有幼儿师范学校，本地无法大量培养后备力量，造成幼儿教师的可持续发展能力不足。

　　2. 中小学辍学率较高问题

　　中小学辍学率高，大批初中生毕业后回家待业，为了提高高中入学率，在 2013 年 1 月召开的新疆维吾尔自治区十二届人大一次会议上，自治区人大代表、喀什地区教育局局长艾尼瓦尔·阿布力米提等十位人大代表建议，在新疆最贫困的南疆三地州实施普通高中免费教育。在中央财政及自治区财政的支持下，2013 年 9 月，南疆三地州率先在全区实行了高中阶段免费教育，将"9 年义务教育 + 农村学前 2 年义务教育"延伸到"12 年义务教育 + 农村学前 2 年义务教育"。

　　3. "幼小衔接"问题

　　《喀什市少数民族学前和中小学双语教育发展规划》中明确规定"学前教育不能小学化"。这个政策是好的，但是在实行的过程中存在很多困难。首先，虽然规定了"幼儿园不能小学化"，但在双语小学的一年级，只有非常短的时间学习汉语拼音和维吾尔文字，如果幼儿园阶段不会维吾尔文字，不会汉语拼音，则幼儿在小学一年级面临的压力会非常大。其次，因为幼小衔接率问题（2012 年为 79%），有一批双语幼儿要转入以维吾尔语为主的小学，如果按照现在的双语学前幼儿园体制（完全不教授维吾尔语相关内容），则这批转入维吾尔语小学的孩子，面临的压力更大。在幼儿园的实地考察时，我们看到幼儿们虽然已经领到了幼儿园毕业证，但是大多数家长还是在暑假把孩子又送回幼儿园补习维吾尔语。

4. 双语学习的"夹生饭"问题

民考汉的学生，在平时的交流中汉语中夹杂维吾尔语，或者维吾尔语中夹杂汉语，这种情况俗称"夹生饭"。在我们的实地调研中发现，家长对自己孩子的语言"夹生饭"问题尤为不满，这也是对目前双语教育批评的主要原因之一。

针对这一问题，《喀什市少数民族学前和中小学双语教育发展规划》明确提出要切实加强民语教育，坚持把民族语文作为少数民族双语班学生中考、普通高中学业水平考试和高考的必考科目。自治区自 2012 年秋季开始在汉语授课类学校（包括模式三）开展民语语言课试点工作，2013年又继续扩大试点范围。但是目前民语课的课程量太少，一周仅有一课时，不能满足学生学习民语的需求。

5. 辅助教学软件不足问题

为了缓解合格教师、双语教材、教案和课件等缺少的问题，喀什市大力发展班班通远程教育，同时引进多种课堂教学辅助软件，教师们反映"班班通"的效果非常好，可以直接聆听乌鲁木齐名师的双语教育课程，以弥补本地教师及教案水平不足的问题。课堂教学辅助设备和软件可以给教师更多的自由度，是"班班通"的一种很好的补充。但是目前几个教学设备和软件一个是价格贵（比如，讯飞的"畅言"是 3500 元/台），另一个是只适合于课堂教学，适合于学生自用的电子挂图、点读笔、点读机等非常少。

另外，目前的双语教育设备和软件，主要是语言类的，应大力开发其他课程（比如数、理、化）的相关设备和软件。

6. 双语教育的科学研究水平不足

喀什地区的双语教育是以维吾尔族为主要对象，维吾尔族知识分子既精通双语，又是双语教育的直接经历者和受益者，他们对目前的双语教育情况最有发言权，维吾尔族知识分子的参与程度是直接影响双语教育科研水平的一个关键，只有调动了他们参与双语教育的科研热情，双语教育所存在的短板问题才能更好更快地解决；只有他们全力支持双语教育，才能够营造真实和谐的舆论环境，才能更有效地推动双语教育的快速发展。

六　加强双语教育与提高教学质量的建议

（一）充分认识双语教育的难度

很多双语教育的研究者会把新疆的双语教育同加拿大的双语教育做对

比。从语言学的角度分析，新疆的双语教育比加拿大的双语教育要更加困难和复杂。

　　加拿大的双语是指英语和法语，这两种语言间的相似度要远远大于维吾尔语和汉语之间的相似度。从语言系属分布来比较"英—法"和"汉—维"之间的相似度，图形显示如下：

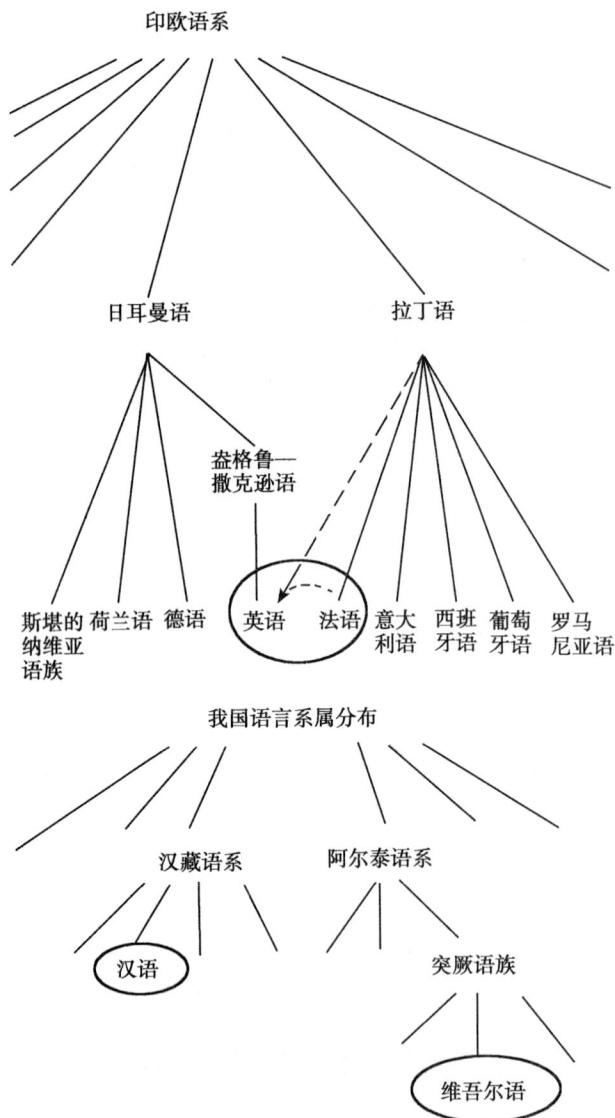

　　英语和法语都是属于印欧语系，具有发生学关系，其中英语属于日耳

曼语族，法语属于罗曼语族，这两种语言的语言类型都是屈折语，文字都是拼音文字。

汉语和维吾尔语之间没有发生学关系。汉语属于汉藏语系，维吾尔语属于阿尔泰语系，汉语的语言类型是孤立语，维吾尔语的语言类型是黏着语，汉语是声调语言，维吾尔语是无声调语言，汉语的文字是表义的方块文字，维吾尔语的文字是表音的阿拉伯文字。汉语基本不从维吾尔语借用词汇，维吾尔语虽然从汉语中借了不少词汇，但是维吾尔语的借词主要来源是阿拉伯语和波斯语。对维吾尔族学生来讲，学习汉语的三大拦路虎：词汇、文字和声调，决定了维吾尔族学生学习汉语，汉族学生学习维吾尔语，都要比加拿大学生学习法语/英语难得多。

另外，法语和英语都是世界上广泛使用的语言，很多国家都把英语/法语作为第二语言学习，积累了大量的语言学习理论、学习方法和语言教材。但是，面向维吾尔族的汉语语言学习理论、学习方法和学习教材，积累的时间很短，相比大量的需求人群来讲，其质量和数量还十分有待提高。

从语言学习的客观条件上就决定了维—汉双语的学习难度是非常高的，也就决定了我们不能盲目乐观，要遵循语言学习的客观规律，在推进双语教学的过程中，因地制宜，定一个长期性的发展思路。

（二）高度重视开展双语教育的重大意义

世界著名语言学家洪堡特曾经说过："语言是世界观。"我们知道，语言是思维的工具、交际的工具、文化和知识传承的工具，语言是人类形成和表达思想的手段，人通过语言来观察社会、融入社会，语言是形成一个人世界观的主要工具之一。一个人了解的语言越多，通过语言所接触的社会越广，其世界观也会越广阔。所以，提倡第二语言学习，不只是为了交际和工作的需要，也是丰富一个人世界观的有效手段。

笔者懂的维吾尔语不多，但当在喀什的大街上或者出租汽车上，向维吾尔族说一句"yaxšimsili"（您好），通常会换来对方善意的笑脸。

（三）客观看待与正确处理不同民族语言表达的差异之间的误解

有时候因为语言表达问题，会造成一些误会。举广东人说普通话的例子，有句话说"千不怕万不怕，就怕广东人说普通话"，广东人说普通话，会将尾音拖得很长，如果不了解广东人这个发音特点的话，就会误解广东人说话傲慢，这其实是广东话的发音特点迁移到普通话的表达中了。

我接触到很多维吾尔族的学生，刚上大学时，因为汉语水平差，很多时候只会说简单的"动词＋宾语"，听起来就是"命令句"，这让汉族听众感觉很不舒服，上了几年大学之后，维吾尔族学生的汉语水平好了，说出来的话听起来就舒服多了。而汉族说维吾尔语时，也很有可能因为不能熟练应用各种敬语表达方式和人称一致关系，而让对方产生误解。

所以很多时候，民族之间的摩擦，可能仅仅产生于交流不畅或交流时的误解，在与不同母语的民族打交道时，如果了解这些，多一点包容，很多误会和摩擦很可能就不会有了。

（四）着力解决双语学习"夹生饭"问题

从语言学讲，不同语言类型的语法结构是不同的，每一个语言的语法结构都是非常严谨、系统的逻辑体系。汉语和维吾尔语的语法结构体系不同，这两种语言的逻辑体系也完全不同。一位面向维吾尔族学生开设《现代汉语》课的教授发现：维吾尔语母语学得好的学生，其汉语学得也较好，维吾尔语母语不好的学生，其汉语的语言逻辑体系往往也是乱的。

双语学习"夹生饭"不仅是在交流中无法让对方很容易理解自己想要表达的意思，造成交流上的困难，在语言逻辑体系的建立上也存在很大问题。

（五）大力加强双语教育的科学化问题的研究

在双语教育科学性研究方面，我们认为需要增设"民汉双语语言习得"研究课题并长期培养相关研究领域人才。

以维汉双语教育为例，新疆双语教育工作已经开展多年了，但有关维吾尔族的汉语习得研究还很少见。对维吾尔族学生来讲，是先打好母语的基础再学汉语，还是母语、汉语同时学习的效果更好？对不同年龄段的双语学习者，是采用第一语言授课模式还是第二语言授课模式的效果更好？这些都没有切实的研究给予理论支持。

在加拿大等多语种国家，双语习得研究一直是语言学研究中的一个重要分支；在我国，英汉双语习得研究也进行了很多年。但不同语言之间的双语研究因为语言学上的不同，导致我们虽然可以借鉴他们的研究方法，却不能照搬他们的研究结论。汉语、维吾尔语这两种语言分属汉藏语系和阿尔泰语系，前者是孤立语，后者是黏着语，这两种语言不具有发生学关系，语言差异度很大，导致我们的双语教育要比加拿大等国的英法双语教育难度更大，从而决定了我们必须开展独立的维汉双语语言习得研究，并培养相关研究人才。

要开展该领域研究，需要研究者具备以下条件：有语言习得研究背景，同时懂维汉两种语言。目前符合这两个条件的研究者非常缺乏，而培养这个领域的研究人才也不是短期内就能解决的问题。这就需要开设相关研究课题，将"语言习得研究者"与"维汉双语研究者"联合起来共同进行，双语教育不同历史阶段有其不同的语言学和社会学特征，其研究难度大、重要性高，且需要长期性的研究投入维汉双语教育的语言学研究是一个需要长期投入研究的领域，从长远来看，加大对维吾尔语相关领域的研究工作，急需相关单位给予重视和支持，相信随着这一研究工作的展开，将会有效促进新疆双语教育的科学性研究，给双语教育政策制定提供理论指导。

因为双语教育的科研水平不够，从而导致在政策及考核机制的制定、双语教师和双语教育管理者的培养、教材及辅助教学软件的制定等方面存在缺陷。如何提高南疆双语教育的科研水平，是提高全疆双语教育水平的重中之重。值得欣慰的是，《新疆维吾尔自治区少数民族学前和中小学双语教育发展规划（2010—2020）》已提出"要加强双语教育的科学研究"。

第三节 喀什市职业技术教育和高等教育发展

新疆尤其是南疆，在从传统的农业、手工业社会向现代工商业社会转型过程中，面临的突出问题是：劳动力的结构化短缺，这种劳动力结构化短缺在援疆工程中表现极为突出。

所谓的结构化短缺，是指劳动密集型企业有大量的用工需求，但是本地的劳动力不适应这种劳动密集型企业的用工标准，导致本地劳动力大量剩余，同时援疆企业用工短缺。

在我们的调研中，有很多援疆企业反映：很多南疆的维吾尔族工人汉语和工作技能都不够，并且不习惯现代工业社会的工作状态和生活习惯，所以援疆企业宁肯从外地高薪招聘工人，也不愿意用本地人，使得援疆工程并没与很好地实现其最初的帮扶设想。

截至2013年，喀什市仅有一所中等职业技术学校，职业高中20个班，仅有745名学生；喀什地区直属的中等职业技术学校有三所：喀什财贸学校、喀什卫生学校、喀什水利水电学校。这些学校的师资水平较差、办学规模较小，非常不适应目前南疆目前的职业发展需要。加强喀什地区的职业技术培训，帮助广大维吾尔族群众尽快地从传统工作方式转入现代化的工作方式中，这是南疆快速进入现代化社会的一个关键所在。

2012年，国家教育部发布了《关于推进新疆中等职业教育发展的意见》（教职成），意见中要求充分发挥北疆、兵团及对口支援省市的作用，以新疆主导产业、特色产业、新兴产业的发展需求为重点方向，培养现代农牧业、民族文化传承、民族工艺品制作、油气生产加工和储备、矿产资源开发和加工等专业领域紧缺的技能型人才，努力培养合格的双语职业教育师资力量，增强职业教育服务经济社会发展的能力。并且面向以南疆四地州为主的农村和城镇家庭经济困难学生，继续举办内地新疆中职班。

批准了国家扶持的8所重点职业学校，其中"喀什职业技术学院"是8所学校中规模最大的一个，到2014年年初，已经完成7个专业的前期筹备工作，计划2015年正式招生。

2013年9月，南疆三地州实现高中阶段免费教育，力争实现《关于推进新疆中等职业教育发展的意见》中2015年南疆三地州初中毕业生升学率88%和普职比6：4；2020年全区90%左右的学龄人口接受高中阶段教育的目标。

喀什师范学院是南疆唯一一所自治区教育厅直属的高等院校，在新疆特别是南疆教师教育、民族教育、社会稳定和经济发展方面发挥了不可替代的重要作用。学校建于1962年，始称新疆喀什师范专科学校，1978年8月，学校升格为本科院校，更名为喀什师范学院，2003年拥有硕士学位授权单位资格，开始承担硕士研究生培养任务。

2012年9月，以喀什师范学院为基础，申请建立喀什大学，已被国务院和国家发改委批准。喀什大学建设预计投入15亿元，建成后最大招生规模为2万人，是一所与喀什经济特区相匹配、能辐射周边的综合性大学。自治区教育厅已组织专家指导、帮助学校完成了校园建设、师资队伍建设、学科专业建设等规划。喀什大学的建立与发展将为南疆经济社会发展培养急需的大批高等专业人才。

第十章

卫生事业的改革与发展

2009 年中共中央、国务院印发了《关于深化医药卫生体制改革的意见》和国务院印发了《医药卫生体制改革近期重点实施方案（2009—2011 年)》，标志着新医改工作的全面启动。新医改按照"保基本、强基层、建机制"的要求，统筹推进五项重点改革，取得了重大阶段性成效，为全国卫生事业科学发展提供了有力的体制机制保障。

一般来讲，一个地区卫生事业发展的状况，在一定程度上反映了这一地区的社会经济发展水平。喀什市在经济大发展的同时，特别是新疆工作会议召开以后，响应国家号召，在全国新医改的大背景下，加快发展相对落后的医疗卫生事业，对医疗卫生体制进行全面改革。

近年来，喀什市加快完善市、乡镇、村三级医疗卫生服务体系，着力推动基层卫生机构基础设施建设。加强市级医疗卫生机构能力建设，优化布局结构，深化市级公立医院改革。强化乡村级基层医疗卫生服务网络建设，基层群众就医条件得到进一步改善。实现每个乡镇有标准化卫生院，每个村有标准化卫生室。通过深化医药卫生体制改革，在城乡基本建立国家基本药物制度。继续实施面向农牧区高中起点专科层次医学教育、面向村卫生室定向培养中等医学学历人才、农村订单定向本科层次医学生免费培养工作，加快全科医生培养，建立市级医疗卫生机构和乡镇卫生院为主体的乡村医生培训体系。可见，喀什市经济的大发展，必然带来卫生事业的全面改革和发展。

第一节　喀什市公共卫生事业发展的亮点

在全国新医改和喀什市经济跨越式发展的推动下，喀什市加大力度对医疗卫生体制进行改革。2013 年 6 月底，喀什市共有各级各类卫生机构 21 个，有病床 943 张，职工 806 人，卫生技术人员 634 人，市区每万人拥有医生 29.33 人，每万人拥有护士 25.43 人，万人拥有床位 78.56 张；100% 的乡镇有卫生院，100% 的街道有社区卫生服务中心，100% 的村设有标准化村卫生室，覆盖服务人口 60 多万；以市级医疗、妇幼保健、疾病预防、健康教育机构为中心、以乡镇卫生院、社区卫生服务中心为枢纽、以村卫生室、社区卫生服务站为网底的三级医疗预防保健网络已基本形成，医疗卫生服务网点遍布城乡，基本上改变了缺医少药的状况，基本满足了人民群众不断增长的医疗卫生服务需求。①

一　进一步健全医疗卫生服务体系

要想使人民幸福，健康是第一位的，只有拥有健康的身体，人们才能享受到经济发展带来的丰硕成果。改革开放以来，喀什市经济快速发展的同时，医疗卫生事业也有了很大的发展，医疗卫生装备质量和医疗技术水平有了很大的提高，为继续发展奠定了良好的基础。但是，我们必须清醒地认识到，喀什市城乡医疗状况差别非常大，城市医疗资源剩余，农村医疗资源短缺，发展很不平衡，农民"看病难、看病贵"的问题十分突出。解决这一问题，实际上就是解决大多数人的事、解决困难群众的事、解决普通老百姓的事，这是真正落实全心全意为人民服务宗旨的具体体现，也是卫生事业发展中最难解决的事情，即基层卫生服务体系建设。

（一）完善三级卫生服务体系②

"十二五"期间，喀什市加快完善市、乡镇、村三级卫生服务体系，投入大量资金对医疗机构进行改扩建。喀什市共计投资 3.67 亿元。其中改建 1 个传染病医院，投资 991 万元；新建职业病医院 1 个、民族医院 2 个，分别投资 4000 万元和 4300 万元；新建儿科诊疗中心、肿瘤诊疗中心、精神卫生中心各 1 个，项目分别投资 4150 万元、5400 万元和 1076 万元；建设妇幼保健院 2 所，投资 1350 万元；建设疾控中心 1 个、血站 1 个，分别投资 2500 万元、1500 万元；建设 4 个社区卫生服务中心（站）、

---

① 喀什市卫生局：《喀什市"十二五"卫生事业发展规划实施中期评估工作情况的汇报》电子版，喀什市卫生局资料，第 1 页。

② 喀什市扶贫办公室：《喀什市区域发展与扶贫攻坚实施规划》（2011—2015）电子版，喀什市扶贫办资料，2013 年 3 月，第 34、35 页。

8 个乡镇卫生院、1 个国营农牧场卫生院和 105 个村卫生室，项目投资分别为 1200 万元、1600 万元、300 万元和 1050 万元，实现喀什市医疗服务全覆盖。

表 1　　　　　　　　卫生机构建设重点项目一览①

项目名称	建设规模（个）	投入资金（万元）
传染病医院	1	991
儿科诊疗中心	1	4150
肿瘤诊疗中心	1	5400
精神卫生中心	1	1076
职业病医院	1	4000
民族医院	2	4300
区域医疗中心	1	5166
全科医生临床培养基地	1	2065
妇幼保健院	2	1350
疾控中心	1	2500
血站	1	1500
社区卫生服务中心（站）	4	1200
乡镇卫生院	8	1600
国营农牧场卫生院	1	300
村卫生室	105	1050
合计	131	36648

（二）完善医疗服务环境和设施

喀什市卫生局于 2012 年 2 月取得《关于喀什市乡镇卫生院"一够三化"建设项目立项的批复》（喀市发改项目）。按照立项批复要求，喀什市乡镇卫生院"一够三化"项目总投资 2800 万元，全部由喀什市地方财政资金承担。为了保证项目的顺利实施，将该项目分为三期完成。通过开展乡镇卫生院"一够三化"（一、二期）项目建设工作，使各乡镇卫生院做到了"四个统一"，即统一各乡镇卫生院房屋外墙颜色，统一路面硬化施工要求及规范，统一绿化标准，统一建设器材、景观灯、垃圾箱、休闲

———————————

① 喀什市扶贫办公室：《喀什市区域发展与扶贫攻坚实施规划》（2011—2015）电子版，喀什市扶贫办资料，2013 年 3 月，第 35 页。

座椅规格、型号，确保了各乡镇卫生院的工程质量，进一步提升了各乡镇卫生院的基础医疗设施条件，让各族群众切实感受乡镇卫生院优美的环境、完善的基础医疗设施和人性化的医疗服务，放心就医。在乡镇卫生院"一够三化"项目建设中，喀什市委、市政府怀着对各族农民群众健康高度负责的态度，带着对喀什市各族群众深厚的感情，积极探索，大胆创新，认真完成了乡镇卫生院"一够三化"建设工作，加快推进基本公共卫生服务均等化，完成8个乡镇卫生院基础设施标准化建设，规范和完善社区卫生服务站设置，使喀什市乡镇卫生院在农村卫生、妇幼卫生、疾病监控、卫生应急、食品药品安全及基本公共卫生、重大公共卫生项目建设取得了明显提高，为全面开创农村卫生工作新局面做出了贡献。

2011年喀什市积极推进村卫生室标准化建设。按照要求，围绕"领先全区、特色鲜明、形象统一"的目标，整合自治区补助资金和中央补助资金投资建设村卫生室30个，所有105个村均达到了标准化建设要求。改变了过去卫生室脏、乱、差的局面，实现了"小病不出村"，使农民就医更加便利。

（三）提高医疗服务质量

解决基层群众"看病难、看病贵"的问题，首先要搞清基层的范畴。在城市，基层是指社区居民，他们是最基层、绝大多数的，也是弱势群体和各种慢性病的聚集群。

公共卫生服务的重点在于健康教育和预防保健，而不仅仅局限在疾病治疗上。解决这方面的问题，要靠基层社区卫生服务。因为他们离群众最近，能做到上门服务，既了解病人，知晓病情，也能把预防保健的知识送到各家各户，把常见病、多发病、慢性病的诊断治疗送到千家万户。这方面的服务大医院是做不到的。要"走出去"服务基层、服务居民，还是要依靠最贴近群众的基层卫生服务机构来承担，因为它是最方便、最直接的，可以做大医院不愿做、做不了的事。

2013年喀什市推进社区卫生服务站整合和规范管理，试行购买基本公共卫生服务工作模式。整合10个社区卫生服务站，社区卫生服务站主要在现有卫生资源的基础上调整、转型、充实，优先从现有公立医疗机构和原社区卫生服务站中培植转型，其他医疗机构为补充。多渠道、多形式建设社区卫生服务站，按照公开、择优确定法人主体。原社区卫生服务站由现各社区卫生服务中心在编在岗社区医生组建5个；一、二级医疗机构承办的社区卫生服务站，人员由承办单位内部调配，暂维持原隶属关系，通过申报评审组建 4 个，社会招标 1 家社区卫生服务站，由符合资质厂医、私营医疗机构按照服务站标准申办评审。社区卫生服务站隶属社区卫生服务中心管理，实行购买公共卫生服务合作机制。目前已完成整合该项前期准备工作。

在对喀什市克孜都维路社区调研中，我们看到该社区设有社区卫生医疗服务站，该服务站隶属喀什地区第一人民医院。根据该社区相关人员的介绍，该社区汉族居民 87%，少数民族占 13%，居民包括了 12 个单位、4 个居民小组，85 户。通过调研，我们了解到克孜都维路社区卫生医疗服务站方便了社区居民看病，可谓是足不出户就能得到关于保健和医疗方面的常识，通过图 1 可以看到该社区卫生服务站干净整洁、管理有序，并且通过图 2 中的两面锦旗，也看出服务站医护人员医疗水平高超和职业道德高尚，得到了克孜都维路社区居民的认可，形成了良好的医患关系。

图 1　喀什调研组人员在克孜都维路社区卫生
医疗服务站参观

二　进一步提升基层卫生服务能力与管理水平

(一) 建立合理的培训和激励机制

通过学历教育、继续教育、进修、短期培训、网上学习等有效手段，不断提高业务技术水平和服务能力。2013 年组织 52 人分批参加继续医学教育，选派 21 名基层工作人员外出进修学习；868 人次参加了好医生学

图2　社区居民送给克孜都维路社区卫生医疗服务站的锦旗

习卡网上学习，举办各类培训班、业务讲座 195 次期共计 15741 人次；针对村医编写了《基本公共卫生服务》《村医手册》《村卫生室制度汇编》等维文培训教材。① 此外，医疗援疆也为喀什市带来了先进的医疗技术，培养了大批人才，医疗队深入乡村为民族同胞义诊；创建了喀什市人民医院病理科，为援助医院留下一支专业骨干队伍。

喀什市为突出绩效考核在促进公共卫生服务项目落实中的作用，建立了三级考核体系。突出层级管理，实施绩效考核与项目资金拨付相挂钩。根据年终对基层单位公共卫生服务工作绩效考核结果，按照工作量完成情况进行了资金重新分配，使工作量完成多的基层医疗机构分配资金就多，同时基层医疗机构工作人员根据考核工作量完成情况，发放人员补助，实现"绩效考核、绩效支付、多劳多得"。通过以上精细化管理，得到了自治区考核评估专家的高度好评，使自治区、地区评估专家在喀什看到亮点，看到创新，在地区年终点评工作中取得了第一名的好成绩。

2013 年实行乡镇卫生院、社区卫生服务中心班子绩效考核末位淘汰，进一步提高卫生院、社区卫生服务中心管理水平和运行效率，合理促进专业技术人才良性竞争，强力提升基层医疗卫生机构班子责任心和团结协作

———

① 喀什市卫生局：《喀什市卫生局 2013 年上半年工作总结》（电子版），喀什市卫生局资料，2013 年 6 月 8 日，第 4 页。

的凝聚力。依据2012年四个季度对基本医疗机构绩效考核综合成绩排序，最后一名的荒地乡卫生院班子全部职务拿出，在喀什市全额医疗卫生单位范围公开竞聘。原荒地乡卫生院班子成员实施末位淘汰，不再担任荒地乡卫生院领导，已公布竞聘方案。

由此可见，喀什市通过对基层医务人员的培训和建立合理的绩效考核机制，为基层医疗机构输入了新鲜的血液，大大提高了医疗机构的服务质量，无论在治病救人，还是在保健宣传等方面，使群众得到了及时的治疗和健康知识的普及，改变了过去基层医疗服务机构形同虚设的局面，减轻了大医院的医疗负担，同时也发挥了基层卫生服务机构的功能。

（二）加强医疗服务机构的效能化建设

启动卫生信息平台建设，推动资源共享。实现人人享有电子健康档案，使公共卫生机构、医院、社区卫生服务中心、家庭医生和居民有效共享利用健康信息。目前此项工作已完成项目实施方案论证。

推进"四个一项目"。即在系统每个单位建立一个"健康书吧"，卫生局编写"一本书"即《蓬勃发展的喀什市卫生事业》；健康教育所办好一份"社区健康小报"；每个基层医疗卫生单位建立"一条院内文化长廊"。促使卫生系统文化建设实现新突破。目前，"一本书""社区健康小报"和"一条院内文化长廊"已经高质量完成，"健康书吧"正有序推进。"四个一项目"的实施有利于教育人们树立健康意识，养成良好的生活方式，消除或减轻影响健康的危险因素。

紧紧围绕"以病人为中心"主题，实施"两制、两化、两卡、三统一"深化便民服务内容。"两制"即实行基本医疗服务"责任医生制"（片医制）和公共卫生服务团队负责制；"两化"即管理模式上实行网格化和台账化管理，实行划片分区包干；"两卡"即向辖区居民发放"社区责任医生服务联系卡"，为慢性病人建立发放"居民健康保健卡"，目前发放"两卡"近万张。"三统一"即实行统一标准、统一考核、统一奖惩。通过深化服务内涵，优化服务流程，创新服务方式，提高服务水平，让服务更加贴近群众需求，将公共卫生服务和基本医疗服务落到实处。

三　医疗保障体系一体化

喀什市自2007年启动新农合以来，真正实现了新农合的全覆盖，切实解决了农民"看病贵"的问题，新农合的全面推行，将喀什市医疗服务保障体系建设推向一个新的阶段，即保障体系的全民化目标基本实现，推进了公共卫生服务均等化建设。近年来，喀什市坚持"政府扶持、农民自愿、大病统筹、以收定支、保障适度、规范管理、民主监督、惠民利民"的原则，以积极探索、强化监督、全面推进喀什市新农合工作持续稳步发展为目标，使新农合工作呈现良好的发展态势，农民"因病致贫、因病返贫"现象明显改善，参合农民受益面逐年扩大，农村卫生各项工作取得了显著成效。

（一）新农合的全覆盖

新型农牧区合作医疗人均筹资标准逐年增加，由 2010 年的 160 元增长到 310 元。喀什市农民参合人数由 2010 年的 193917 人增加到 222171 人，较 2010 年增加 28254 人，农民参合率除 2011 年未达到 100% 以外，其他三年都达到 100%，实现了新农合的全覆盖（见表 2）。

表 2　　　　　　　　2010—2013 年喀什市农民参加新农合人数[①]

年份	参合人数（人）	参合率（%）
2010	193917	100
2011	211725	95
2012	220375	100
2013	222171	100

（二）调整报销比例，扩大受益范围[②]

2012 年喀什市乡镇级定点医疗机构由原来的 85% 调整为 90%，市级定点医疗机构由原来的 70% 调整为 80%，地区级定点医疗机构由原来的 55% 调整为 65%，自治区级定点医疗机构由原来的 45% 调整为 55%；封顶线从 2011 年的 5 万元提高到 2012 年的 6 万元。参合农民慢性病门诊医药费用补偿工作得到了有序推进，进一步拓展了参合群众的受益面。在实施门诊统筹的基础上，从 2012 年 3 月在乡卫生院启动了一般门诊诊疗费补偿，极大地减轻了参合农民门诊就诊负担。肺癌、食道癌、胃癌、慢性

---

①　表中的数据根据喀什市卫生局资料中《喀什市卫生局工作总结》（2010—2013）（电子版）和《喀什市新型农村合作医疗制度运行情况汇报材料》（电子版）两个报告中的数据整理而来。

②　喀什市卫生局：《喀什市卫生局 2012 年工作总结》（电子版），喀什市卫生局资料，2012 年 11 月 5 日，第 3、4 页。

粒细胞白血病、急性心肌梗死、脑梗死、血友病等 12 类重大病种纳入喀什市新型农村合作医疗特殊重大疾病范畴，增强了农民抵御重大疾病风险能力。2012 年喀什市补偿特殊重大疾病 326 人次，补偿费用 117.50 万元。截至 2013 年 5 月 31 日，全市享受新型农村合作医疗政策补偿的参合农民有 78989 人次，共补偿金额达 3909.6 万元，占年度总资金 55.58%，新农合农民受益面为 100%，受益率达 35%。通过新农合制度的不断完善，进一步扩大了受益范围，提升了参合农民的受益水平。

（三）加强新农合管理和信息化建设

近年来，喀什市全面推进新农合信息化建设，2012 年实施了新农合个人新增费用缴费筹资"一卡通"，当年就向各乡发放了 16 万张参合农民合作医疗卡，到 2013 年制卡 22 万张，发卡 21 万张，覆盖率为 95% 以上，简化了参合农民就诊及住院报销程序。[①] 现在喀什市的参合农民如果生病，就诊入院是"一卡在手，走遍全疆都不怕"。由农民想出来的一条标语便真实地吐露了参合农民的心声："合作医疗就是好，农民就医有保障，产妇住院有补偿。"此外，喀什市加强监督管理，完善信息网络建设工作，对定点医疗机构在合理治疗、用药、检查、收费等方面加强监督检查。

随着新农合覆盖面的逐年增加，住院补偿比例提高和门诊统筹试点等保障制度的不断完善，加上不断提高的农民收入水平，原来受到压抑的医疗需求得到了部分释放，基层医疗服务利用相应增加。

（四）建立基本药物管理机制

为使药品采购依法、有序、合理，建立、规范了药品管理的各类制度及相关记录，不断规范医师用药行为，实施基本药物零差率销售。2012 年喀什市公立医疗机构全部实施网上药品集中招标采购。2012 年 1—10 月基层医疗机构网上采购 150 品种 430 万元，市级医院网上采购 475 品种 1231 万元。[②] 2013 年制订下发了《喀什市卫生局 2013 年基层医疗卫生机构集中采购配送商遴选和监督管理实施方案》，杜绝配送商购选后而无能

---

① 喀什市卫生局：《喀什市卫生局 2012 年工作总结》（电子版），喀什市卫生局资料，2012 年 11 月 5 日，第 4 页；《喀什市卫生局 2013 年上半年工作总结》（电子版），喀什市卫生局资料，2013 年 6 月 8 日，第 1 页。

② 喀什市卫生局：《喀什市卫生局 2012 年工作总结》（电子版），喀什市卫生局资料，2012 年 11 月 5 日，第 4 页。

力配送的情况，对配送公司进行基层单位评分，择优合作，做到公平公正，统一采购合同，方便管理。截至 2013 年 5 月底，基层医疗卫生机构共采购药品 176.87 万元。[1]

在规范药品采购的基础上，喀什市进一步推进基本药物使用进度。喀什市基层医疗卫生机构严格落实基本药物制度，配备、使用基本药物率达 100%；建立激励机制，保证基本药物为临床首选，将基本药物全部纳入新农合报销范围，报销比例明显高于非基本药物 10 个百分点。2012 年，下拨基层医疗单位基本药物补助资金 84.5 万元。同时，继续开展公立医疗机构医药费用控制工作。加强市医院的医疗费用控制工作。通过严格医疗服务价格管理，规范医疗收费行为，建立健全各项管理制度，切实控制了医疗费用的不合理增长。喀什市医院门诊人次平均费用为 98 元，住院人次平均费用为 2300 元，明显低于国家二级甲等医院平均水平。基本药物管理机制的实施，在很大程度上缓解了群众看病贵的难题。[2]

四　大力加强基层预防保健工作

（一）加强基本公共卫生服务，普及健康知识

喀什市加大各社区卫生服务中心向社区居民提供健康档案、健康教育、预防接种、传染病防治、高血压、糖尿病等慢性病管理、儿童保健、孕产妇保健、老年人保健、卫生监督十类基本公共卫生服务。截至 2013 年上半年，建立居民健康档案 411271 人，建档率 84.6%；老年人建档 23523 人，接受健康管理 13810 人。筛查确诊高血压患者 20224 人，保健管理 14188 人，2 型糖尿病患者 7138 人，保健管理 5519 人；筛查确诊重性精神病患者 780 人，纳入系统管理 780 人，系统管理率达到 100%。[3] 为保障各项服务的开展，喀什市建立了基本公共卫生服务保障机制，2011 年开始按城市常住人口每年每人 35 元，农村每年每人 25 元的标准进行补助，合理解决乡村卫生机构承担基本公共卫生服务的补助，使基本公共卫

①　喀什市卫生局：《喀什市"十二五"卫生事业发展规划实施中期评估工作情况的汇报》（电子版），喀什市卫生局资料，第 3、4 页。

②　喀什市卫生局：《喀什市卫生局 2012 年工作总结》（电子版），喀什市卫生局资料，2012 年 11 月 5 日，第 4、5 页。

③　喀什市卫生局：《喀什市卫生局 2013 年上半年工作总结》（电子版），喀什市卫生局资料，2013 年 6 月 8 日，第 3 页。

生服务落实到基层，从而拓展了服务的深度和广度。[①] 2013 年向城乡居民发放健康教育材料 26 种 169772 份，更新健康教育宣传栏 410 块次，印制维汉健康小报 30000 份。[②] 力争重点人群健康管理覆盖面最大化，进一步提高城乡居民的健康知识普及率和行为形成率。

（二）重大疾病得到有效控制

2012 年完成 350 例农村妇女乳腺癌检查，并全部建档；"宫颈癌"普查 9400 人，完成工作任务的 98％。[③] 2013 年两癌筛查任务是 6000 人，已检查 5550 人。启动"预防艾滋病、乙肝和梅毒母婴传播"项目，接受抗体检测孕产妇检测率 94.95％；阻断率 99％。艾滋病防治通过五大干预平台（妇女健康中心、针具交换中心、美沙酮维持治疗门诊、自愿咨询检测中心、抗病毒治疗中心），加强对娱乐场所、拘留所等重点场所和吸毒、卖淫等重点人群的监测和干预工作。艾滋病防治宣传干预 1618 人次，美沙酮维持治疗累计入组 658 人，在治人数 217 人，干预覆盖吸毒人群 314 人；启动结核病"三位一体"工作，接诊可疑结核病病人 1845 人，为 514 例确诊肺结核病人免费治疗。实施增补叶酸预防神经管缺陷，目标人群增补叶酸服用率达 85％，依从率达到 55％；实施农村孕产妇住院分娩补助，有 3144 名农村孕产妇享受到住院分娩补助 157.2 万元。累计报告法定管理的乙、丙类传染病共 10849 例，疾控中心累计审核上报的传染病疫情 10849 例，审核率达 100％。[④]

纵观喀什市近几年卫生事业的发展，喀什市根据自身经济发展和社会发展整体状况，在提高公共卫生和医疗卫生服务水平的同时，仍然将改革和发展重心放在基层公共卫生和医疗卫生体系的建设上。因为喀什市政府充分认识到提高基层服务能力，是联结新医改五项重点改革的纽带。通过强基层建设，使喀什市各族群众，特别是少数民族群众享受到了医疗服务，保障了他们"有地方看病、有人看病、看得起病和少生病"的基本权益，改善了少数民族和弱势群体的医疗条件，提高了人民群众健康水平，为喀什市的跨越式发展和长治久安奠定了良好的社会基础。

① 喀什市卫生局：《喀什市卫生局 2011 年工作总结》，2013 年 11 月 5 日，第 3 页。
② 喀什市卫生局：《喀什市卫生局 2013 年上半年工作总结》，2013 年 6 月 8 日，第 4 页。
③ 喀什市卫生局：《喀什市卫生局 2012 年工作总结》，2012 年 11 月 5 日，第 6 页。
④ 喀什市卫生局：《喀什市卫生局 2013 年上半年工作总结》，2013 年 6 月 8 日，第 3、4 页。

第二节　喀什市卫生事业发展中的困境与抉择

"十二五"期间，喀什市公共卫生事业重点改善卫生资源的科学布局和优化配置，特别是加强农村基层机构建设，突出卫生体制机制改革创新，加快公共卫生体系和基层卫生机构建设，喀什市卫生事业得到了加速发展。虽然喀什市政府做了大量工作，但喀什市基本公共医疗卫生服务在各项社会事业中的现状仍然十分令人担忧。即便到现在，医疗卫生行业争取到的项目规模还十分小、争取到的资金还比较少，与各族人民群众基本公共医疗卫生服务的需要相比还是杯水车薪，差距过大；医疗卫生事业在各项事业建设中的关注程度也不够，长期以来具体问题得不到实质性的解决，大量问题的积累使喀什市医疗卫生工作已成为社会各项事业发展中瓶颈中的瓶颈。

一　医疗卫生资源配置不合理

（一）城市医疗卫生资源过剩与稀缺现象并存

喀什市市区二级以上综合性医院相对集中，并存在无序竞争、重复添置大型医疗设备等现象，且医院专科特色不明显，医疗资源呈过剩状态。同时，喀什市医院与全国乃至新疆相比，又存在资源稀缺现象。在硬件方面，通过对喀什市卫生局相关人员的访谈，她告诉我们：喀什市医疗设备比较落后，作为一个经济特区城市，竟然没有一家医院有 CT，从而导致许多病例无法确诊，必须要到疆内其他大医院进行检查和确诊，从而无形中增加了群众的就医成本。在软件方面，喀什市高级专业技术人员和专科专家严重不足，市卫生系统在全区具有影响力的学科带头人极少，现有专业技术人员只能处理常见病和多发病，疑难杂症只能转上级医疗卫生部门，人才断档流失现象严重，人才短缺已严重威胁喀什市卫生事业健康、协调发展。

（二）基层医疗卫生资源稀缺

喀什市疾病预防控制机构、预防保健机构、乡卫生院（社区卫生服务中心）及村卫生室（社区卫生服务站）等公共卫生服务机构和基层医疗机构的卫生资源（人才、医技、设备）难以满足农民群众的基本医疗服务需求。对市民的健康管理还处于起步阶段。特别是公共卫生体系的资源配置有待加强，公共卫生体系的设备设施，与卫生工作的实际需要相比还有较大的差距，市、乡、村卫生机构医疗设备陈旧落后，突发公共卫生事件应急物资和应急设备严重不足。此外，基层卫生机构在数量上的缺乏，也体现了基层卫生资源的稀缺性。卫生局的工作人员说：由于老城区的改造，目前只剩下 5 个社区卫生服务站，根本无法满足社区居民的医疗服务需求。

对于城市资源的过剩现象，需要引入必要的市场竞争机制，推动公立医院改革，避免公立医院垄断地位的建立，适时有序地发展私营医疗机构，实现医院的有序竞争，从而达到资源的合理利用和分配。对于基层医疗卫生资源的稀缺，需要加大资金投入力度，实现基层服务机构的扩面工作，改善陈旧落后的硬件设施。人才的稀缺性，需要加大人才引进和现有人员培养力度。

二　医疗卫生保障水平的差异性

目前喀什市已经基本实现全民参保，居民参加城镇医保，农牧民参加新型农村合作医疗，居民的看病保健意识增强。以前是看病贵，看不起病，现在城居和农牧民的医保实行低水平、广覆盖，基层群众的医疗有了保障。但是，城镇居民医疗保险与农牧民新农合，与城镇职工医疗保险相比，存在着很大差异，从报销比例和享受医疗服务水平来说，都远远低于城镇职工。对于城镇居民和农牧民来说，个人需承担的医疗费用仍是一笔可观的数目，特别是对于贫困家庭更是如此。卫生局工作人员也提到了这一问题，她说："目前喀什市新农合虽有结余，但是报销比例低，无法真正解决农牧民看病贵的问题。还有城镇居民医疗保险虽然提高了报销比例，但是报销比例仍然无法满足居民的医疗需求，同时，居民医疗保险存在亏空现象，就喀什地区来讲，居民医疗保险基金亏空 7000 万元，面对这一情况，该如何实现城镇居民医疗保险的可持续发展呢，这是我们不容忽视的问题。"因此，我们必须加大城镇居民医疗保险覆盖面，逐步提高缴费金额，增加财政补助，提高报销比例，充分利用社区卫生服务机构，实现小病进社区，大病进医院，从而减轻居民的医疗负担和医疗保险基金的报销额度，扭转居民医疗基金亏空局面。

三　医疗卫生功能定位偏差

基层卫生工作是卫生工作的重点，基层群众的健康直接关系到喀什市经济的发展和社会的和谐。可以说，没有老百姓的健康，就没有喀什市跨越式发展的动力。群众的健康问题与经济发展问题同等重要。道理很简单，只有生存，才能建设，才能发展。公共卫生服务本应是以防为主，防治结合，重点在基层。但现在普遍变为以治为主，以防为辅，基层防病工作非常薄弱。

由于经济发展的相对落后，财政用于基层公共卫生建设的投入有限，基层医疗卫生基础设施落后、人才匮乏、机制不活的问题比较突出。一是工作任务重。基层医疗机构只有几个人在工作，防病这项工作面广量大、任务繁重，不仅要入户，还要落实到人。这在所有基层卫生工作中，没有一个人员能承担这么多的任务，即防疫、妇幼保健、健康教育、基本医疗等多个职能。二是由于基层卫生机构人员素质低，自身对预防保健工作未引起重视，同时由于专业素养的有限性，也没有能力对基层群众宣传和传授应有的预防保健知识。三是预防保健工作属于公益性的，并不能给基层卫生服务机构带来经济效益，反而需要花费一定的经费来运行这项工作，因此，对于预防工作的实施，大多数基层医疗服务机构都是流于形式，并未达到预期效果。

对于城镇居民，特别是农牧民来说，由于他们自身教育水平有限，不会积极主动了解健康保健和疾病预防等相关知识，即使进行健康宣传活动，他们往往也漠不关心，置身事外，未真正实现宣传教育的目的。

但是，要建立可持续发展的卫生事业，必须要基层医疗服务机构明确其功能定位，要打破"卖药治病"单一功能的误区，改变基层医疗机构轻预防，重治疗；轻常见病、多发病、重大病的观念，着力加强以公共卫生为主，坚持以防保与医疗并重，要理顺基层医疗卫生服务机构的管理体制，促进其功能定位正常发挥，提高基层卫生服务机构的服务能力和农牧民卫生服务的可及性。此外，我们在预防保健知识的宣传和普及过程中，首先需要量的积累，即普及的频率要高；其次需要质的提高，即宣传方式和材料的可读性。只有这样，才能改变基层群众轻保健、重治病的健康认知观念，使预防疾病的重要性真正深入人心。

四　村卫生室人才匮乏

村卫生室是医疗服务网络的网底，它在农牧民卫生保健体系中的作用尤为重大。那么，如何在喀什这一少数民族聚居地区结好网底，健全和完善村卫生室的功能，发挥好它的网底功能，显得尤为重要和必要。因此，我们需要正视目前村卫生室存在的问题，找到行之有效的办法。

（一）乡村医生素质低，无法满足广大农牧民的医疗需求

乡村医生队伍是实现人人享有基本医疗卫生服务目标的基本依靠力量，那么，建立一支高素质、年轻化的乡村医生队伍实现这一目标的必要保障。就喀什市乡村医生的人员情况来看，具有以下几个特点。

一是女性化。喀什市乡村医生队伍中女性有 164 人，占 93.2%；男性仅有 12 人。这一性别构成情况，是符合喀什市农牧民医疗需求的，因为喀什市农村大部分为少数民族，那里的女性大多受宗教和传统文化的影响，较为保守，所以，乡村医生以女性为主，使当地少数民族女性愿意看病。

表 3　　　　　　　　2013 年喀什市乡村医生的性别情况[①]

性别	人数	百分比（%）
男性	12	6.8
女性	164	93.2
合计	176	100

二是经验不足。喀什市乡村医生中 30 岁以下的人员比例为 47.2%，31—45 岁人员为 38.1%，二者共占 85.3%。可见，从年龄结构来看，与其他地区相比，人员较为年轻，人员更替比较合理。

表 4　　　　　　　　2013 年喀什市乡村医生的年龄分布情况[②]

年龄组	人数	百分比（%）
30 岁以下	83	47.2
31—45 岁	67	38.1
46—50 岁	8	4.5
51 岁以上	18	10.2
合计	176	100

---

① 喀什市卫生局：《喀什市 2013 年乡镇卫生院乡村医生基本情况》，2013 年 6 月 8 日，第 1 页。

② 同上。

三是学历低。喀什市乡村医生文化程度低，中专及中专以下的人员占到总人数的98.9%，没有本科学历的人，大专人员仅有 2 人，占1.1%。如此低素质的队伍，如何做到对症下药，取得农牧民的良好口碑和信任？如何胜任治病救人和宣传预防保健知识的工作？这些都是亟须解决的问题。

表5　　　　　　　　2013 年喀什市乡村医生的文化程度情况①

学历	人数	百分比（%）
本科	0	0
大专	2	1.1
中专	112	63.6
高中	17	9.7
初中	45	25.6
合计	176	100

（二）乡村医生待遇差，未建立养老保障机制

在调研中，喀什市卫生局的一位领导告诉我们：喀什市村医身份不明确，工资低，仅为 800 元/月。如此低的工资根本无法满足他们的日常需求。同时乡村医生不属于卫生系统的编制人员，也不属于农民，因此，他们的养老保障机制未建立。虽然乡村自然环境和社会资源差是留不住人的原因，但是，最本质的原因是工资待遇低以及身份不明确导致的无法享受养老保障等与社会福利相关的权益。因此，乡村医生队伍很难吸引高学历的专业人才，也很难留住有能力的在岗乡村医生，即使留下来了，也大都是抱着混日子的心态，只要有机会就会离开；或者是一些无技术专长、无学历的低素质人员，无处可去，只能留下。可见，工资低和无保障造成了"招不来，留不住"的人才缺乏现象。

鉴于目前乡村医生队伍存在的问题，必须加大对他们的培训和建设。一是改革用人机制，建立乡村医师养老机制，使其无后顾之忧。二是采取多种措施保障乡村医师的收入，以吸引受到正规医学教育的大中专学生到村卫生室工作，达到优化乡村医师队伍结构的目的。三是加强对乡村医师

---

① 喀什市卫生局：《喀什市 2013 年乡镇卫生院乡村医生基本情况》，2013 年 6 月 8 日，第 3 页。

的培训力度，提高他们的医疗技能。例如对新生代乡村医生和在岗乡村医生，采取不同的培养措施。四是建立岗位聘用制和绩效工资制度，形成激励机制，实现乡村医生队伍的合理流动，即有能力的晋升，无能力的转岗或再培训。

第三节　加快卫生事业发展的思考

通过喀什市卫生事业发展成就的展示和问题分析，笔者认为医疗卫生事业的改革和发展，要想在正确的道路上快速行驶，在制定任何一项政策的时候，都必须以稀缺资源配置的公正性和有效性为出发点，来评价政策的合理与否。

一　进一步提高稀缺卫生资源配置的公正性

对医疗技术、公众健康水平和医疗享有权中的任何一个，都可以从分配公平性的角度加以考虑。当其他因素不变时，人们大都认为一个体制越平等，也就越完善，越公正。事实上，他们愿意在其他目标上做出一点牺牲以换取更多的公平。[①] 特别是对于社会弱势群体来说，这种公平性显得尤为重要。正是由于社会资源的稀缺性，才存在分配的多寡。医疗卫生资源属于社会资源，也同样存在如何合理分配的问题。公正的基本原则要求我们更加平等地分配医疗资源，以解决社会弱势群体的医疗需求。经济理论表明，比较好的办法是对收入进行再分配，让穷人自己决定他们需要添置什么商品和服务。但是，我们发现收入再分配目前并不能解决巨大的贫富差距，也并不够社会弱势群体通过购买享受医疗服务，因此，通过对医疗资源的再分配比通过收入再分配更容易达到增进公平的目的。

二　进一步提高稀缺卫生资源的有效性

人们健康水平的高低是一个国家或地区的社会和文化因素共同作用的结果。事实上，大部分健康问题归根结底还是一个价值取向问题：我们是什么样的人？我们希望过什么样的生活？我们要为子孙后代建立一个什么样的社会？我们有多重视个人自由？有多重视物质进步？又有多重视精神

---

① ［美］维克托·R. 福克斯：《谁将生存？健康、经济学和社会选择》（增补版），罗汉等译，上海人民出版社 2012 年版，第 140 页。

世界？我们自己的身体健康有多重要？邻居的身体健康又有多重要？① 正是因为这样，大部分医生不得不承认他们无法改变人们的饮食、运动、喝酒等习惯，无法改变与健康有关的自然环境和社会环境，即使在一定程度上能改变，也是一个相对持久的过程。既然我们无力改变或者说改变的时效性较长，那么，我们或许应该把资源转移到对人们健康状况更有帮助的研究和服务中去。特别是对于喀什市来说，要理解、解决贫困者等弱势群体的健康问题，就必须知道这些问题的难易程度，同时，还必须了解解决这些问题的难易程度。在制定政策的过程中，政策制定者需要了解每一种解决办法的成本和收益，并估测各种办法的效果，实现资源配置的最大效用化。比如说，由于喀什市医疗技术的有限性，目前对重大疑难杂症的治疗可能收效甚微，并且需要耗费大量资源，而对普通疾病和传染病的预防和质量，可能效果明显、成本低廉。

---

① ［美］维克托·R. 福克斯：《谁将生存？健康、经济学和社会选择》（增补版），罗汉等译，上海人民出版社 2012 年版，第 132 页。

第十一章

扶贫开发与社会保障

　　《中国农村扶贫开发纲要（2011—2020年）》的颁布，按照"集中连片、突出重点、全国统筹、区划完整"的原则，以2007—2009年3年的人均县域国内生产总值、人均县域财政一般预算收入、县域农民人均纯收入等与贫困程度高度相关的指标为基本依据，考虑对革命老区、民族地区、边疆地区加大扶持力度的要求，国家在全国共划分了11个集中连片特殊困难地区，加上已明确实施特殊扶持政策的西藏、四省藏区、新疆南疆三地州，共14个片区，680个县，作为新阶段扶贫攻坚的主战场。此次纲要将新疆喀什市列入国家扶贫重点贫困县，与此同时国家将喀什市列为经济特区，这两项政策将给喀什带来大量财力、人力，推动喀什的快速发展和反贫困的全面开展，喀什市迎来反贫困的新局面。喀什市政府在抓住利好政策的大背景下，充分利用政策优势，加大农村的扶贫开发力度，农村面貌焕然一新，农村贫困人口大大缩减，可谓效果显著。同时，喀什市政府紧抓社会保障制度建设，进一步完善农村和城市居民的社会保障项目，扩大保障范围，逐步实现城乡一体化的社会保障制度，为喀什的反贫困筑起了一道安全网。但是，在肯定成绩的同时，必须清醒地看到，喀什市贫困地区和贫困人口的绝对量大，贫困人口以少数民族为主等特点，决定了喀什市的反贫困战略要达到目标是不容易的。

第一节　喀什市的贫困与反贫困

　　贫困问题是世界性难题，它不仅是传统意义上的物质层面上的贫困，也包含了现代社会制度层面和文化层面上的贫困。每个国家或地区都会存在贫困，并且受到该国家或地区的自然、经济、社会、文化等各种因素的相互影响，贫困人口的特点和存在的原因也会有所不同。喀什是一个多民族聚居的地区，主要民族有维吾尔族、汉族、塔吉克族、回族、柯尔克孜族等二十多个民族，许多古老民族曾在这里繁衍生息，自然、经济、社会和文化等方面的差异性，决定了喀什市贫困状况的特殊性。

一　喀什市的贫困状况

（一）人均资源量少

喀什市是典型的人多地少区域，地处沙漠边缘，总面积 544.8 平方公里，其中耕地面积 179387 亩，人均耕地不足 1 亩。贫困乡村主要是以第一产业为主，贫困人口主要是以务农为主。由于农业耕地面积小、综合生产能力低，贫困地区第二、第三产业发展滞后，以农业为主要来源的农民收入，受农产品的价格波动影响很大，因此，农民普遍存在增收能力差的问题，易于陷入贫困状况。此外，农民人均纯收入中政策性收入所占比例大，广大农户的收入对国家补助政策的依赖性较强，加之有些家庭中要照顾老弱病残等个别群体，拖累了贫困户脱贫的步伐。

（二）贫困人口基数大，贫困面广

喀什市辖 6 个乡、2 个镇、4 个街道办事处、105 个行政村。2012 年喀什市常住人口 55.34 万，其中，城镇人口 29.30 万，乡村人口 19.31 万。由于区域经济发展不平衡，喀什市与全国、全疆平均水平相比，经济总体欠发达，经济总量小，发展相对滞后，属于国家级贫困市。2012 年喀什市仍有贫困村 46 个，占喀什市行政村总数的 43.8%。2011 年中央将农民人均纯收入 2300 元作为新的国家扶贫标准，以此标准计算的贫困人口为 1.28 亿，占中国农村总人口的 13.4%。而 2012 年喀什市农村扶贫对象为 66967 人，占喀什市农村总人口的 34.7%。可见，喀什市贫困人口基数大，农村贫困人口的分布面广，为扶贫工作带来一定难度。每年的财政资金项目覆盖面很难做到普惠，还有很大一部分贫困农户享受不到扶贫项目。

（三）新贫困人口大量出现

随着市场经济的逐渐渗透，喀什市出现了一些新的贫困群体。过去喀什市的贫困人口是三无人员、残障人员。随着城镇化进程的加快（2012年喀什市的城镇化率为 60.3%），喀什市出现大量下岗职工、失业人员、农民工、失地农民等新的贫困群体。2012 年喀什市城市低保人口 56236 人，大致分为以下三种情况：一是三无人员（无生活来源、无劳动能力、和无法定赡养人或抚养人的居民），此类人员有 361 人，占低保人数的 0.6%；二是年龄在 45 岁以下 18 岁以上仍未就业或病、残、弱人员（有指定医疗鉴定机构出具的相应诊断证明），有 35197 人，占低保人数的 62.6%；三是年龄在 18—45 周岁在职人员和下岗人员，领取最低工资、基本生活费后，其家庭人均收入仍低于最低生活保障标准的城市居民，有 20678 人，占低保人数的 36.8%。

可见，喀什市出现大量新贫困群体，即失地农民和下岗失业人员。他们在文化和劳动技能方面都处于较低水平，无法依靠自身能力获得就业机会，必须需要政府的帮助。但是，社会保障体系的不健全，使他们无法抵御现代化带来的各种社会风险，最终成为城市中被排斥和边缘化的群体。这些新群体的大量涌现，必然给城市发展带来巨大的经济和社会负担，因此，必须正视这些新群体的贫困，将他们纳入扶贫开发和社会保障体系中。

综上所述，喀什市具有贫困地区分布广、贫困人口绝对量大、相对贫困人口涌现，决定了喀什市的反贫困的特殊性。喀什市的客观条件在一定程度上阻碍当地经济发展。虽然喀什市基础条件优越，物产资源丰富，但绿洲生态敏感脆弱；虽然总体上看地广人稀，但人均可用资源量少，发展要素两头在外。这些制约条件，同样会使反贫困工作面临许多困难和问题，例如：农业耕地面积小、综合生产能力低；第二、第三产业发展相对缓慢，吸纳就业能力不大，农民收入来源单一，可持续增收难度大；公共财力供给不足，保民生、保稳定、保建设的压力仍然很大；劳动者整体素质亟待提高，人才队伍仍然匮乏，劳动力市场供需矛盾突出，出现"招工难，就业难"的困境。可见，喀什市反贫困任重而道远。

二　喀什市反贫困战略

一般认为贫困理论就是如何消除贫困的理论，其实这是一种理论上的误解，贫困理论的主要组成部分是维护贫困的理论和反贫困的理论。关于维护贫困的理论是把贫困的责任归咎于个人，否认制度对穷人的责任，认为贫困的存在有利于社会的正常发展。关于反对贫困的理论是指贫困的原因不仅仅在于个人，国家要对贫困进行干预的观点。随着经济和社会的发展，西方越来越多的经济学家或社会学家认为贫困不仅仅是个人因素作用的结果，更重要的是由于国家和社会制度的不完善所造成的。因此，国家或社会对缓解和消除贫困具有重要的责任。[1]

目前，中国的反贫困主要是通过对农村贫困地区和人口进行开发式扶贫，给予资金补助和能力培养，实现扶贫开发工作由"输血"到"造血"的转变，真正为贫困人口带来生存技能和脱贫的自主发展能力。城乡之间发展不平衡，使中国的贫困人口主要集中在农村，农民成为贫困人口的主体，贫困农村地区成为反贫困的主战场。在此背景下，国家制定一系列的扶贫措施，改变贫困农村和贫困农民的贫穷状况，使当地经济得到发展，人民生活水平提高，可谓硕果累累。

在国家新一轮扶贫攻坚的大好时机下，喀什市政府根据当地贫困现状，充分利用国家扶贫资金和各项惠民政策，加大力度发展贫困地区的经济和社会事业。通过城乡最低生活保障制度、养老保险、医疗保险等社会保障制度和社会救助制度的建立和健全，使贫困人口得到了经济上的补助，实现了享受社会福利的权利；通过扶贫到户等项目的落实，从资金和政策上给予贫困人口支持，实现自我发展；通过龙头企业带动当地经济发展的同时，将剩余劳动力吸纳进来，实现就地就业，减少了就业成本，增加农牧民收入，使他们摆脱贫困，预防新贫困人口的出现和降低了返贫率；通过建立城乡一体化的社会保障体系，在保障贫困人口的基本生活的前提下，对于他们的养老、教育、医疗等给予保障，降低了返贫的发生率，更为重要的是社会保障体系的健全，像是一道安全网，阻止脱贫人群再度陷入贫困，从而降低了贫困人口规模的扩大化。

第二节　喀什市扶贫开发的成效及其问题

喀什市自 2010 年 11 月被确立为国家扶贫开发重点市以来，一直高度重视扶贫开发工作，按照"中央统筹，省负总责，县抓落实"的管理体制要求，坚持"片为重点、协调到乡、工作到村、扶贫到户"的工作机制，把实现好、维护好贫困群众的利益作为一切工作的出发点和落脚点。2011—2012 年，共实施整村推进村 7 个，已顺利完成 7 个村整村推进验收工作任务，完成贫困人口脱贫 2024 户 7898 人，取得了扶贫开发工作的新进展。

---

[1]　郭慧：《论我国城市贫困人口的社会保障制度》，硕士学位论文，天津大学，2006 年 12 月，第 6 页。

一　喀什市扶贫开发成效

（一）区域发展与扶贫开发齐头并进

毋庸置疑，经济的快速增长会直接减少贫困，但是，经济的高速发展并不能彻底解决贫困，反而加剧贫富差距，引发更多的贫困和社会不公问题。喀什市由于区域发展不平衡，城乡发展差距大，农村经济长期处于落后局面，所以，贫困人口主要集中在农村。要改变农牧民的贫穷状况，必须对其生活区域进行开发。只有发展经济，吸引更多投资，才能增加农牧民的收入，提高他们的消费水平，并在此基础上，采取个体扶贫和救助，使他们逐渐摆脱贫困，最终实现地区和人的共同脱贫。

为了保证区域发展和扶贫开发齐头并进的发展模式的实施，喀什市制定了《喀什市区域发展与扶贫攻坚实施规划（2011—2015 年）》，规划中有详细的发展目标和任务。特别是规划中的重大项目，已经征求相关单位意见，大部分项目已经与自治区厅局进行对接，全部投资来自中央资金，从资金上保障区域发展与扶贫开发的顺利开展，改善经济和社会环境。2011—2015 年，实施规划总投资 340.34 亿元，其中以基础设施建设项目为主体，计划投入资金 190.21 亿元，占了总投资的 56%；其次是产业发展建设项目、对外开放建设项目和社会事业发展和公共服务，投入资金分别为 74.04 亿元、27 亿元和 18.55 亿元；在民生改善、生态环境、就业与人力资源开发方面的资金投入也逐年增加（见表1）。

表1　　　　　"十二五"时期扶贫计划投入资金情况一览[①]　　　　　单位：万元

项目类别	2011 年	2012 年	2013 年	2014 年	2015 年	合计
基础设施建设	102384	164257	312373	401436	921609	1902059
产业发展战略	14087	79703	109837	275945	260811	740383
改善农村基本生产生活条件	13218	26846	55100	80606	87127	262897
社会事业发展和公共服务	3919	9616	19309	71210	81415	185469
就业与农村人力资源开发	125	250	500	750	875	2500
生态建设与环境保护	2407	3810	7620	12429	13833	40099
对外开放				270000		270000
合计	136140	284482	504739	1112376	1365670	3403407

---

① 《喀什市区域发展与扶贫攻坚实施规划（2011—2015）》，喀什市扶贫办文件，2013 年，第 47 页。

在国家扶贫资金的大力扶持下，为保障资金利用的最大化，真正实现区域发展与扶贫开发齐头并进，喀什市政府制定了具体发展的指标体系，并对目标进行细化，从而进一步为喀什市的区域发展和扶贫开发指明了方向，使工作有的放矢。规划的制定，无疑对喀什市未来几年甚至几十年的反贫困具有提纲挈领的作用，更是喀什市反贫困发展道路上的新领航者。

近年来，喀什市坚持"以区域发展带动扶贫开发，以扶贫开发促进区域发展"的原则，开展了整村推进项目。喀什市针对片区内生产发展实际，在整村推进过程中，以发展经济、改善民生、减缓贫困为目标，将扶贫资金重点用在产业、民生、劳务输出等方面，采取各项优惠政策和有力措施，促进贫困地区的产业发展，加大建设农村通村公路、人畜饮水、富民安居、电网改造等基础设施和民生工程。

具体来看，喀什市为提高区域发展，促进农业产业化发展。通过简化办事手续，建立健全了符合市场经济要求的信贷扶贫管理体制和运行体制，促使承贷机构放开、放活贴息方式，引导扶贫龙头企业规避应对金融危机影响，扩大扶贫贷款规模。截至2013年6月，喀什市国家级扶贫龙头企业天润公司获得扶贫龙头企业贴息贷款1023万元[1]，为农业的产业化发展注入了新的活力和发展动力。

在扶贫开发方面，2011—2012年，喀什市共实施整村推进村7个，完成2011年4个村整村推进验收工作任务。其中，建成安居房175户7850平方米；扶持120户发展农家乐项目；扶持400户电力入户项目；扶持5个贫困村150亩景观树苗木项目；组织大型拖拉机驾驶及维修培训185人；开展农民实用技术培训1550人。通过各项扶贫项目的开展，片区内人均纯收入增加800元以上，完成贫困人口脱贫2024户7898人，取得了扶贫开发工作的新胜利。[2]

（二）利用环境资源发展特色经济

生态环境问题一直是喀什市经济社会发展的重大问题。喀什农业属典型的"绿洲经济"，生态环境十分脆弱，农业资源长期处于相对不足的境

---

[1] 《喀什市区域发展与扶贫攻坚实施规划（2011—2015）》，喀什市扶贫办文件，2013年，第6页。

[2] 喀什市史志编纂委员会：《喀什市年鉴·2013年刊》（电子版），2013年，第465、466页；《喀什市2012年度扶贫开发工作成效和典型做法》（电子版），喀什市扶贫办文件，第1页。

地。近几年喀什市经济快速发展，大量土地流转，用于大建设、大发展，使先天不足的农业资源显得更为稀缺，农民的生存空间被挤占，生态环境遭到破坏。针对这一问题，喀什市政府财政扶贫资金常规项目安排以城市发展和规划的需求为基础，本着改善群众生产生活条件，增加贫困农户收入，增强农民自我发展能力，缩小发展差距，坚持走扶贫开发与环境资源相结合的路子。

2012 年，喀什市大力推进城市景观树苗木的发展，在荒地乡索盖塔格村、艾日克博依村、库普丁麻扎村、园艺村、库木巴格村安排城市景观树苗木项目，投入财政扶贫资金 206.9 万元，总面积达到 150 亩，有榆树、白蜡、松柏、馒头柳、法桐育苗 28.05 万棵，成活率达 95% 以上。[①]此外，喀什市在生态文明建设中，大力推进农村环境的连片整治，生态环境工程建设，切实改变了农村生产生活面貌和人居环境，为贫困群众持续增收打下了坚实基础。

（三）资金跟着项目走

扶贫资金受到全民关注，它关系到群众、农民、低收入家庭的切身利益，因此，政府必须确保扶贫资金的合理使用，以保障弱势群体的切身利益，体现社会公平。喀什市政府为了保证资金的落实，坚持资金跟着项目走的原则，先确立项目再进行资金的配置，也就是先确定项目的可操作性和实际效益后，才发放资金，从而保证了资金的效用最大化。此外，由于农村是贫困人口的聚集地和易发地，喀什市扶贫资金重点使用在农民身上，大部分项目都是针对农村地区和农牧民。

2012 年，根据地区扶贫办、财政局喀扶贫办、喀地安富办下达财政扶贫资金的文件通知精神，到位财政扶贫项目 6 个，到位资金 635 万元。其中常规项目 3 个，资金 450 万元；培训项目 2 个，资金 45 万元；安居富民房项目 1 个，资金 140 万元。通过各项扶贫项目的制定和实施，扶贫资金得到合理使用，特别是投入培训项目的扶贫资金，使科技知识在贫困人口中不断积累，为贫困人口的脱贫致富奠定了一定的基础。

此外，为了使居民更加清楚地了解扶贫资金的使用情况，喀什市不断加大对扶贫开发宣传工作资金投入力度。对于自治区、地区到位的各类项

---

① 喀什市史志编纂委员会：《喀什市年鉴·2013 年刊》（电子版），2013 年，第 465、466 页；《喀什市 2012 年度扶贫开发工作成效和典型做法》（电子版），喀什市扶贫办文件，第 5 页。

目完工后，喀什市政府会及时在项目区安装项目宣传公告公示牌，主要是宣传支持南疆三地州各项目优惠政策、项目建设内容、项目预期发挥效益等。截至 2012 年，喀什市政府制作整村推进公示牌 3 个，项目公告公式牌 122 个，发放项目扶持证 670 个，使扶贫资金的使用和扶贫政策的实施公开化、透明化，有力地宣传了扶贫开发工作中成功的做法和经验，使各项利国利民的优惠政策深入人心。

（四）综合扶贫扶持到户

近年来，国家对扶贫工作实行新的扶贫标准，强调贫困地区经济、社会、人的综合性扶贫，以实现贫困地区经济社会协调发展，提高贫困人口的自主发展能力。喀什市对贫困人口采取产业扶持、能力扶持、居住条件扶持、社会扶持、基础设施扶持等综合性扶贫措施，在产业扶贫、小额扶贫贷款等专项扶贫工作和基础设施、公益事业、教育、医疗、基本社会保障等行业扶贫方面，加大了扶贫到户扶持力度，努力使扶贫政策全面覆盖低收入人口，取得了明显的成效。

能力建设是贫困户致富的关键，着力抓好"培训计划"是提升贫困户自我发展能力重要的手段。喀什市政府在能力扶持方面，对于农村有转移愿望的贫困户青壮年劳动力，从提升农民群众自身综合素质入手，广泛开展实用技能培训，着力农民致富增收能力和转移就业本领，开展培训 2403 万人次，转移劳动力 1100 万人次，同时，利用财政扶贫资金 75 万元，优先扶持开展日光温室蔬菜种植及实用技术、农机驾驶、小汽车驾驶等培训 18 期，实现农业实用技术培训 3662 人次，劳动力转移技能培训 362 人次，转移就业 300 人次，人均增收 1000 元，使贫困农户自我发展能力得到整体提高。此外，为加快喀什市贫困户脱贫步伐和畜牧业及设施农业的发展，自治区下达小额贴息贷款计划，将一年期贴息贷款同意改为两年期，中央贴息一年、市财政贴息一年，利息一年一结，全部发放到贫困户手中，市委安排市审计局审计未出现任何问题，这是多年来喀什市在发放小额贴息贷款中的一个亮点。

（五）旅游扶贫成为亮点

旅游扶贫是一种全新的扶贫模式，即在旅游资源条件较好的贫困地区通过扶持旅游发展带动地区经济发展，进而脱贫致富的一种区域经济发展模式，是借助于旅游经济对区域经济的带动作用而脱贫，旅游扶贫的效果在更大范围内和更高层次上依赖于贫困地区寻求自我发展的"内在潜力"。当然，贫困地区只有得到外部的有效支持，旅游经济才能得以发展。

近年来，喀什市充分利用生态环境优势，加快促进旅游产业的转型升级，重点发展观光旅游、休闲度假、商务会展三大主体旅游产品。以客源市场需求来确定旅游资源开发的方向，注重市场预测与旅游产品功能定位。根据主流客源群体追求"民俗浓郁，市井繁华，川原广袤"的总体趋势特征，突出喀什市丰富的自然资源，浓郁的西域文化，淳朴的民俗。"十二五"期间，投入资金 1.786 亿元，精心开发丝绸之路游、民族风情游、历史文化游等旅游产品 5 项。

疏附县作为大喀什的一部分，充分利用贫困地区的天然资源优势，大力发展旅游业，从而带动本地经济发展，实现贫困人口脱贫。目前该县计划 2013—2015 年投入 1.8 亿元资金发展乡村旅游业，如此大规模的资金投入，定会带来当地旅游业的快速发展，成为农民增收的另一渠道。

二 喀什市扶贫开发的问题

(一) 重供给，轻需求

扶贫规划和扶贫项目的制定和安排往往是"自上而下"，更多地反映了贫困县政府壮大财力和经济发展的迫切要求，贫困人口的脱贫需要难以真实体现；更多地反映了政府发展经济所需项目的优先序，而不是贫困群体脱贫所要求的优先序。[1] 喀什市的扶贫工作中也或多或少存在着这一问题。无论是在规划的内容上，还是规模上，都是根据政府的需求进行规划，而这些规划较少考虑农民的实际需求，由此造成了农村地区基础设施的供求不平衡。例如，宽阔道路的修建、清洁能源建设等显性设施供给过剩，甚至超过喀什市农村的实际需求，而农民目前最需要的农业科技推广、教育设施的完善以及卫生防疫等隐性基础设施供给不足。正是决策程序的"自上而下"导致投入只注重见效快的项目，忽视时效性长的项目。这样不仅造成扶贫资金浪费，更为重要的是导致了扶贫资金与实际目标偏离。喀什市扶贫办相关负责人在座谈会上提到过这类问题，他说："近年来开展的整村推进项目，国家的扶贫资金是每个村 100 万，连续给 3 年，

---

① 韩建民、韩旭峰、朱院利编著：《西部农村贫困与反贫困路径选择》，中国农业出版社 2012 年版，第 55 页。

可见投入力度之大，我认为国家这种连片开发和整村推进的思路非常好，但是，就目前情况来看，国家制定统一标准，要求每个村要实现'九通九有'，尤其是在通暖气、通光纤、能用上卫生厕所、能用上清洁能源方面普及相当困难。个人认为就目前喀什市农村发展的实际需求来看，这个标准设定得太高，在现实操作中很难达到，而且也超出了农村脱贫的实际需求，是否可以降低标准。"

（二）重被动服从，轻主动参与

贫困农村缺乏自我发展的潜力，大多数农村贫困人口和受益群体要么等待外部的救济与馈赠，要么被动地参与由他人代为组织和实施的农村扶贫活动，扶贫项目反而加剧了这些地区和生活在这里的贫困群体在发展中的被动局面，逐渐使他们形成了"等、靠、要"的思维习惯，将扶贫等同于发钱、发物，从而渐渐丧失了发挥主观能动性的能力和欲望。事实上，这一问题的出现，不仅仅是贫困人口自身的问题，更为重要的是政府行为的失误。一些基层政府和工作人员自身并没有认识到扶贫的重要性和扶贫方式转化的必要性，常把扶贫工作当作上级的指示，当作政府对贫困人口的施舍与救济，将他们视为包袱和负担，常以"救世主"的姿态去开展工作，认为只要将资金和政策落实下去，动员贫困人口参与到项目中，扶贫任务就已经完成。这种相对被动的动员型参与方式，实质上是将参与这种手段变为开发的最终目的，是本末倒置，最终使开发式扶贫沦为形式主义，不但没有任何意义，还失去了其应有的功能。在座谈会上，就有一位相关领导谈到了农民参与扶贫项目的问题，他说："近几年，政府花费大量资金推行产业项目扶贫到户，增加农民创收增收的能力，变被动开发为主动参与，实现贫困人口的脱贫。打个比方说，政府花钱给贫困户买牛，希望他们通过养殖业的发展增加收入，摆脱目前的贫困状况。这是一个多好的政策。但是，有些贫困户将牛宰杀，自己吃了；或是将牛卖掉，变成钱花掉。最终项目未达到预期效果。可见，他们自我发展能力实在太低，再好的项目，他们都不会好好利用。他们的文化水平和宗教等因素决定了他们只注重眼前利益，害怕投入和风险，安于现状，不求进取。所以说，再好的项目都无法达到预期效果。"这位领导人完全将责任推到贫困户身上。但是，事实真是如此吗？

事实上，产业项目扶贫到户失败的本质并不完全归因于贫困人口自身，即使有，也是非主要的因素。真正导致项目失败的原因，是一些当地政府和工作人员将农民的参与作为产业扶贫的目的，导致参与式目标化，并且将参与式发展寄予太多的期望和附加价值，认为只要农民参与到项目中，就能带动当地产业发展，就能培养农民的市场经济意识，就能实现农民的脱贫和致富。当我们把一个东西看成解决所有事情的"灵丹妙药"的时候，那么，这一方法在实际执行和操作中就会出现问题，往往导致操作的形式化，而对问题的解决毫无意义。针对这一问题，座谈会上的相关领导也提出了相同看法，他说："我们不要动不动就把扶贫失效的原因归于当地农民的素质低、懒惰、小农意识等因素，虽说不可否认他们身上确实存在这些问题，但是这些问题的存在是当地经济、社会和文化等因素共同作用的结果，不是短时期内就能快速解决的。因此，我们需要找到问题的本质，才能更好地推动扶贫的有效实施。就拿我们领导干部自身来说，动员贫困户参与产业项目以后，就不再重视后续的工作。众所周知，贫困地区的市场发展空间有限，加上贫困户市场开拓能力较差，面对自己种植的作物或是养殖的动物，找不到销路，最终无法销售出去，或是以低于成本价的价格卖出去，不但未实现脱贫，反而是雪上加霜。经过几次的失败，他们自然不愿再主动参与进来。"

由此可见，有些政府将扶贫项目的实施以项目资金投入和实现贫困人口的参与为目标，一旦这一目标实现，他们就不再加以引导，未能帮助农民开拓市场，找到产品的销路，从而造成项目的最终失败。如果长此以往，势必使贫困群体更加关注救济式扶贫，而不愿加入开发式扶贫，最终导致贫困—开发—贫困的恶性循环。

（三）重开发式扶贫，轻救济扶贫

开发式扶贫通过生产性建设，增强贫困地区的自我发展能力，希望通过经济发展的涓滴效应带动贫困人口脱贫致富。经济发展是反贫困的核心要素，伴随喀什市经济的不断增长，喀什的反贫困取得了一定成绩。但是，经济发展只是反贫困的必要而非充分条件。开发式扶贫试图以经济发展带动贫困地区和贫困人口的发展和脱贫为最终目标。实际上这些问题并不能从根本上得以解决。相反，由于贫困人口能力低下而无法享受到经济发展成果，造成贫富差距进一步扩大化，使贫困群体遭到更大的社会排斥，从而引发更多的社会问题。必须与救济式扶贫相互配合，强调完善农村社会保障体系等来综合全面共同推进反贫困。对于贫困人口需要根据实际情况区别对待。如对有劳动能力的农户可继续实行开发式扶贫，对缺乏劳动技能和没有劳动能力的农户必须实行救济扶贫，通过农村社会保障体系完善增强农民抗风险的能力，避免陷入贫困陷阱。

（四）重短期效益，轻长远考虑

扶贫资金跟着项目走，项目不落地，扶贫资金就无法使用，因此，目前喀什市许多扶贫项目存在盲目立项，并没有根据当地经济发展的实际需要，都是通过大量资金投入带动当地经济发展，而对扶贫项目的市场前景欠缺考虑，更缺乏支持力度，使扶贫对象对项目带动脱贫失去信心，缺乏参与的积极性。同时，由于扶贫工作只限于农村地区和农村贫困人群，缺乏前瞻性，所以，目前大量失地农民的出现，部分扶贫区域和对象划归为城市和转化为城市居民，出现这些贫困地区和贫困人群无法享受扶贫资金。

今后一段时期内，喀什市处于大开发、大发展时期，国家乃至世界将目光投向喀什这座古老城市，希望见证这座具有浓郁文化底蕴的城市如何快速加入现代化进程，实现经济与社会的现代化。由于国家的大力支持，喀什市近几年城镇化的进程在快速推进，使喀什经济实现跨越式发展，但是，同时也给喀什带来了前所未有的新的社会问题和新的贫困，面对这些突如其来的新贫困和新问题，以前制定的扶贫开发政策出现不适应性，那么，如何实现扶贫的转型，是摆在我们面前的新问题。

三　完善喀什市扶贫开发的建议

随着喀什市经济的快速发展，势必带来城乡发展差距的进一步拉大和相对贫困的凸显。此外，城市发展的需要，土地大量流转，失地农民将成为城市中的新贫困群体。可见，失地农民的脱贫将成为喀什市新时期扶贫工作的新问题，也是重中之重。为了使农村贫困群体和失地农民加入现代化进程，建议喀什市应以扩大扶贫范围和改变扶贫思路为扶贫工作重点，以适应喀什新时期的发展需要。

（一）高度重视失地农民的转型和扶持问题

喀什市的跨越式发展，使失地农民毫无准备地被卷入现代化浪潮。喀什市是少数民族聚居区，失地农民以少数民族为主体，他们长期以来从事小农经济，缺乏现代化所需的生存技能，同时，在新的社会环境中，他们传统的礼仪生活和人际交往习惯的维系也会出现困难。在对发展和变化的适应中，他们原有的生活方式、传统的价值观念带来强烈的文化冲击，明显存在速度慢、适应艰、管理难、沉重的心理压力及社会冲突较多等问题，处理不好，会出现大量失地农民的群体上访现象，会极大地影响社会稳定和民族团结。因而必须高度重视失地农民的转型和扶持问题。

喀什市政府目前也深刻认识到这一问题的重要性。在关于社会事业发展和社会稳定的专题座谈会中，喀什市扶贫办一位领导说："根据以前上报的扶贫计划逐步解决农村地区的贫困人口。但是，目前有一部分村民由于城镇化的发展失去了土地，户籍已经为城镇户口，他们没有土地，就无法享受扶贫的优惠政策，对于这一部分如何解决？是否能把扶贫资金给这些失地农民交城镇社会保险呢？此外，现在失地农民通过政府征地，获得了一笔数目不少的征地补偿金，他们拿了这笔钱后不知如何处理，有很多人毫无计划地在挥霍这些补偿金，很快就把这些钱花光，那么，他们未来的出路何在呢？如何生存呢？我建议就是加强失地农民的职业技能培训，目前扶贫政策定位每人800—1000元的培训标准，我认为对于他们这些缺乏知识、缺乏技术的失地农民来说，这些培训费用是远远不够的，太低了。"

由此可见，喀什市政府必须加大对失地农民的扶持力度，不仅是物质上的帮助，还包括精神上的扶持和能力上的扶持，使他们在感情上和能力上逐渐适应城市这个新的环境，加入城市现代化发展的进程中来，参与发展，分享成果。例如，政府应建立失地农民社会保障体系，以增强他们抵御未来风险的能力；应加大双语培训和职业技能培训，提高他们的就业能力，增加他们的收入；应设立失地农民专项扶贫资金，鼓励和扶持他们发展个体性经营项目或者成为企业职工等方式实现就业，对他们进行动态管理，政府必须有预案，使他们找到新的生存方式，实现真正的身份转型，即农民转向城市居民。

（二）改变扶贫思路，发挥扶贫对象的主动参与性

扶贫工作必须要发挥扶贫对象的内生性，实现他们主动参与到扶贫开发项目中，通过项目参与，提高自身能力，实现自我发展。那么，要实现这一目标，首先，政府应根据当地经济社会发展的实际情况和当地居民的实际需求，制定扶贫政策和扶贫项目。其次，基层政府在实施扶贫项目的时候，必须改变以农民参与扶贫为目标的工作思路，应让农民全程参与到扶贫开发项目中，在鼓励农民参与扶贫项目后，随时关注项目的实施情况，对农民给予合理的引导，为他们找到产品销路，使农民

获得实际收益，改变贫困状况，发挥其主观能动性。最后，要实现扶贫对象更好地参与到扶贫开发项目中，必须提高他们的文化水平和职业技能，实现主观愿望与实际能力相一致的参与式扶贫。建议国家在扶贫资金使用范围上给予更大空间，进一步加大在技能培训和富余劳动力转移就业培训上的支持力度，在政策上给予大的倾斜，提高对农民培训的补助标准。

此外，现有部分贫困群体将扶贫看作国家应给的福利，不拿白不拿，即使参加培训，也是流于形式，并未学到真正技术和实现就业。因此，事实上扶贫效果并不理想，反而助长了懒汉思想。因此，加强宣传与舆论导向，使他们认识到扶贫开发的真正目的。特别是加强对新一代贫困群体的国家认同和感恩教育，让农民对变迁有接纳和内化的过程，减少对立情绪、解决好合理诉求，提升农民的幸福感与认同感，真正让农民走出贫困，走向富裕，形成可持续发展的扶贫模式。

综上所述，喀什市的扶贫开发使反贫困进入新的阶段，即国家扶持和自我发展的良性发展阶段，为贫困人口的脱贫打下了坚实的基础。但是，随着喀什市的快速城镇化和社会转型，会带来新的贫困问题，从而必然为喀什市的反贫困带来新的挑战。机遇和挑战并存，要求我们必须正视出现的新问题，在解决现有贫困问题的同时，必须高度重视新的贫困问题，对症下药，从而预防和阻止新的贫困问题，真正实现脱贫、减贫的目标，缩小贫富差距，促进社会和谐。

第三节　喀什市社会保障制度的现状与问题

近年来，喀什市在经济社会取得快速发展的同时，大力发展民生事业，突出重点、积极开拓创新、全面统筹发展，逐步建立了城乡统筹的社会保险制度、最低生活保障制度、社会救助制度；加大对城市失业人员和失地农民的培训力度，提高他们的职业技能；不断建立和完善劳动力市场，促进城乡劳动力的合理流动。社会保障制度的发展，使各族人民分享到经济发展成果，缓解了社会矛盾，为当地经济的可持续发展提供了良好的社会环境。

一　喀什市社会保障制度的现状

社会保障具有管理风险和提供社会援助的功能。只有通过有效的保障制度措施，才能促进社会稳定。喀什市在社会保障制度建设方面做了积极的探索，积累了好的经验，取得显著成绩，为推进经济特区建设做出了巨大贡献。

（一）部分到整体：社会保险保障对象逐步实现全民化

人们在生产劳动和日常生活中，经常会遇到各种各样的危险，如自然灾害、年老、疾病和失业等，并由此造成一定的经济损失，进而有可能陷入贫困状态。由于这些危险的发生大都具有不确定性，无法通过有效的预防完全避免其发生。为了维持社会生产的正常进行，保证社会成员生活的安定，社会保险应运而生。因此，可以说，社会保险是整个社会保障体系的主体与核心部分，其保障的人数最多，覆盖的范围最广。从社会保险的项目内容看，它以经济保障为前提。根据中国相关劳动法律法规的规定，社会保险制度包括养老保险、失业保险、医疗保险、工伤保险和生育保险，保障对象是全体劳动者，资金主要来源于用人单位和劳动者个人缴费，政府给予资助。①

喀什市始终以五项社会保险为中心，创新管理模式，实行"一站式"服务。目前，喀什市在城市建立了完善的社会保险体系，并且继续扩大征缴面，从而保障企业职工的合法权益。自2011年以来，喀什市五项社会保险的覆盖面在逐渐扩大。例如，基本养老保险参保人数从2011年的约2.3万人增加到2012年的近2.6万人，增长了近3000人，涨幅约11.0%；2013年半年时间，参保人数就比2012年增长了1233人（见表2）。

表2　　　　　　　　喀什市基本社会保险参保情况②　　　　　　　　单位：人

年份	2011	2012	2013年1—6月
基本养老保险	23277	25857	27090
基本医疗保险	30006	31756	32409
失业保险	15192	16387	17538
生育保险	17582	19401	20875
工伤保险	15259	16952	17538

---

① 袁文全：《社会保障体系覆盖城乡居民的理论与实践》，重庆大学出版社2012年版，第22—23页。

② 《喀什市人力资源和社会保障局"十二五"规划中期评估报告》（电子版），喀什市人力资源和社会保障局，2013年，第2页。

在完善城镇职工社会保险的前提下，大力开展城镇居民社会保险的建设。喀什市加大宣传和征缴力度，不断扩大了城镇居民养老和医疗保险的覆盖面，基本实现了应保尽保。2011—2013 年上半年度，城镇居民医疗保险参保人数分别为155181 人、181875 人、188899 人，完成当年参保任务的 110.04%、108.35%、102.01%；城镇居民养老保险参保人数分别为30361 人、32626 人、32737 人，参保率达99.99%、99.3%、99.57%（见表3）。截至 2013 年 6 月底，累计发放城镇居民社会养老保险养老金209.14 万元。城镇社会保险的推行，将城镇非从业人员纳入社会保障制度中，扩大社会保险覆盖面，进一步体现了社会保障的公平性。

表3　　　　　　　　喀什市城乡居民社会保险参保情况　　　　　　单位：人

参保项目	参保人数		
	2011 年	2012 年	2013 年上半年
城镇居民养老保险	30361	32626	32737
城镇居民医疗保险	155181	181875	188899
新型农村养老保险	92870	95285	94311
新型农村合作医疗	211725	220375	222171

此外，喀什市重点加强农村社会保险制度的建设。继续扩大新型农村合作医疗保险覆盖面，2011—2013 年上半年度，参保人数由 211725 人增加到222171 人，呈逐年增加趋势。在不断扩大覆盖面的基础上，提高报销比例和扩大报销范围，有效减轻了农民的医疗费用负担，一定程度上缓解了农民"看病难，看病贵"的难题。同时，喀什市自 2010 年 7 月被纳入新疆维吾尔自治区第二批新农保试点范围以来，通过喀什市政府对新农保的大力宣传和推广，以及惠民的缴费补贴政策的实施，使新农保的覆盖面不断扩大，基本实现了应保尽保，为农村居民的养老提供了保障。2011—2013 年上半年度新型农村养老保险参保人数分别为 92870 人、95285 人、94311 人，参保率达 97.25%、99.6%、99.76%，排名喀什地区第一。截至 2013 年 6 月，累计参保9.4 万人，享受待遇 1.4 万人，累计发放新农保养老金804.1 万元。

新农保工作是功在当代、利在千秋的一项惠民工程，也是推动喀什市社会事业发展、改善和保障民生的重要举措，新农保政策的全面实施，使喀什市农民做到"应保尽保、愿保参保、重点必保"，逐步告别"养儿防老"，欣喜迈入"养老不犯愁"的新时代。

（二）单一到多样：社会救助方式向多样化发展

社会救助是现代国家中得到立法保障的基本公民权利之一，当公民难以维持最低生活水平时，由国家和社会按照法定程序和标准向其提供保证最低生活需求的物质援助的社会保障制度。如前所述，喀什市农村贫困人口绝对量大，城市化进程的加快，使城市也出现了大量下岗职工和失地农民等相对贫困人口，城乡的贫困人口无法维持基本生活所需的资金，这就需要政府采取社会救助等方式以保障他们的基本需求。

1. 发挥最低生活保障制度的主体地位

社会救助提供的只是最低生活保障，即满足最低生活需求的资金或实物。它体现的是人道主义精神，不问原因，只看受助者是否真正贫困。社会救助作为社会保障制度中的最后一道"安全网"，极力使每一个公民不致在生活困难时处于无助的困境。同时，它的责任仅仅是使受助者的生活相当于或略高于最低生活需求，以避免产生依赖心理及不劳而获的思想。因此，最低生活保障制度成为城乡贫困人口获得基本保障的最重要的方式，它是社会救助的主体。

1998 年喀什市开始启动城市最低生活保障工作，2007 年下半年启动农村最低生活保障工作。农村低保工作的启动，预示着城乡统筹的最低生活保障制度的建立，使低保成为城乡贫困人口的最低生活补助，彻底打破了户籍限制下的二元分割的保障体系。此外，喀什市发挥低保救助的主体地位，通过提高低保标准、严格审核低保户资格等措施，为城乡低保户解决了基本生活问题。按照新民发《自治区民政厅、财政厅关于妥善解决城乡低保标准与补助水平倒挂问题的通知》及喀署发《关于妥善解决喀什地区城乡低保标准与补助水平倒挂问题的通知》精神，城市低保标准由 162 元/人/月提高到 278 元/人/月，农村低保标准由 844 元/人/年提高到 1720 元/人/年，从 2013 年 1 月 1 日起执行。截至 2013 年 5 月，喀什市城市低保户 23337 户 56064 人，累计发放城市低保各项救助资金9960.09 万元；农村低保户 10321 户 18917 人，累计发放农村低保各项救助资金 1856.2 万元。

通过开展就业培训等方面的能力培养措施，提高他们的就业和再就业能力，使他们更好地融入社会。喀什市政府对全市年龄在 18—45 岁有劳动能力的低保户进行统计，并与社保局联合举办了培训班，与喀什各大企业单位联系，及时掌握企业用工信息。2013 年 5 月，已完成低保对象技能培训 6557 人次，提供就业岗位 1686 人，就业上岗 1413 人，因就业退出低保 42 人。为加大低保对象自助就业宣传力度，邀约喀什电视台一同深入低保户群体、各大企业进行采访，将低保户自助创业的成功典型制作成专题宣传片，广泛宣传低保就业。

综上所述，城乡最低生活保障工作建立以来，保障了喀什市城乡困难居民基本生活需求。十几年来，在低保政策管理运行中，逐步推行分类管理，重点保障重病、重残、孤老（儿）等弱势群体家庭，建立健全了各项规章制度，规范了管理，扩大了保障面，将保障范围覆盖到了所有的贫困人口，确保了困难群众的基本生活，让他们时刻感受到党和政府对他们的关怀和帮助。

2. 实现城乡一体化医疗救助模式

2005 年 12 月，喀什市开展了城市医疗救助试点，为了保障城市医疗救助试点工作的顺利进行，制定了喀市政发文件《关于印发喀什市关于建立城市医疗救助试点工作的实施意见》、喀市政办文件《喀什市城市医疗救助试点工作试行意见》，明确规定了救助方式、标准、救助程序和资金的筹集与管理。2008 年 7 月，根据喀署办发文件《关于印发喀什地区城镇居民基本医疗保险实施办法（试行）的通知》要求，将新农合救助模式转为社保城镇居民医疗保险模式，2008 年 7 月至 2011 年城乡低保对象医疗保费全额由市民政局代缴，出院后由社保（农合）报销。

2009 年至 2010 年 3 月，喀什市与定点医疗机构签订协议，为城乡低保患者住院治疗进行定额（二次）救助。2010 年年初，喀什市制定下发了喀市政办发文件《喀什市城乡医疗救助实施意见》，市政府成立了"喀什市城乡医疗救助工作领导小组"，规定了救助比例范围为 50%—85%，普通疾病年救助封顶线 1 万元，重（大）病年救助封顶线 3 万元。2010 年 4 月至今，喀什市与 9 家定点医疗机构签订书面协议书，城乡低保患者在本地区、市内住院治疗经社保（农合）报销后，个人自付部分凭担保证明在定点医疗直接救助，实现社保（农合）报销与民政二次救助"一站式"服务。每月定点医院向市民政局申请担保资金，核实后下拨给定点医院。

建立健全城乡医疗救助三级档案，城乡救助中心组织专人逐一核算，发现问题的当场解决。区外、疆外住院治疗的填写"城乡医疗救助金申请审批表"，经村（社区）、乡（街办）、城乡社会救助中心认真审核无误后，逐一录入微机，健全三级档案，装订成册，整理入柜。每月医疗救助资金发放时，为确保救助资金安全、及时地发放到救助对象手中，喀什市城乡社会救助中心制定了发放办法，要求各乡、镇民政办牵头组织、乡镇社保（农合）站协助、乡镇纪检委监督三部门一道确保救助资金安全发放。

城乡医疗救助实施前，喀什市低保对象每月最低生活保障资金只能维持基本生活需求，患病后，因无钱住院及时治疗，小病不去医院，拖成重病、大病后不得已才住院治疗，导致低保家庭因病致贫、因病返贫。喀什市城乡医疗救助工作的实施，一定程度上缓解了困难家庭"看病难、看病贵"的问题。医疗救助的实施，经历了由城市医疗救助到农村医疗救助，救助对象由城市低保对象到农村低保对象，再到大病（重病）患者、一般居民一次性临时救助，救助最高标准由50%到现在的85%，大病（重病）封顶线由1万元提高到了3万元，截至2013年5月，喀什市受理城乡医疗救助3390人次，875.99万元，医疗救助制度也逐步得到健全和完善。呈现出让每位贫困患者人人住得起院、人人看得起病的良好局面，改善了城乡困难居民因病致贫、因病返贫的现状，真正把党和政府给困难群体的关怀落到实处，为喀什的和谐、稳定做出了应有的贡献。

3. 集中供养与分散供养相结合

喀什市农村五保户工作于2007年1月开始，实现分散供养和集中供养相结合的方式，确定分散供养和集中供养每人每月供养标准统一为90元，供养资金由市财政下拨各乡、镇转移支付公积金中提取。2008—2010年12月，农村五保分散供养标准90元，集中供养每人每月标准为290元。2010年，农村五保分散供养标准90元，集中供养标准为407元。2011年分散供养标准90元，集中供养标准为207元。其中每人每月90元五保供养标准，每人每月117元由自治区统一下拨资金（2011年市政府每人每月200元补贴停止发放）。2009—2010年年底，由自治区下拨春节一次性补贴每人100元，2011年年底下拨春节一次性补贴每人200元。2011年下拨7—11月临时物价补贴每人32元，下拨12月临时物价补贴每人24元。

此外，喀什市将农村户口的孤儿也纳入"农村五保户"范围。2007年至2011年三年中，喀什市先后建立了三所中心敬老院，完善了各项配套设施，将无监护人的"孤老、孤幼、孤残"人员集中供养起来，集中供养五保户最初每月发放 90 元供养资金，从 2010 年起，每人每月新增发放低保资金 117 元；亲戚、朋友自愿当监护人供养的，每月及时发放基本生活费，保障了他们最基本的生活需求。孤儿基本生活费由每月 360 元，到目前集中供养每月 900 元，分散供养每月 600 元，不仅保障了基本生活需求，还保障了孤儿就学、就医等其他生活需求（五保户和孤儿住院治疗由喀什市全额承担），使孤儿和正常家庭少年儿童一样在同一片蓝天下幸福成长。五保供养资金和孤儿基本生活费的发放，有效地缓解了"三孤"（即孤老、孤幼、孤残）基本生活所需的衣、食、住、学、医等各方面的生活需求，使他们"老有所依、幼有所托"，对喀什的安全稳定起到了积极的维护作用。

4. 全面落实优抚安置政策

按照国家有关文件的规定和标准，认真落实优抚政策法规，及时分配下拨各项抚恤补助经费，做好优待抚恤工作。根据自治区民政厅、财政厅新民发文件精神，《关于调整部分优抚对象等人员抚恤和生活补助标准的通知》，从 2012 年 10 月 1 日起，调整部分优抚对象抚恤和生活补助标准。合计每月提高 26088 元，补发 82554 元；发放各类优抚对象的生活费 92.68 万元；发放临时物价补贴 2.18 万元；发放各类伤残人员抚恤金 63.43 万元；发放各类优抚对象医疗救助 30.24 万元；发放 362 名各类优抚对象冬季生活补助 72.4 万元；发放义务兵家庭优待金 226 名，81.72 万元；给各类优抚对象发放节日慰问金 10.91 万元。发放 2012 年退伍军人自谋职业一次性补偿金 24.4 万元；发放军队离退休老干部、无军籍退休退职职工、军队离退休老干部遗属生活费 152.05 万元。截至 2013 年 5 月，喀什市有优抚对象 393 人，共发放各类优抚资金 538.26 万元。

经过十几年来的努力，在国家和自治区政策引导下，喀什市政府的社会救助工作由最初单一的城市最低生活保障制度，逐步拓展到农村五保供养工作、农村最低生活保障工作、城乡医疗救助工作、贫困子女就学救助、住房救助、冬季取暖救助、春节及物价上涨发放一次性临时补贴资金等多种方式的社会救助模式。一方面，随着救助模式的多样化，需要资金维持救助模式的有效运行，因此，喀什市在国家、自治区以及对口援疆的帮助下，依靠自身力量投入大量救助资金，使居民由最初仅能保障困难居民基本生活需求，到现在全面保障了困难居民的衣、食、住、行等生活所需的方方面面，全面解决了困难家庭吃饭、就医、就学、住房等实际困难，有效地保障了贫困人口基本生活权益，也提高了基本人权的保障，使困难群众"人人有饭吃、人人有钱看病、人人有书读、人人有房住、人人有活干"，解除了他们的后顾之忧，使他们能与其他社会成员一样共享改革和社会发展的成果。另一方面，体现了党和政府对人民群众的关心，对树立政府形象，密切干群关系，缩小贫富差距，消解不安定因素起到了积极的作用，为喀什的安全稳定构筑了最后一道安全网，有效地维护了喀什安定、和谐的大好局面。

（三）输血与造血的结合：促进就业与最低生活保障制度的联动机制

2012 年喀什市城镇居民 29.3 万人，城市低保人口 59536 人，占全市城镇人口的 20.3%，低保人员中年龄在 18—50 周岁内有劳动能力而未就业的低保对象 16000 余人，占城市低保人数的 27% 左右。这些低保对象存在过分依赖低保金生活。主要是由于他们自身素质不高，文化水平偏低，语言沟通能力差，无一技之长，再就业适应能力不强，就业后竞争力差，就业状况不稳定导致就业困难；自愿、自主就业意识淡薄，没有就业的危机感和紧迫性，安于现状，同时就业观念陈旧，择业期望过高。这些主观因素导致了他们过分依赖低保，不主动寻找就业机会，不积极参加就业，导致客观上养了一部分懒人，使他们失去了自我发展的动力。

鉴于此，喀什市在提高社会保障水平的同时，充分考虑到低保人口的发展问题，加大对有劳动能力的低保对象的劳务开发力度，以保障促进发展，以发展落实保障。

1. 加强低保人口的劳动技能和双语培训

利用各种资源，提高低保人员的自我发展能力。喀什市对已享受城市低保或正在申请城市低保的 18—50 周岁以下有就业能力的人员，必须在本人所在社区或乡镇劳务办进行求职登记，认真按劳动力市场需求合理设置培训专业，根据个人意愿，做好规划，利用好劳务培训费和下岗失业人员培训费，采取灵活多样的办学形式，短期培训与长期培训相结合，组织针对性强、效果明显的培训班，确保培训时间和培训内容，提高培训质量和低保人员的自身素质。

对有劳动能力的低保人员进行多次培训以后，因个人原因造成无法就业上岗的，可停发其城市低保金或不受理其城市低保申请。而对积极参加就业培训并积极就业的可适当放宽低保政策，让低保成为其就业和发展的有力保障，对家庭月总收入在1000元以下的，其原享受的城市低保待遇延续6个月，对月收入在1000元以上的其原享受的城市低保待遇减半发放6个月。

2. 拓宽城市低保人口的就业渠道

喀什市通过实施培训、输出、服务、维权、管理一体化工程，着力提高劳务开发的质量和效益，有效地促进城市低保人口就业。

一是积极开发就业岗位，多渠道促进就业。组织专门的队伍深入国有、集体、私营企业开展用工需求调查，召开企业用工需求座谈会，充分了解各类企业享受再就业优惠政策的落实情况和用工情况。充分利用税收优惠和收费减免扶持政策，鼓励企业，尤其是商贸、饮食服务、服务型、加工型企业积极开发就业岗位，广泛吸纳城市低保人口就业。劳务办要利用现代信息网络，建立与用工地相关职能部门、企业、法律服务机构的综合协调、联动维权服务新机制。

二是鼓励和支持低保人员自主创业，对自主创业的应采用发放小额贷款、税收政策上给予优惠等方式予以扶持。在规划城市建设、建立和新办贸易市场时，可安排不低于20%的摊位，按成本价租售给城市低保对象。

此外，在外出务工人员相对集中的地区要建立劳务工作站，定期对输出的人员进行回访，切实维护外出低保人员的合法权益。从而实现城市低保对象出得去、稳得住，实现外出就业的良性循环。

通过建立低保与就业联动机制，有效整合资源和力量，加强管理，对于促进低保对象就业具有积极意义；有利于信息互通、管理互动，强化积极就业政策的宣传，共同促进低保对象实现就业再就业；有利于充分发挥政府职能部门作用，提高行政工作效率和公共服务能力，贯彻落实好积极就业政策；有利于帮助城市低保家庭实现充分就业，解决他们的实际困难，使他们过上安居乐业的生活，对维护社会稳定起到积极作用。

社会保障制度建设是一个长期的系统工程，随着社会的不断进步和发展，会出现许多新问题、新情况，有效应对这些新问题、新情况，必须不断健全社会保障制度，形成科学有效的社会保障体系。

二　喀什市社会保障制度存在的问题

处于贫困困扰下的中西部民族地区农村各族群众迫切需要社会保障制度，但社会保障制度建设仍有许多不尽如人意之处，离广大群众的要求还有较大距离，当前的主要问题有农村社会保障体系不健全、覆盖面小、保障水平低、社会化程度低、保障功能差、社会保障管理水平不高、社会保障资金运行风险较大。① 喀什市作为中西部民族地区的贫困县（市），自然也或多或少地存在这些问题，在此，不加赘述。而社会保障制度受到一个国家或地区的政治、经济、文化等因素共同作用，表现出一定的差异性。因此，只有找到差异性的东西，才能从根本上解决问题，从而进一步改善与发展社会保障制度，实现消除贫困的终极目标。

（一）社会保障体系的滞后性

喀什市的城市化进程使大量农民成为没有土地的人，即失地农民。此外，市场经济的发展，大量农村剩余劳动力流入城市，成为农民工。随着城市化进程的不断推进，失地农民和农民工的数量在不断增加。他们来到城市，完全进入一个陌生的社区，原有的生活习惯和传统礼仪，都显得不合时宜，无法融入城市生活。此外，他们与城市居民相比，文化水平较低、缺乏城市建设的现代技能，无法找到满意的工作，甚至是无业可就。这一系列的问题导致他们成为城市中的弱势群体。对于失地农民和农民工来说，由于缺乏社会资源和技能，他们已无力改变现状，国家或政府必须承担责任，建立适合于他们的社会保障制度。然而，针对农民的社会保障制度并未适用于这些群体，这意味着与其相关的社会保障内容也就随之消失，有些保障的内容虽然存在但实际上失去了应有的意义，数量众多的农民基本上处于国家的社会保障之外。

城市化进程的加快加速了喀什市农民对养老保险、失业保险及医疗保险等这些社会保障制度的迫切需要，但这些与少数民族息息相关的、具有实质性意义的社会保障内容在操作意义上几乎还是一片空白。这种社会保障权利长期缺失的根本原因是社会保障体系的不健全，缺乏能够保障农村全体社会成员基本生活需要的现实选择。这种现状与喀什市经济社会的快速发展及城市化进程的加快是格格不入的。在城市化进程中，大批的少数民族农民流入城市，而"新"的、与之相适应的社会保障体系又未形成和建立，这会给他们的生活增添不安全感，甚至恐慌，也会给社会的发展增加不稳定因素。

---

① 朱合理、谢冰等：《新型民族地区农村社会保障制度研究》，湖北人民出版社 2012 年版，第 3 页。

（二）调动居民参保的机制不健全

在调研中，我们了解到少数民族居民缺乏参保意识，不愿主动缴费。特别是在乡镇村，社区工作人员需要花费大量的时间和精力，争取少数民族农民主动参保。但是，各乡镇村、社区工作人员基本为公益性岗位，流动性大，政策、业务还未能熟练就又考入其他岗位就业，在工作衔接上存在一定弊端。因此，在政策宣传上，缺乏应有的工作人员，从而导致农民参保率低。

另外，一些基层领导及工作人员工作态度存在一定的偏差，导致农民参保积极性不高，甚至是拒绝参保。基层工作人员总是站在国家或政府的角度思考问题，认为国家让农民参加社会保险，是一项惠民工程，农民不仅应当理所当然地接受之，更应该感谢政府。但是，实际情况与此相反，当工作人员到各家各户宣传社会保险政策并让农民参保时，许多少数民族农民不仅没有表现出感恩之情，反而拒绝参保。现实与想象出现严重反差，这是他们所不能理解的，他们自然认为是少数民族农民思想观念意识落后等主观因素，导致参保率低。在调研中，曾有一位在基层工作的喀什市领导在谈及这一问题时说："现在有一些基层领导和工作人员，总是站在自己的立场考虑问题，认为国家投入大量资金，建立农村社会保障制度，以此解决农民的养老、医疗等问题，可谓是用心良好。因此，这些受助者应该是无条件地欣然接受。记得在新农保工作推行过程中，当我们去农户家敲门，告诉他们新农保政策的好处，让他们参保。可是，农户却将我们拒之门外，而且认为我们又是来乱收费的。面对这一始料未及的结果，我和同事都无法接受，觉得他们太愚昧，让人无法理解。但是，如果我们换位思考，当居委会之类的人让我们填调查表或者推销人员来家中推销产品的时候，我们是否也会表现出与他们一样的反应呢？由于缺乏这种工作意识，许多工作人员在实际宣传中，往往会表现出不耐烦的态度，有时甚至是粗暴的方式，强制农民参保。其结果导致当地少数民族农民对政府和政策的反感，正所谓是好心办坏事啊。"

（三）养老保险关系转移、接续存在问题

喀什市长期以来经济社会发展的落后状态，使本地缺乏培养人才的资金，劳动力整体素质不高，同时，人才流失现象也较为严重。而喀什市目前处于大开发、大发展时期，不仅需要大量的资金投入，而且更为需要的是大量的人力资本。在本地劳动力相对不足的情况下，喀什市跨越式发展的实现，必须依靠引进大量的外来劳动力。养老保险关系的转移与接续对流动人才的社会保障尤为重要。目前，由于国家并未出台具体的相关政策，城市和农村间的养老保险关系转移、接续困难，城乡养老保险关系转移、接续手续烦琐，一定程度上阻碍了人才流动。

三　完善社会保障制度的建议

中西部民族地区在贫困落后的条件下进行农村社会保障制度建设是一项艰难而长期的任务，不可能一蹴而就，应实行分类指导、分步实施的战略，对于群众温饱问题尚未完全解决的贫困县，应以建立和完善解决农村贫困群众的基本生计与生活问题的"救助型"社会保障制度为主要内容，大力推进社会救助、最低生活保障、合作医疗保险等制度建设；中西部民族地区的贫困县要将开发性扶贫与社会保障制度建设有机地结合起来，要努力消除导致因灾或因病致贫返贫的各种因素，不断缩小贫困发生概率和贫困面，巩固扶贫成果；中央及省（区）要进一步加大对中西部民族地区农村社会保障制度建设的扶持力度，并帮助民族地区提高社会保障的管理水平。中西部民族地区与东部发达地区的巨大差距使当地政府产生加快经济发展速度、尽快摆脱财政窘境的冲动，容易导致经济发展与社会发展政策之间的失衡，财政投入的天平偏向了经济一端。由于在少数民族地区建立社会保障制度是一项浩大的民生工程，于是有的地方将其视为拖发展地区经济后腿的"财政包袱"，尤其对农村社会保障事业关注度不够，投入不足，推进迟缓，缺乏战略性思考。① 因此，喀什市作为少数民族地区的贫困市一定要认识到社会保障在反贫困战略中的重要性。结合当地实际，找到一条与当地经济发展相适应的社会保障道路。就喀什市目前情况，今后的社会保障发展应着重考虑以下几个问题。

（一）农民工的社会保障

随着喀什市经济的快速发展和城市化进程的加快，必然吸引大批本地和外地农村富余劳动力的流入，成为今后喀什市城市建设的生力军。这些流动人口的生活和工作都在城市，为城市的发展贡献了自己的力量，但是，由于城市中社会福利的享有基本上与户籍相挂钩，所以，他们无法被

---

① 朱合理、谢冰等：《新型民族地区农村社会保障制度研究》，湖北人民出版社 2012 年版，第 4 页。

纳入城市社会保障体系中，无法享受养老、失业、医疗、教育等权利，从而被排斥在城市的边缘，成为城市中的弱势群体。因此，我们可以逐步创造条件，使社会保障和户籍逐步脱钩，并将具有稳定工作的农民工逐步纳入社会保障体系中。

（二）农村社会保障体系的建立和完善

喀什市在农村地区，应不断扩大养老保障、医疗保障和最低生活救助的覆盖面和保障水平。目前，喀什市在城市已经基本建立了广覆盖的基础社会保障体系，农村地区虽然已建立了以养老保障、新型农村合作医疗、医疗保险、最低生活保障为主的社会保障体系，但是，与城市社会保障制度相比，仍然存在覆盖率和保障水平较低的问题。为了实现城乡统筹发展，喀什市政府的公共财政特别需要投资于减少城乡差距，公共财政应该为提高农村各种社会保障发挥主体作用。

（三）失地农民的社会保障

喀什市的快速城市化，导致大量农村土地被征用，失地农民的数量迅速增加。作为失地农民来说，他们失去了赖以生存的土地，未来的生活除了政府给予的征地补偿费，就一无所有。从短期来看，政府补偿费很多，够花销一段时间。从长期来看，政府所给予的补偿费，由于失地农民在城市生存能力差和消费的无计划性，会导致这笔补偿金在他们未老之时就已消耗殆尽。那么，他们未来的生活何去何从呢？这些都是目前必须考虑的问题。因此，在人口不断向城市集聚的过程中，对失地的农民，政府充分补偿其土地权益的损失，为他们补充相关的社会保障计划，还应该积极地为其提供就业的服务和发展的培训。喀什市政府要总结和完善城市化过程中"以土地换保障"的机制，为农村居民从农村向城市的"惊险的跳跃"提供制度上的支持。

鉴于喀什市目前仍有一部分群众处于贫困状态，因此，反贫困依然是今后一段时期里的一项重要工作。在通过开发性扶贫以增强造血功能的同时，如何进一步扩大和健全喀什市社会保障体系，为各族广大群众构筑起一张"社会安全网"；如何将社会保障与扶贫开发有机地结合起来，以帮助贫困农户尽快脱贫，是当前喀什市应着力思考的问题。

第十二章

城市化进程中的住房保障

住房保障无疑是一个社会热点问题。从农业社会向现代工业社会的转型以及由此产生的快速城市化，正是中国住房问题凸显的时代背景。但是，仅仅因为城市化进程，并不足以解释住房问题何以发生的全部原因。因为中国同样面临着由再分配体制向市场体制的转型，这一转型也是导致各类社会问题产生的根源。具体到住房问题，中国再分配体制下形成了以单位为基础的住房福利制度，市场转型过程中这种较低水平的住房保障制度被打破，代之以市场化取向的住房发展模式。住房的市场化实践由于社会成员的差异带来住房阶层化问题，一些社会边缘和底层群体被排斥在住房之外，进入民生时代后这种局面由于国家公共性的回归而发生了转变。①

胡锦涛总书记在党的十七大报告中指出，要"努力使全体人民学有所教、劳有所得、病有所医、老有所养、住有所居"。同时，他还进一步指出要"健全廉租住房制度，加快解决城市低收入家庭住房困难"。这是党代会报告中第一次专门提及住房保障制度并且第一次谈到保障方式和保障对象。这意味着党和政府将继续以解决人民群众最关心、最直接、最现实的利益问题为重点，以更大的力度关注和解决"安居"等民生问题。五年后，在党的十八大报告中提出，要"建立市场配置和政府保障相结合的住房制度，加强保障性住房建设和管理，满足困难家庭基本需求"。此次将"保障性住房建设"首次写入党代会报告，可见其作为重大民生问题，将是中央未来政策的重要着力点。同时，此次报告进一步阐释了房地产制度"双轨制"的发展目标，不仅从制度层面明确了未来完善方向，

---

① 孙远太：《从福利到权利：住房保障制度的结构化逻辑》，《河南大学学报》（社会科学版）2011年第5期。

同时也对市场走势带来影响。未来一段时间，保障房建设仍将是重要的政策着力点。

喀什市城市化进程推动了房地产市场的快速发展。同时，喀什市政府将实现"住有所居"作为房地产发展的最终目标和经济发展、社会稳定的重要基础性工作，从而使喀什市房地产形成了政府干预与市场机制相结合的"双轨制"模式，形成了商品房、集资建房和保障性住房"三位一体"的住房供应体系，基本解决了不同层次住房困难家庭的住房问题，居住条件得到改善，房地产市场进一步完善。但是，随着喀什市城市化进程的快速推进，城市规模的不断扩大，产业发展需要不断扩充城市空间，大量失地农民和农村富余劳动力被迫流入城市寻找生存空间，使得城市空间更加密集化，住房需求群体越来越多，特别是中低收入群体面对不断上涨的房价，只能"望房兴叹"。当前喀什市房地产市场尽管需求比较旺盛，但仍然存在供需矛盾明显、供应结构不合理以及房价继续上涨等问题。这些问题的存在，无疑为喀什市房地产的发展提出了新的挑战。

第一节　喀什市城市化与房地产市场发展

随着城市化进程的快速推进和经济的飞速发展，喀什市房地产开发投资快速增长，商品房销售价格不断上涨，销售额连创新高，房地产市场迎来了前所未有的繁荣景象，当地居民住房条件明显改善，房地产业及其相关产业成为喀什市经济新的增长点。

一　喀什市房地产市场发展现状

（一）土地市场和房地产行业的快速发展

近年来，喀什城市化进程不断加快，城市用地规模不断扩张，更多的土地用于住房和商品房建设。地方政府开始向用作城市用途而进行的土地出让收取费用，通常称为土地转让费。喀什市政府土地出让费的连年增加，一定程度上反映了土地市场的繁荣。2010 年喀什市财政收入 17.9 亿元，其中土地出让收入是 9.7 亿元，占财政收入的 54.2%；2011 年财政收入 31.5 亿元，其中土地出让收入是 22.6 亿元，占财政收入的 71.7%；2012 年财政收入 18.6 亿元，其中土地出让收入 4.4 亿元，占财政收入的 23.7%。土地收入已成为喀什市财政收入的重要来源。城市化推动了城市建设用地的开发，使土地市场蓬勃发展，从而推动了喀什市房地产市场的惊人发展。

喀什房地产市场起步较晚，2007 年以后房地产业才逐步发展壮大，多以本土企业为主，特别是 2010 年后，许多企业预计可以从住房领域获取丰厚的利润，因此，涌入喀什市房地产市场的公司数量快速增加。2010 年喀什市仅 76 家房地产开发企业，到 2013 年 5 月 31 日就已经发展为 126 家，增加了 50 家房地产开发企业。随着喀什市房地产市场的活跃和开工项目的增多，房地产服务企业数量也呈现增长趋势。2010 年喀什市物业服务公司由 2010 年的 39 家增加到 2013 年上半年的 82 家，增加了 2.1 倍。评估测绘公司由 12 家增加到 20 家；房地产中介公司由 6 家增加到11 家。

此外，随着房地产公司数量的不断增加，房地产市场竞争日益激烈，一些经营思路、开发模式、营销策略、管理经验、广告宣传、市场定位、经济实力等方面较好的企业脱颖而出，消费者对房价涨幅的心理预期，加之中国宏观经济的影响，房地产市场迎来了快速发展的阶段。

（二）住宅投资成为主体

喀什市土地供应量的增加带来住房供应量的快速增长。房地产企业纷纷上项目，房地产开发投资态势良好，住宅投资成为房地产业的投资主体。2010 年喀什市各房地产开发完成投资 38.7 亿元，其中住宅投资完成 34.1 亿元，占房地产投资的 88.11%。2013 年上半年，完成投资金额为 5.85 亿元，其中住宅投资 3.52 亿元，占总投资的 60.17%。可见，住宅投资已经成为近几年喀什市房地产投资的重中之重。

从喀什市房地产施工面积统计情况看，住宅仍是房地产业土地需求的主体。除 2012 年住宅施工面积占总施工面积的比例仅为 35.09% 外，其他年份的住宅施工面积都是施工总面积的主体。特别是 2010 年和 2011 年，住宅施工面积占房地产施工总面积的比例分别高达 80% 和 79.31%（见表 1）。

表 1　　　　　　　喀什市房地产和住宅施工面积情况　　　　单位：万平方米

年份	施工面积	住宅施工面积	住宅施工面积比重
2010	150	120	80%
2011	123.36	97.84	79.31%

续表

年份	施工面积	住宅施工面积	住宅施工面积比重
2012	125.01	43.87	35.09%
2013 年 1—6 月	67.88	33.43	49.25%

（三）住房需求呈上升和多样化趋势

土地供应和房地产投资高涨，以及随之而来的新建工程建筑面积的增加，无不显示出供应方的力量和政策。住房需求则反映在住房交易和住房消费中。喀什市已售出的住房面积从 2011 年的 10.10 万平方米上升至 2012 年的 17.70 万平方米，仅一年时间实现了 75.25% 的增长。从喀什市住房购买人群的地域来分析，2011—2013 年上半年，喀什市购房者占 52.24%，本地区县购房者占 28.99%，自治区内（本地区以外）购房者占 9.73%，外省市（除自治区外）购房者占 9.03%（见表2）。这些数据表明喀什市购房人群增多，住房需求强劲，并且购房需求呈现多样化趋势。住房的刚性需求和投资需求的双重推动，促进了喀什房产市场开发速度和规模快速发展，外来开发企业带来了新的开发和管理理念，房地产市场正在逐步走向规范，走向成熟。

表 2　　　　　　　　　2011—2013 年房屋购买对象统计一览

年份	本市		本地区县 （不含本市）		自治区内 （本地区以外）		外省市 （除本自治区）	
	套数	面积 （m²）	套数	面积 （m²）	套数	面积 （m²）	套数	面积 （m²）
2011	956	100959.71	793	83860.82	249	24364.35	284	26603.37
2012	2944	177023.51	1506	77135.54	552	28703.29	355	25380.02
2013 年 1—6 月	1103	95551.10	545	46291.07	177	16527.12	131	12567.96
合计	5003	373534.32	2844	207287.43	978	69594.76	770	64551.35

由此可见，喀什市房地产呈现出起步晚、规模大、发展快等特点。城市化进程的不断加快，使喀什市房地产业逐渐成为支柱产业。2011 年以来，喀什市房地产业和建筑业[①]税收增加额和完成额居各行业之首。2011

---

① 含契税和耕地占用税，这两个税种没有划分行业，本书合并在房地产业、建筑业中统计。

年房地产业和建筑业完成地方税收 46027 万元，税收比重为 49%。2012
年喀什市房地产业和建筑业完成地方税收 59708 万元，税收比重为 51%。
房地产业的发展在喀什市经济发展中起着举足轻重的作用，因此，建立一
个健康有序的房地产市场是城市化发展的必然要求。

二　喀什市房地产市场存在的问题

喀什市的大开发、大发展，带来了房地产市场的繁荣。但是，随着城
市化进程的加快，城市人口不断增加，特别是农村富余劳动力和失地农民
的大量涌入，低收入群体变得更为庞大。城市空间和土地资源的有限性，
以及房地产市场的不完善，房地产市场在实际运行中存在一些问题，亟须
解决。

（一）房地产市场不完善，阻碍了房地产市场的发展

目前，喀什市房地产开发企业有 126 家，但总体来讲，企业规模普遍
较小，资质等级不高（具备国家二级开发资质企业仅两家），品牌意识和
服务意识较低，缺乏长远眼光，总是贪图眼前利益，出现了"重量轻质"
的开发建设，使得许多楼盘成为烂尾楼，根本无法入住，极大地浪费了土
地资源。

此外，喀什地区的住房二级市场一直未开放（房改房、集资房）。这
种单纯注重增量住房一级市场的发展，容易造成住房市场的结构性失
调——实际上在三个级别的住房市场当中，存量住房市场（二级、三级
市场）是关键，它既能通过交易行为推动增量住房市场（一级市场）的
成长（许多家庭通过出售旧房换购新房），又能通过租赁行为带动住房市
场的活跃（旧房出租可以保证众多家庭得到过渡性的居所），使之具有持
续的增长潜能和发展空间。[①] 喀什市房产局的一位领导曾说："事实上，
2002 年就有文件规定开放喀什市二级市场，但是至今没有实施细则，导
致人们无法进行交易。二级市场的未开放，意味着集资房、经济适用房不
能上市交易，事实上极大地挫伤了有改善房屋需求的家庭，无法以旧换
新、以小换大，导致私下交易增多。特别是一些离退休老干部的房产无法
进入二级市场，挫伤了他们安心喀什的热心。"可见，只有二级市场的开

---

① 郭湘闽：《我国城市更新中住房保障问题的挑战与对策：基于城市运营视角的剖析》，中
国建筑工业出版社 2011 年版，第 36 页。

放，才能真正调动社会的购买力，才能在真正意义上解决有刚性需求家庭的购房。

（二）政府部门之间缺乏合作，导致政府对房地产市场监管不力

目前，政府各职能部门之间在房地产业上没有建立一个相互协调合作且较为健全的工作机制。规划、建设、国土、财政、房产等部门，在落实规划要求、施工许可证管理、工程质量检查验收、土地开发利用、税费征缴、市场准入、销售广告、合同备案等环节相互配合、相互协调不到位，在信息与资源上不能做到共享共用，在处理问题时不能做到互助互动。市场监管缺位、不到位的情况较为突出。

相对于喀什市房地产市场的快速发展，政府及相关部门对房地产市场的监管没有有效跟上。对房地产开发企业的违规建设、违规销售、虚假广告、一房多卖、延期交房、房屋产权证未能及时办理、配套设施不到位等问题监管不力，严重损害了群众利益，影响了社会稳定。

（三）住房结构不合理，居民购房难和虚拟需求并存

2010 年以来，国家政策的引导和房价的过快增长，导致很大一部分购房者把在喀什市购房作为一个投资项目，助推了房价的强势上涨。2010年喀什市房屋均价多层 2900 元/平方米，比 2009 年增长 38%，高层均价3150 元/平方米，比 2009 年增长 43%。[①] 随着 2010 年房价的快速上涨，房价一直居高不下。2012 年住宅均价达到 3926 元/平方米，增长率为15.97%。虽然 2013 年房价有所下降，但是，那也是在高房价基础上的降低，并未给普通居民带来更多的希望（见表 3）。当地居民面对如此大的涨幅，使老百姓认为住房是一种奢侈消费，是富人的消费品，更是富人的投资品，而普通老百姓居住的刚性需求无法得到满足，只能望房兴叹。正如喀什市房产局的一位领导人所说："2010 年 7 月，喀什市房地产均价涨了 1000 元，涨幅达到 30%—40%，上涨属于政策性上涨。多层均价2850—2900 元，高层均价为 3000—3200 元。喀什市购房者占全部购房者的 30%，各县团场占 60%，其他的占 10%。2010 年 1—6 月，全市新开工面积 59.3 万平方米，投资总额达 13.8 亿元，销售面积 67.35 万平方米。"

由此可知，由于 2010 年国家加大对喀什的开发和扶持，个人和企业

---

① 《喀什市房地产市场调研报告》（电子版），喀什市房产局，2011 年，第 2、3 页。

都将目光投向这个西部明珠城市，从而助推了房价的快速上涨。喀什市房价的大幅上涨，明显超过了当地居民的购买能力，使居民的刚性需求无法在住房市场中得到满足，出现购房难问题。同时，随着房价的飙升，房地产市场销售呈现一片大好局面，虚拟需求占有一定市场份额，投资购房者出现上升趋势。

表3　　　　　　　　**喀什市住房价格变化情况**①　　　　　　　单位：元

年份	住宅均价	增长率
2011	3299	3.76%
2012	3926	15.97%
2013年1—6月	3331	−21.19%

随着国家政策和投资购房者的推动，开发商将更多的资金用于开发高档和精品住宅。而开发和建设成本的不断增加，必然导致房价的不断上涨，高房价将中低收入群体排斥在外。此外，城市规模的不断扩大，一些市区外的楼盘也拔地而起。虽然这些楼盘相对市区来说，价位较低，普通居民可以购买得起。但是，由于房地产市场不规范，缺乏规划，高楼盖起来了，却缺乏相应的配套设施，无形中增加了人们的工作和生活成本。所以，普通居民宁愿租房，也不会选择购买，从而又助推了市区房租价格的高涨。而对于投资购房者来说，市区外的房子，升值空间有限，自然也不会选择这里的房子。最终导致"有房无人买"，使大量房子闲置，出现高租金、高空置率的矛盾现象。

（四）产业发展滞后于城市化，导致社会购买力不足

城市化主要表现为农村人口转化为城市人口及城市不断发展完善的过程。这种转化不是简单的城乡人口结构的转化，而是一种产业结构及其空间分布结构的转化。产业是立城之本、兴市之基，是城市发展的推进器。一个没有产业支撑的城市，必然是一个经济基础脆弱、缺乏造血功能和没有发展动力的城市，不仅发挥不了城市的应有作用，而且会拖整个经济社会发展的后腿，带来严重的社会问题。② 因此，喀什市城市化的快速发展

① 《喀什市房地产业发展调研汇报》（电子版），喀什市房产局，2013年，第4页。
② 赵海云、胡细英：《城市化与住宅市场健康发展——以江西为例》，中国建筑工业出版社2012年版，第11、12页。

和建设不能仅仅依靠大量的土地开发和高楼大厦的堆砌。房地产的发展繁荣是城市化发展的必然，但是盲目地发展房地产会造成土地资源的极大浪费，从而阻碍经济社会发展。

喀什市房地产市场从 2007 年开始起步，城市用地规模不断扩大，2007—2012 年，人均耕地面积由 4.12 亩减少到 0.36 亩，减少了 91.26%。2007 年喀什市城镇人口为 25.90 万，到 2012 年达到 29.30 万人，增加了 13.13%。[①] 可见，喀什市人口的城市化远远滞后于土地的城市化和房地产业的发展。而城市人口增长缓慢，是由于喀什市产业发展滞后，未形成规模效益，从而未能吸纳足够多的劳动力。由于产业发展的滞后，城市人口增加缓慢，房地产销售乏力，刚性需求量小，社会购买力不足。2013 年上半年喀什市商品房空置率达 76.94%。[②] 如此高的空置率，不仅会影响喀什市房地产市场的发展，而且浪费稀缺的土地资源。

加快城市化、城镇化已成为当前人们的共识，各地都千方百计加大推进城镇化的力度，打出城市化战略。有些地方不结合当地城镇自身发展规律，盲目地进行规划、扩建城市用地，以几十万甚至百万人口的标准进行房地产开发，高楼林立，道路宽阔，打造出完美的城市"躯壳"。但是，由于缺乏符合当地发展需求的产业，农村剩余劳动力和外地人才都未能吸纳进来，最终导致美丽的新城变成了一座座"鬼城"。[③] 喀什市要想实现真正的城市化和房地产市场的健康发展，就必须要有大规模产业的支撑，这样才能更好地杜绝空城现象。正如喀什市房产局的一位领导所说："目前喀什市房屋空置率高。要想解决这一问题，光靠喀什市 50 多万人是无法解决的，因为本地人口的购房需求仅需三四年就基本饱和。那么，解决高空置率的根本还是人气。对于喀什市来说，目前的症结就是缺人，解决的办法只有两个：一靠产业发展；二靠优惠政策，吸引人才。"

综上所述，喀什市房地产市场虽然取得了快速发展，但是，城市化进程的加快和房地产的特性（投资性和消费性、不可移动性、稀缺性等），

---

① 《喀什市 2007 年财政总决算编报说明及分析》（电子版），喀什市财政局，2008 年，第 2 页；《喀什市 2012 年总局核算编报分析》（电子版），喀什市财政局，2013 年，第 4 页。

② 《喀什市房地产业发展调研汇报》（电子版），喀什市房产局，2013 年，第 3 页。

③ 赵海云、胡细英：《城市化与住宅市场健康发展——以江西为例》，中国建筑工业出版社 2012 年版，第 9、10 页。

导致房价在不断上涨，逐渐将一部分人排斥在房地产市场领域外，特别是中低收入群体，他们靠着微薄的收入，根本无力解决自己的住房问题。这一问题一直存在，特别是城市化带来了这一群体数量的增加，除了以往的城市低保人员以外，农村富余劳动力、失地农民以及大学毕业生等，都将被纳入这一群体中，他们的住房问题的解决，关乎喀什市社会稳定与发展。因此，需要政府解决这一部分人的住房问题，完善和加大住房保障建设，成为政府的当务之急。

第二节　喀什市住房保障的发展

住房问题与"住房短缺"密切相连。喀什市城市化的快速推进，导致贫富收入差距的不断扩大和房价的快速上涨，使得城市住房可支付性成为主要关注的问题。大量中低收入的人群买不起房，甚至租不起房，他们亟须解决基本住房问题。可见，喀什市的住房保障建设和发展，是随着城市化进程和房地产市场的发展应运而生的。"安得广厦千万间"，从根本上解决居民的住房问题，是任何一个国家或政府必须承担的责任，并且也应是它们所追求的目标。

一　住房保障的必要性

（一）城市化带来住房困难群体数量增加

发达国家的发展经验表明，工业化、城市化是人民社会由传统社会向现代社会转变经历的必然阶段，一国城市化、工业化水平直接决定了其经济发展水平和社会文明程度。城市化为一国社会带来了人口布局的革命性变革，人口大规模地由农村向城市迁徙，在这一过程中如何解决城市人口膨胀收入差距拉大引发的中低收入家庭的住房困难成为各国关注的一个焦点。[1]

随着喀什市城市建设用地面积的不断扩大，农村用地面积的不断缩小和人均耕地面积逐渐减少，农村会出现大量富余劳动力，这些人员必然去城市寻找就业机会。在农村，一些农民的土地被征用，他们成为失地农民，也被迫成为城市人口。这些新的城市群体的出现，是城市化发展的必

---

[1]　蔡荣生、吴崇宇：《我国城镇住房保障政策研究》，九州出版社2012年版，第3、4页。

然。但是，由于他们来到城市的时候，是一种突发性的，也可以说是一种无奈被迫的选择。特别是对于失地农民来说，他们突然失去了赖以生存的土地，被人为地划入繁华都市，打上"城市人"的标签。从表面来看，他们已与城市人口无异。而事实是他们既缺乏城市发展所需的技能，又无法适应城市的生活，这些决定他们必然成为城市的边缘群体。对于农民工来说，他们来到城市工作，只是为了赚更多的钱，过上好日子。他们干着城市人不愿意干的活，拿着较低的工资，仅靠他们微薄的收入勉强维持家用，至于住房，对于他们更是望尘莫及。可见，失地农民和农民工的住房问题，在房地产市场中无法得到满足，那么，这一庞大群体的住房问题，需要政府来保障，才能体现社会公平，才能保证城市化发展成果得到共享。

(二) 住房问题在城市化进程中更加凸显

房价和住房问题一直是困扰大中城市的问题。喀什市现在正处于快速城市化发展阶段，未来将建成百万人口的大都市。随着城市化的不断推进，喀什市的房价在不断上涨，大量中低收入居民已无力购买住房。

在当代经济领域中，住房对应了三种需求：一是基本的居住需求，二是改善性的居住需求，三是投资性的需求。一般的市场条件下，前两种的需求与供给是可以形成均衡价格的，房价的涨落不会离谱。中国城市房价的高涨，是被第三种需求——投资需求——推动的。房价在这个时候已经不是商品价格，而是投资品的价格。一个东西只要成了投资品，购买的决策就取决于价格预期，买涨卖跌，为涨而买。①

住房之所以成为备受人们关注的社会问题，主要是因为工业化和城市化的进程。早在100年以前，恩格斯针对资本主义大工业在德国的发展所引起的住宅短缺问题，在其《论住宅问题》一文中便指出："当一个古老的文明国家像这样从工场手工业和小生产向大工业过渡，并且这个过渡还由于情况极其顺利而加速的时期，多半也就是'住房短缺'的时期。一方面，大批农村工人突然被吸引到发展为工业中心的城市里来；另一方面，这些老城市的布局已经不适合新的大工业的条件和与此相应的交通。街道的加宽，新的街道在开辟，铁路穿过市内。正当工人成群涌入城市的时候，工人住宅却在大批拆除。于是突然出现了以工人以及工人为主顾的

---

① 龙隆：《"十二五"与城市化、房价与住房制度》，《开放导报》2011年第2期。

小商人和手工业者的住宅短缺现象。"①

虽然城市化带来喀什市经济社会的快速发展，但是快速的社会转型，也必然会导致贫富差距进一步拉大。当地政府更加依赖土地财政，推动了房地产市场的繁荣，为富者提供了更高档的住房享受，为投资购房者提供了更多的房源，房价的上涨已将普通居民抛至市场之外。他们只能租房或者住在狭小空间的旧房子中。面对如此巨大的住房条件的差距，势必让他们更加深刻地感受到社会的不公。特别是在喀什，他们对当地房价的快速增长，是毫无准备的。他们无论从思想观念、生活方式，还是工作技能上，都没有将自己主动纳入房屋市场化中。因此，当他们看到以原城市居民为主体的城市化领军者，在城市拥有自己的房子和体面的工作，而他们因缺乏城市发展所需技能面临失业或者去干不体面的工作，他们的工资收入仅仅够他们在城市生活，对于在城市中拥有自己的住房的美好愿望，在现实面前显得是那么苍白无力。而住房问题在城市化中由于房价的上涨，也使得它成为当地居民首先要面对的难题。

（三）住房保障是社会公平的体现，有利于缓解社会矛盾

从社会学的角度来说，城市化就是农村生活方式转变为城市生活方式的过程。发展不是目的，而是一种手段，其根本目的还是提高人民的生活水平，改善人们的生活质量，促进人的技能和素质的提高，提高人类社会的整体发展水平，使人与人、人与自然和谐发展。②

喀什市目前正处于快速城市化发展时期，经济发展的同时，社会问题也更加凸显。在访谈中，喀什市房产局的一位老领导告诉我们：喀什市购房者中有80%的购房者是汉族，仅仅有20%的购房者是少数民族。众所周知，喀什市是一个少数民族聚居区，2012年喀什市少数民族40.16万人，占总人口的82.6%。这个以少数民族为主体居民的城市，在房地产市场上，却仅仅有20%的少数民族消费群体。可见，目前的房地产市场并不能满足当地大多数少数民族居民的住房需求。喀什市作为国家级贫困市，在城市化发展进程中，出现一批新的城市贫困群体，使贫困数量进一步增大。此外，城市化必然需要大量的人才来开发和建设，因此，大量毕业生和外来人才的涌入，也成为城市化发展的必然。那么，面对喀什市的

---

① 转引自中国管理科学研究院资源环境研究所编《中国住房与城乡建设发展实务》（上），经济日报出版社2013年版，第37页。

② 卞华舵：《主动城市化——以北京郑各庄为例》，中国经济出版社2011年版，第7页。

高房价，他们这些新城市移民群体，根本无力购房。

作为少数民族聚居区的喀什，它的发展必须以满足绝大多数当地居民的发展为目的，城市化只是一种手段，而最终目的是让以少数民族为主体的当地居民参与到经济社会发展中，共享现代化的发展成果。

在房地产市场无法满足大多数当地居民基本需要的时候，住房保障是城市化进程的必然选择。政府加快保障性住房建设，既是解决低收入家庭住房困难的保民生手段，也是推动房地产市场长期稳定发展的重要措施；加快保障性住房的建设，不仅是短期拉动内需的需要，从长远来看，也是城市化发展的需要，是农民变市民的需要。[①]《联合国宪章》指出，人人有房住是每个国家政府的责任，是政府必须要做的事情。我国是社会主义国家，经济发展的根本目的就是不断提高广大人民群众的生活水平，实现共同富裕。在住房供应方面，在低收入人群无力购房的现实面前，政府必须负起责任，建立健全社会住房保障体系，保障低收入家庭住有所居。[②]因此，这是政府一项长期必须执行的保障政策。

二 喀什市住房保障发展成效

2007 年 8 月，国务院发布《关于解决城市低收入家庭住房困难的若干意见》（国发），明确指出要加快解决城市低收入家庭的住房困难，2007 年以来保障性住房建设明显加快。2008 年下半年，加快保障性安居工程建设成为应对国际金融危机的重要措施，4 万亿元政府投资计划中，投向包括廉租房建设和各类棚户区改造的投资规模达到 4000 亿元以上。2010 年，保障性住房的建设规模达到 590 万套，2011 年保障性住房的建设规模增加量为 1000 万套。[③]

喀什市保障性住房是与国家的政策相一致的，住房保障从 2007 年开始推行，六年来全市以廉租房为主体、棚户区改造为重点、公租房为试点的模式对中低收入人群进行保障，基本实现住有所居的目标。

（一）基本建起多元住房保障制度

喀什市保障性住房根据保障对象不同，分为廉租房、公租房、安置

---

① 罗应光、向春玲等：《住有所居：中国保障性住房建设的理论与实践》，中共中央党校出版社 2011 年版，第 12 页。

② 同上书，第 6 页。

③ 刘琳等：《我国城镇居民住房问题研究》，中国计划出版社 2011 年版，第 23 页。

房。廉租房以城市低保、低收入及残疾人员家庭为保障对象；公租房以城市中等偏下收入家庭、在喀什市务工两年以上的外来务工人员和新就业职工为保障对象；安置房以棚户区改造等公益性项目被拆迁户家庭为保障对象。

2007—2009 年，喀什市的住房保障仅有廉租房建设，并且建设规模偏小，2007 年廉租房实际建设仅 552 套，2010 年，住房保障中增加了棚户区改造项目，随之在 2011 年，又增加了公租房建设（见表 4）。至此，保障性住房体系基本完善，并且规模也在不断扩大。2012 年，喀什市以代建的形式建设廉租住房 7000 套，公租房 1000 套，已全面开工建设，50% 施工至主体三层左右，50% 在做基础部分，计划在 2013 年 8—12 月陆续竣工。下达棚户区改造任务 4824 户，补助资金 12020 万元。已确定 4117 户，前期手续也基本办理完毕，剩余 707 户待征收办确定项目拆迁改造地点。属于房管所管辖的廉租房已达到 16 个片区，3515 套，并全部办理了租赁手续及租赁合同，2012 年加强廉租房管理，工作人员分到每个片区，责任到位，实行了奖罚制度，完成了全年租金收取任务的 98%，房租收入 200 多万元。[①] 2013 年上半年喀什市计划建设廉租房 8000 套、棚户区改造 4000 套、公租房 2432 套。

表 4　　　　　　　　　喀什市保障性住房建设情况[②]

年份	廉租住房					棚户区改造			公租房		
	建设总面积（万 m²）	计划（套）	实际建设（套）	用于拆迁安置（套）	出租（套）	改造总面积（万 m²）	计划（户）	实际改造（户）	建设总面积（万 m²）	计划（套）	实际建设（套）
2007	3.31	552	552								
2008	6	1000	1000	1224	328						
2009	33.3	5536	5473	4845	628						
2010	58.92	9624	9618	7739	1879	13.39	1488	1488			
2011	50.27	6698	8340	1066	92	28.58	4000	3176	18.89	4086	3148
2012	42	7000	7000			43.42	4824	4824	6.09	1015	1015
2013 年 1—6 月		8000					4000			2432	
合计	190.49	38410	31983	14874	2927	85.39	14312		24.98	7533	4163

①《喀什市年鉴·2013 年刊》，喀什市史志办资料，2013 年，第 589 页。
②《喀什市房地产业发展调研汇报》（电子版），喀什市房产局，2013 年，第 8 页。

目前，喀什市住房保障已经初步形成了以廉租房、安置房为主体，公租房为发展方向的住房保障体系。特别是公租房的建设，逐步拓宽了住房保障覆盖对象范围，将保障对象由户籍家庭扩大至覆盖户籍及非户籍家庭。在喀什市快速城市化和收入差距日益扩大的现实矛盾下，流动人口（特别是进城务工人员）以及社会夹心层的住房问题成为亟待解决但规模巨大的一类问题，为此，住房保障体系中引入公租房的保障模式，将非户籍常住人口和夹心层群体逐步纳入住房保障的范围。目前喀什市公租房主要解决引进人才、新职工和进城务工人员的阶段性租赁住房需要。

（二）自下而上的住房保障规划，体现了对保障对象诉求的关注

对于不同民族来说，他们对住房的要求是不同的，包括住房面积、装修等，并且住房在各民族文化中的地位也不一样。而政府在实施住房保障政策时，往往忽略了这一点。以往的主流观点认为政府代表低收入者的权利，而今看来，政府机构客观上缺乏对低收入居民需求的详尽认识，难以完全代表低收入群体的利益。低收入群体利益代言人的缺位客观上导致住房保障受众话语权的缺失，从而使新建的保障性住房不符合被保障者的需求，而出现不愿入住或者无奈入住的情况。

2008年7月，温家宝总理指示：喀什老城区改造直接关系到防震减灾、民生改善、经济发展、民族团结和边疆巩固，其责任重大，意义深远。在党中央、国务院和自治区党委、人民政府的亲切关怀和大力支持下，2009年喀什市启动项目试点改造，2010年项目全面实施。在实施改造过程中，喀什市政府充分尊重老百姓的意愿，坚决按照"修旧如旧"的原则，创造性地采取"一户一设计"和"自拆统建结构主体"的危旧房改造模式，由政府出资帮助居民代建房屋结构主体，由居民自行按照维吾尔族建筑艺术风格装饰房屋。[①] 这种自下而上的规划理念，充分征求老城区居民对住房的物质和精神的双重需求，发挥了老城区居民的主体性，更为重要的是保护了维吾尔族居民的住房文化。

截至2012年年底，老城改造项目累计到位资金26亿元，其中：国家专项补助资金14亿元，自治区专项补助资金5亿元；自治区地方政府债券7亿元。项目累计开工危旧房改造15995户、145.32万平方米，完成13991户、125.64万平方米；建设拆除重建安置房1788套、12.56万平

---

① 《喀什市年鉴·2013年刊》（初稿电子版），喀什市志办资料，2013年，第98页。

方米；建设周转房 1920 套、9.88 万平方米；完成部分改造片区内部配套基础设施建设；处理地道 35030 米。喀什市老城区改造牵动 22 万人生计，得到了各族群众的真心理解、热心支持和积极参与，实现了"零群体上访"和"零越级上访"。① 喀什市的老城区改造成功地实现了居民参与社区建设，根据居民的物质和文化需求进行社区改造，使改造后的社区的文化和社会关系保持了连续性，是一种社区自我更新的成功典范。

（三）公租房解决外来人口同城待遇问题

在喀什市住房市场价格不断攀升，居民住房供求矛盾不断升级的背景下，以廉租住房、安置房为主体的住房保障体系在实践中已经无法满足住房困难家庭的实际需求，长期生活在城市中的"夹心层"群体的住房困难问题逐渐凸显。所谓夹心层是指没有资格享受现行保障性住房政策，又买不起普通商品房的中低收入住房困难家庭。随着城市化的发展，喀什市的"夹心层"主要包括进城务工人员、刚踏上工作岗位的大学毕业生等。进城务工人员由于工资低，无法在市场中购买商品房；而大学毕业生等人才，由于刚步入社会，近期内无法通过自己的能力买房。因此，"夹心层"的住房问题必须由政府来解决，这样才能更好地留住人才。

2011 年，为适应喀什市经济社会发展新形势的要求，探索针对城市流动人口未来的居住模式，创新保障性住房建设方式，以公租房作为为城市发展做出贡献的人才与技术工人等人群的住房保障解决方式。喀什市公租房的建设，进一步扩展了住房保障体系覆盖范围，使外来人口与本地居民享受同样的福利待遇，体现了社会公平，有助于新生代大学生和外来务工人群生活上安顿、工作上安心，这对许多企业尤其是劳动密集型企业来说，无疑是一个长期的利好消息，对喀什市经济社会实现又好又快发展有着重要的现实意义。

总之，喀什市住房保障的发展，在一定程度上缓解了中低收入居民的居住困难，解决了部分居民的安居问题，为实现居民住房的公平性和中低收入群体"住有所居"的目标提供了制度上的保障，为实现喀什市的社会稳定和民族团结奠定了坚实的基础，促进了喀什市的经济社会发展。

---

① 《喀什市年鉴·2013 年刊》，喀什市志办资料，2013 年，第 98、99 页。

三　喀什市住房保障的困境分析

喀什市住房保障经过六年发展，无论从建设规模，还是保障的覆盖范围上，都取得了显著的成绩。但是，在喀什市快速城市化背景下，保障性住房的建设出现了发展困境，例如：住房保障资金的缺乏、保障对象的甄别困难、住房保障的后续管理等问题，阻碍了住房保障的发展。因此，需要找出问题并分析其原因，实现住房保障与房地产市场的协调发展。

（一）建设资金过分依赖土地财政

喀什市保障性住房建设资金基本上依靠政府投资，财政资金充裕与否直接决定了保障性住房建设资金能否及时有效地跟进。近年来，喀什市处于"大开发、大建设、大发展"时期，经济快速发展，但是，财政收支矛盾依然突出。2012 年喀什市公共财政预算支出 496259 万元，其中上级补助收入和专款安排的支出达到 285807 万元，占地方财政支出的57.59%。① 可见，喀什市财政支出对上级补助的依赖性很大，资金问题仍然是制约喀什市城市建设和社会事业发展的瓶颈。资金的缺乏是目前廉租房项目进展缓慢的关键因素。

由于喀什市的财政收入有相当比例来源于土地交易（见表 5），国有土地收入自 2007 年以来，一直是政府财政收入的重要来源，特别是 2010年和 2011 年，喀什市的国有土地出让收入占地方财政收入的比率分别高达 53.97% 和 65.12%。可见，喀什市的财政收入对土地收入的依赖程度是非常之大的。而保障性住房的建设资金恰恰来自土地财政的收入，单一的土地财政使政府在土地和资金投入上陷入两难的境地。城市中心区的土地由于其稀缺和高价值，在市场竞争中不可避免地被高端商品房开发者所获取。地方政府不乐于把保障性住房规划在区位价值显著的中心城区或交通便利区域，很大程度上就源于在城市运营中它会影响到地方政府的财政收入。② 此外，由于缺少市场的参与，保障性住房建设资金渠道局限于土地出让收入，也直接影响了保障性住房的区位和建设质量。

---

① 《喀什市 2012 年财政总决算编报分析》，2013 年，第 25 页。
② 郭湘闽：《我国城市更新中住房保障问题的挑战与对策：基于城市运营视角》，中国建筑工业出版社 2011 年版，第 20 页。

表5		喀什市财政收入与国有土地出让收入情况①	单位：万元
年份	财政收入	国有土地出让收入	国有土地出让收入占财政收入的比率
2007	42275	10884	25.74%
2008	56153	13726	24.44%
2009	74187	20232	27.27%
2010	178601	96395	53.97%
2011	314514	204807	65.12%
2012	186092	36046	19.37%

（二）廉租房的"界定难"和"流转难"问题

喀什市的低保制度主要依靠社区居委会对于本社区情况熟悉的优势，由街道办事处或镇政府委托居委会对申请人收入情况进行调查和审核，往往缺乏公正、客观性。而且由于历史的原因和国家重视、投入不足，中国各城市基本没有建立住房、收入档案，居民住房情况和收入信息不健全，许多"隐性"收入难以核实，导致无法准确界定住房保障对象。正如住房保障办一位领导说："现在喀什市的住房保障的政策界限非常模糊，由于居民的住房、车辆、养老信息均未联网，无法核实他们的实际收入，有许多低保户的家里有钱，但他们不往外拿，你也无从核查。有的低保家庭在2008年、2009年的时候就有8万多的存款。现在低收入户无法界定，因为银行未联网。打工人员和做小生意的人员，无法确定他们的收入。"在住房保障对象申请、审批的过程中，只注重进入环节，未建立一个包含住房保障对象申请、审批、收入变化上报、退出机制的一套完整的进入退出的档案。并且在监测收入变化时，地方政府只是单向地调查保障人群的收入变化，而未综合性调查个人资产情况。由于收入等家庭财产的审核存在问题，导致住房保障的保障效果大打折扣，使很多需要保障的低收入家庭被排挤出去。

喀什市廉租住房安置方案中，规定"低保、低收入住房困难家庭隐瞒有关情况或者提供虚假证明材料申请廉租住房保障的，市住房保障办不予受理，并给予警告；以欺骗等不正当手段，取得轮候资格或获得廉租住房保障的，由市保障办给予警告；对已登记但尚未获得廉租住房保障的，

---

① 《喀什市2006—2012年财政收支部分指标对比表》，喀什市财政局资料。

依法取消其登记"。可见，对明知不符合申请条件却造假申请的行为的处罚办法，仅仅是警告而已。由于惩罚力度的缺乏和保障对象"界定难"，容易诱使部分家庭条件好于承租廉租房标准的人申请廉租房，取得申请资格。

喀什市存在拥有廉租房的家庭几乎每年固定不变的问题，出现了"流转难"的现象。住房保障中保障对象的动态性是其特征之一，也是住房保障实施的最终目的。也就是说，随着经济社会的发展，居民收入水平也会发生相应的变动。当居民收入超过一定水平，不再属于住房保障对象时，必须退出住房保障领域，进入商品住房市场，通过"卖小买大、卖旧买新"的途径，实现住房的梯度消费。[①] 然而，喀什市经济条件改善的廉租住房户并未退出廉租房，仍然占据着有限的廉租住房甚至从中赢利，让那些真正需要廉租房的低收入家庭无房可住。

喀什市廉租房出现"退出难"的原因除了保障对象的界定难以外，退出机制的欠缺是导致"退出住房，没钱买房"的人群无能力而且不愿退出的最主要原因。首先，廉租房的退出机制中的规定与条款对保障对象是否努力工作的激励措施欠缺，容易使其无动力去努力提高自己的收入和生活水平，从而导致在社会上存在依靠保障体系去生存，不能有效刺激低收入人群努力。[②] 其次，许多廉租住户在一段时间后，他们的经济状况有所改善，并且超过了廉租房界定标准，但是他们的收入并没有出现大幅度提高。对于这些人来说，如果退出廉租房后，政府不能提供给他们一定的福利政策保障，依靠他们自身力量购买商品房，显然是无法完成的。这就意味着退出廉租房后，他们依然是买不起房的住房困难户，因此，逃避廉租房退出成为保障对象的理性选择。

（三）忽视住房保障的救助性

住房保障最基本的层次是救助，救助的对象应该是社会成员中的最低收入者，他们无力参与市场竞争，政府必须保证"没有人流离失所"，每个人都拥有居住的权利，这是个基本人权，对此任何政府也不能漠视。因此，救助的对象是住房保障制度必须首先考虑并解决的人群。而廉租房就

---

① 中国管理科学研究院资源环境研究所编：《中国住房与城乡建设发展实务》（上），经济日报出版社 2013 年版，第 43 页。

② 马智利等：《我国保障性住房运作机制及其政策研究》，重庆大学出版社 2010 年版，第 158 页。

是以城市低保、低收入及残疾人员家庭为保障对象，是给"穷人"住的房子，是住房保障的主体和基础。

喀什市属于国家级贫困市，因此，低收入家庭的住房问题仍然是当前迫切需要解决的问题，而廉租房建设又是当前住房保障的主体。由于喀什市建设用地紧缺，住房建设过程中涉及大量的危旧房拆迁，一半以上的保障性廉租房优先安置了拆迁户和老城区危旧房改造的搬迁户。如 2010 年，廉租房实际建设 9618 套，而用于拆迁安置的竟然达 7739 套，用于保障对象的住房仅为 1879 套，仅占总建设套数的 19.54%（参见表 4）。可见，喀什市廉租房的建设基本成为拆迁户的安置房，真正用于城市低收入住房困难家庭的廉租房数量微乎其微，未实现廉租房的救助功能，忽视了住房保障的救助性，使很大一部分救助对象未被纳入住房保障体系中。2012年喀什市的廉租房建设远远无法满足低收入家庭的住房需求，仍亟须解决约 8000 户家庭的廉租住房保障问题。

（四）住房保障存在多头管理

虽然喀什市设立了住房保障办公室，但是附属于房地产管理局，使保障性住房的各个阶段均由不同部门负责。其中财政部分由政府负责协调，保障性住房的选址和设计由城乡规划部门负责，保障性住房的具体实施建设往往通过社会招标的方式进行，建成后的维护和运营绝大部分移交给物业公司。保障性住房建设负责机构的分散化使得保障性住房的建设过程不具有连续性，保障质量和连续性难以得到保证。

第三节　完善喀什市住房保障之路径

一　注重保障的公平性——完善住房保障的准入机制

住房保障的关键不是数量保障，而是公平保障。也就是说，住房保障的目的是使中低收入住房困难家庭实现"住有所居"，实现住房公平。那么，住房保障的公平性的关键就是进入机制的合理和公正，这是实现住房保障公平的前提。没有了这个前提，住房保障的公平性就形同虚设。因此，科学合理地界定住房保障对象是住房保障政策实施效果的前提。

（一）住房保障准入条件的公平性

廉租房仍是喀什市住房保障的主体，是以救助为主的保障。但是，目前的住房保障对象仍然是以家庭和户籍作为准入条件。以喀什市廉租房为例，廉租房以城市低保、低收入及残疾人员家庭为保障对象。可见，保障对象以家庭为单位，并且必须是城市户籍，这就意味着将贫困独居者和非城市户籍低收入群体排除在外。而现代社会的住房公平首先意味着住房权利上的公平，要求社会正式或非正式制度安排给每个社会成员享有住房的机会是平等的，而不应该受到成员家庭背景、性别、教育程度、职业类型等因素的制约或影响。因此，住房保障应将贫困独居者纳入保障范围内。

随着喀什市城市化的发展，人口流动加剧，户籍意义上划分居民的意义正在不断弱化，特别是大量农村富余劳动力的涌入，使得居住在城市的人口不断增多，对住房的需求量随之增大。而对于这些城市弱势群体来说，依靠市场购买或租赁住房是无法实现的，而以户籍作为廉租房的准入条件，势必将他们拒之门外，从而使得最需要廉租房的一部分群体无法得到应有的保障。因此，住房保障的准入条件取消户籍限制，应根据收入水平等情况进行类型划分，保障对象不仅包括具有本地城市户口的居民，还应包括喀什市大量流动的但常住本市的农业人口和外地城镇居民。

（二）住房保障退出机制的有效性

目前，喀什市廉租房的退出机制由于惩罚力度不够和激励机制的缺乏，使已经不符合廉租房申请条件的入住户，不愿退出廉租房，更有甚者将廉租房转租给他人，并从中牟取利益，导致廉租房成为一种长期性福利，大大破坏了廉租房的社会效应和价值。因此，政府应通过法律法规加大对廉租房欺诈行为的处罚力度。如任何人虚报资料，即属违法，应给予经济制裁或监禁等惩罚。惩罚力度的加大，增加了违法行为成本，从而有效遏制违法行为，保证退出机制的有效性。

除了加大保障住房的惩罚力度以外，我们还应考虑对那些通过自身努力，超过申请标准，但仍无力在市场上购买或租赁商品房的家庭退出廉租房后的住房问题。对于这些群体，我们应采取一定的激励措施，如对收入已经超出廉租房标准的家庭，我们根据家庭收入的实际情况，对暂时无力租住商品房的家庭，允许他们继续居住廉租房一年，或者将他们直接转入其他类型的住房保障，也可以通过给予一定的租金补贴。只有这样，才能发挥低收入群体的自我发展的动力，而避免对住房保障的依赖思想。

二　注重保障的适度性——房地产与住房保障的协调发展

与其他商品极大的不同点在于，城市土地的增值主要是由于公共投资包括城市基础设施、公用品和社会资本的投入所致。城市土地是全体市民或公共所有的资源，明显属于稀缺性资源。土地又是市民从事社会、经济和文化活动的基本载体，必须遵循公共福利最大化原则进行配置。土地又是财富之母，是一切经济活动的基础。土地市场在市场经济体制的构建中具有本源性的作用，土地市场的不健全或失控必然会导致整个市场经济体制的崩溃。由此可见，城市土地自然具有明显的社会和公共属性。[①]

城市土地的社会和公共属性，决定了土地的开发和分配，必须在遵循市场经济利益最大化的基础上，考虑土地资源分配的公平性。随着城市的发展，城市生活的人口增加，城市的住房问题是每个人必须首先面对的问题，而土地的社会和公共属性，要求政府在住房问题上，必须实现经济效益和社会福利的双赢，保证房地产市场健康有序发展的同时，也必须保证住房保障的有效实施，实现房地产与住房保障的协调发展。

(一)　城市化的适度性

目前，城市化似乎已经成为判断地方政府经济社会发展的一项重要指标，各地都千方百计加大推进城镇化的力度，打出城市化战略。一些地方政府简单地把城镇化和造城运动等同起来，造城运动又和房地产等同起来，高标准规划，大面积圈地，高起点建大楼，修广场。结果在新城区里集聚的仅仅是成群成片的建筑群，而不是人口和产业。也就是说一些地方政府在规划和建设新城的过程中，没有很好地考虑导入相关产业而造成新城的就业岗位极少，又没有配套好相关的基础设施和公共服务设施，导致人们无法前往新城区居住、生活和工作，所以大量房屋建好后只能任其闲置，从而造成大量社会资源浪费。缺乏产业和配套设施支撑的新城建设，加剧城市居民分化。一边是低购买力的当地居民，继续望房兴叹；另一边则是囤积房产的富有投资者，继续获取暴利，使得当地社会结构更趋于两极化。[②]

---

① 丘浈：《均衡公平与效率：中国快速城镇化进程中的房地产市场调控模式》，中国建筑工业出版社 2013 年版，第 27 页。

② 赵海云、胡细英：《城市化与住宅市场健康发展——以江西为例》，中国建筑工业出版社 2012 年版，第 9、10 页。

事实上，城市化并不总是意味着进步和发展，它只是人居环境格局改变的一个过程。过度的城市化有害无益，城市化和科技一样都是中性词，不是褒义词。城市化并不意味着钢筋水泥、高楼大厦，农民"被上楼"并不意味着市民化，房价的不断上涨并不意味着城市竞争力的提高。总之，在城市化率不断提高的过程中，我们也需要反思城市化途径之得失，城市化速度和比率，需要有个合适的度，并非越快越好、越高越好。"空城"成为城市化与房地产业发展不协调的反面典型。

（二）住房保障标准的适度化

住房保障的主要目的是解决低收入家庭的居住问题，是让"穷人"有房住。住房保障的目的，决定了住房保障的建设一定是"低标准化"的，是满足低收入家庭不会"流离失所"和获得安全住房。因此，从住房需求的角度看，住房保障主要是政府给中低收入阶层供应住房。与其他社会保障制度相类似，按照"效率优先、兼顾公平"的基本原则，对中低收入阶层的住房保障只能是低标准的，往往是确定中低收入者的衡量标准后，向符合标准的中低收入者出售、出租已有的低标准住房，或向中低收入者提供低标准住房补贴。

（三）住房保障的渐进式

住房保障水平指一定时期内一国（地区）社区成员享受住房社会保障福利的高低程度，其主要衡量指标是住房保障支出占国内生产总值的比率。住房保障水平客观上存在一个"适度"区域，过高和过低的保障水平都会对住房保障制度自身运行机制和社会经济发展产生不良影响。[1] 因此，住房保障的适度性是非常重要的。如果盲目加快保障性住房建设，不仅会造成居民的依赖思想，而且会因"挤出效应"使本已低迷的房地产市场受到打压，阻碍房地产市场的发展。

住房保障具有帮困和救济性质，其范围不宜过宽，应根据政府的实际能力，确定住房保障的规模和水平，必须是一个渐进的过程。同时，由于保障对象的住房支付能力千差万别，因此住房保障的水平要区分层次，坚持有步骤、分层次地解决中低收入家庭的住房问题。对于低保户等住房困难户，他们是首先需要保障的对象，因此，廉租房成为喀什市住房保障的

---

[1]　中国管理科学研究院资源环境研究所编：《中国住房与城乡建设发展实务》（上），经济日报出版社 2013 年版，第 71 页。

基础和重点项目。在基本满足低收入户的住房需求的基础上，还需考虑新城市群体（进城务工的农村富余劳动力、新毕业的大中专毕业生和新就业的职工等）的住房问题，他们是城市发展所需要的人才，是城市的新生力量，因此，给他们提供相应的住房保障，使他们安心在此工作，是推动喀什市经济社会发展的关键因素。总之，喀什市政府应当预先做好定位，合理规划各类住房开发用地比例，科学分配各类建房用地量，加大保障性住房和小户型住房建设力度，满足各层次群体的住房需求，改善不同阶层居民的住房条件。

三　注重保障的可持续性——住房保障的后续管理机制

国家近年来加大对保障性住房的建设力度，各地都纷纷建设保障性住房，取得了显著成绩，使中低收入家庭的住房问题得到解决和改善。但是，保障性住房的后续管理似乎一直是一个难题，各地都在探索，却一直没有一个标准答案。这是决定住房保障能否可持续发展的关键。对于喀什这个少数民族聚居的城市，住房保障的对象大部分是少数民族，即这里的主体民族维吾尔族。如果仅仅满足于让住房困难户有房住，而忽视对这些居民的管理和服务，那么，势必造成更大的社会问题，甚至成为社会不稳定的因素之一。这不仅是老百姓的担心，也是政府的后顾之忧。

（一）住得"有尊严"

由于城市土地资源的稀缺性，以及地方财政对土地财政的较高依赖性，决定了保障性住房的建设区域往往远离市中心或者是新规划的开发区。由于保障性住房的福利性质，地方政府无法从保障项目中获得经济利益，因此，他们往往认为给低收入居民提供住房，就大功告成，解决了社会矛盾。事实上，这种想法是极端危险的，作为政府，必须认识到低收入者享有住房，既是一种福利，更是一种权利。

虽然城市的空间资源非常稀缺，难以像一般商品一样无限制地增加住房供给，但是，在空间资源约束条件下，政府除了提供给低收入者住房以外，必须要保证他们分享到依托城市土地资源而建设起来的公共设施和服务，确保保障性住房小区必须配套的教育、医疗卫生、行政管理、邮政、电信及市政公用等配套设施，做到"配套设施与开发项目主体建设同步规划、同步建设、同步验收交付使用"，小区内超市、购物街、菜场、电信营业点、公用电话、银行、网吧、公安值勤室等一应俱全。[①] 政府通过建立完善的住房保障制度，公平地分配空间资源，实现住房公平，这就意味着人们的基本居住需求能够得到满足，不仅能住上房，而且能够"住得有尊严"。

（二）住得"明白"

政府应建立保障性住房档案网上动态信息管理系统，实现查询、申请、审批、摇号结果、楼盘预售等全过程网上动态公示，实现网上合同备案管理以及对今后的销售、回购等历史记录保存等。入住档案还注明了入住对象、入住时间、所在小区、楼号、楼层、户型、房号、购买、退出等内容，使政府便于及时跟进保障对象的情况，也使物业公司便于管理，同时，保障对象通过住房档案管理系统，可以更为清楚地了解小区内居民的整体情况，便于居民之间的了解和监督，使入住户住得"明白"。

（三）住得"温暖"

喀什市是个多民族聚居区，保障性住房基本上保障的也是喀什市的主体民族——维吾尔族。在每批住户入住前，通过各种途径、各种方式，开展法制教育、感恩教育和文明教育，使他们了解党和政府在实行住房保障制度方面所做的努力，明确自己的权利和义务，明确起码的法律规范和文明准则。同时还可以开展治安管理处罚法、消防安全、电梯使用安全、卫生保健、公共道德规范等系列知识讲座，引导他们学法、知法、懂法、守法、守信，做文明市民。通过教育、管理和服务，使每一个保障房小区形成一种温暖、和谐、文明、奋发向上的氛围。

（四）住得"称心"

小区的物业公司，就相当于小区内的"管家"。选择服务意识高的物业公司，将增强小区居民的凝聚力，并且营造一个温馨舒适的氛围。因此，政府必须把好关，选择发展基础好、知名度大的物业公司，为保障对象做好服务工作。并且住房保障办和居民委员会必须对物业公司的服务进行监督，对于小区选定的物业公司也不是一成不变的。每年进行测评，如果该物业公司连续三年测评成绩都很差，那么，政府将重新招标，选择服务意识更好的物业公司，使居民能够享受到体贴入微的服务，增强他们的

---

① 龚后雨、卜凡中：《住房保障模本：海南省儋州市保障性住房建设启示录》，新华出版社2013年版，第54页。

主人翁意识，共同营造小区内的良好氛围。此外，保障性住房事实上对保障对象来说是"输血式"的，解决他们居无定所或者因住房而陷入更加贫困的境地。那么，要使保障对象摆脱贫困，必须增强保障性住房的"造血式"功能。例如，保障住房小区内的保安、保洁岗位等，可以优先聘用本小区入住户；物业公司与居民委员会应提供尽可能多的服务，包括为入住户提供就业信息；同时居民委员会可以组织人员走出小区面向社会，主动与相关企业或市场联系挂钩，帮助低收入家庭人员寻找各种机会，使入住户住得"称心"。

第十三章

收入增长与人民生活

十一届三中全会的召开为我国经济社会发展带来了一次伟大转折，我国经济进入一个新的发展阶段。全国经济迅猛发展的大环境和21世纪国家重大工程西部大开发政策的推动下，新疆喀什市经济有了快速长足的发展，城乡居民收入保持持续而稳定的增长。特别是2010年中央新疆工作座谈会的召开，中央决定设立喀什特殊经济开发区后喀什经济社会各项工作取得了骄人的成绩。一个远在祖国边陲昔日经济整体落后的地区，已经逐渐发展成为综合经济实力显著提升、基础设施极大改善、资源环境日益协调、社会事业快速发展、人民物质生活水平和精神生活都发生了明显变化的一个不断提高、不断发展的强势喀什。

第一节　喀什地区经济水平

进入21世纪以后，喀什地区地方生产总值一直保持两位数增长，从2000年的68.54亿元增长到2012年的517.3亿元。经济的快速发展不仅为地处祖国边陲的这座城市带来了机遇，也带来了财富。随着当地经济水平的提高，居民收入快速增长，为生活质量的整体改善提供了重要的物质基础，当地人民的生活水平也发生了质的变化。

2012年十八大报告提出：到2020年，实现国内生产总值和城乡居民人均收入比2010年翻一番。这是首次明确提出居民收入倍增目标。认真贯彻落实党的十八大精神，把城乡居民收入倍增计划落到实处，努力提高和改善城镇居民的收入和生活水平，对构建和谐社会具有重要意义。

喀什市认真贯彻落实党的十八大精神，为了切实把城乡（镇）居民收入倍增计划落到实处，促进喀什城镇居民致富增收，进一步提高居民生活水平，构建和谐社会，根据 2013 年 8 月喀什地区行署就促进城镇居民增收印发的《关于喀什地区城镇居民增收计划实施意见通知》，通知中提出了喀什地区经济发展的总目标：城镇居民人均可支配收入年均增长 11.5%，到 2015 年达到 22127 元，到 2020 年达到全国平均水平（38219元）。并且为了实现目标制定了一系列的举措。可以肯定地预见随着全国经济的发展，喀什地区的人民生活将会迎来飞跃式的发展。

第二节　喀什地区城乡居民收入现状

改革开放以来，喀什市经济快速发展，城乡居民收入持续增长。根据 2013 年喀什市统计公报数据，2012 年喀什市城镇居民收入为 15164 元，农村居民可支配收入为 6643.56 元。[①] 城乡居民可支配收入作为反映城乡居民收入水平高低的主要指标，是指城镇居民用于最终消费支出和其他非义务性支出及储蓄的总和，即居民家庭可以用来自由支配的收入。以下通过对喀什市城乡居民人均收入、消费支出和储蓄情况，分析喀什市城乡居民收入现状。

一　从人均收入分析喀什居民收入

（一）喀什农村居民收入

纵观喀什城乡居民可支配收入情况，我们可以看出喀什城乡收入均保持了持续的增长。喀什市农村居民家庭人均可支配收入从 2008 年的 2870元增长到 2012 年 6643 元，比 2008 年增长了 2.4 倍。农村居民收入保持持续增长具有多方面的原因，其中农民增收的途径日趋多样化是重要方面。

表1　　　　　　　　　　喀什市农民人均纯收入

年份	收入（元）	同比增长（%）
2012	6643	14.9

① 中共喀什市市委喀什市人民政府：《喀什市 2013 年统计年鉴》，新疆人民出版社 2013 年版，第 252 页。

续表

年份	收入（元）	同比增长（%）
2011	5779	11.5
2010	5185	15.6

数据来源：2009—2012年喀什市国民经济和社会发展统计公报。

1. 农业经济增长促进农民增收

农牧民收入增长和农业经济收入密切相关。2010年，喀什市农业经济和农民收入持续增长，实现农业总收入为15.12亿元，农民人均纯收入5185元。

到2012年，全市农业总收入达到17.98亿元，较2011年增加2.2亿元，增长12.34%；农民人均纯收入达到6200.48元（不含政策性转移支付收入），增收841.85元，增长13.58%。农业总收入中，第一产业总产值12.74亿元，增加值8.68亿元，实现人均纯收入2313.32元，占农民人均收入的437.30%；第二、三产业5.24亿元，劳务创收1.58亿元，第二、三产业劳务创收实现人均纯收入3887.16元，占农民人均纯收入的62.70%；另外政策性转移支付收入达到2.23亿元，农民人均收入达1269.84元。①

2. 农民增收新途径，创收收入增长

喀什市一直都非常重视和引导本地有能力的人创办企业，促进劳动力的吸纳能力，与此同时，积极举办各类技能培训，以人力资源市场为导向，鼓励农村居民到城市企业或者公司里打工，或者从商，从而改变农村居民的收入结构。拓宽了农民增收渠道，创收收入成为农民增收的新途径。2012年喀什市有农村富余劳动力57842人，实现劳动力输出48674人，创收收入1.51亿元，农民人均纯收入达860.7元。

3. "菜篮子"建设工程

"菜篮子"工程是喀什市农业局大力扶持和实施的农业项目，该项目本着"抓育苗、强管理、增效益、促增收"的发展要求，将农民增收放在重要的位置，按照高效优质的思路，发展绿色农产品，不断提升生产能力，生产反季蔬菜总产达4万吨，初步制定完成了《喀什市2013—2020年蔬菜工程发展规划》，确定了蔬菜重点村，实现了农民增收。

---

① 中共喀什市市委喀什市人民政府：《喀什市2013年统计年鉴》，新疆人民出版社2013年版，第87页。

（二）喀什城镇居民收入

表 2　　　　　　　　喀什市城镇居民家庭人均可支配收入

年份	收入（元）	同比增长（%）
2012	15164	11.97
2011	13543	5.7
2010	12811	16.0

注：数据来源：2010—2012 年喀什市国民经济和社会发展统计公报和人民政府工作报告。

随着喀什地区经济的快速发展，喀什市镇居民的收入也在不断地增长。城镇居民人均可支配收入从 2005 年的 6611 元[①]增长到 2013 年的 16647 元，增长 2 倍多。同时，我们看到的是，喀什市城镇居民收入增长的同时，收入结构也趋向多元化。有以下四个特征：

1. 工资性收入上升

21 世纪前的 1992 年喀什市职工年平均工资仅为 2962 元，到了 2012 年喀什市城镇居民工资性收入为 10936 元。职工工资总额不断上升，人均年工资上涨，城镇居民在岗职工生活得到显著改善，为人们的安居乐业提供了根本性保障。

2. 经营性收入及比重均上升

随着经济体制改革，居民就业渠道的拓宽使个体从业人员增加，经营收入快速增长，所占比重不断上升。2011 年，喀什市城镇居民家庭人均家庭经营性现金净收入为 2097 元，比 2005 年经营性现金净收入 346 元增长了约 7 倍。

3. 转移性收入增长

近几年来，当地政府在不断提高行政事业单位人员工资水平的同时，也增加了离退休人员、失业人员及贫困家庭的生活补贴。认真地实施了各种措施和政策，极大提高了下岗、失业人员的生活补贴和社会最低生活保障水平，使贫困家庭的基本生活得到有效保障。

二　从消费分析喀什城乡居民收入

人均生活消费是指常住住户对货物和服务的全部最终消费支出，包括用于吃、穿、住、烧、用等生活消费品开支和文化教育、生活服务费用开

---

① 国家统计局新疆调查总队：《新疆调查年鉴 2006 》，中国统计出版社 2006 年版，第 424—425 页。

支两大部分。居民消费支出额是反映一个地区居民生活水平的基本指标，以消费衡量居民生活水平，不仅要看消费支出总额的多少，还要关注消费的具体内容、消费目的下形成的具体构成。

（一）喀什市居民消费支出

居民消费支出中食品消费支出、人均粮食（或蛋禽肉等）消费量、耐用品消费、住房医疗消费等都已经是衡量生活质量不可缺少的指标。表3是历年喀什市城镇居民人均消费支出情况，从表中可以清晰看出喀什市农村居民人均消费支出和城镇居民消费支出都持续增加，反映出喀什市人民生活质量的逐年提高。

表3　　　　　　　　　　喀什市城镇居民人均消费支出

年份	城镇居民人均年消费支出（元）	同比增长（%）
2012	10579	8.0
2011	9798	17.8
2010	8320	2.0

数据来源：2010—2013年《喀什市国民经济和社会发展统计公报》。

随着经济的发展，喀什市人均消费支出近几年有了较快增长。与此同时，居民消费结构也逐渐发生了变化。在居民全部消费支出中，住房、上学、看病、交通通信、医疗保健、文教娱乐、休闲旅游等消费持续增加，耐用消费品拥有量增加，而反映基本生存需要的重要指标喀什城镇居民家庭的恩格尔系数比2008年有所提高，2010年系数38.9%，较2009年提高1.6个百分点，较2008年提高2.1个百分点。食品支出所占的比重有所上升的主要原因是食品价格的大幅度上涨，拉动了恩格尔系数上涨。我们可以看出消费支出大部分体现居民生活消费从基本消费转为享受性需求，这显示人民生活质量的逐年提高。

（二）喀什居民的消费形态

生活和消费，是以生产和收入为前提的。我们前面提到，改革开放后，喀什人民生活水平总体上实现了从温饱向小康的跨越，同时喀什人们消费形态也发生了重大变化。呈现出消费需求不断增长、消费观念不断更新、消费结构不断优化、消费行为日趋时尚等新局面。

2012年喀什市城镇居民消费支出统计数据显示，最能反映居民生活质量与精神面貌和时尚意识的衣着支出增长速度最快，比上一年增长

18.2%；其次是社会保障支出，比上一年增长 16.5%，直接反映了人民对医疗保险、养老保险、教育保险等各种社会保障的重视；最后最重要的消费形态的转变是教育文化娱乐服务的消费支出，比上一年增长 11.7%，这足以说明随着人民生活水平的提高，对服务业的需求上升，服务性消费增长，以往增长较快的家庭设备用品及居住消费则呈现负增长趋势，这是喀什居民消费形态较大的改变。

事实上，20 世纪 90 年代中期开始，福利性消费体制逐步被市场化消费体制所取代，社会保障和社会福利水平开始大幅调整，以前主要由政府或企业以实物形式供给的住房、医疗、教育等费用上涨速度之快超过多数家庭收入的增长速度，其消费价格与大多数居民的收入水平相比显得过高，如果靠自身积累则需要一个较长的过程。居民消费心理压力随之增加，储蓄意愿增强。

三　从储蓄存款余额分析喀什居民收入

经济增长会引起收入增加，促使消费支出随之增加，但消费支出增加的幅度小于收入增长的幅度，也就是说，随着国民收入的增长，居民的边际消费倾向递减，边际储蓄倾向递增，储蓄率上升，即经济增长会引起储蓄增长或储蓄率提高。

随着喀什经济的飞速发展，人民生活水平的不断提高以及当地人民收入的增长，通过人均收入和消费支出情况的变化可以一览无余，而且从城乡居民的收入用于消费后的剩余可支配资金的不断增加，即喀什居民储蓄情况也可见一斑。从 2010—2012 年《喀什市国民经济和社会发展统计公报》数据中不难看出，金融机构各项存款余额都在不断增加，居民储蓄资金余额从 2010 年的 81.29 亿元增加到 2012 年的 121.96 亿元，短短三年中增加了 50.03%。居民存款余额的快速上升是一扇最直接的窗口，我们透过这扇窗口看到喀什市城乡居民收入的增长。

第三节　喀什人民生活

一　喀什人民的物质生活

（一）饮食：结构更趋健康多样

在过去，喀什当地居民的饮食种类并不是很多。当地居民的主食有抓饭、包子、烤包子、馄饨、汤饭等，以多食肉为主，拉条子、盖饭等饭食食用的较少。① 蔬菜的种类很少，在菜市场上的菜多为胡萝卜、蔓麻古（芜菁）、皮牙子（洋葱）、香菜等蔬菜。因为过去喀什人民生活并不富裕，对肉制品的需求量低，抓饭、包子、烤包子等肉馅饭食也只是过节和家里宴请客人时才能吃到。过去喀什多数农民家庭一般都养牛，城镇居民对奶制品的需求量也高，而且做多咖普（刨冰）和冰淇淋的小贩们对牛奶的需求量也大。在市场里和每条街巷都随处可见农村妇女和姑娘们摆着一大碗一大碗的牛奶、酸奶、奶皮子叫卖，市民们争相购买。馕是平时最爱吃的食品。过去在农村日常吃苞谷面做成的杂粮馕和玉米面糊糊。

　　随着喀什地区居民生活水平的不断提高，当地人们的饮食习惯和食品消费结构也悄然发生着改变，人们更加注重食物的营养，讲究饮食的健康多样。2010 年，喀什城镇居民人均食品支出为 3234 元，2012 年，喀什城镇居民人均食品支出 4383 元，短短几年增长了一千多元。这是近几年来居民在食品方面的消费增幅较高的一年，主要原因当然有本年度食品价格有所上涨，居民的食品消费随之增长。其次是随着收入水平的提高，生活节奏的加快和生活质量的提高，在餐馆吃饭的人也越来越多。例如，我们注意到不仅是喀什市而是整个喀什地区农村人均在外饮食消费支出在增加，从 2005 年的 30 元增长到 2011 年的 107 元，城镇居民家庭人均在外饮食消费支出更是一年比一年高。如今人们更注重饮食的高层次、高品位，不仅要吃饱吃好，还要讲究营养健康、营养全面。2007 年喀什地区农村居民家庭人均蔬菜及制品消费支出仅为 38 元，到了 2011 年已经增长到 163 元，五年增长了 4 倍多。人们餐桌上的食品变得丰富起来，肉食及其制品、奶制品、水产品、蔬菜、水果以及糖烟酒饮料类消费比重加大。

　　（二）衣着：追求时尚得体

　　居民的衣着服饰是富裕程度和文明水平的综合展现，是反映当地人民精神面貌和生活水平的一扇窗。

　　1978 年前，喀什当地人们衣着简单、单一。当地少数民族同胞男装大多长衣及膝，宽袖无领，再扎以腰带，称长袍（长袷袢），女性多是家庭作坊编制的艾德莱斯裙，外罩背心或上衣，在裙子里穿灯笼长裤，多数头戴小花帽。改革开放后，喀什当地居民的衣着有了鲜明的时代气息。当

---

① 依明江·阿吉尼亚孜：《我在喀什的 40 年》，新疆人民出版社 2011 年版，第 66 页。

地居民保守单一的服饰款式逐渐被靓丽、时尚的服饰所代替。人们的衣着消费需求迅速释放，服装消费逐步向时尚化、多样化、品牌化、高档化的方向发展，充分展示出鲜明的个性，显现出生活质量的变化。2009 年，喀什市城镇居民家庭人均衣着消费支出为 1089 元，2012 年城镇居民人均衣着消费支出为 1776 元，增长了 63%，充分从衣着上反映了时代的发展和人民生活的日新月异。

（三）住房：居住有所宽敞明亮

喀什人民居住较简单。平房多用土块砌成、平屋顶。20 世纪 60 年代的喀什当地居民的房屋大多数没有窗户或者窗户特别小，或者房屋干脆只有 2—3 个通风口（天窗），尽管有些昏暗，但也冬暖夏凉。一般有卧室、厨房、羊圈等几个房间和一个庭院。较富有人家才有客房、库房和厕所。客房里一般都有一个到两个传统维吾尔族木头箱子，箱子上面层层叠放着给客人用的和自家用的被子、褥子，在上面立几个女主人或者姑娘刺绣的枕头。卧室内多设有睡炕、火炉。睡炕一般用土砖砌成。[①] 少数人家房屋内部多设有壁龛，壁龛里摆放碗，或者一些藏品。多数人家房门为双扇门。1994 年，喀什市城镇居民人均居住面积 5.5 平方米。

十三届四中全会以后，各级政府积极采取各种措施，努力改善城市居民的住房条件。以抗震安居工程为重点，着力改善农民生活环境。2009年喀什新建农村抗震安居房 7.49 万户，农村改厕 2596 座，居民的居住环境、住房质量有了很大的提高。数据显示，2011 年喀什市城镇居民家庭年末现住房总面积 27.29 平方米/人。喀什市城镇居民家庭住房 100%（饮用自来水），31.4% 的家庭有厕所浴室，配套设施齐全，居住条件的改善非常明显。现在更多的居民开始追求生活环境舒适，屋内设施现代化、家具豪华化、装饰漂亮化。以喀什老城区民居为例，从 2009 年至 2012 年的 4 年中，许多居民人从平房搬到了现代化楼房。原地改建的居民也将自己的房屋翻修、装修了一番，给人以耳目一新的感觉。

（四）耐用消费品逐渐高档化

20 世纪六七十年代，在喀什谁家有一台缝纫机，家里的女主人那可是春风得意，如果谁骑了一辆自行车，会引来很多路人的刮目相看。那

---

① 新疆维吾尔自治区丛刊编辑组：《维吾尔族社会历史调查1984》，民族出版社2009年版，第 11 页。

时，这些是富有的标志。而现在想在喀什找到一家专门卖缝纫机的商店都有些难度。喀什老城区一家专门经营缝纫机的店主摇摇头表示，他的生意惨淡，反而会低价收购一些年代久远的缝纫机，权当"古董"。早年"实用型"的消费品早已被彩电、冰箱、洗衣机、移动电话、空调、音响、电脑所取代，并向着人工智能化发展。改革开放以来，喀什居民家庭对现代化的耐用消费品的拥有，从无到有，从少到多，普及程度提高。自行车、缝纫机、收音机，到80年代的电视机、录音机、电冰箱、电风扇，再发展到现代的手机、电脑、小汽车，消费档次迅速提高。2008年喀什市城镇居民人均家庭设备用品及服务支出为433元，2012年，喀什市城镇居民人均家庭设备用品及服务支出提高到612元。同年城镇居民家庭平均每百户拥有家用汽车17.8辆，比上年增长29.8%；家用电脑43.55台，同比增长0.9%。

（五）交通便利，通讯现代化

新中国成立前，喀什市的主要交通工具是畜力车。随着经济的快速发展，人民生活节奏的加快，现代化的交通通信工具迅速进入喀什居民消费中。丝绸古道上的重要驿站喀什，再也不遥远。1996年开辟的营运线路达16条，客运量千万人次。2012年末喀什地区公路通车里程22223公里，其中高速公路里程237公里，年末民用汽车保有量13.1万辆，比上年末增长23.3%。其中，私人汽车7.93万辆，比上年末增长31.1%；载客汽车9.43万辆，比上年末增长25.3%；载货汽车3.2万辆，比上年末增长19.5%。这表明喀什国际性内陆交通枢纽的建设方案已初具规模，一个交通发达、快捷的现代化喀什城市的建设正在着手进行。

同时，随着交通的便利，通信也日益现代化，城乡居民拥有的固定电话和移动电话数量激增。有关数据显示，截止到2012年末，喀什市每百户平均拥有移动电话182.2部，而整个喀什地区固定电话用户普及率达到9.5部/百人；年末移动电话用户达到224.2万户，同比增长30.35%，移动电话普及率达到54部/百人；互联网用户达到15.08万户，同比增长18.36%。交通和通信支出又是居民家庭消费支出的重要方面，2012年喀什市居民家庭交通和通信支出为1252.24元，比2010年的946.72元增加305.52元。喀什居民生活消费正在向现代化的交通和信息网络时代发展。

二　喀什人民的精神生活

(一) 注重教育文化水平

喀什各级党政切实把教育作为民生之首，坚持优先规划教育发展，并制定了喀什地区文化跨越式发展的总体目标：深入贯彻落实党的十七届六中全会和自治区第八次党代会精神，以现代文化为引领，以满足群众文化需要为出发点和归宿，努力将喀什建设成为文化强区，力争到 2015 年，争取全地区文化设施覆盖城乡，文化基础条件和人民群众占有文化设施的状况达到自治区较高水平；城乡文化产品丰富，服务功能健全，能够满足群众文化生活需要；打造一批特色文化精品，提升喀什中西部明珠的文化品位。① 自 2007 年 1 月 1 日 "东风工程" 为农民赠送党报党刊工作全面启动以来，截至目前，喀什市 8 个乡镇文化站、105 个村文化室总计免费接受赠阅的党报党刊 6 种（即《人民日报》《新疆日报》《新疆经济报》《新疆科技报》《今日新疆》《喀什日报》）；杂志 7 种。同时 "东风工程" 为每个村文化室配送 4 种报纸、7 种杂志。目前共免费赠阅的图书 90 种43848 册（包括政治类、历史类、医疗、卫生保健、农业、科技、经济、体育、文学类等）。

政府对教育的重视与投入进一步影响了喀什当地人民教育投资观念的不断加强。这是由于随着人们收入的增长以及面对日益更新和不断加快以及日益激烈的就业竞争，很多家庭选择让孩子读大学，甚至很多成年人也投入到再教育和学习新知识、新技术的行列，并且很多家长不惜花费巨额资金为子女择校、请家教、参加诸如外语、电脑和各类加强班、特长班等课外学习，极大地促进了城镇居民在教育方面投入的迅速增长，极大地促进了喀什城镇居民在教育方面投入的迅速增长。2011 年喀什市城镇居民人均教育支出 310 元，比 2008 年增长 19%。

(二) 医疗保健意识加强

喀什是维吾尔传统医学比较发达的两大城市之一，具有久远的历史。过去喀什人们多数是去看维吾尔医，或者去八十个袋子②抓几把药，药疗费用也较低。无法治愈的疾病，也只能听天由命。随着社会的发展，疾病

---

① http：//www. mzb. com. cn/html/Home/report/324239 - 1. htm.

② 八十个袋子：指药铺。

趋于复杂化和多样化，当地传统的医疗方式渐渐无法满足人们的需求。随着日益增进的经济条件和医疗技术的提高，就医观念也发生了根本的变化，喀什人们的医疗保健意识加强，注重预防及体检，医疗消费持续增长。医疗消费与收入密切相关，这是当地人们收入增长的有力证明。

近年来，随着医疗制度的改革及生活水平的逐步提高，城乡医疗卫生服务体系正在完善，公共防疫体系和卫生服务体系正逐步健全，城镇居民自身保健意识逐渐增强，对保健器具、滋补保健品的需求不断增加。数据显示，喀什市城镇居民用于健康保健方面的消费支出呈稳步上升趋势，居民家庭医疗费用支出在家庭消费总支出中所占比重稳步上升。2008年喀什市城镇居民家庭人均医疗保健生活消费支出由501元增长到2012年的612元。

(三) 休闲娱乐享受生活

休闲娱乐是人们精神生活的重要组成部分。休闲娱乐方式丰富多彩。

喀什，作为古代丝绸之路南道的商业文化中心，自古就有"歌舞之乡"的美誉。这里的维吾尔族传统舞蹈"麦西来普"和"萨玛舞"是民间流行最广的两种舞蹈，另外还有许多民间娱乐活动，如达瓦孜 (高空走绳)、叼羊和马术、摔跤等。

日益加快的生活节奏和现代化思想对喀什休闲娱乐观念也产生了深远影响，传统的休闲娱乐方式已经不能满足人们更高层的休闲娱乐需求。现在的人们在努力工作的同时越来越主张要享受生活，不断地丰富自己的娱乐生活。随着喀什人们生活质量明显提高，有供休闲的人民公园，有供终身学习的图书馆，尤其是从国内外来喀什旅游和工作的人们把现代最时尚的休闲娱乐方式也带到了喀什。

近年来，除了当地人们喜爱的传统的音乐、歌舞等娱乐方式外，旅游消费已成为喀什城镇居民消费的新时尚。特别是近几年在政府多方扶持和推动下，喀什大力发展旅游基础设施，完善旅游市场建设，旅游业蓬勃兴旺，为城镇居民的旅游消费提供了广阔的空间，城镇居民的休闲娱乐活动更加丰富多彩。2012年喀什市城镇居民人均教育文化娱乐服务支出685元，比往年有了大幅增长。

提高人民生活水平是发展经济的根本目地。喀什地方各级党和政府始终坚持把增加居民收入、改善人民生活作为工作的出发点和落脚点，积极创造条件，加快社会发展，创造了城乡居民可支配收入继续增长，人民生活水平显著提高的局面。

　　喀什农村居民收入增长，其来源结构也发生了巨大的变化，从主要依靠农业生产的情况逐渐转变并拓宽增收渠道，外出务工，工资性收入持续增长。喀什城镇居民收入也取得了稳定的增长，工资性收入持续增长，家庭经营性收入、投资性收入等稳步增长。其次，喀什城乡居民消费支出快速提高，消费结构渐趋合理，社会保障体系趋于完善，家庭财富积累增多。

　　在新的视野下喀什人民的衣、食、住、行、用和娱乐生活有了翻天覆地的变化。但是不容忽视的是，喀什人民生活发展变化的同时，仍存在着发展不全面、不平衡的特点，不同阶层和群体之间还仍存在相当大的贫富差距。促进喀什经济快速发展，保持社会和谐稳定，是我们每一个人广泛凝聚各方面的智慧和力量，同心同德、群策群力，努力完成的首要任务。

第十四章

民族文化的传承与发展

　　"丝路明珠"喀什，位于塔里木盆地到帕米尔高原过渡的绿洲之中，是我国最西部的边陲城市，也是南疆第一大城，有着 2100 多年的悠久历史。千百年来，这里始终是天山以南重要的文化、经济、政治重镇，自古至今，这里走出过张骞出使西域的驼队，见证过班超固守边塞的英姿，留下过玄奘西天取经的脚印，作为古"丝绸之路"南道、北道和中道的交汇点，印度文化、波斯文化、阿拉伯文化、古希腊文化、古罗马文化和中原文化也随着商队和人流在这里交汇。东西方文化在岁月中的碰撞与交融，使得喀什形成了自己特有的文化氛围，成为维吾尔族文化的发祥地，深厚的文化底蕴，浓郁的民族风情，绮丽的自然风光，使喀什成为世人向往的胜地。

第一节　喀什的物质与非物质文化

　　喀什 2000 多年的悠久历史和灿烂文化，为我们后人留下了大量宝贵的历史文化遗产，文物古迹、饮食文化、服饰文化这些看得见的物质文化遗产，是喀什民族文化的外显形式，而民风民俗、音乐舞蹈、民族工艺非物质文化遗产，则是喀什民族文化在生活中的表达途径。一代又一代的喀什人在适应环境的历史过程中创建发展起来这些文化符号，表达了喀什人的价值观与审美观，潜移默化地强化着喀什人的集体记忆和情感认同。

一　喀什的物质文化

（一）文物古迹

1. 艾提尕尔清真寺

艾提尕尔清真寺坐落于喀什市中心的艾提尕尔广场西侧，是目前全国规模最大的伊斯兰教礼拜寺，始建于回历 846 年（1442）。最初，这里位于喀什内城的西侧，是一片墓地，当时统治喀什的道台沙克斯·米尔扎把自己亡故的亲属埋葬在这里，为了便于悼念，他在此修建了喀什第一个礼拜寺，后来经过历代多次修缮和扩建，1838 年达到现在的规模，如今的艾提尕尔清真寺，从南到北全长 140 米，东西宽 120 米，占地总面积为1.68 万平方米。

艾提尕尔清真寺是维吾尔族古建筑艺术和宗教融合的典范。在建筑风格上，较多地保留了阿拉伯伊斯兰特色，在建筑形式上，清真寺独特的穹窿、拱门、开放式殿堂等元素均有体现；在建筑色彩上，以伊斯兰教崇尚的白色、绿色和黄色为主；在建筑布局上，主要由正殿、外殿、教经堂、院子、拱北、宣礼塔、大门 7 个部分组成，开放式殿堂和封闭式殿堂相结合。

艾提尕尔清真寺作为一个宗教场所，平时每天有两三千人来做乃麻孜，逢周五主麻日，会有六七千人来做礼拜，而到了盛大节日，这里会同时会集两三万人做礼拜，整个清真寺内外跪满了信众，场面蔚为壮观。因此在中西亚地区，艾提尕尔又享有"小麦加"之称。

艾提尕尔清真寺之所以能在民众心目之中获得如此重要的地位，除了最主要的宗教原因外，还因为其所具有以下功能。

第一，教育功能。艾提尕尔清真寺不仅是新疆地区宗教活动的重要场所，在古代还是传播伊斯兰文化和培养人才的重要学府，天山南北以至中亚地区许多教阶较高的伊斯兰教神职人员和学者大多数从这里毕业，很多有影响的诗人、史学家和翻译家早年也在此受过严格的学业培训，因此这里也是重要的文化教育与传播之地。[1] 第二，文化传承功能。"艾提尕尔"在维语中的本意即为"节日礼拜与集会之所"，每逢古尔邦节、纳吾尔肉孜节等重大节日，羊皮鼓声、唢呐声就会响彻艾提尕尔广场，成千上万的民众穿着节日盛装汇集于此，集体跳舞。节日、服饰、舞蹈等民族传统文化就在这些庆典中被重复传承下来，同时清真寺的建筑本身也是文化传承的重要内容。第三，地标功能。艾提尕尔清真寺位于喀什市中心，以该寺为中心，辐射出一片繁华的商业街区。每天寺内呈现一片安详宁静，寺外则是车水马龙，人流不息。喀什最热闹的艾提尕大巴扎就位于清真寺对

---

① 刘谦功：《中国艺术史论》，北京大学出版社 2011 年版，第 245 页。

面，寺院周围辐射状的街巷中，密布着五花八门的店铺。伊斯兰教本就是一个入世性的宗教①，因此清真寺并不排斥世俗的商业，仅在艾提尕尔清真寺寺门的北侧和东南侧围墙处，就建有46间门面，经营日用百货、土特产品，这些门面房的收入，是清真寺收入的重要来源。② 古老的艾提尕尔清真寺在宗教、教育、文化及社会发展等方面的功能，在21世纪的今天，仍然在继续发挥着作用。能让一座有着近600年历史的古迹"活着"，国家及当地政府的重视与保护至关重要。

1955年自治区成立时，国家下拨资金对寺院进行了一次全面彻底的修饰；1962年，艾提尕尔清真寺被定为了自治区重点保护单位；1983年国家又拨款10万元对寺院进行了大修，并组织了专门的人员加强寺院管理；2001年6月，该清真寺被国务院公布为第五批全国重点文物保护单位。2010年，国家和自治区针对艾提尕尔清真寺划拨文物保护维修资金1100万元，目前已经完成内外殿、南北教经堂、南北宣礼塔等单体建筑的维修工程任务。

2. 阿帕克霍加麻扎

阿帕克霍加麻扎位于喀什市乃则尔巴格乡浩罕村。"霍加"意为伊斯兰教创始人穆罕默德圣人的后裔，阿帕克霍加是伊斯兰教依禅宗在喀什的"白山派"首领。阿帕克霍加麻扎就是阿帕克霍加及其家族的墓地。由于人们传说阿帕克霍加的亲属、清乾隆皇帝的容妃——伊帕尔汗——也葬于此处，因此这里又被一些汉族群众和外地游客称为"香妃墓"。

阿帕克霍加麻扎始建于明崇祯十三年（1640）前后，是我国现存规模最大的维吾尔族风格和伊斯兰教式建筑相结合的古建筑群，"由净水池、寺门、小礼拜寺、主墓室、经堂、大礼拜寺和园林七部分组成。正门是一座华丽的门楼，两侧有高大的砖砌圆柱和表面镶以蓝底白花琉璃的门墙。与门楼西墙紧接的是一座小清真寺，前有彩绘天棚的高台，后有祈祷室。陵园西部又有一座大清真寺和一座穹隆顶的教经堂。主墓室坐落在陵园东侧，坐北朝南，方体圆顶，横长36米，纵深29米，通高27米。四周各立一座半嵌在墙内的巨大砖砌圆柱，圆柱顶上各有一座精雕细刻的圆

---

① 邓碧波：《宗教世俗化与伊斯兰原教旨主义的产生》，《阿拉伯世界》2004年第2期。

② 据艾提尕尔清真寺管理委员会公开账目显示，2013年艾提尕尔清真寺一年总收入550178.8元，其中门面房收入357168元，占全年总收入的64.92%。

筒形‘召唤楼’，楼顶各有一弯铁柱高攀的新月”①。整组建筑造型庄重简洁，宏伟而肃穆，是维吾尔族工匠审美意识、智慧和艺术才能的结晶。

17 世纪以后，在天山南北掀起了以朝拜"麻扎"（即陵墓）为重要形式的伊斯兰教圣人后裔的崇拜纪念活动，阿帕克霍加死后，这种活动达到高潮。阿帕克霍加墓作为今新疆最大的"圣人"麻扎，在广大穆斯林中有着不可忽视的影响。为了广泛团结新疆维吾尔民众和伊斯兰宗教上层人士，1760 年，清乾隆皇帝曾专下谕旨对阿帕克霍加墓的管理作出规定："喀什噶尔所有从前旧和卓木②等坟墓，可派人看守，禁止樵污秽。其应行修缮分例，并著官为经理，以昭国家矜恤之仁。"新中国成立前，陵墓曾遭当地旧政权官吏的严重破坏，原墓前乾隆钦赐的匾额和墓顶上纯金镀就的月牙（约重 50 两）均被窃去，整个陵墓也残破不堪。③新中国成立后，为了贯彻党的民族、宗教政策，保护有价值的文物古迹，政府曾多次拨款对阿帕克霍加墓加以维护和整修，1988 年 1 月，阿帕克霍加墓被国务院公布为全国重点文物保护单位。2010 年，国家又向阿帕克霍加麻扎划拨遗址保护专项经费 2200 万元，对院内地面、主墓室、高低礼拜寺、教经堂、大礼拜寺、经学院、门楼、围墙以及院内排水系统和灌溉系统做了全面的保护性维修，使这片近 400 年历史的古老建筑群焕然一新。

3. 莫尔佛寺

莫尔佛寺位于喀什东郊的胡玛塔勒山，包括莫尔佛塔遗迹和寺院遗址，从残留的废墟和寺院形制判断，莫尔佛寺在当年应属于地位较高的佛寺，距今 1500—1800 年。莫尔佛塔由两座佛塔组成，一座在东南方向，方座、圆腰、覆钵顶，底座长宽均为 12.3 米，高 12.5 米；另一座寺塔为倒斗形，底长 25 米，宽 23.6 米，顶部残长 14.2 米，宽 12.5 米，塔高 7 米，是寺院的中心建筑，塔身正面及两侧有佛龛遗迹。根据佛教在我国的历史，喀什是佛教最早传入我国的地方之一，有学者考证公元 2 世纪初，佛教活动就已经开始在当时的疏勒国（喀什古称）出现，一直延续到公元 10 世纪初，佛教才逐渐被伊斯兰教所代替④，因此这两座千年不倒的

---

①　阿不都热西提·阿吉、王时祥主编、喀什市地方志编撰委员会编：《喀什市志》，新疆人民出版社 2002 年版，第 570 页。

②　汉文史料中，"霍加"与"和卓"同义。

③　中国人民政治协商会议喀什市委员会文史资料研究委员会：《喀什市文史资料》第 6 辑，1991 年，第 148 页。

④　李恺：《丝路明珠喀什噶尔》，新疆人民出版社 1992 年版，第 27—34 页。

佛塔,是佛教在喀什的最后的见证。2001年6月,莫尔佛寺被定为全国重点文物保护单位。2012年,莫尔佛寺保护项目可行性研究报告规划编制及核心区5.3公里保护围栏建设工作圆满完成。

目前,喀什市的文物保护单位共有42处,除了前面提到的艾提尕尔清真寺、阿帕克霍加麻扎、莫尔佛寺遗址3处国家级重点文物保护单位之外,还有自治区级重点文物保护单位7处,包括玉素甫·哈斯·哈吉甫陵墓、艾尔斯兰汗麻扎、亚吾鲁克古城遗址、欧尔达西克清真寺、斯坎德尔王麻扎、汗诺依古城遗址、艾斯克萨古城遗址;市级文物保护单位19处,分别是色满苏联领事馆、其尼瓦克英国领事馆、徕宁城、人民公园文化宫、玉素因·排组拉霍加麻扎、达克亚鲁斯夏雷寺院遗址、达克亚鲁斯夏雷墓葬、夏木帕德夏麻扎、江尕里遗址、阿拉吾尔达清真寺、布拉克贝希、孜来哈比克木麻扎、亚吾鲁克驿站遗址、墩买其清真寺、卡热萨克里阿塔木麻扎、胡西克比格木麻扎、布买日也木黑尼木麻扎、开普代尔哈那寺院遗址、拉依勒克遗址。另外还有未公布等级的文物保护单位共13处。

文物古迹反映了一个地方的历史与文化,是前人留给后人的无价之宝。一个地方的文物保护情况,是当地人文精神的集中体现。历史留给了喀什诸多宝贵的遗产,喀什也为保护祖先的遗产做出了应有的贡献。新中国成立前,喀什文物古迹的维护主要是政府资助和当地百姓自发组织相结合;新中国成立后,喀什市文物保护管理所于1985年2月成立,成立之初只有3名工作人员,如今有工作人员18人,历经30年的发展,其工作范围从单一的管理职能逐渐延伸,发展起了文物征集、保护、展览、宣传、科研等全方位的工作体系,加强文物安全防范工作。为加强对文物保护单位的管理,为喀什的文物管理工作做出了重要的贡献。

(二)饮食文化

天、地、人是一个地方饮食文化的三个重要影响因素,喀什也不例外。

天,主要是指气候对饮食的影响。喀什属于大陆性暖温带干旱气候,气候干燥少雨,灌溉主要依靠冰川积雪融水,小麦玉米等抗旱性较强的农作物是当地的作物主体,因此在喀什,面食比米食更为普遍,馕就是最典型的代表。在炎热少雨的喀什,馕以其好制作、抗收缩、易保存等特点当仁不让地成为当地居民餐桌上的主食,馕在喀什民众心目中的重要性,已经远远超越了它的食用功能,上升到了一种生活信仰的高度,成为喀什传统民族文化的象征物之一，喀什地区大量流传的关于馕的谚语就是有力的证明。除此之外，喀什人爱吃的面食还包括拉条子、纳仁面、烤包子、油塔子、馓子等。干旱的气候在给人们带来不便的同时，也给喀什人带来了比其他地方都更为甘甜的瓜果。由于雨水较少昼夜温差大，喀什地区的瓜果糖分更高，让人爱不释手。气候的干燥使得人对水的需求量增大，同时高甜度的水果吃多了也容易引起上火症状，因此茶水是喀什人餐桌上必不可少的一部分，上桌第一口是茶，吃完饭最后撤下的也是茶，解渴降火。

地，主要是指土地类型和耕地面积的影响。喀什位于塔克拉玛干沙漠西缘的绿洲地带，耕地面积小，在保证粮食作物的同时，蔬菜种植面积就相应减少，因此在喀什的传统饮食当中，蔬菜所占比例较小，种类较少。传统饮食中的蔬菜主要是土豆、胡萝卜、白菜等易储存、好运输的品种，吃当地的"民族饭"，单个的炒菜并不多见。

人，是指当地居民的信仰、口味等对饮食的影响。喀什是维吾尔族人口的聚居地，400万人口中，90%是维吾尔族，其他民族也大都信仰伊斯兰教，因此牛羊肉，特别是羊肉，在喀什传统饮食当中扮演着重要的角色，由于《古兰经》中许多章节对于禁忌食物有着具体、明确的阐述，在喀什当地，猪、驴、骡、狗等动物的肉、血制品极为少见。

这些饮食传统能够流传至今，反映了人与自然和谐共处的智慧，当然随着时代的变化，物流的发展，喀什人当前餐桌上的饭菜种类也不断丰富，例如蔬菜的品种，已经几乎与内地没有差别，火锅、粤菜等其他地域的饮食文化也逐渐在经过本土化的适应后在喀什落地开花。

(三) 服饰文化

服饰文化体现的是一个民族的审美价值和艺术追求。喀什地区90%的人口是维吾尔族。男子传统服饰为过膝、宽袖、无领、无扣的袷袢，颜色多为蓝、灰、黑，白衬衣多在前襟和开口处缀花边，帽子颜色多为黑底白纹样。女性传统的民族服装是艾德莱斯制作的裙子配以长裤，喀什地区的艾德莱丝绸相比和田、洛浦等地，以花纹细腻、色彩艳丽著称；女性喜戴头巾，老年妇女头巾颜色多以黑色、咖啡色为主，中青年妇女的头巾颜色较为鲜艳，头巾在喀什夏热冬冷风大的气候环境中可以很好地起到防晒、防风沙及御寒的作用，金饰也是维吾尔族妇女喜爱的配饰。

谈到喀什的服饰，不能不提巴旦木花帽。喀什地区生产巴旦木杏，其核形状一头圆一头尖，经过劳动人民的艺术创作，成为喀什地区特有的装饰纹样，将这种纹样运用在花帽装饰上，就是著名的巴旦木花帽。这种花帽多为黑底白花纹，色彩对比强烈，立体感强，多为男性佩戴。

如今，传统的民族服饰在喀什城内依然随处可见，然而现代服饰以其简洁、价廉等特点，已经越来越为人们所接受。在调研中，我们感受到当今喀什人着装特点是传统与现代相结合，如果在款式的选择上偏向现代，在色彩的选择上就会注重民族传统，偏向鲜艳的色彩。

二　喀什的非物质文化

非物质文化是指以非物质形态存在的口头传统、民俗活动、礼仪节庆、民间传统表演艺术、手工艺技能等，种类繁多、形式多样，内容丰富。从 2009 年起，喀什对本地的非物质文化遗产开展了历时两年的普查工作，最后整理出 41 项非物质文化遗产资源项目，由于篇幅所限，我们在此仅能对几个重点项目做简单介绍。

（一）木卡姆艺术

"木卡姆"为阿拉伯语，汉语的意思为"规范、聚会"，在"木卡姆艺术"词组中特指"经过规整的音乐套曲"。木卡姆艺术主要存在于中亚、南亚、西亚和北非，是集歌、舞、乐、文学、民俗等于一体的大型综合艺术形式，新疆的木卡姆艺术是中国、印度、希腊和伊斯兰古典音乐融合的精华，在文化、历史、社会、哲学、审美等方面具有很高的价值，不仅是维吾尔族音乐文化之母，同时也是中华民族音乐文化的瑰宝。2005年申遗成功后，中国新疆维吾尔木卡姆艺术与阿塞拜疆木卡姆、伊拉克木卡姆和塔吉克斯坦、乌兹别克斯坦的木卡姆共同成为"人类口头和非物质文化遗产代表作"。木卡姆艺术是东、西方乐舞文化交流的结晶，喀什作为古丝绸之路上的重要节点，是新疆木卡姆艺术的摇篮。在新疆风格各异的木卡姆艺术中，喀什木卡姆形式最为完备，曲调最为丰富，也最具代表性，因而在天山南北广为流传。

公元 16 世纪，叶尔羌汗国国王阿布都热西提的王妃阿曼尼沙汗根据维吾尔族木卡姆的民族调式特点，将民间流传的木卡姆整理成 12 套木卡姆，确定了 12 木卡姆的规模，形成了木卡姆特有的琼乃合曼、达斯坦和麦西莱甫三部分结构，由于它由 12 部套曲组成，因此又被习惯性地称为

"十二木卡姆"，12 套木卡姆依次为拉克木卡姆、且比亚特木卡姆、木夏乌热克木卡姆、恰尔孕木卡姆、潘吉孕木卡姆、乌扎勒木卡姆、艾介姆木卡姆、乌夏克木卡姆、巴雅特木卡姆、纳瓦木卡姆、西孕木卡姆和依拉克木卡姆，阿曼尼沙汗的成就为这一世界瑰宝的保护奠定了基础。"十二木卡姆"集歌、诗、乐、舞于一身，共包括了 340 多首音乐曲 44 位诗人的 4492 行诗，将它们全部唱完需要整整 24 个小时①，其所具有的结构完整、体系严密、朗朗上口、易于理解等特点，为自身的流传与保存起到了重要的作用。

（二）萨玛舞

喀什萨玛舞是具有悠久历史的民间舞种之一。据历史文献记载，早在伊斯兰教传入新疆之前就已存在。古时，亚洲北方游牧民族普遍信仰萨玛教，教规中有巫师领跳"萨玛舞"进行宗教活动的内容。当时的喀什属于萨玛教区。伊斯兰教传入后，名为"依克买提"的吟诵活动中有萨玛舞的原形。多种文化与宗教的相互交流、影响、演变，形成了今天的喀什萨玛舞。喀什萨玛舞与一般的维吾尔舞蹈不同，主要特色是胡旋与群体性。舞蹈者双臂曲肘，双手举至面前或一臂屈肘至面前，另一臂在身后，随呼喊节奏向前俯身一次，向后仰身一次，前俯时双手随身体向前，后仰时双手置胸前，一边踏步一边向前移动，一边"胡旋"。动作统一，节奏统一，与鼓点紧密相扣，基本动作为"悠晃步""悠晃旋转"等。② 在演变过程中，萨玛舞逐渐世俗化，至近代成为维吾尔人民在传统节日里集体欢跳的一种民间舞蹈。每当肉孜节、古尔邦节来临，人们便自发聚集到艾提尕尔广场，在鼓吹乐伴奏下，千人共跳萨玛舞（见图 1）。萨玛舞是勤劳智慧的喀什维吾尔族人民在长期的生产和生活中群体创作的结晶，成为喀什人民的一种风俗，一种爱好。在喀什市文化建设中，不但丰富了人民群众的文化生活，提高了人们的生活质量，还促进了精神文明建设。已成为喀什市的一个文化品牌，对宣传喀什，宣传新疆有着很大作用。

随着我国文化艺术、娱乐形式的多样化，喀什市目前参与萨玛舞活动的人数逐年减少。"萨玛舞"民间老艺人相继离世，熟练掌握萨玛舞要领的传承人寥寥无几，出现断层现象，形势不容乐观。

---

① 王莹：《丝路明珠：中国新疆维吾尔木卡姆艺术》，《世界遗产》2006 年第 12 期。

② 中国民族民间舞蹈集成编辑部编：《中国民族民间舞蹈集成·新疆卷》，中国 ISBN 中心，第 101 页。

图1　千人共跳萨玛舞

资料来源：由喀什市文体广电局供稿。

(三) 手工艺

1. 土陶

喀什市土陶的制作已经有上千年的历史，随着丝绸之路的开通而兴起，不断发展创新，以父子相传的沿袭方式流传至今，其制作方法主要是以自然黏土为原料，将黏土用水和成泥巴，加入河岸边的芦苇花絮，采用手工制作和高温烧制相结合的方法，再配以色彩和花纹图案制作而成。喀什维吾尔族土陶民俗风情浓郁、独具特色，是古老的维吾尔族文化的遗存和缩影，为古代东西方文明的交流，特别是中华文化一脉多支的研究提供了重要的例证，具有重要的历史、文化价值。2006 年喀什市土陶制作技艺被国务院列入国家级非物质文化遗产保护名录。

2. 小刀

喀什是维吾尔小刀的主要产地。维吾尔小刀历史悠久、选料精良、做工考究、造型美观、纹饰秀丽，距今已有四百年历史，是具有浓厚维吾尔族风情的手工艺品，也是维吾尔族男士的必备品，具有较高观赏价值的工艺品。小刀非常讲究制作工艺，尤其是讲究刀柄和刀鞘。为了美观，刀柄或弯或直，被制成各种样式，有的将羊角、鹿角制成刀柄。刀柄材质包括木质、角质、铜质、银质等，并镶嵌色彩鲜明的图案花纹，有的甚至用宝石来点缀，玲珑华贵。刀柄造型如月牙、如鱼腹、如凤尾、如雄鹰、如红嘴山鸦、如百灵鸟头，令人爱不释手。刀身用特种不锈钢打成型，制成粗胚和细胚之后，用锉刀锉磨光，然后再进行淬火。淬火是小刀工匠们世代传承的绝技，相互保密，绝不外传。刀鞘一般用牛、羊皮模戳压制成，结实耐用。小刀长度一般为十几厘米到二十几厘米。最大的达半米以上，最小的仅两寸左右。

3. 乐器

维吾尔族乐器是维吾尔族人民勤劳和智慧的结晶，古老的乐器在漫长的历史岁月中，随着历史的推进和维吾尔族经济、文化事业的不断发展，国内外文化交流，在文化生活的实践中不断融合、完善和创新形成了一套完整的音乐演奏体系，并有着无穷的表现力，可以从容地演奏国内及世界各民族任何复杂的音乐作品，极大地促进了中国音乐文化事业的发展。维吾尔族乐器制作工艺历史悠远、种类繁多、音色优美，独具民族特色和本土特点，制作工艺因其精致、美观而名扬世界。维吾尔族乐器按结构和演奏规律可分为吹奏乐器、弹拨乐器、弓弦乐器和打击乐器四大类，主要乐器有都塔尔、热瓦甫、艾捷克、手鼓、弹布尔、胡西塔尔、萨塔尔、卡龙、巴司、羌等，尤其是热瓦普和弹布尔较为常见。随着喀什旅游业的发展，维吾尔族乐器因品种繁多、款式多样、质量优良、外形美观，进入广大游客视野中，成为游客们收藏及馈赠亲友的首选佳品，为推进喀什市维吾尔族手工艺振兴和发展发挥着积极作用。2007 年喀什市维吾尔族乐器制作技艺被列入自治区级非物质文化遗产保护名录，2008 年 6 月，喀什的"民族乐器制作技艺"被国务院列入第二批国家级非物质文化遗产名录。

喀什非物质文化遗产面广量大，普查、传承、保护、抢救的任务十分繁重，喀什市政府在项目发掘、标本收集、传承人培养、保护意识的宣传等方面做了大量的工作。

首先，政府加大了对非物质文化遗产保护的资金投入。2010 年至今，政府分别在土陶技艺项目上投入专项资金 71 万元，"十二木卡姆"艺术专项保护资金 18 万元，乌孜别克族舞蹈艺术"埃希来"和"叶来"专项保护资金 12 万元。2009 年，政府投入 600 多万元，打造民族乐器村，促进民族艺术的产业化。

其次，在传承人的保护与培养上加大力度。不少非物质文化遗产传承人（大师）年龄较大，喀什市不仅对重点项目进行了完整记录，同时还进行了现场的模拟再现，但非物质文化遗产保护最重要的是活态保护，普查与收集整理仅仅是保护工作的开始，培养一批传承人是保护工作的当务之急。一大批非物质文化遗产项目的传承人、表演者、讲述者在政府的帮助下得到了保护，并建立了档案，喀什市计划下一步建立民间艺术家档案，出台喀什市民间艺术家保护办法，为非物质文化遗产传承人的保护提供更加完备的方案。

最后，加强展示，激发非物质文化遗产的生命力。喀什市政府结合全市萨玛舞艺术、"十二木卡姆"以及乌孜别克族埃希来、叶来表演群体的分布实际，制订出台了喀什市萨玛舞艺术项目保护工作实施方案，全市确定 2 个乡、1 个街道、1 个中学为萨玛舞艺术表演示范阵地，加大对传承群体的排练培训力度，还结合全市春节社火、"诺鲁孜"节庆、肉孜节、古尔邦节等重大节庆平台，充分发挥代表性传承人的带徒学艺的辐射作用，积极创编一批独具特色的萨玛舞精品节目，充分展示萨玛舞艺术、"十二木卡姆"、乌孜别克族埃希来、叶来等舞蹈艺术独特的魅力。2008年至今，先后四次选派人员参加自治区、地区举办的非物质文化遗产保护成果展示展演活动，获得了传统手工艺巧手奖等优异成绩，2011 年，3 个项目被自治区确定为在澳门举行的全国少数民族文化博览会展示项目，在自治区非物质文化遗产研究中心的大力支持下参加了全国性展示活动，受到了相关专家学者、各级领导和社会各界的好评。

文化的流传需要生命力，通过各种形式的展示，广大群众对非物质文化遗产的认识逐步提高，这就为这些珍贵艺术获得市场需求提供了可能，同时也激发了广大传承艺人对项目保护的积极性、创造性和主动性。

三　喀什文化的变迁

文化变迁是指或由群体社会内部的发展，或由于不同群体之间的接触，而引起的一个群体文化任何方面的改变①，是从内容到结构、模式、风格的变化②。作为文化的基本属性之一，在社会文化的发展过程中，变迁是一个永恒不变的客观存在，在不同的历史文化时期，会有不同的速度和表现形式。进化、发明、发现、传播或借用，是文化变迁的过程或途径，作为古往今来商旅之路上的要塞，喀什文化的涵化变迁过程是人类文

---

① ［美］克莱德·M. 伍兹：《文化变迁》，何瑞福译，河北人民出版社 1989 年版，第 3 页。
② 林耀华主编：《民族学通论》（修订版），中央民族大学出版社 1997 年版，第 397 页。

化发展过程的一个重要标本。

喀什是古"丝绸之路"南道、北道和中道的交汇点，在丝路贸易发展的鼎盛时期，印度文化、波斯文化、阿拉伯文化、古希腊文化、古罗马文化和中原文化都汇聚在此，不同文化的碰撞与交融，在喀什形成了特有的文化氛围，令喀什成为维吾尔族文化的发祥地。到了近代，受到俄、英、印度、阿富汗等国的影响，俄国印花棉、欧式礼服、白色桌布、西餐餐具、领事馆建筑、信件、自行车等事物出现在喀什地区，喀什的维吾尔文化在服饰、餐饮、建筑、商品、交通、通信等方面表现出了一定程度的涵化与变迁。

虽然喀什近代的文化变迁受到外界的影响较多，"从19世纪中期俄国对喀什进行势力和经济渗透到中华民国的建立，在喀什都可以找到相应的文化变迁的痕迹"[①]，但是喀什对外来文化的接受是非常有选择的，喀什人对自己本土文化的自信保证了其民族文化因子的完好存在，成就了今天喀什独特的城市风貌。

然而随着时代车轮滚动，喀什的文化变迁不会也不可能停下脚步，老城风貌的保护与特区的建设在喀什同时如火如荼地进行着。需要明确的一点是，传统民族文化不是现代性的对立物，如何在不同文化面前理性取舍，对民族传统文化择优存良，保持文化变迁向健康合理的方向发展，可能是需要我们静心思考的一个问题。

第二节　喀什文化之魂——老城的保护与改造

一　老城素描

有文字记载的喀什老城的历史可以追溯到公元前2世纪。千百年来，喀什人在面积极为有限的沙漠绿洲中逐水而居、随沙而迁，喀什城逐渐东移，到了15世纪末16世纪初，喀什城的位置基本固定在了吐曼河南岸。19世纪末是喀什城的鼎盛时期，城内"房屋稠密，街衢纵横，规模宏大，气象雄伟，楼层层列，市场林立，犹如省垣"[②]，城市规模甚至超过了当

①　江平、孟楠：《外国探险家游记所反映的新疆近代文化变迁》，《黑龙江民族丛刊》2009年第3期。

②　谢晓钟：《新疆游记》，文海出版社1966年版，第208页。

时的乌鲁木齐，居全疆之首。今天，保存下来的喀什老城主要分布在人民路以北、吐曼河以西的一块占地 8.36 平方公里的三角地带，高台民居是喀什老城的特色建筑，高台民居在维语里的意思是"阔孜奇亚希贝"，意思是"悬崖上的土陶"。高台是喀什地区重要的地貌特征，与天山山脉形成于同一时期。在喀什，随处可见虽不高却陡峭的高台土崖，高台民居就建在这样的高台之上。在喀什老城中，最老的房子历史有 300 多年，大部分在 100 多年，是中国唯一保存完整的迷宫式城市街区，最为难得的是，时至今日，老城中依然生活着 22 万人口，是一座活着的老城，成为喀什著名的城市名片。

老城民居的建筑特色和喀什当地的自然环境是密切相连的。喀什地处沙漠绿洲，气候十分干燥。在水源的限制下，喀什的老城"临水筑城"，紧依吐曼河，依势而建；在绿洲土地资源极为宝贵的条件下，房屋建设需要充分利用土地资源，每家每户的房屋占地面积都不大，建筑密度极高，街巷狭窄，宽一点的不过 3 米，窄的不足 2 米，两户房屋共用一堵墙的情况屡见不鲜，随着人口的增多，居民会在原有的房屋基础上向上搭建，普遍原则是每增加一代人，便在原有的基础上再往上增加一层，一般是三层，多的可达五层，因此老城中的房屋大都是"瘦高型"，有的居民还会发展空间的纵向延伸，将二楼或者三楼的房间面积向巷道扩建，和对面的房子连接，形成"过街楼"；在风沙大、日照强的自然条件下，老城民居密集的排列以及过街楼、檐廊等设计，为居民提供了多层次全方位的遮阴空间，狭窄的巷道可以起到防风沙、减风速的作用；喀什昼夜温差较大，老城民居采取隔热效果较好的土木为土坯墙体的基本材料，厚度通常在 0.5—1 米，夏天阻止外部热空气进入室内，冬季防止室内温度外散；建筑材料也是就地取材，老城民居所用木料多采用当地速生的白杨木，使用的泥土是形成高台的黄黏土；在房屋装修上重内轻外，房屋外部一般仅涂抹一层混有麦秆纤维的泥浆，用以防风保暖，风沙日晒侵蚀后便于维护，装修重点在屋内，多使用木雕、石膏雕饰，装饰品的色彩偏艳丽，展现出热情奔放的民族性格；在街巷布局上，按行业自发形成手工作坊和交换市场，迄今喀什城区的帽子巴扎、铁匠巴扎、花盆巴扎等依然在发挥着其特定的功能，喀什民居集居住、生产、销售于一体的特点在当时确实能够起到提高生产效率的功能。通过这几点我们不难看出，老城的建设顺应了当地的自然条件和气候特点，其自然形成的街区形态、建筑方式、空间尺度、地域风貌集中展现了维吾尔建筑艺术和文化特色，是喀什人一代代生活智慧的结晶，是自然、历史、人文多方面因素相互渗透的结果。

随着时间的推移，经过五六百年风沙的洗礼，喀什老城依然矗立在吐曼河畔，但是老城中85%为居民世代搭建的土木、砖木结构的房屋，层层叠叠，破旧不堪，很多都已成危房，基本都不具备抗震能力，加上"文化大革命"时期很多房子下都挖了地道，地道总长达35.95公里，也是老城抗震防震的重大隐患；老城区内巷道狭窄，8.36平方公里的面积上居住着6.5万户、22.1万居民，占喀什市区总人数的50%，核心区人口密度高达4.9万人/平方公里，建筑密度超过70%，大部分地段机动车辆无法通行，消防隐患突出；各类公共基础设施严重不足，制约着居民居住环境的改善和生活水平的提高。"污水靠蒸发，垃圾靠风刮，水管墙上挂，解手房上爬"，这是2009年之前老城居民生活的真实写照。

曾经神秘古老的喀什老城，如今已经随着岁月的流逝和人口的增加，变得千疮百孔，摇摇欲坠。

二　老城改造的背景

受西昆仑地震带的影响，喀什周围地区曾多次发生过强震和中震，这些地震给当地居民生命财产造成了巨大损失，喀什市也有不同程度的损害，老城区内的群众随时面临地震等自然灾害的严重威胁。除此之外，随着城镇化建设速度的不断加快，喀什老城区面临的土地配置率低、基础设施发展滞后、消防隐患多、水源污染严重等问题逐一摆在了喀什人面前。与此同时，喀什作为维吾尔族群众最为集中的地区，是新疆反分裂、反恐怖、防渗透的前沿阵地，民族分裂势力、宗教极端势力、暴力恐怖势力的分裂破坏活动一刻也没有停止过，若不加快喀什市老城区改造步伐，尽快改善各族群众的生活条件，势必给西方反华势力、境内外"三股势力"攻击党和政府、煽动蛊惑群众以重要口实。一直以来，老城区居民也迫切希望改善居住和生活条件，但老城28个片区，低保户就有10441户，占总户数的20.45%，由于大多数居民谋生手段单一，收入普遍较低，经济能力有限，绝大多数居民没有自主实施改造的能力。老城改造因此成为政府刻不容缓的重要任务。①

---

① 《喀什市老城区核心区危旧房改造试点纪实》，喀什市老城区危旧房改造综合治理指挥办公室提供。

老城改造迫在眉睫，但是这项任务难度确实太大，这是由一系列历史的、现实的复杂矛盾和问题造成的。这些矛盾和问题涉及经济实力、政府管理、百姓生计、文化积淀、风俗习惯、人际关系、利益格局、空间限制等诸多方面，互相纠结，彼此交错，牵一发而动全身，是一个庞大复杂的"巨系统"。① 比较突出的矛盾主要有以下几点。

（一）改善百姓生活环境与历史风貌保存之间的矛盾

根据联合国专家组会议（EGM）提供的贫民窟可操作定义，将贫民窟综合定义为具有以下特征的地区：一是不充足的安全饮用水；二是不充足的卫生和基础设施；三是房屋结构质量差；四是过度拥挤；五是不安全的住房状况。② 喀什老城是在历史与自然条件下形成的长期的、稳定的、大规模的居住区，在人口相对较少的年代，老城体现了人对自然的顺从与妥协，但是在城市快速发展、人口急剧增加的今天，老城表现出的是自然对人口的不堪重负，联合国提出的"贫民窟"标准，老城都符合，居民们的居住条件亟须改善。我国已有的住房保障措施大都是针对城市下岗失业人员、务工进城的流动人口等群体所面临的居住短缺、住房老化、功能劣化等问题所提出的，面对喀什老城的改造，已有的方案都不适合。老城区内有大小清真寺170座，各级文物保护单位5座，有历史文化价值的优秀民居37座，因此老城是喀什文化的重要载体，这里寄托着喀什人对故土深厚的情感。如何既改善居民生活环境又保存老城原有风貌，如何既扩大老城的公共空间又不影响原有风俗民情，如何让改造后的老城表面上历史风韵犹存，骨子里却充满青春活力，这些都成为摆在专家和政府面前的一道道难题，喀什老城改造需要一种极富创新的理念和方案。

（二）居住空间的调整与百姓就业谋生之间的矛盾

一直以来，国外一些别有用心的媒体总会用文化灭绝、传统建筑毁于一旦和老百姓失去了千百年来的生活空间这几个问题来攻击喀什的老城改造。③ 从老城的布局我们可以看出，老城居民的生活与生产劳动是高度集

---

① 《"喀什经验"是一个重大的历史创造》，喀什市政府网，http：//www.xjks.gov.cn/Item/2010.aspx，2009年9月15日。

② 联合国人居署编著：《贫民窟的挑战——2003年全球人类居住区报告》，于静等译，中国建筑工业出版社2006年版，第14页。

③ 《老城改造从倾听民意入手》，喀什市政府网，http：//www.xjks.gov.cn/Item/2017.aspx，2009年9月15日。

中化的，传统民居旅馆、在家门口销售自己在家中制作的产品等方式，是众多老城居民用以谋生的手段，甚至有的居民从事土陶制作，陶土就是从自家房屋下面挖出来的，窑也开在自家屋子下面。改造后的老城，是否有空间和条件让居民延续旧有的谋生手段，既是居民心中的疑虑，也是规划者心中的难题。

（三）改造需求不一致与追求公平公正之间的矛盾

我们在描述老城特色的时候提到过，维吾尔族同胞房屋的特色就是轻外重内，外表看起来不起眼的土房子，内部装修往往精致华丽，这里的内部装修包括屋顶、楼梯、檐廊、门窗、室内墙体等，房子内部的装修充分展现了主人的审美喜好。所谓众口难调，但是想让老百姓满意，规划者们就需要考虑如何才能让统建的抗震房符合不同主人的喜好。

这些盘根错节的问题曾经一度令人望而生畏，如果没有一个强大的推动力，老城改造肯定是步履维艰。

三　老城改造的进程

1999 年 4 月，国家地震局、国家计委等部门在喀什检查地震应急工作情况时，喀什老城区的房屋安全隐患问题得以发现，从此喀什老城改造被提上了中央、国务院的议事日程。按照时间顺序我们将喀什老城改造的进程分为政策制定、启动动员及逐片改造三个阶段。

（一）2000—2008 年：政策制定阶段

2000 年 12 月 30 日，经过自治区、国家建设部、计委的多次项目重编制定，国家计委批复了《喀什市老城区抗震加固及部分基础设施改造项目》，初步批准总投资为 6.6575 亿元，其中国家补助资金 2 亿元，自治区财政补助 8100 万元；喀什地、市财政筹集 8200 万元，居民集资 2514 万元，建设银行住房开发及按揭贷款 27761 万元。按照这项工程的设计规划，老城区里的 5000 户居民要搬迁出来，政府专门修建两个小区安置居民——香妃花苑小区和幸福花苑小区，分别能安置居民 2868 户和 2132 户。2001 年 9 月 15 日，喀什市历史文化名城保护及老城区抗震防灾实施方案启动，项目以"抗震加固"为主，以"修旧如旧"为原则，计划对重点民居和重点文物进行加固和维护，但随后因资金等原因改造停滞。

2008 年 5 月 12 日，四川汶川发生了 8.0 级地震，地震造成的惨烈后果震惊了老城 22 万人口，被耽搁下来的喀什老城改造再次摆上自治区的重要议事日程。当年 7 月，温家宝就喀什市老城区改造作出批示。经过实地的考察、调研、论证，2008 年年底，《喀什老城区危旧房改造综合治理项目方案》最终确定，由国家补助 20 亿元，自治区筹资 10 亿元，加上喀什地市两级政府配套资金和老百姓自筹资金，项目总投资逾 70.49 亿元。这项工程将喀什老城区分成 28 个片区，计划在 5 年内改造危旧房 49083户、507 万平方米，包括建设安置周转房、完善各片区的基础设施建设、回填地道、消除安全隐患等措施。

（二）2009 年：启动动员阶段

2009 年 2 月 25 日起，市政府把 2 万多份《喀什市老城区危旧房改造居民入户调查问卷》发送到老城居民的手里，居民所关心的政策措施、拆迁补偿、建房补助标准、改造方式、改造意愿等问题一应俱全，最终收回了 16618 份有效问卷。

2009 年 2 月 26 日，喀什市第十四届人大常委会会议审议通过了《喀什市老城区危旧房改造综合治理建房补助、拆迁补偿安置暂行办法》，制定了惠民政策。结合老城居民实际生活状况，政府提供了多种改造方式，包括自愿外迁、自拆自建、自拆统建结构主体、统拆统建等，其中自拆统建，主要是通过逐户设计，使改造方案贴近居民意愿，核心区建筑风貌得以传承，而统拆统建则是重点以建设多层楼房为主。不同的改造方式会给予不同的建房补助，所涉及的居民可自愿采取其中一种方式，建设符合抗震要求且具有维吾尔民族特色的民居。在后来的实践中，采用较多的是以下三种方案：（1）外迁安置，政府负责建楼房安置。对于原居住面积不足 50 平方米的贫困户在安置房小区免费提供一套 50 平方米的单元房；（2）自拆统建主体，即在政府统筹规划、统一设计、统一监管下，原有危旧房由居民自行拆除（并保留可利用的建筑构配件），新建房屋结构主体及配套市政公用基础设施均由政府统筹安排建设，屋盖、楼梯、檐廊、门窗、室内外装修等工作由居民自主建设；（3）自拆自建，即在政府统筹规划、统一设计、统一监管下，原有危旧房拆除与新建房屋均由居民自主建设和装修，政府给予相应补贴，配套市政公用基础设施由政府统筹安排建设。所有重建房屋面积与原来的面积相同，不增加，也不减少，同时必须满足抵抗 8 级地震、保持原有风貌这两项硬指标。

2009 年 9 月 14 日，《喀什老城区核心区危旧房改造综合治理项目勘察设计导则》发布，提出了街区式住区的改造原则：（1）分片区勘测、规划，然后进行建筑设计和发展小尺度社区相结合；（2）保留清真寺及原有住区网络节点与发展社区中心及其辐射相结合；（3）继承和发扬固有商业旅游特色，保护居民传统生活方式和生存空间与发展社区特色综合商业机构，实现居住、商业和就业一体化运作相结合；（4）严格控制历史文化街区建筑的性质、高度、体量、色彩和发展社区建筑博物馆相结合；（5）建造片区内公共休闲小型广场和特殊通道与发展住区内不同收入居民基础服务设施共享和应急避难场所相结合；（6）应用室内外综合立体绿化、太阳能发电、集中分户供暖和装饰材料循环利用等与发展社区节能相结合；（7）利用优秀民间工匠和手工艺人的工程参与发展地方物质文化遗产与非物质文化遗产的保护与展示活动相结合；（8）运用志愿者服务和民间投资与社区后发展的技术提升和资金补贴相结合。其中，发展小尺度社区就是要控制最小同质居住的邻里规模，在喀什老城区原有院落式民居及新建住宅的基础上将不同职能空间有机分散在住区的中间地带，有利于形成多样化活动空间，提高不同阶层居民对社区的认同度，形成良性邻里关系，形成混合居住社区居民的归属感。[①]

在项目启动动员阶段，很多百姓心存疑虑，有的担心房屋经过改造后产权不属于自己，有的害怕改造后自己赖以谋生的手工艺或旅馆生意无以为继，还有的担心改造后找不到原来"家"的感觉。面对这些疑虑，政府部门一方面采取自愿改造、分批改造的原则；另一方面加大宣传力度，为居民提供多样化的选择，尽一切努力保证群众满意。

（三）2009—2012 年：逐片改造阶段

2009 年 2 月 26 日，老城核心区——"E8 片区"和"花盆巴扎片区"两个试点区首批 128 户 50 平方米以下自愿外迁异地安置的居民入住幸福苑小区。按照规定，核心区住房面积低于 50 平方米、自愿要求外迁的住户，按 50 平方米标准进行房屋置换并确权发证，对于低保户，在享受低保的基础上，由市财政为每人每月增加 30 元的补助标准，供暖费按 50%收取，其余 50%由市财政支付，此政策享受五年。一位 72 岁的老人在搬进楼房后激动地说，在新房子里，她觉得找到了做人的尊严。

考虑到搬迁居民的就业和生计问题，政府还在小区旁配套建设综合贸

---

① 竺雅莉等：《中国保障性住房的街区式住区发展模式研究——以新疆喀什老城区改造为例》，《城市规划》2010 年第 34 期，第 11—24 页。

易市场，提供 140 余个商铺摊位为居民创造就业条件；对于积极外迁的低保户、低收入户，免除商铺、摊位租赁费用，切实解决他们的就业难问题。除了这 128 户外迁居民，"E8 片区"和"花盆巴扎片区"内还有 65 户居民选择原址重建，即由政府出资原址原面积统建房屋主体，屋顶和内部装饰由居民自主完成。2009 年 8 月 13 日，政府出资统建的这 65 户抗震房主体建筑完工并正式移交。

2009 年 11 月，喀什市老城区危旧房改造工程 28 个片区已拆除危旧房 4678 户，并已全部开工建设新房，面积达 38 万平方米，700 多户居民陆续迁入新居。

2010 年 8 月，住房和城乡建设部、国家发展和改革委员会、国土资源部等八部委联合发文，正式批准实施《喀什市老城区危旧房改造综合治理项目方案》，确定从 2010 年起，力争用 5 年时间完成喀什老城区 28 个片区 49083 户、507 万平方米危旧房改造，同步建设 4622 套、24 万平方米安置周转房，同步完善 28 个片区的水、暖、电、气、路、环卫、绿化等内部配套基础设施，回填 36 公里地道，批复项目总投资 70.49 亿元。此项目方案的批复，给老城区改造工作提供了强有力的实施依据。截至 2010 年年底，喀什老城区共开工改造危旧房 13907 户、130.82 万平方米，完成 8943 户、82.26 万平方米，完成改造片区部分内配套基础设施建设。

2011 年计划开工危旧房改造 14531 户、149.78 万平方米，完成危旧房改造 10556 户、97.52 万平方米；计划开工建设周转房 3348 套、23.45 万平方米，完成周转房建设 4292 套、32.66 万平方米；回填地道 7.8 公里；同步完成相关片区供排水、供气、供电等内部配套基础设施建设。

截至 2012 年 10 月，老城区累计开工改造危旧房 17848 户、191 万余平方米；完成 14878 户、完成 160 余万平方米，共完成危旧房改造计划总量的 30.3%。

2012 年 8 月，喀什市老城区危旧房改造综合治理项目累计到位补助资金 22 亿元。其中国家补助资金 10 亿元，自治区补助资金 5 亿元，自治区地方政府债券 7 亿元，项目累计完成投资 26.91 亿元。

四　零上访的奇迹——老城改造的创新与经验

喀什市老城改造的指导原则是"完善设施、由外向内、就近建房、就近安置、边拆边建、重点保护"，其目的是要把老城区危旧房改造与抗震防灾结合起来，与扶贫帮困和改善民生结合起来，与传承和弘扬维吾尔历史文化结合起来，与城市远期发展规划结合起来，科学规划，分步实施，目标是到 2014 年实现家家有房住、户户有就业、人人有保障、设施有提高、环境有改善、经济有发展，通过老城改造促进社会和谐、民生改善和各项事业可持续发展。通过调研过程，我们感到喀什老城改造的工作做得非常扎实细致，完全是严格遵照其既定的原则、目标来完成的，堪称我国城镇化建设中一个漂亮的典范。总结起来，喀什老城改造的经验主要有以下三点。

（一）改造与保护相结合

喀什老城历史悠久，文化底蕴丰厚，作为一座历经百年依然存活的"古迹"，老城是喀什人千百年来风俗民情的活化石，也是喀什发展旅游业的名片，老城的改造，必须兼顾特色风貌的保护，不能用一座"新城"来替代老城，因此，修旧如旧是 2001 年老城改造初期就确定下来的一个原则。在具体的操作上，"一对一设计"解决了改善住房环境与历史风貌保护之间的矛盾。

所谓"一对一设计"，是针对自愿采取自拆统建主体或自拆自建方式实施危旧房改造的居民提出的，设计单位按照住户意愿、听取住户建议，进行一户一方案规划建筑设计，并最终征得相关住户签字认可，这种方式是老城区改造中的创新之举，不仅能够保证建起符合抗震要求的民居，而且有效地保护了老城区历史文化街区的格局风貌和建筑机理，是百姓满意、社会认可的模式，具体的流程分为十步。

第一步是测绘工作。先测出这家宗地面积和建筑面积，然后让住户确认，如有异议再复测，直到住户确认；第二步是安置。给住户提供每月500 元的安置费，每平方米 8 元的搬迁费，让住户先搬出去；第三步是拆旧。房主和拆迁公司一起拆旧房，能用的材料房主全部拿走，留着再用到新房的装饰上；第四步是规划。设计单位作规划，城市道路的宽度确定后，制作规划图；第五步是一对一设计。把住户部分在规划图中标注出来，设计人员另外画一张大图，让住户自己在里面布置，在设计人员的指导下，完成住房个人意向图；第六步，意向图交给设计人员，按专业的尺寸出一套方案图；第七步，方案图返回住户，由住户进一步修改；第八步，住户修改后返回设计人员，再出二次方案图，再交给住户修改。有时需要反复多次，有的甚至达 20 多次，最多的一户，图纸修改了 60 次；第九步，方案图存档，开始施工；第十步，房屋主体盖好后，住户回迁，由住户自行完善和装饰新房。

重建的房屋必须符合抗震房标准，因此现在我们看到的改造之后的房屋，内部是钢筋水泥结构，但是外墙使用的都是老城民居传统的手工砖雕和草泥来装饰涂抹。房屋结实的"骨架"和"肌肉"外面，每一寸"皮肤"、每一个细节都力求"如旧"。老房子的门板、窗棂、楼梯扶手等让居民自愿拆走，用于新房的装修装饰，一方面能够帮助居民节约后期装修成本，另一方面又能最大限度保存"老物件"；在房屋的建设中，为保护房屋原有的生态环境，工人们宁可绕路运材料，也不会砍掉居民门前的老桑树；为了更好地保护墙体，老城改造建设者们研究出了一种叫 XG 无机墙体保湿隔热防火的节能材料，本来材料是白色的，研发者们想办法把它变成草泥色，就是为了使建筑物整个色调保持一致，与改造前的老房子有基本一致的外观视觉。

2012 年 5 月，按照老城改造规划要求，喀什市将老城区"5A"级旅游景区打造工作作为改造重点，立足"塑形、铸魂、提气"，注重挖掘城市文化元素。在改造过程中，在对历史的、文化的、具有地方特色和民族特色的建筑保护好、传承好、利用好的同时，按期完成了东门广场喀什噶尔老城纪念碑、吾斯塘博依——千年古街、喀什古城墙和坎土曼巴扎打铁砧四个地标性建筑。

（二）改造与民生相结合

老城改造不仅是对房屋的翻修，更是一项重要的民生工程。当时负责老城区改造的喀什市副市长徐建荣曾指出，"我们在老城区改造设计过程中既考虑安全有保障、风貌有保护，尊重居民习俗，尽最大可能保留历史街区、建筑形态等历史文化的原真性，保留居民固有的生活和工作方式，又兼顾群众生计有出路、生活有改善"。老城区改造不但关注居民住房安全问题，更要考虑居民的就业、生计、生活等各方面的问题。百姓在有房住的同时，还应该有事做，有钱挣，这样才能实现安居乐业，社会才能更加安定、团结和发展。为了达到这个目标，喀什市确实花了很多心思。

在自愿外迁的居民中，低保户、贫困户比例较大，由于大都原本就不富裕，对这部分居民来说，解决就业甚至比解决住房更为重要。政府在其搬入的小区内部和附近就尽可能多提供就业岗位。恰萨街道原来是市内区域面积最大、人口最多、社情最复杂、各类矛盾也相对较为突出的街道，著名的花盆巴扎就在这一区域内。在老城改造工程中，恰萨街道所管辖的区域是第一批改造试点，改造面积达 28 万平方米。对于外迁到安置小区的居民，恰萨街道不仅为居民们开辟了菜市场，免费提供就业岗位，而且积极为贫困户提供公益性岗位。除了外迁居民，恰萨街道还面临如何解决重建居民的生计问题。街道管辖的"花盆巴扎"，居民多以制作销售花盆、土陶谋生，该片区生活了 50 多人。政府最初提出的改造方案，是在原址上建五层楼房，但是这个方案并未得到当地居民的支持，工作人员通过上门了解具体情况才知道，建楼房的方案仅仅是解决了房子问题，可是一旦让这些世代以小生意为生的居民搬进楼房，他们的生活方式就彻底被打破了，他们的吃饭问题怎么解决？住进楼房，门前无法摆放花盆，生意做不成，生活就断了来源。这种现象在老城中并不是特例，据老城改造综合治理指挥部调查，老城中 20%—30% 的居民从事家庭手工业，住房既是作坊又是商铺，大多数居民不愿意住单元楼。为了尊重百姓意愿，政府将方案做了调整：房屋分上下两层，下层是门面，可以自己开店，也可以转租给他人，以保证居民家庭有一份稳定的收入，上面一层用于居住。

巴扎在喀什老城居民日常生活中扮演着重要的角色，其存在既具有现实意义，同时又是历史文化的传承。历史悠久的"铁匠巴扎"，历史上以手工打造传统铁器为营生，改建前有 26 户打铁，共计 110 多人依靠巴扎谋生。打铁铺因年久失修，加之长年累月烟熏火燎，已摇摇欲坠，破旧不堪，26 户打铁铺，火星四溅，一年四季老城区上空都弥漫着浓浓的、挥之不去的煤烟味，给周边环境和消防带来了严重隐患。对于铁匠巴扎的改造，初步方案是拆掉之后建一个消防点，后来通过调研发现，该片区的26 户打铁户，一旦外迁，生计就会成问题，可是如果不尽快实施改造，这一片破败不堪的危房将会严重威胁到居民安全。如何才能让历史悠久的"铁匠巴扎"既达到抗震要求，又保持历史文化风貌，还兼顾 110 多人的就业生计问题呢？设计专家协同画师在现场按照群众意愿勾画了三个方案，其中一个方案群众最满意，政府通过统建的方式，建设新的打铁工场，一层可以打铁，屋面设计成可上人屋面，打造成观景平台，表演维吾尔民族歌舞，一下子可同时安置上百人就业。设计中将原有零散的烟囱改造成新建集式烟囱，环境污染大为减少，巷口的两棵古树也被保留下来，居民们高兴得难以用语言形容，直说："这个方案最好！"

在老城改造中，除了生计、就业，喀什百姓的宗教习俗也是政府在规划中考虑的因素之一。喀什信仰伊斯兰教的群众很多，按照穆斯林群众的宗教传统，每天要在清真寺做 5 次礼拜，每逢星期五"居主麻日"（大礼拜日），信教群众都要聚集在清真寺内做礼拜，逢丧事也要在清真寺内做仪式。首批安置房小区的居民入住后，因周围没有清真寺，老人逝世后，送葬人群只能抬着尸体前往 3 公里以外的清真寺做净身仪式，极为不便。以往老城区内清真寺是由穆斯林信教群众自发募捐修建的，但安置房小区内多为低保、低收入群体，再由居民自行募捐将会增加居民的经济负担。鉴于实际情况的需要，为了尊重广大穆斯林信教群众的习俗，由政府投资在小区建设一座清真寺，妥善解决老百姓的实际困难。

老城区寸土寸金，但是消防通道的拓宽、停车场所的规划也是必不可少的改建内容之一。喀什在解决这一问题上的做法是通过统拆统建一部分旧房屋，用楼房代替以往成片的平房，用垂直空间换取土地面积，将空出来的土地面积作为公共用地，用于道路、水电管网、绿化带、停车场、小区健身场等公共设施的建设，让老城居民身在老城也可以享受到安全卫生的现代生活。

（三）零上访——以人为本，尊重民众意愿

老城中的喀什人是构成老城独特韵味的重要因素，改造后的老城若要保持住昔日的风采，老城中的人是"画师"。喀什老城区危旧房改造者们深谙这一点，老城改造从一开始，人民群众就是改造工作的主体，大量细致耐心的工作创造了喀什老城改造零上访的记录，仔细分析，赢取百姓信任的途径大致有四条。

1. 充分听取群众意见

从规划之初，政府部门就广泛征求当地居民意见，政府工作人员深入各个社区走访，召开居民大会与居民面对面交流，听取居民对老城区危旧房改造的意见和看法，先后两次印发 2 万余份入户调查问卷，从对改造的态度、改造方式、改造资金构成、房屋补助金额、公共设施建设、施工队伍选择等多个方面耐心听取群众的意见和建议。在改造过程中，哪里的群众有抵触情绪，改造指挥部的调研工作就做到哪里，听取群众的心声，按照群众意愿对既定方案进行修改和调整。居民的意愿成为老城区改造的出发点和落脚点。

2. 保证改造过程公开透明

老城区居民有三个观念，即寻求公平、守土恋家和寸土必争。老城区的居民需要公平的补偿，需要有土地和房产留给后代，需要在人口稠密、寸土寸金的老城尽可能地保护自己的家园。因此，改造过程公开透明是老城改造顺利进行的重要保障。工程初期就制定公布细致的、可操作化的补助补偿标准；所有的补偿、补助费用，严格按照补偿办法执行发放到位；房屋面积一旦出现争执，马上请专业的测绘人员现场重新测量，不让群众有一点怀疑和顾虑。

3. 改建过程给予居民充分的自由选择权

在充分听取群众意见的基础上，政府根据居民的不同需求，提供了多种改造方式让居民自主选择。在图纸设计中，群众看不懂专业图纸，工作人员就请来画家，手绘效果图，让群众更感性地看到"家的感觉"，不满意就修改，老城区的危旧房设计一共创作出5万多个个性化的设计方案。在实际工作中，每一户的房子，设计方案往往还要反复多次，七易其稿、十易其稿的情况也多得是。在改造的进度上，有的居民一开始有顾虑，不愿参加改建，后来看到街坊邻居的新房子打消了疑虑，工作人员还可以提供"后悔药"，允许没有统一参加改造的居民重新选择，从"要我改"到"我要改"。

让老城居民体验到充分的选择自由，他们的各种诉求有了发声的渠道，让居民从改造中得到实惠，老城改造才会得到广大人民群众的支持。

4. 体贴细心，考虑周到

老城改造工作庞大而烦琐，尤其是在改造过程中会发生大量的费用。考虑到老城居民的实际情况，为了不增加人民群众的负担，政府尽可能地给予群众各种补贴，各种土地、房屋拆迁补偿自不用说，搬迁过程中的临时安置补助费、搬家补助费，搬迁后的取暖费、燃气费、生活补贴等费用，处处都体现了政府对群众的关心和体贴。在自拆统建主体和自拆自建的改造方式中，政府鼓励居民保留旧房屋中可使用的门板、窗棂等部分。到装修时，居民可充分利用原有旧料续建、装饰房屋，大大降低居民自筹资金压力。

喀什市老城区的改造过程中，没有一例与老城改造有关的上访案例，这在社会矛盾频出的现代社会，在情况复杂的南疆地区，零上访，不能不说是一个奇迹。细致、耐心、认真对待百姓，百姓自会还一个公道。当时负责老城改造的喀什市副市长徐建荣曾经满怀深情地对媒体说过这样一段话："老百姓其实非常容易满足，只要你是在真心实意为他们办好事，他们一定会理解你、依靠你、支持你的。""困难的时候，我们一定要和群众在一起，做老百姓的主心骨。"

正如2009年6月联合国教科文组织驻京代表处文化遗产项目官员卡贝丝、文化遗产专员杜晓帆所指出的：喀什市老城区危旧房改造项目有很多经验值得推广，如划定试点区、居民沟通参与、改造设计、加固方法等方式，体现了以人为本的精神。以改善居民生活条件，保障居民安全，完全符合国际惯例的改造原则。建议通过联合国教科文组织这样的国际组织机构，合作召开国际会议，推广喀什老城区改造经验，分享取得的成果。保护与发展，改造与传承间所存在的矛盾仍值得我们在实际工作中深入地反思与探索。[1]

第三节　喀什现代文化的发展

文化事业是政府以公共部门为主体，为了满足群众日益丰富的公共文化需求而提供的非营利性组织与活动；而文化产业则是指提供文化产品与服务的经营性行业的总和，是文化事业的产业化形式，是将文化资源转变为经济资源，提供文化产品与服务的行业。文化事业的发展反映政府对地方文化的重视与支持，而文化产业的发展程度则体现了一个地方文化的生命活力。

一　喀什文化事业发展现状[2]

丰厚的文化底蕴是喀什发展文化事业的基础。1986年，喀什市成为新疆第一个国家级历史文化名城，1999年被评为全国文化工作先进市，2003年被评为中国优秀旅游城市，连续十年被自治区命名为自治区文明城市，连续四年被评为自治区"百日广场文化活动先进市"。截至2013年8月，喀什市文体局下属的文化事业单位包括文化馆1个、图书馆1

---

[1]　盛春寿：《新疆喀什老城区改造：文化城市理想的回归》，http://www.tianshannet.com，2011年5月17日。
[2]　《喀什市文体系统基本情况》，喀什市文体广电局提供材料。

个、歌舞团 1 个、业余体校 1 个、文物保护管理所 1 个以及文化市场稽查队 1 个，在这支队伍的努力下，喀什市的公共文化事业近年来的发展主要表现在以下几个方面。

（一）公共文化服务体系不断完善

公共文化服务体系是群众开展文化生活的依托，该体系的建立与完善，标志着群众生活从温饱向小康水平的提升。近年来，在西部大开发和对口援疆等政策的支持下，喀什市的文化活动基础设施建设发展迅速。

为了让广大群众都能享受到公共文化服务，喀什市建立起了城乡三级公共文化阵地，除了 12 个市级文化单位，还在乡（镇）街道一级的单位建立文化站，在村（社区）一级单位建立文化室，这些文化站点成为城乡各族群众开展各类文化活动的根据地。在市区，投资 1.7 亿元的喀什科技文化广场已于 2008 年投入使用，成为喀什市文化建设的标志性建筑和城市建设的亮点，人民广场、艾提尕尔广场、人民公园、西域休闲广场等都是喀什各族群众开展文化体育活动和自娱自乐的好去处；2012 年开工的喀什市新图书馆，规划用地面积 26666 平方米，一期建筑面积 8851 平方米，建设投资 3156 万元，10 年内馆藏图书达 80 万册。在农村，截至 2012 年 7 月，已建成的农家书屋有 105 个，依托村里的文化室，广泛开展的"广播电视村村通""万村书库""东风工程""捐书惠农"农村电影放映等活动，为广大农村群众带去了文化的种子。

除了硬件条件建设，喀什市还不断提升自己的公共文化服务内涵。2007 年，喀什市投入两百多万元开办了城市生活频道电视节目，目前喀什市电视台依靠自己的力量开办了三档电视栏目：《喀什文化大讲堂》《社会与法》以及《你我身边事》，从文化到法律、到民生，丰富了喀什城乡群众的业余生活。由喀什市委市政府主办的《香城文化》是喀什市第一本文学刊物，本着"记喀什事、写喀什人、叙喀什情、你我一起打造喀什噶尔精品文化"的宗旨，为喀什本土热爱文学、书法和绘画的人士搭建了一个讨论和交流的平台。

（二）体育事业健康发展

喀什市区内建有大型体育馆 2 座、体育场 1 个。在竞技体育方面，喀什市积极组队参加地区举办的青少年体育拳击、摔跤、柔道、篮球、足球、乒乓球、游泳、田径等比赛，取得了优异的成绩。在公共体育服务上，2011 年，喀什市制订了全民健身工作实施方案，将全民健身工作纳入市国民经济社会发展"十二五"规划,纳入市人民代表大会政府工作报告,纳入市年财政预算。为了进一步推动公共体育服务,喀什市政府一方面发挥自身力量,多个部门分工合作,共同开展各类体育健身活动,共同组织开展市中小学生运动会,市机关运动会、庆"诺鲁孜节"运动会,各大节日开展健身活动、市残疾人运动会等;另一方面,积极依靠社会力量,充分发挥各类体育组织的作用,积极推进全民健身工作社会化,将体育协会组织发展壮大、大力发展青少年俱乐部和校园体育开展后备人才培养,开展体育社团社会化,加强体育社团建设,充分发挥各类体育协会组织的作用;同时依托师院等社会体育指导员培训基地,大规模培训社会体育指导员。

(三) 主题活动走近百姓

群众是文化艺术保持活力的土壤,没有群众参与的文化活动是缺乏生命和延续性的。喀什市目前每年开展各类群众文化活动800余场次,文艺下乡300多场次,各类活动服务群众达40万人次,活动包括春节社火、元宵灯会、"诺鲁孜节"晚会、"非物质文化遗产技艺展示及民间文艺表演"、百日群众文体竞赛、百乡千村巡回演出、百日广场文化活动,城乡百日文体竞赛、喀什美术作品展等,这些活动有效活跃和丰富了城乡各族群众的精神文化生活,在全市城乡积极营造了浓厚的文化环境和社会氛围。

(四) 文化保护有效落实

喀什市的文物保护工作任务繁重,已经完成了对全市多处国家级、自治区级文物保护单位进行的修缮保护工作。同时结合老城区改造工作,对125户有一定历史价值、艺术价值、科学价值和保存价值的优秀民居进行了挂牌保护工作,并将这些民居列入历史文化名城保护规划进行原貌保护。在文物保护宣传工作上,喀什市政府在全市范围内开展"文物保护宣传周"系列活动,通过开展图片展、出动宣传车、张贴宣传横幅等形式,在全社会大力普及文物保护基本知识及法律法规,提高各族群众的文物保护意识。

二 喀什文化产业的发展

文化产业是在文化土壤上结出的利益的果实,文化产业的发展情况能够反映一个地区的文化市场繁荣程度。在喀什市,文化市场的发展比以前有了很大的进步,已经由门类单一到种类齐全、由城市遍布乡村,目前已基本形成了由娱乐、音像制品零售、网吧、图书报刊发行、印刷、演出、文物、艺术培训、体育健身等多元化的文化市场，根据喀什市文体广电局统计，截至 2013 年 8 月，全地区共有各类文化体育新闻出版经营单位 368 家，其中印刷厂 13 家，打字复印社 107 家，网吧 44 家，棋牌室 50 家，台球室 20 家，音像制品店 38 家，歌舞娱乐场所 55 家，出版物经营单位 36 家，其他文化经营场所 5 家，喀什地区整体的文化产业发展水平也和喀什市相当（见表 1）。然而从数量上看，喀什的文化市场发展速度并不是很快，很多数据几年都维持在同一个水平上，这和内地、沿海等其他城市相比略显滞后；从市场的发展水平来看，喀什市的文化产业组织也存在不少的问题。

表 1　　　　　　　　　　**喀什地区文化产业基本情况**

项目	1995 年	2000 年	2005 年	2007 年	2008 年
文化产业机构数（个）	372	405	762	762	—
文化产业人员数（人）	430	872	1783	1783	—
文化馆、艺术馆	13	13	13	13	13
公共图书馆	6	8	11	11	13
博物馆	1	1	1	1	1
艺术表演场所	2	2	2	2	—
艺术表演团体	13	13	13	13	13
戏剧电影观众（万/人次）	1500	200	1000	1000	—
人均观看戏剧电影次数	4.2	0.6	3	3	—

资料来源：《喀什地区统计年鉴 2009》。

决定一个产业发展情况的有三个因素：供给、需求以及产业发展方向。在喀什市文化产业的发展上，大众文化产品的供给、群众文化需求的培养以及文化市场的发展方向，是三个重要的决定因素。

（一）大众文化产品的供给

在文化产业的发展进程中，民族文化一直是市场的宠儿，"民族的才是世界的"，这句话一直被奉为文化产业界的名言，然而喀什市作为灿烂民族文化的拥有者，在民族文化的市场化方面的起步确实比其他地方慢了一些，但是文化产品的市场化是一个不可逆转的大趋势，民族文化要想在市场中占据一席之地，必须适应市场化的要求。对于群众原本就喜闻乐见的民族文化产品要加强宣传推广,对于民族文化中未被群众熟知的精华部分要加强提炼,打造成容易被市场接受的民族文化产品。

民族、历史、文化的积淀是喀什市发展文化产业的先天优势,目前喀什市文化产业的发展定位也正是从自己的先天优势出发,积极发展艺术表演业和文化旅游业,大型现代民族音乐剧《香妃》和大型主题游乐场"阿凡提乐园"就是其中的代表。《香妃》是2013年喀什和上海两地艺术家联手打造的喀什地区首部音乐剧,该剧以神秘的西域为背景,穿插延伸雄伟的紫禁城以及奇美秀丽的江南,以交融、和谐、真情、信赖为主题,通过展现香妃的大爱、智慧、优雅、美丽和思乡之情,叙述各民族的交融和中华民族大家庭的深情厚谊,在艺术表现方面融合了现代与传统、新疆与内地乃至海外的各种艺术元素,同时将维吾尔族的优秀长诗《福乐智慧》巧妙地融合在剧中,不拘一格,不仅形式新颖,而且符合内在逻辑,给人带来艺术之美的独特享受,引起观众强烈的艺术共鸣。该剧于2013年4月1日在新疆喀什市喀什噶尔影剧院首演,之后又登上乌鲁木齐和上海的舞台,将喀什的民族风情展现给了各族观众。"阿凡提乐园"是新疆第一个大型传统文化主题乐园,规划占地4300亩,内部设有阿凡提演艺城、阿凡提梦幻城、阿凡提民俗村、阿凡提动漫城、阿凡提大戏场、阿凡提大巴扎等项目,将维吾尔民族善良、热情、好客的传统由"阿凡提"这一新疆传统文化人物形象表现出来,对宣传维吾尔民族文化起到良性的推动作用。

虽然有一些极具代表性的民族文化产业正在发展中,但是整体看来,喀什大众文化产品的供给是远远不够的。无论是文化产业机构数还是从业人员数,都远远落后于全国平均水平。拿文化产业从业人员比例举例,根据喀什市2010年统计年鉴,2010年,喀什市全市从业人数约为12.41万人,文化产业从业人员数约为1828人①,大约占从业人员总数的1.47%,而2010年,全国文化产业从业人员总数约为1258万人,喀什从业人员占全国的1.85%②,从从业人员的数量上来看,喀什市是落后于全国平均水

---

① 《喀什市年鉴》(2011年刊),其中记载,2010年,喀什市单位职工总人数为56578人(包括国有职工、集体职工及股份制职工),在非公经济中,个体户约为21352人,其他从业人员约为46194人,合计约12.4万人,而文化产业从业人员数则来自《喀什地区统计年鉴2009》,2005—2007年,喀什地区文化产业从业人员均维持在1783人,按照文化产业从业人员2009—2010年2.5%的全国平均增幅水平(数据来源:北京新元文智咨询服务有限公司文资网,www.ccizone.com),2010年喀什文化产业从业人员应为1828人。

② 文资网,http://www.ccizone.com/html/77/n - 3877.html,2014年4月8日。

平的。从文化产业的构成上看，喀什文化产业组织规模小而分散，科技含量低、竞争力差，市场机制不健全，文化资源的利用很不完全；行业上除部分印刷业外，其他领域的发展层次较低，大多数以服务本地低端市场为主要业务，经济效益欠佳，缺少具有自己特色的骨干产业群体。

总体来看，喀什文化产业目前的发展水平与喀什市目前社会经济发展要求是不相适应的。

（二）群众文化需求的培养

需求是市场发展的动力所在。喀什地区少数民族传统的绿洲文化相对封闭保守，社会的不断发展，一方面让当地的少数民族民众看到了时代发展的美好前景，他们有跟上时代的迫切要求；但是另一方面，传统文化中的一些落后观念与现代文化中所要求的理性精神存在冲突，刻板封闭地使用宗法宗教的观念来选择自己的行为方式，片面强调民族习惯和民族特点，又限制住了发展的步伐。[①] 因此，解放各族群众的思想，解决时代精神与传统关键中不协调的部分，是培养喀什文化市场的关键。

（三）文化市场的发展方向

民族文化产业的发展，不仅是一个经济问题，在喀什，这还涉及一个文化阵地的占领问题。在现代文化引领下的民族文化精品如果不占领大众文化市场，一些外来的文化糟粕就会充斥市场，给社会稳定带来不利的影响。

宗教派别、跨境民族、境外势力等因素的存在，少数民族地区承受的压力和影响因素与内地相比更为复杂。喀什市是我国反分裂、反渗透斗争的前沿阵地，因此加强文化市场的监管，坚持以先进文化为引领，保障文化市场发展方向的正确性是喀什文化管理部门的重要任务。文化市场的健康发展，也是喀什社会、经济稳定健康发展的基础。

三　喀什文化产业发展的问题与展望

（一）民族文化产业化的可能性

1. 大众的文化需求的不断提高

大众的文化需求来自两个方面，一方面是外地民众对异文化的寻求，另一方面则是本地民众自身的文化需求。

---

① 张阳阳：《西藏、新疆地区的国家认同、民族认同与文化认同调查研究》，博士学位论文，中央民族大学，2013 年 6 月。

在现代化进程中，人们在享受现代文明的同时，也对现代文明进行着反思，面对高度程式化和一致化的现代社会，很多人开始寻找一种能够表达生活本质和人性本初的文化，相对封闭的、现代化程度较低的少数民族地区成为人们体验"异文化"的圣地，喀什也不例外。特色鲜明的民族文化让外地游客体验到一种与现代都市截然不同的感觉，随着城市现代化程度的提高，外地民众对异文化的体验需求也会不断增加。

另一种文化需求来自喀什本地民众，现代化的进程同样会像潮水一般逐渐推向喀什，喀什本地民众需要有更高的文化水平、更多的文化体验、更广泛的文化设施来适应现代化的大潮。据统计，一个地区文化产品的消费水平与社会经济发展水平紧密相关，按国际经验标准要求，人均 GDP 达到 3000 美元时，文化消费会持续快速增长，当人均 GDP 或接近超过 5000 美元时，文化消费会出现"井喷"。[①] 根据喀什统计局数据，喀什地区 2000 年的人均 GDP 为 2206 元人民币，2009 年人均 GDP 就涨到了 8569 元人民币，不到十年时间，喀什地区人均 GDP 涨了将近 3 倍。按照这种发展趋势，随着人均收入水平的提高，喀什地区人民群众的文化需求会日益增加，人们在精神文化方面的需求会有更大幅度的增长，文化消费市场潜力巨大。因此，在今后一个较长时期内，大力发展文化产业，对于推动经济增长、有效拉动内需以及解决就业问题具有极大的促进作用，发展前景十分广阔。

2. 民族文化与大众文化的内在关联

一些学者曾表达过对文化产业化的担忧，其焦点主要集中在商品化导致民间文化异质性、创造性和复杂性的丧失，担心在市场化过程中，传统的民族艺术会处于一种被选择和被改造的地位上。[②] 这种观点实际上是将民族文化与大众文化对立起来。但是民族文化与大众文化无论是在发展时间、生存空间还是受众群体上，都具有一定的重叠性，两者实际上并非对立，而是互相渗透。

大众文化主要是指由消费意识形态来筹划、引导大众的，采取时尚化运作方式的现当代文化消费形态，是现代工业和市场高度发展后的产物，崛起于 20 世纪文化的转型期，以娱乐性、消遣性和休闲性为旨归，诉诸

---

① 李志平：《边疆地区少数民族文化产业发展的思考》，《产业与科技论坛》2011 年第 10 期。

② 李砚祖：《作为文化工业的当代民间艺术》，《美术学》2003 年第 12 期。

快感、直观和情趣，具备一定审美的质素。[①] 在内在精神上，大众文化倡导自由宽容、多元共生的民主精神，而来源于广大民众的民族文化是对现实和自然的最直观、本真的反映，同时具备多元和宽容的精神，在最大程度上保持着大众性。[②] 因此，在内在精神诉求和回归日常生活的目标指引下，民族文化成为大众文化所要到达的目的地中的一片重要风景。

（二）民族文化产业化的必要性

1. 培育新的经济增长点

2010 年中央新疆工作会议的召开，给喀什地区的发展提供了前所未有的平台与条件。文化产业的特点是投入少、产出大、附加值高，2009 年国务院常务会议审议通过《文化产业振兴规划》，标志着文化产业已上升为国家战略性产业。但是在文化资源丰富多样的民族地区，对文化产业的敏感度还重视不够，没有认识到文化对经济的促进意义，民族文化资源的经济效益没有得到合理的开发利用，然而"随着中国经济的发展，西部地区的发展更有赖于民族文化产业的发展，在这种情况下，文化不能只甘当配角，也应当和其他产业一样，占领主角地位"[③]。

2. 增加就业机会

以文化产业为重要内容的第三产业有很高的行业关联度，能有效带动其他产业的发展。据统计，20 世纪 90 年代以来，我国第一产业增加值每增长 1%，就减少 126 万个劳动岗位；第二产业增加值每增长 1%，可创造 26 万个就业岗位；而第三产业增加值每增长 1%，能创造 100 万个就业岗位，第三产业已经成为我国吸纳劳动力就业，顺利实施产业结构调整的主渠道。[④] 喀什市目前每年有大约 12000 人参加劳动技能培训，但是真正成为产业工人的寥寥无几，这里面涉及文化水平、生活习惯、语言掌握等多方面的问题，也就是说在现有的产业结构下，虽然有大量就业岗位，但是在双向选择的条件下，依然存在大量剩余劳动力。但是文化产业的发展可以提供大量与当地百姓生活息息相关的岗位，一些基础性的如打字、

---

① 肖建华、刘小明：《大众文化的两副面孔》，《船山学刊》2004 年第 4 期。

② 吕屏：《文化产业发展进程中的少数民族艺术》，《云南民族大学学报》（哲学社会科学版）2007 年第 6 期。

③ 陈秋萍：《西部地区可持续发展民族文化产业对策研究》，《改革与战略》2006 年第 9 期。

④ 罗玉华：《跨越式发展与长治久安目标下新疆民族文化产业发展的思考》，《民族经济》2011 年第 5 期。

复印、排版等岗位入行门槛相对较低，一些特色性质的如民族歌舞、杂耍等岗位对于很多百姓来说根本无须任何培训，因此，发展文化产业可以给喀什人民提供更多的符合实际情况的就业机会。

3. 民族文化自身的发展要求

文化本身具有超越性，不断扩大自身的影响力是文化的本质特点。喀什的文化在过去曾对世界产生过巨大的影响，但是全球化进程已然成为一个不可逆转的趋势，所有传统的民族文化形态都会迟早受到各种外来文化和现代文明的猛烈冲击，在这样的大背景下，民族文化如果不与时俱进地加以变革，只能逐渐被历史的尘埃湮没。而文化产业化则是让文化动起来的重要途径。美国学者哈里森认为，动态文化强调未来，静态文化强调过去，静态文化相对缺乏生命力，而动态文化则是充满活力、对任何社会的现代化具有培育和养成功能的文化。① 因此，要想保持喀什民族文化的特色、扩大喀什民族文化的影响力，必须通过产业化的途径让文化活起来，使民族文化成为一种动静态结合的文化，用动态文化的活力和发展为民族文化提供更加科学有效的保护。

4. 抵制外来宗教极端主义影响的需要

喀什经过千百年的发展与淬炼，保留下很多优秀的传统文化，在今天依然贯穿在喀什百姓的生活之中，例如姑娘们身上美丽的"艾德莱斯"、热情友好的待客礼节等。然而近年来随着开放步伐的加快，一些外来极端宗教思想流入喀什，很多内容完全违背了传统的维吾尔文化。因此，将真正的维吾尔传统文化发扬光大是发展喀什文化产业的重要目标，只有这样正本清源，才能树立喀什百姓的文化自信，自觉抵制外来宗教极端思想的影响。

（三）文化产业发展存在的困难与问题

1. 客观环境

文化产业是经济的一个组成部分，其发展的速度与水平受到地区整体经济发展状况的制约。喀什由于地处内陆深处，在地理位置所带来的交通、观念等因素的影响下，喀什的整体经济发展水平一直相对于内地其他城市来说不高，大部分文化企业规模较小，实力弱，难以形成产业发展的

---

① 转引自闫炜炜《新疆少数民族文化现代化转型存在的问题及对策》，《新疆社科论坛》2011 年第 6 期。

合力，同时人力资源有限，人员创新研发能力不足。喀什特区的设立，会为解决这些问题带来一定程度的帮助，在经济特区的政策带动下，喀什的经济腾飞指日可待，文化产业也会随之有一定发展。

吸引外来人才和游客是文化产业发展和市场培育的关键。但是近年来喀什地区的社会环境还存在一些不稳定的因素，这些会对外来人口产生较大的负面影响，在有选择的情况下，人们肯定会选择安全感更强的生活地点。因此社会环境的稳定是发展文化产业乃至整个城市经济的保证。

2. 民族文化本身的一些局限

喀什民族文化的特点是开放性与封闭性并存。其开放性同时表现在地理特征和民族心理性格当中。一方面，从喀什的地理环境来看，虽身处内陆，但"五口通八国，一陆连欧亚"，历史上就是开放的文化区域和各民族文化交流的广阔舞台；另一方面，新疆属于温带大陆性干旱气候，昼夜温差大、日照强烈，严寒酷暑在一个地方交替出现，在与这种极端自然环境抗争的过程中，人们必须互帮互助才能保证生产生活的正常运转，这样的自然环境和生活方式造就了新疆各族人民粗犷率真、豪放热情的民族性格。

但是喀什的文化中，也存在一定的保守性与封闭性。首先，"绿洲文化"的存在给喀什设置了天然的保护屏障，形成文化孤岛；其次，多民族地区，各民族群体往往对自己文化的界限格外敏感，喀什多种民族文化并存，人们随时随地都能感受到族群之间的差异性，在这样的情况下，人们尤其希望能够保持自己民族文化的独特性，维持自己的文化身份。民族社会的封闭和社会结构的单一化，一定程度上使社会缺乏自我持续发展的动力。① 在民族文化产业的发展过程中，喀什民族文化的特点会带来一定的影响。然而，"活着的文明继续活着的方式是混血，死亡了的文明却因死亡而保持着纯粹与纯洁的模样"②。开放，是文明保持生机与活力的唯一途径。

3. 观念转变

在传统观念中，文化的保护与发展是政府的责任，重文化事业轻文化产业是较为普遍的现象，在喀什目前的文化市场中也存在这样的倾向。但是在社会主义市场经济大潮的推动下，传统的民族文化艺术，必须寻找途

---

① 李瑞君：《当代新疆民族文化现代化与国家认同研究》，博士学位论文，中央民族大学，2012 年 3 月，第 29 页。

② 南香红：《众神栖落新疆》，九州出版社 2011 年版，"序言"第 2 页。

径实现其本就具有的资本价值，才能更加积极主动地保护和发展自身，才能不断地在更大的范畴中实现其意识形态价值。所以，在文化产业的发展中，大胆创新的观念是灵魂所在。

广西阳朔的大型实景剧《印象·刘三姐》，吸纳了大量的当地百姓参加演出，演员们白天正常劳动，晚上参加演出，既宣扬了本地文化，又增加了个人收入，老百姓乐而为之，地方财政收入增加了，也会进一步对当地文化保护增加投入，形成一种良性循环。喀什有足够丰富优秀的文化资源，但是怎么利用，怎么发展，就是一个观念问题。民族歌舞是喀什发展文化产业的先天优势，需要有开拓性的创意进行包装和推广。在现有的状况下，普通游客来到喀什，只能看到一些简单普通的歌舞表演，一方面时间长了会审美疲劳，另一方面民族歌舞的经济效益没有得到最大限度的开发。因此如何在原生态的基础上推出民族文化的精品，是未来喀什文化产业的发展方向，《香妃》的出现代表了一种良性的发展趋势，但是市场化程度还是不够，这样的民族歌舞精品还太少。同时民族文化产业的发展还需要更紧密地贴着百姓，才能永葆魅力。

喀什历史悠久，文化多样，祖先留给了喀什宝贵的文化遗产，但是仅仅守住祖先遗产是远远不够的。然而对于一个历史悠久的多民族的社会来说，现代化意味着深刻的文化变迁，在文化从传统向现代的转型过程中，喀什人需要付出很大的勇气和努力。对文化古迹的保护，反映了喀什人对文化的珍惜；对老城的改造，展现了喀什人对生命的敬意与对祖先的尊重；对文化事业的重视和文化产业的发展，表达了喀什人对美好生活的向往。在喀什民族文化进一步的发展中，对文化的敬意是根基，稳定的社会环境是保证，大胆创新的观念是动力，在国家的政策支持下，在喀什人的努力经营下，相信喀什文化会再一次释放出自己光辉的色彩。

第四节　宗教文化与宗教事务管理

研究维吾尔民族文化，离不开伊斯兰教。绝大多数维吾尔族居民信仰伊斯兰教。伊斯兰教对居民生产、生活各方面却有很大的影响。喀什市人口中绝大多数是维吾尔族，维吾尔族绝大多数信仰伊斯兰教，伊斯兰文化是喀什文化生活独特而又重要的组成部分。

一　宗教文化回顾

喀什噶尔位于欧亚大陆核心地带，历史上一直是东西南北文化交流的十字路口。世界上各大宗教均在此流行过，如祆教、佛教和景教。喀什在历史上曾被称为佛教的第二故乡，佛教曾长期占据统治地位。经过残酷的竞争包括血腥的战争，14世纪塔里木盆地完成了伊斯兰化，佛教的中心地位和多种宗教并存的局面成为历史，喀什地区逐步形成了以伊斯兰教为主要信仰的宗教文化生态。

截至2007年，新疆维吾尔自治区有清真寺、教堂、寺庙等宗教活动场所约2.48万座、宗教教职人员3.01万，其中伊斯兰教2.9万，占96.3%。而喀什地区宗教人士11428名，占全疆宗教人士总数的39.4%。[1]

新中国成立后大力开展无神论教育活动，宗教活动受境外影响，一直到"文化大革命"结束前的相当长的一段时间内，宗教活动一直保持在较小的范围。20世纪80年代改革开放以来，宗教活动恢复发展迅速。新疆大规模修建清真寺的热潮始于20世纪80年代，首先出现于南疆地区，并迅速蔓延至全疆各地。目前，新疆清真寺的数量、密度和人均拥有量都已远远超过了世界传统的伊斯兰国家，包括沙特、土耳其、埃及、伊朗等国，即新疆清真寺的绝对数量和人均相对数量在世界伊斯兰国家和地区中都名列前茅。

伊斯兰教在喀什地区的宗教文化生态中占主导地位，但并不是唯一的。基督教和天主教在喀什的存在和发展使喀什形成了宗教文化多元的生态格局。基督教在喀什的活动最早可追溯到10世纪的景教。13世纪中叶，喀什噶尔聂斯托利派基督教徒甚众，亦有教堂。清末民国时代，喀什是中国西北对外开放城市，外国领事馆附近有基督教或天主教活动场所。截至2008年，喀什地区共有有关部门认可的基督教和天主教的临时活动点20个，其中基督教19处，天主教1处，信徒3000余人。新疆地区的基督教和天主教徒以汉族为主，占99%。喀什市和所辖11个县均有基督徒，在流动人口和汉族群众聚居较多的地区信徒人数较多。

---

[1]　任红：《新疆伊斯兰教教职人员现状调查与研究》，《新疆社会科学》2009年第4期。

二　日常宗教生活

清真寺是伊斯兰教宗教活动的主要场所，亦是伊斯兰文化的独特标志。历史上清真寺是穆斯林的社区中心，是穆斯林礼拜、学习、净身、交往场所。清真寺礼拜是男性穆斯林必尽的义务，也是宗教活动的具体体现。目前喀什市共有清真寺 800 余座，我们走访了其中最著名的三座清真寺。

艾提尕尔清真寺始建于 1442 年，占地 25.22 亩，坐落在喀什市中心，是新疆最大的清真寺，全国四大清真寺之一和中亚最有影响的三大清真寺之一，也是全国重点文物保护单位。这是一个有着浓郁维吾尔族风格和伊斯兰教色彩的古建筑群，坐西朝东，由寺门塔楼、庭园、邦克楼（召唤楼）、经堂和礼拜殿及两侧平房组成；已是 4A 级旅游点，正在申报 5A 级旅游景区。

清真寺前有一广场，这里既是宗教圣地，又是节日欢聚的场所；"艾提尕尔"意为"节日礼拜与集会之所"。平时每天到这里礼拜的穆斯林两三千人，星期五主麻日下午礼拜人数近万人。古尔邦节时，全疆各地都有穆斯林前来礼拜，曾经出现数万人礼拜的场面。目前平日仍有两千来人做礼拜，主麻日有六七千人；逢节日时在寺内外跪拜的穆斯林仍可达两三万人之多。清真寺入口的寺门塔楼堪称维吾尔族建筑艺术的典范，艾提尕尔清真寺早已成为喀什噶尔古城的象征而名扬中外。

不做礼拜时，清真寺对游客开放。整个寺院清静整洁，十分朴素。入口不远处公示了寺院上年度的收支状况，是一所管理透明的寺院。

喀什最古老的清真寺是艾提尕尔清真寺对面的欧尔达西克清真寺，又称皇家清真寺，始建于 11 世纪前后喀喇汗王朝时期，曾经驰名于中亚、西亚伊斯兰世界，是当时重要宗教文化中心。欧尔达西克清真寺占地 1300 余平方米，周围一公里内聚集了皇家经文学院等多所经文学校，历史上作为新疆文化教育中心，学员来自全疆以及中亚部分地区，除了宗教课程，还教授阿拉伯语、逻辑、数学、医学和天文学。1961 年中国科学院将其列入古代中国建筑典范；1999 年被列为第四批自治区重点文物保护单位。欧尔达西克清真寺在"文化大革命"中被严重破坏，现在仍然没有完全修复，但依然是当地穆斯林聚会的场所，门口还挂着"平安清真寺"木牌。

加满清真寺位于喀什市东北郊 5 公里处浩罕乡艾孜热提村阿帕克霍加麻扎内，又称香妃墓清真寺，是喀什最重要和著名的清真寺之一，依然是穆斯林主麻日会礼及举行重要宗教仪式的地方。阿帕克霍加麻扎始建于1640 年，是新疆境内规模和影响最大的伊斯兰教陵墓，占地约 2 公顷，是一座具有浓郁维吾尔族传统特色的古建筑群，由门楼、小礼拜寺、主墓室、教经堂、大礼拜寺等组成。墓中埋葬着明清时期伊斯兰教白山派首领阿帕克霍加及其家族 5 代 72 人。加满清真寺是麻扎的组成部分或附属建筑，阿帕克霍加麻扎亦是新疆维吾尔自治区重点文物保护单位和 4A 级旅游景点。艾孜热提村民比较喜欢去阿帕克霍加里面的清真寺做礼拜，伊玛目是阿不力米提大毛拉，现在由他的徒弟主持做礼拜。这座清真寺在喀什穆斯林眼中很神圣。

中小清真寺遍布喀什市区大街小巷及乡村，大多是 80 年代的砖木建筑。这类清真寺规模不大，但分布极广，数量多，随处可见，是一方穆斯林每日五番礼拜及沐浴、祷告之地。喀什老城是新疆唯一的中国历史文化名城，老城的居民基本是维吾尔族同胞。在这 4.25 平方公里的面积内，总共有 112 座大小不一、规模各异、年代不同的清真寺，平均每平方公里有 26 座清真寺，是世界上清真寺最密集的区域之一。现在，喀什市为广大穆斯林进行正常宗教活动提供了足够的场所。穆斯林一日礼拜五次，一般在清真寺附近进行；主麻日才去大清真寺礼拜。清真寺中礼拜、聚礼、开斋节和宰牲节会礼、圣纪、开经、宰牲服务、婚庆服务、殡葬服务等传统活动仍然充满活力。

在维吾尔族大家庭里，姓名是联系的纽带，也是认同的符号。喀什维吾尔人多重名，常见的名字有些是由古兰经、宗教人物或宗教职官名称演变而来，如穆罕默德演变为马赫木提、买买提、买买提江、马合木江等，由教历吉祥日演变而来的如居马（聚礼日）、艾提（开斋节）、肉孜（斋戒日）、库尔班（宰牲节）、玛依努尔（五月娇阳）、巴拉提（伊斯兰教历八月）等。

维吾尔人命名方式带有时代特征。新中国成立初期到"文化大革命"期间，许多男孩取名叫阿扎提（意为解放）、尼加提（意为救星）。而现在很多望子成龙盼女成凤的父母常常以一些名人的名字来给孩子命名，诸如艾尔肯（意为自由的）、霍加（穆罕默德的后裔）等。

伊斯兰教的丧葬原则有三个：速葬、简葬、土葬。速葬是指按伊斯兰教要求人死之后三日内就要入土。简葬是净身用白布包裹埋葬，不陪葬任何物品。土葬就是把尸体直接埋入土中，其意为人源于土，仍还于土，它是伊斯兰教丧葬礼仪的显著特征。葬礼结束后为死者举行乃孜尔仪式。

维吾尔族的节日主要有肉孜节、古尔邦节、巴拉提节、冒德路节、诺鲁孜节和都瓦节等，这些节日大都来源于伊斯兰教，按伊斯兰教历计算。肉孜节，也叫"开斋节"，在封斋一个月以后开斋的那一天举行。"古尔邦"是阿拉伯语，意为献牲。古尔邦节也称"献牲节"，在肉孜节后的七十天举行。冒德路节又叫"圣纪节"，回历3月12日，纪念伊斯兰教创始人穆罕默德诞生。这一天虔诚的穆斯林往往聚集在清真寺，听阿訇念经赞颂圣祖穆罕默德的功绩。都瓦节，这是超度亡灵的节日。诺鲁孜节也叫"撒拉哈特曼节"，每年阴历春分日举行。在这一天要举行各种庆祝活动和传统的"麦西莱甫"，预祝在新的一年里平安幸福、人丁兴旺、五谷丰登。

维吾尔族的一些禁忌亦体现了伊斯兰教和民间习俗的共同影响。例如，不吃未念经宰杀的牲畜，不吃自死的牲畜，不吃未放血的牲畜，不吃猪肉；饭前饭后必须洗手，洗手后不可用甩手的方法将水甩干；吃抓饭前，必须修剪指甲，吃馕时不可将馕的背面朝上；维吾尔族的住宅大门忌朝西开，睡觉的时候忌头朝东脚朝西。亲友相见要握手互道问候，然后双手摸须，躬身后退一步，右臂抚胸。

三　宗教事务管理

2006年，喀什市调整充实了宗教管理领导小组，市委、人大、政府、政协都有相关领导分管宗教工作，每周定时召开四大班子领导联席会议，听取关于宗教工作情况的汇报，安排部署宗教管理工作，不断提高认识，加强组织领导。各乡镇街道、市直各部门高度重视，把治理非法宗教活动、遏制宗教极端思想渗透等工作作为"一把手"工程，列入重要议事日程。各级党政主要领导切实履行第一责任，准确把握党的宗教政策，研究解决工作中存在的突出问题，大多数党政部门均参与宗教事务管理或打击非法宗教活动。①

市委统战部负责民族宗教工作的制度和机制建设，抓好制止非法宗教

---

① 《喀什市年鉴》2008年创刊号，喀什维吾尔文出版社2008年版，第101页。

活动、遏制宗教极端思想渗透等相关政策措施的制定及重大问题处置的协调。市民宗委主要是抓爱国宗教人士队伍建设和宗教教职人员的教育培训工作；对宗教活动场所和宗教活动管理，规范讲经解经工作，组织朝觐和制止零散朝觐；负责非法宗教活动的界定、查处工作；指导各级伊斯兰教教务指导委员会加强自身建设，积极引导宗教与社会主义社会相适应；配合有关部门做好整治"三非"（即非法宗教活动、非法宗教宣传品、非法宗教网络传播）活动。

（一）宗教人士管理

抓爱国宗教人士队伍建设，不断完善爱国宗教人士选拔、培养、聘用、管理、培训、生活照顾等制度是宗教人士管理的重点；同时抓好具有一定宗教知识无宗教教职人员的教育转化工作和宗教教职人员的认定、备案及管理工作。

2006 年，喀什市选派 30 名宗教人士参加自治区举办的培训班，选派 126 名宗教人士参加地区举办的培训班。为 769 名爱国宗教人士发放了生活补贴，其中享受地区拨款补贴 611 人，地方财政补贴 158 人，宗教教职人员月补贴最高 760 元，最低 60 元。"喀交会"期间，组织 100 余名宗教人士参观了喀交会展品，使宗教人士开阔了眼界，增强了发展喀什经济的信心。

2007 年，根据自治区、地区第二轮培训宗教人士计划，喀什市选派各乡、镇、街道办事处爱国宗教人士 182 名参加自治区统战部和地委统战部举办的爱国宗教人士学习培训班，使参加培训爱国宗教人士思想建设得到了加强。喀什市共为 746 名爱国宗教人士发放了生活补贴。在斋月及肉孜节期间，喀什市专门划拨专项资金 1.05 万元，由地、市主要领导带队，到爱国宗教人士家中进行慰问。

2009 年前三季度共为 510 人发放自治区财政补贴 78.9 万元，为 186 人发放市财政补贴 51 万元。使每一位领到补贴的爱国宗教人士体会到了党和政府的关怀，受到了宗教人士的欢迎，巩固了党同宗教界的统一战线。

（二）宗教活动管理

严格规范讲经内容，确保宗教讲坛牢牢掌握在爱国宗教人士手中。按照《喀什地区讲经解经活动管理办法》，严格按照中国伊协编印的《新编卧尔兹演讲集》和自治区伊协编印的《卧尔兹选编》的内容讲经，确保讲经内容规范准确。

在朝觐管理方面，规范朝觐活动，禁止零散朝觐，组织统一朝觐活动。2006 年，统战部根据中国伊斯兰教协会和自治区伊斯兰教协会有关规定，多次召开会议安排部署制止零散朝觐工作。

通过两年的努力，建立和完善了市、乡、街道、村、社区三级制止零散朝觐教育管理机制，2007 年实现了零散朝觐"零控制"目标。

在制止零散朝觐活动的同时，喀什市日益完善有组织朝觐管理制度。依照《朝觐报名排队办法》早安排早部署，会同民宗局、伊协顺利完成了报名、入户调查、政审、体检、行前培训等各项工作。按照报名排队序列表，分组对预选人员逐户进行了入户调查，通过谈话、查看存款凭证、走访邻居、到村（社区）以及派出所了解情况等方式进行审查，最终确定参加组团朝觐人员。行前对他们进行了为期两天的培训，相关单位的主管领导，以爱国主义、外事纪律和朝觐常识等为主要内容，确保了有组织朝觐工作顺利开展。①

（三）宗教场所管理

建立"两个联系"制度——与清真寺联系和与宗教人士联系。寺院管理的目标是加强对宗教活动场所的监督管理，健全民主管理组织，完善各项管理制度，确保活动场所安全稳定。

（四）打击非法宗教活动

查禁非法宗教活动是喀什市宗教管理工作的一项艰巨任务。坚决制止、打击"地下讲经点"和非法"太比力克"活动。在依法加强对宗教事务的管理过程中，始终坚持"保护合法、制止非法、抵御渗透、遏制极端、打击犯罪"的原则，深挖细查非法宗教活动。2009 年，喀什市共查处地下讲经点 2 处，查获讲经人员 2 人，学经人员 9 人。

天主教和基督教简称"两教"，"两教"活动亦是喀什市宗教管理的任务。喀什市共有 15 个基督教临时家庭聚会点。2006 年 9 月，查处一起台湾人由昆明来喀什市向少数民族传播基督教的案件，并及时进行处理，将当事人遣返。采取有效措施，加强对喀什市"两教"活动的管理，对干部联系基督教临时家庭聚会点和与聚会点负责人谈话情况不定期进行督促检查，确保这项制度落到实处。同时，继续深入基层加强调研，对

---

① 《喀什市年鉴（2011）》，喀什维吾尔文出版社 2011 年版，第 47—48 页。

"两教"活动的管理方式方法进行研究，不断创新和完善"两教"活动的管理工作机制。2010 年 5 月，根据情报反映，查处一起私设基督教活动点，对外地来喀传教的活动点组织人移交相关部门进行依法严肃处理，对参与人员进行批评教育。同时，继续深入基层加强调研，对"两教"活动的管理方式方法进行研究，不断创新和完善"两教"活动的管理工作机制。

喀什地区亦有"法轮功"活动。2006 年加强与"法轮功"的斗争，收缴"法轮功"宣传品 100 余件，有力地戳穿了"法轮功"的阴谋计划，维护了喀什市社会政治大局稳定。

（五）积极引导宗教与社会主义社会相适应

在保护正常宗教活动、打击非法宗教活动的同时，还经常开展一些与宗教有关的宣传教育活动，积极引导宗教与社会主义社会相适应。

2009 年，通过专题讲座、集中讨论、结业测试等形式，喀什市有关部门在市委党校开展了对基层分管统战宗教工作领导和统战宗教专职干事的业务理论培训，共举办培训班 11 场，参训人数达 1100 多人次。在做好喀什市宗教人士的培训工作的同时，积极选派清真寺哈提甫 45 人参加自治区的 9 期培训、伊玛目 168 人参加喀什地区 10 期培训。提高了基层分管统战宗教工作领导和统战宗教专职干事的政治理论和业务素质，增强了宗教人士维护民族团结、社会稳定、祖国统一的自觉性。

深入开展反分裂斗争再教育活动，提高宗教界人士认识。根据市委在全市开展反分裂斗争再教育活动的总体部署，深入宗教界广泛开展反分裂斗争再教育宣讲活动。利用改革开放以来喀什经济发展、人民安居乐业的客观现实，深刻揭露了"三股势力"制造的暴力恐怖活动给喀什稳定和谐的社会局面造成了严重负面影响，使广大宗教界人士进一步认清了"三股势力"分裂祖国、破坏民族团结的本质，增强了宗教界人士反分裂斗争的自觉性和主动性。

深入开展宗教界民族团结宣传教育活动，巩固宗教界维稳思想基础。根据市委安排，统战、民宗与相关部门干部一起组建宗教工作宣讲队，分四个组赴喀什市六乡、两镇、四街道，多层次、全方位在宗教界开展大宣讲大揭批活动，通过观看宣传资料片、专题讲座、召开宗教人士座谈会、组织宗教人士学习、发放调查问卷等形式在宗教界进行民族团结宣传教育活动。动员广大宗教界人士充分发挥联系面广的优势，积极教育、引导信教群众不信谣、不传谣、不上当，自觉抵制民族分裂思想的侵蚀和渗透，不参与任何形式的违法活动，积极配合公安机关检举揭发坏人坏事，维护法律尊严、维护法律权威，共同维护好国家的最高利益和各族人民的根本利益。通过宣讲，让宗教界人士切身体会到了团结稳定是福，分裂动乱是祸的道理。

在宗教界深入开展"热爱伟大祖国，共建美好家园"主题教育活动。根据市委总体部署，开展了"热爱伟大祖国，共建美好家园"主题宣传教育活动，通过开展座谈、演讲比赛等形式多样的教育活动，激发了宗教人士的爱国热情，进一步把宗教界群众的力量凝聚到实现喀什的跨越式发展和长治久安总体战略目标上来，以维护稳定、加快发展的实际行动感恩党中央，回报全社会，建设美好家园。

开展"五好"清真寺评比活动，对"五好"宗教人士进行表彰，倡导宗教人士依靠科技、勤劳致富。为进一步引导宗教与社会主义社会相适应，鼓励和帮助宗教人士依靠科技、勤劳致富。教育宗教人士不断解放思想，更新观念，主动接受和掌握先进生产技术和生产方式。对在反对民族分裂、加强民族团结、维护社会稳定、促进社会和谐中发挥积极作用的"五好"清真寺、"五好"宗教人士进行表彰。组织全市重点清真寺宗教人士观摩亚瓦格街办亚瓦格社区老城区危旧房改造示范点、1号住宅小区保障性住房、浩罕乡2村新农村建设、吐曼河综合治理工程等示范点，零距离感受新中国成立60年来喀什的巨大变化。通过采取思想教育、典型示范和政策引导，鼓励宗教人士争当科技致富标兵，为构建和谐社会服务。

第十五章

喀什市党建工作的实践特色

新疆喀什市辖 8 个乡、2 个镇、4 个街道办事处、2 个片区管理委员会以及 1 个场、143 个行政村、33 个社区，总人口 62 万（含流动人口 15 万），维吾尔族占总人口的 83.8%。全市基层党组织 779 个，党员 16242 名，干部 9679 名，其中乡镇干部 1139 名，街道社区干部 735 名。近年来，喀什以党的十八大、十八届三中全会、中央新疆工作会议及中央民族工作会议精神为指引，以加强党的执政能力建设和先进性建设为主线，以深入推进科学发展观和"创先争优"活动为载体，着力加强党组织建设。

第一节　党建工作的主要做法

一　学习型党组织初步形成

喀什市始终注重学习型党组织的建设，采取多种形式推动学习。建立督导检查机制和"党政一把手导学、分管领导督学、宣传委员促学"的学习体制。坚持做到每年集中学习不少于 6 次，其中至少 1 次中心组扩大学习，吸收下一级党组织负责同志参加。组工干部每周交流学习体会制度。每月确定一个发言主题，每周随机抽取和自愿相结合的方式，抽选组工干部上台进行脱稿发言。其中优秀发言形成书面材料，刊发《学习与创新》期刊供全市各级党组织和各族党员干部学习。通过考试择优选拔干部外出学习培训，让干部在争取学习培训机会的竞争中变"要我学"为"我要学"，增强学习动力。发挥市委党校主阵地，市委党校共举办各类培训班 19 期 22 个班次，培训各级干部 1793 人次；乡镇（街道）党校举办各类培训班共 128 期 176 个班次，培训党员、干部、农（居）民群众 27639 人次。充分利用各地尤其是援疆省市培训资源,拓宽干部学习培训渠道。派出 5 批 53 人行动学习小分队,赴深圳、浙江、成都、北疆等地学习考察当地的先进经验。开设"喀什文化大讲堂",邀请知名专家学者授课,推动综合知识"全面学"和干部群众"普遍学",高端引领现代文化建设。举办"喀什文化大讲堂"专题讲座 8 期,培训干部 8000 余人次。充分发挥 211 个远程教育站点作用,集中培训 2532 场。

二 服务型党组织建设稳步推进

2011 年初基层党组织和每名党员进行"承诺",年中的时候对标定位"大回访",对承诺的争创目标逐一核实对账,切实做到"有诺必践"。按照"月督导、季联查、半年小结和年终总评"四个环节从严掌握,提升了各级党组织和党员的积极性。在全市窗口单位和服务行业广泛开展"为民服务创先争优"活动。亮牌上岗、设立党员责任区、党员先锋岗、党员先锋。创建群众满意窗口单位和服务行业,优质服务品牌,评选党员岗位明星和业务标兵。开展"争当特区建设的开拓者、实干家和服务员"活动,开展创先争优理论研讨、推动市域经济发展献计献策活动及创先争优专项表彰活动。实施领导带动机制、合力创争机制和倒逼落实机制,推动了全市各项工作在全地区晋位争先。在对全市各单位开展创新情况进行摸底的基础上,确定创新项目申报和考核工作机制。规范创新项目的提出、申报、检验、创新奖的申请等工作流程,建立定期指导和走访制度,不定期深入基层,以创新工作现场推进会、座谈交流等方式,推动全市单位创新项目的建设落实。创办《效能与创新》月刊,搭建效能创新工作经验交流平台。认真梳理完善各单位申报的创新项目档案资料,总结经验典型。建立定期指导和走访制度,不定期深入基层,以创新工作现场推进会、座谈交流等方式,推动全市单位创新项目建设落实。全面落实"错时入户、提前预约""连心卡""民情日记"等制度。

三 突出抓好创新型党组织建设

坚持党管干部的原则,构建有效管用、简便易行的选人用人机制。2013 年培训各类干部 36303 人次。选派 36 名各级干部到地区、自治区和内地进行了中长期学习培训(其中选派到地委党校培训 20 人,自治区党校 10 人,内地培训干部 15 人)。选派 15 名优秀基层干部到北疆挂职、任职。加强党员干部"双语"学习培训，对 2710 名乡镇、街道和市直机关干部进行了"双语"测试。组织乡镇街道开展"双语"培训班 24 期，培训干部 500 余名，"双语"夜校 36 个班次，培训干部 760 人次。稳步推进现代远程教育扩面延伸工作，在市广播电视局成立了喀什市党员干部现代远程教育电视节目插转中心，又新建 46 个终端站点。制作完成译制片和展播片 41 部，上报自治区级远程教育"五好"站点 3 个，党员干部现代远程教育扎实推进。

四　健全改进作风常态化机制

开展以"热爱伟大祖国，建设美好家园"群众宣传教育。选派工作队员对确定的集中整治重点村驻村工作，召开动员会，组建宣讲团，入户开展面对面宣讲。走访村（社区）各类重点人员，特殊人群宣讲，开展各类文体活动，发放宣传单、宣传光碟、宣传手册。同时举办知识竞赛，文艺会演等。各帮扶单位投入帮扶资金，协调引进项目，帮助引进企业，帮助配备村级办公设备、群众活动器材等，举办各类培训班，帮助开展劳务输出。市直部门帮扶村、社区贫困户、帮扶基本群众。各级工作队（组）帮助落实民生项目、扶持引进产业项目、协调开展技能培训、帮助就业、捐款捐物。开展社情民意摸排，矛盾纠纷化解，全面做实社会治理工作。强化社会"五小"（解决小难题、调解小纠纷、消除小隐患、平息小信访、侦破小案件）工作，对全市 16.42 万农（居）民户按照"四类管理法"（放心户、基本户、一般户和重点户）摸排分类，建立 138 个警务室。

五　不断提高党员干部自律和廉政意识

以"坚定信念、发扬传统、廉洁从政"为主题，认真开展了第十三个党风廉政教育月活动。扎实推进廉政文化"六进"活动。印发了《喀什市党的基层组织党务公开的实施意见》，进一步规范政务、财务、村务、校务、厂务和办事公开工作，使公开工作步入制度化、规范化轨道，切实保障人民群众的知情权、参与权和监督权。狠抓效能建设，加大对重点项目、重大活动、周例会承诺事项、上级转办、领导交办、群众投诉等问题的效能监察和明察暗访力度，促进了依法行政，提高了办事效率，保护了群众合法利益。截至 2014 年 10 月，市效能投诉中心共接受各类投诉

157 件，办结 152 件、转办 5 件，办结率 96.1%，诫勉教育 2 人、效能告诫 16 人，被问责人数 32 人次。积极推行信访举报工作办事公开制度和"双向承诺"制度。截至目前，全市共受理信访举报 40 件，自治区巡视组转办 8 件，地区纪委转办信访 10 件，初核案件 6 件，结案 6 件，给予党纪处分 6 人、政纪处分 5 人，挽回经济损失 85.23 万元。加大治理教育乱收费工作力度，狠抓医药购销和医疗服务行业不正之风工作，清理规范行业协会和市场中介组织服务和收费行为。2012 年共受理投诉 33 件、33 人次，圆满答复及解决 33 件、33 人次。有效改善了喀什投资软环境，企业对交办事项的满意率达 90% 以上，满意率比往年明显提高。

六　逐步增强党务工作透明度

制定《喀什市党的基层组织党务公开实施意见》《喀什市基层党组织党务公开目录编制指导意见》《喀什市基层党组织党务公开目录设置参考模板》等相关文件，明确公开内容和范围，严格公开程序和时限，采取会议、公示栏、板报、文件、投诉电话等多种基层党务公开形式，同时还利用局域网和电子邮箱等现代传媒手段对党务进行公开，增强了基层党务公开工作的实际效果和覆盖面，扩大了党员在党内事务的知情权、参与权和监督权，不断增强党组织的创造力、凝聚力和战斗力。结合"四清一审一公示"工作，对村集体经济进行集中规范清理和调查摸底，并建立集体经济台账。结合实际认真编制发展壮大集体经济 3 年规划、年度计划和农户增收措施。全面启动村级公益事业建设"一事一议"财政奖补项目工程，先后在 61 个行政村实施了 67 个农村基础设施和公共服务建设项目，项目投资总额 2675 万元，受益人数 106939 人。全面推进"村务公开"制度，把村级财务公开作为"村务公开"的重点内容，明确规定村级财务日常收支情况每季度公开，重大支出项目随时公开，实现公开规范化、制度化、经常化，保证广大群众的知情权、监督权。

七　全力打造服务型干部队伍

在部机关开设干部读书库，建立图书阅览室，并组织干部畅谈读书体会，交流读书方法，汇报读书成果。截至 2013 年 12 月，库存图书已达 500 多册。开展"组工讲坛"活动，每月指定干部在"组工讲坛"讲学，讲学内容涉及面广、实用性强。2013 年上半年，已举办"讲坛"29 次，进行业务测试 2 次，邀请专业对口、党校教师、企业负责人等进行讲坛辅导 3 次。开展"业务竞赛"活动。坚持开展解放思想大讨论、组织工作大家谈、效能创新工作我参与等各项活动。坚持"双语"学习不动摇，采取"双培互带"的办法，对部内干部结成互助帮带对子。开展先进科室评选活动，在对每季度评选出的两个先进科室给予奖励。开展"组工干部下基层"活动，在抓落实、解难题上创先争优。围绕"组织部长、组工干部下基层"活动，大力开展组工干部专题调研活动，明确指出全体组工干部每月下基层平均不得少于 5 天，市委基层办、组织科每月下基层不少于 14 天。广泛开展"约谈""访谈"，并落实"三个必访"。2013 年上半年，已与各类干部谈心谈话 614 人次，征求梳理意见 21 条，开展调研 77 次，蹲点调研 4 次，解决实际问题 9 个，形成调研报告 11 篇。同时，组织部干部与一家非公有制企业、三所学校、三个街道的三个社区建立了联系点。积极撰写上报各类信息，2012 年，共撰写组工信息 134 期，上级采用 68 条。其中，中组部采用 4 条（综合）；自治区采用 18 条，自治区领导批示 1 条；地委组织部采用 45 条，地委领导批示 2 条；《新疆农村党员报》采用 1 条；《党员之友》采用 1 条，《喀什日报》采用 2 条。撰写新疆红色手机报 316 篇，其中 24 篇被自治区采用。2013 年，共撰写上报组工信息 78 篇，其中组部采用 1 篇，自治区采用 2 篇，地区采用 12 篇；向各类网站、报纸、杂志投稿 70 篇，其中国家级采用 2 篇，自治区级采用 5 篇，地区级采用 17 篇。撰写并申报原创网评文章 110 篇，在新华网等大型网站发帖 31000 余条。

第二节 党建主要工作特色

一 加强对基层党组织建设的领导

市委定期召开党建工作会议，听取基层党建工作情况汇报，研究部署党建工作；每年召开一次基层党建工作推进会，"抓两头、带中间"，以点带面，整体推进；每半年召开一次党建工作分析会，研究解决基层党建工作存在的突出问题。同时做好党建带团建、妇建、工建、科建工作。坚持推行"抓书记、书记抓"，明确党组织书记"第一责任人"职责，引导各级领导干部牢固树立"抓党建就是抓发展，抓发展必须抓党建"的工作理念，不断深化"抓好党建是本职、不抓党建是失职、抓不好党建是不称职"的责任意识，在安排部署、听取汇报、督促指导、挂钩联点、开展调研五个方面做到亲力亲为，努力营造"抓党建促发展、抓党建促和谐"的浓厚氛围。换届后及时对领导干部联系点进行了调整，35 名市级领导和 537 名科级领导建立了 650 个村、社区、学校联系点。目前，各级领导深入联系点调研 6150 次，发现问题和不足 1326 处，帮助解决问题 837 个，创建示范乡镇（村）31 个、社区 4 个、学校 11 个。在年度领导班子、领导干部综合考核中，对基层党组织抓基层党建工作情况进行专项考核，考核结果纳入总体考核评价体系，并将考核情况在一定范围内通报，把党建考核与年终评先评优、评价党组织书记的素质能力和选拔任用、考核奖惩有机结合起来。

二　加强农村基层党组织建设

坚持"市抓乡镇街道、乡镇街道抓村社区"的党建工作责任制，签订《喀什市乡镇党委书记任期发展壮大村级集体经济责任制》，指导村级组织制定发展壮大村集体经济的规划和政策，厘清发展思路。深化落实"六个长效机制"，扎实开展基层组织整顿暨重点区域整治工作，并按照地区延时扩面的要求，把整改工作覆盖面扩大到全市 143 个村、33 个社区和 2 个片区管理委员会。全面落实"四议两公开"社会治理机制，全市 143 个村解决低保、抗震安居、项目建设及农业基础设施、土地流转、贫困补助等实际问题 457 件。按照城乡经济社会发展一体化要求，加大对10 个集体经济"空壳村"、年集体收入在 5 万元以下的经济薄弱村帮扶与指导，深化落实集体经济发展和管理的有效制度和措施。建立"四知四清四掌握"工作责任区 672 个，在新疆暴力恐怖事件接连发生后，按照地委安排，在第一时间组建维稳工作队，由市级领导亲自带队，各乡镇场在重点区域、路段安排巡防民兵进行设卡摸排，并由集中整治工作队配合各乡镇组成面对面宣传教育群众小组，逐户对群众宣传教育，工作队入户走访宣讲 0.78 万户，发放各类宣传材料 2 万份，宣传教育群众 1.4 万人次，帮助解决群众实际问题 226 件。2013 年拨付乡镇公用经费 612 万元，拨付村级组织运转经费 1767.94 万元，采取合理有效的监督监管形式，防止资金挪用、截留等现象发生。全面贯彻落实自治区基层干部补贴政策，已下拨乡镇干部基层补贴金额 816 万元，涉及乡镇干部 5298 人；已下拨乡镇机关、站所、干部业绩考核奖励金额 138 万元，涉及乡镇机关干部 481 人，乡镇站所干部 475 人。在农村党组织内，涌现出了一些长期扎根基层、服务群众的基层党支部书记。伯什克然木乡塔格阿格孜村支部书记唐光德，因为"少说漂亮话，多干漂亮事"，深受当地群众喜爱。

三　加强城市社区党组织建设

坚持"条块结合、以块为主"，充分发挥社区党组织的政治优势、组织优势和物业主管部门的行业管理优势，建立领导负责制度、街道社区物业管理党建联建工作联席会议制度、考核评估机制，加大物业公司党组织组建力度，协调解决物业管理中的综合性问题。实行分类推进封闭式小区建设，建成封闭式、半封闭式、局部封闭式的片区 323 个。不断深化"四知四清四掌握"社会治理机制，加强对十户长、楼栋长和信息员队伍的建设管理。2013 年以来，街道社区走访排查重点区域 688 个，清查出租房屋 12000 余间，流动人口 92000 余人次，重点走访 2910 人次，查获"三无"人员 27 人，发现并整改问题场所 6 处，查获违禁物品 1312 件，收集上报有价值"三情"信息 217 条，发放奖金 89380 元。加强对人民西路、艾孜热提路两个片区管委会各项工作的督促指导，有效推动片管的各项工作。认真筹备召开地、市两级社区党建现场会，在 4 个街办的 5 个社区、3 个非公党组织实行社区网格化管理，成立 4036 名由社会各层面的力量组成的网格员队伍、宣传教育服务、社区邮政服务站点、婚丧嫁娶宴会厅、在职党员进社区活动、物业党建联建、共驻共建活动开展等情况进行了展示和交流，得到了地区领导的肯定。依托"一站式"服务大厅，对政策信息、党务工作、社会救助、就业、低保发放、计划生育、廉租住房等群众关心关注的事项进行公示。推行错时服务和"20 分钟"办结制。加大地区和市直部门与社区对口帮扶力度。120 余家地、市直单位开展帮扶社区活动，累计投入 12 万元；5653 名在职党员在社区报到并认领岗位，开展党员干部专题讲座、宣讲 102 场次，开展民族团结结对子、扶贫帮困结对子 890 户，帮扶困难群众 6142 人，开展 50 余场次群众性文体活动。全市 109 个志愿者服务队伍，开展各类志愿服务 367 次，参与人员达 20000 余人。89 个社区服务队开展服务活动 2784 次，为居民提供就业岗位 4220 个，组织劳务输出 2229 人，帮助解决居民群众实际问题 1239 件。建立社区居民管理工作站 636 个，社区居民小组 312 个，参与居民管理工作人员 2945 名。顺利完成了自治区南疆片区"三化"建设现场推进会、地区"三化"建设现场推进会的观摩任务。将社区工作经费统一纳入市级财政预算，每年为每个社区拨付各类办公经费达 7 万元。在城市社区党组织也涌现出善于做群众工作、"乐在利他境界中"的喀什市亚瓦格街道托尔亚瓦格社区党总支书记、居委会主任吾尼切木·瓦依提同志，她先后被评为喀什市"三八红旗手""优秀党务工作者"或"优秀共产党员"，喀什地区"党员标兵"、自治区"三八红旗手"、自治区"优秀共产党员"等荣誉称号。

四　推进非公有制经济组织和新社会组织的党组织建设

2011 年以来，共建非公有制企业和新社会组织党组织 116 个，其中，百日集中组建活动开展以来，共在符合条件的 28 个非公有制企业和 2 个新社会组织中建立党组织。25 家企业建立工会组织，14 家企业建立团组织，50 家企业建立妇联组织，向 945 家非公有制企业和 31 家新社会组织选派党建工作指导员 572 名，组建率达到 100%。百日集中组建活动结束后，又在符合条件的 4 个非公有制组织中成立党支部。2012 年以来，共有 80 人递交入党申请书，经过培养，已有 45 人参加了入党积极分子培训班，发展党员 10 名。进一步健全完善党建工作领导小组成员和"两个党工委"委员联系规模以上企业制度，以商会党组织建设推动党的组织和党的工作全覆盖，实现符合组建条件的非公有制经济组织和社会组织党组织组建率达到 100%，按照"六有两规范"的要求，以点带面，全面提升非公有制经济组织和社会组织党建工作科学化水平。2013 年，共组建非公企业和新社会组织党组织 4 个，新一轮调查摸底工作正在进行当中。坚持以组织覆盖推进维稳责任全覆盖的社会管理理念，在商业网点组建党组织 6 个。大力开展社区警务进市场、文明创建进市场、宣传教育进市场、社区文化进市场、社区服务进市场的"五进"活动。探索推行社区党组织与市场党组织"一会、双带、三访、四联、五进"（简称"12345"）工作机制，"以党建促市场和谐发展"已成为共识。

五　发挥机关和学校党建工作的引领作用

结合实际制定《喀什市关于进一步加强机关党建工作的意见》，以改革创新精神扎实推进机关党的建设，重点提高工作效能，在围绕喀什大开发、大建设、大发展上做足文章，同服务大局、服务基层、服务群众紧密结合，不断开创机关党建工作新局面。深入推进学校党建"1113"工作机制和"四知四清四掌握"工作机制，坚持开展"三维两反"教育进教材、进课堂和进学生头脑活动，深化落实"四知四清四掌握"工作机制，认真解决好"为谁培养人、怎样培养人、培养什么样的人"的问题，努力把学校党组织建设成为反分裂、反渗透、反争夺的坚强战斗堡垒。建立和落实学校党组织动态分类管理制度，扎实开展了党员承诺、党员责任区和先锋岗等活动，强化学校党建工作的职能作用，在全市中小学推行了重大事项"四步工作法"议事规则、决策程序。落实教师家访、班主任对重点学生必访、定期召开家长会、定期向家长通报学生行为表现等制度。2013 年创建"德育达标"学校 5 所，"五个好"学校 11 所，党建示范学校 11 所。以强化机关工作效能和创新建设为抓手，抓好领导干部一线调研、直接联系服务群众、机关干部一线锻炼等制度，1273 名市直机关干部与 2267 户贫困户，6650 人结成帮扶对子。

六　完善基层组织建设的保障机制

认真贯彻落实自治区基层组织建设"四项政策"，科学划分补贴发放档次，及时足额予以发放，共计发放各类经费、补贴 994.68 万元；积极整合各部门到村（社区）的建设资金，新建社区阵地 4 个，建成乡镇干部周转房 20 套；新建社区阵地 4 个，总面积 4700 平方米，截至 10 月 30 日，已完成投资 493 万元（超前完成年初计划），计划年底前完成全部投资；新建乡村阵地 16 个，总面积 9900 平方米，已完成投资 1710 万元，计划 7—9 月交付使用；为 806 名村干部（其中大学生村官 103 人）办理了人身意外伤害保险；严格落实自治区给予大学生村官工作待遇，给大学生村官发放 1000 元福利性生活津贴补贴，400 元采暖费补贴，每月 100 元业绩考核奖励；建立优秀大学生村官奖励基金，每年选出 50% 的优秀人员，给予 800 元的奖励；先期筹措了 10 万元启动资金，建立大学生村官创业基金；建立健全党内关怀激励机制，2013 年对 1161 名"四老"人员发放了生活补贴 309 万元，并按时对新中国成立前入党的农村困难老党员发放生活补贴；组织开展春节慰问活动，协调组织全市 28 个党（工）委对生活困难党员、老党员和老干部进行慰问，慰问困难党员、老党员、老干部 2214 人次，发放慰问金及各种慰问物资折合人民币 68.8 万元。积极探索"用事业留人，用心留人"，激发村干部干事创业的热情，保证村干部队伍的长期稳定。做好安居安心房项目，项目总建设面积2650平方米、总投资380万元，计划新建乡镇干部周转房600套，总投资4590万元，其中上级补助资金2400万元，本级财政配套2190万元，总面积27000平方米，项目计划于7月开工，2013年年底交付乡镇使用。

七　建立健全教育、管理、服务党员长效机制

党员教育管理要着眼于提高党员队伍的先进性，从组织领导、加强日常教育管理、严把党员出入口、培养高素质的党务队伍、建立健全各项规章制度等方面着手，进一步创新体制机制，切实加强党员的教育和管理。喀什市开展了党的十八大系列党性教育活动，扎实开展"微型党课"等教育活动，不断加强党员理论教育培训，引导党员自觉遵守政治纪律，提高综合素质。做好了党员信息管理库系统的维护和使用工作，确保全市党员信息的准确、清楚、完整；加强流动党员教育管理，继续做好了《流动党员活动证》的登记发放工作，做到了应发尽发；严格党费收缴公示制，保证党员及时足额缴纳党费；抓好党员民主评议工作；加大发展党员力度，尤其在"两新"组织、优秀青年特别是反分裂斗争一线发展党员力度，并做好在少数民族教师、大学生中发展党员工作。做好在基层一线、非公有制经济组织和新社会组织、大学生村官特别是少数民族职工中发展党员工作，2012年以来，共发展党员237名，发放"三表一证"、党支部工作手册、党员学习记录本等各类学习资料2.9万余本（册）。

第三节　党建工作的主要经验

一　注重提高党员干部的思想政治素质

2014年年初，进行对标定位"大回访"，对2011年承诺的争创目标逐一核实对账。按照"月督导、季联查、半年小结和年终总评"四个环节从严掌握，提升了各级党组织和党员的创争积极性。开展"争当特区建设的开拓者、实干家和服务员"活动，开展创先争优理论研讨、推动市域经济发展献计献策活动；精心组织了2010—2012年创先争优专项表彰活动度，对40个先进基层党组织、60名优秀共产党员进行了

隆重表彰。实施领导带动机制、合力创争机制和倒逼落实机制，形成了强势推进全市重点工作的强大合力，推动了全市各项工作在全地区晋位争先。在对全市各单位开展创新情况进行摸底的基础上，确定了创新项目申报和考核工作机制。截至 2013 年年底，提创新工作建议 86 条，其中 23 条得到领导认可，全市各单位上报创新项目 500 余个。建立定期指导和走访制度，不定期深入基层，以创新工作现场推进会、座谈交流等方式，推动全市单位创新项目建设落实。2011 年以来，共对全市 39 个单位、112 名个人进行了表彰和奖励。实行组工干部每周交流学习体会制度。结合工作实际，每月确定一个发言主题，利用政治学习时间，采取电脑随机抽取和自愿相结合的方式，抽选组工干部上台进行脱稿发言。其中优秀发言形成书面材料，刊发《学习与创新》期刊供全市各级党组织和各族党员干部学习。通过考试择优选拔干部外出学习培训，让干部在争取学习培训机会的竞争中变"要我学"为"我要学"，增强学习动力。在发挥市委党校主阵地作用的基础上，充分利用各地尤其是援疆省市培训资源，与北大、浙大等高校和深圳市经理学院等专业培训机构建立广泛而稳定的合作关系，拓宽了干部学习培训渠道。开设"喀什文化大讲堂"，邀请知名专家学者授课，推动综合知识"全面学"和干部群众"普遍学"，高端引领现代文化建设。

二　努力做好党员干部人才培养

近年来，为了培养造就一批人才队伍，喀什市不断深化干部人事制度，加大干部选拔任用力度。近年来，全市共任免干部 158 人，其中：留任、转任干部 25 名，交流、轮岗、兼职干部 41 名，提拔干部 61 名，转虚、退休、辞职干部 25 名，任免援疆、挂职干部 6 名。全市拿出 16 个科级领导岗位面向社会各界进行公开选拔，经过选拔，13 名优秀干部走向领导岗位。2013 年，全市各单位竞争上岗 31 名干部。不断探索新形势下选拔任用和管理干部的新途径，对 5 个单位的 8 名主要领导进行了离任、任中审计。为进一步提高选拔干部的公信度。选派了 12 名后备干部到信访局挂职锻炼。全年共抽调 48 名后备干部到市"创新办""效能办"以及各种工作组、工作队进行锻炼。完成全市 122 个单位工作人员的信息采集。修改完善《喀什市中长期人才发展规划（2011—2020 年）》，制订印发《人才发展规划（2011—2020 年）任务分解方案》。顺利实施干部人才交流培训项目。制定和完善"走出去、请进来"相结合的培训机制。培训干部 7000 余人次。派出社区三化建设、村（社区）支部书记、主任、社会管理创新专题培训班 200 余人到对口援疆省市学习轮训。选送未就业大学生赴援疆省市学习深造。通过报名、资格审查、面试和体检等程序，359 名未就业高校毕业生赴援疆省市学习培训。

三　夯实党组织的长效运行机制

创新工作思路，明确基层党建方向。做好村级两委换届选举工作，提升村级组织工作能力。以严把村民选举委员会成立关、参选村民登记关、把好村党支部书记选举关、把好承诺关"四道关口"为着力点，明确责任领导、责任目标和责任追究。共选出党支部委员 531 名，其中村党支部书记 105 名、副书记 90 名、委员 336 名；村委会委员 755 名，其中主任 105 名、副主任 240 名、委员 410 名；全部实现村党支部书记兼任村委会主任"一肩挑"。村务监督委员会成员为 501 名，妇代会成员为 391 名，团支部成员 344 名。扎实推进社区"三化"建设。实行分类推进封闭式小区建设，建成封闭式、半封闭式、局部封闭式的片区 323 个。成立了4036 名由社会各层面的力量组成的网格员队伍。依托"一站式"服务大厅，对政策信息、党务工作、社会救助、就业、低保发放、计划生育、廉租住房等群众关心关注的事项进行公示。推行错时服务和"20 分钟"办结制，2013 年以来，接待群众 4572 人（次），为群众提供上门服务 2379次，帮助群众解决热难点问题 1376 件。坚持"六个长效机制"，不断提升基层党建工作水平。结合"四清一审一公示"工作，对村集体经济进行集中规范清理和调查摸底，并建立集体经济台账。结合实际认真编制发展壮大集体经济 3 年规划、年度计划和农户增收措施。全面启动村级公益事业建设"一事一议"财政奖补项目工程，先后在 61 个行政村实施了 67个农村基础设施和公共服务建设项目，项目投资总额 2675 万元，受益人数 106939 人。机关和学校党的建设再上水平。以强化机关工作效能和创新建设为抓手，抓好领导干部一线调研、直接联系服务群众、机关干部一线锻炼等制度，1273 名市直机关干部与 2267 户贫困户 6650 人结成帮扶对子。继续推进学校党建"1113"工作机制，建立和落实学校党组织动态分类治理制度。此外，创新社会治理，最大限度增加社会和谐因素。深入开展以"热爱伟大祖国，建设美好家园"群众宣传教育。截至 2013 年年底，集中宣讲教育 75.92 万人次，入户宣讲 203.68 万人次，印发宣传资料 42.69 万张。创新活动载体和方式方法。全面落实"错时入户、提前预约""连心卡""民情日记"等制度，各工作队员及基层干部每人一本"民情日记"，确保联系群众制度的全面推行和规范落实。激发社会组织活力。市直部门帮扶村、社区贫困户 2.06 万户，帮扶基本群众 5.76 万人，解决实际困难 3134 个，办好事实事 1752 件；乡镇街道帮扶村、社区贫困户 2.29 万户，帮扶基本群众 8.82 万人，解决实际困难 6789 个，与民族群众交朋友 4442 人。创新有效预防和化解社会矛盾体制。强化社会"五小"工作，对全市 16.42 万农（居）民户按照"四类管理法"摸排分类，建立 138 个警务室。加强社会治安综合治理，创新立体化社会治安防控体系，依法严惩各类违法犯罪活动。制定《喀什市基层党组织落实整治"三非"专项行动安排意见》，成立工作指导组，查处非法讲经活动 476 起。全面推行妇女揭面纱"五步工作法"。结合开展的"靓丽工程"，采取集中宣讲、面对面宣传教育、"一帮一、多帮一"结对子教育等方式，已有 1565 名戴面纱妇女通过教育转化揭掉面纱。

四　着力提升党员干部素质

按需施教，保证培训内容的实效性。紧紧围绕喀什市大建设、大开放、大发展的新任务、新要求，以"理论武装、市情研究、能力训练"为主要内容，结合不同单位、行业党员干部特点，坚持一手抓思想政治教育、党性教育，一手抓知识更新和业务培训，开展了多领域、多层次的教育培训，不断创新培训内容，完善课程设置，坚持经济社会发展需要什么就培训什么，干部能力缺什么就补什么，努力实现培训内容与培训目标相统一。在举办村党支部书记、主任培训班、干部"双语"培训班、中青年干部理论培训班、乡镇、街道党校兼职骨干教师培训班以及入党积极分子培训班等各类中、长期培训班中融入了党的十八大报告、自治区第八次党代会、市委十届三次全委（扩大）会议等精神、廉政若干准则、"十二五"规划设想、创新社会管理、领导艺术培养、加强民族团结、淡化宗教氛围、预防职务犯罪警示教育等相关内容，让干部熟悉了解当前发展形势，把握当前工作重点，进一步提高思想政治素质和综合能力，更好地适应大建设、大开放、大发展的需要，提供坚强有力的干部人才保证，增强了培训的理论性、系统性、有效性，成效明显。积极开展现场教学、案例教学，与远程教育、在线学习、广播电视相结合，运用研究式、体验式、模拟式、行动学习法等，让学员在亲力亲为、亲身体验，鲜活案例中，激发情感、启发思考、感悟规律、学到经验，提高认识问题、分析问题和解决问题的能力和水平。对领导干部采取短期集中培训方式，针对某一专题，聘请有关知名专家进行专题辅导，展开专题讨论，达到解放思想、拓展思路、开阔胸襟。对中青年干部坚持中长期培训，采取课堂教学、专题讲座、讨论交流、实践锻炼相结合的方法进行培训，达到听得懂、学得会、用得上、效果好。推进办学体制改革，整合市乡党校培训资源，优化师资队伍。为切实提高市、乡两级党校办学水平，不断满足基层党员干部日益增长的培训需求，促进培训资源整合，统筹教学管理，实现资源共享、优势互补、良性互动，大力推进培训资源向基层延伸和倾斜，市委党校以硬指标加大对乡、镇、街道党校的帮扶力度，送教上门。广泛开设"流动课堂"，组织乡、镇、街道实践经验丰富的干部、先进模范人物、乡土人才、做群众工作的行家等，进村组、进果园、进地头、进公司、进商铺、进学校，流动办学、送教上门，力求做到哪里有需要，哪里就有教育课堂。注重加强和优化市委党校师资队伍建设，落实市委党校专职教师知识更新制度，选派有一定教学经验和发展潜力的教学骨干，通过多种途径，提高教学水平和能力。并根据教育培训工作的需求，从经济开发区、政府职能部门和乡、镇、街道中聘请了15名政治素质好、理论水平高、实践经验丰富的领导干部担任兼职教师，优化了干部教育师资库。建设一支讲党性、重品行、作表率的过硬组工队伍。开展"组工讲坛"活动，每月指定干部在"组工讲坛"讲学，讲学内容涉及面广、实用性强。坚持开展解放思想大讨论、组织工作大家谈、效能创新工作我参与等各项活动。坚持"双语"学习不动摇，采取"双培互带"的办法，对部内民汉干部结成互助帮带对子。开展"组工干部下基层"活动，在抓落实、解难题上创先争优。组织部干部与非公有制企业、学校、街道社区建立联系点。

五　努力提高党建工作科学化水平

首先是制订科学方案。每个阶段，各地各级都会制订一系列的党建工作计划和方案，特别是在一定时期下、一定的社会环境下更加有针对性的党建工作规划，规划的形成本身就是一个集中思考、科学衡量的过程。因为，一系列的方案设计必然会有其中的科学性和可操作性，在计划的引领下，关键在落实，没有一抓到底的决心和力度，这些方案计划也就只是一纸空文，因此，喀什市基层党组织坚持对照方案，总结情况，根据方案的要求，从细微处着手，切实把任务落实到人、落实到组织、落实到时间节点上来，重视基层党建工作的执行力度，保证计划方案的实际意义和作用，发挥一切力量，确保基层党建工作的实效。其次是结合实际统筹推进。在统筹的基础上，各基层党委根据项目的实际情况，落实措施，如一些地方采取以点带面、分类推进的做法，一些地方采取班子成员挂点包干、分阶段督办的做法等，这些方法都很好，也很有针对性，我们要在工作之中总结经验，不断推进工作科学发展，使基层党建工作成为一个激发基层组织和党员的载体，实现基层党建工作的系统化和科学化。再次是强化工作指导。党委书记是党建工作的第一责任人，但随着经济社会的发展，基层党委书记精力过度集中在经济建设、社会建设等方面，反而容易忽视党建这个重点。党建工作必须常抓不懈，党建工作必须成为党委书记的"重点项目"。注重发挥基层党委书记的作用，强化书记指导、书记参与、书记负责的理念，形成一批基层党委书记亲抓、亲推、亲促的"书记项目"，并且通过科学指导，狠抓落实，使喀什市基层党建创新工作取得良好成效。最后是强化长效保障机制。基层党建工作中注重机制建设，把一些好经验、好做法通过制度的形式固定下来，指导实际工作的开展，把机制建设不断量化细化，确保机制的生命力，使基层党建工作真正落到实处、取得实效。提高业绩观念，把党建项目的进度作为各项工作的业绩推动力，以党建促发展、以党建促进步，通过基层党建，夯实基础，增强活力，不断焕发我们党内组织和党员的生命力，确保党建工作成为推动各项工作的新动力，也通过加强基层党建工作，实现基层党组织的科学发展。

第十六章

说不尽的喀什

喀什有长期开放的历史，同时又是文化相对保守的要塞，既是东西方交流的重要转运点，也因陆上丝绸之路的衰落而日益封闭。喀什有发达的绿洲农业史，也有丰富的内陆商业史，更有多姿多彩的民族文化。面对现代化的强力推动，喀什发展的机遇和挑战尤为突出。漫长的历史和急剧的社会文化变迁相交织，使喀什调查研究不仅具备理论探讨的魅力，更是探索新疆跨越式发展和长治久安的样本。通过对喀什数千年历史的回顾，特别是改革开放以来跨越式发展的总结，我们的研究发现，喀什正在经历几重意义深远的巨大转型。

第一节　喀什市的历史性转型

一　从边陲到中心的历史转型

喀什，古称疏勒，全称为喀什噶尔，其含义有"玉石集中之地""玉石建成的城市"等解释。

公元前后的两汉王朝，派遣张骞、班超开拓西域，2000 多年前喀什就被纳入统一的中央王朝体制内，成为大中国神圣领土的一部分。但喀什远隔万里边关，一直处于边陲地带，忽隐忽现在历史的治乱轨迹中。当中央王朝强大兴旺独步世界时，就会在这里设立正式的统治机构，如汉、唐、元、清；当中原王朝出现内乱时，就会成为绿洲邦国或地方性政权，与中央王朝保持着中央与边政之关系，直到清王朝在 1884 年设立新疆省，喀什在大一统的体制内。成为边陲重镇面对内忧外患的国际国内形势，清王朝在喀什的统治采取因俗而治、分族而治，喀什有回城汉城之分，形成绿洲经济特有的"巴扎"市场，可以说从那时开始完成了行政体制上的一体化进程。民国时期又进一步理顺行政区划，加强了中央政权对边疆地区的管理和控制力。

抗日战争爆发后，中国共产党为了团结新疆各族人民共同抗日，建设抗日后方，保持延安与苏联之间的国际通道，与当时新疆边防督办盛世才建立了抗日民族统一战线关系。应盛世才的邀请，中国共产党派了大批干部来新疆工作，其中有14位共产党员派往喀什，对喀什的政治、经济、文化事业做出了突出贡献。

1949年10月，中国人民解放军第一野战军第一兵团第二军奉命进军南疆。同年11月26日，由四师师长兼政委杨秀山率领的二军先遣部队先期到达南疆重镇喀什古城。同年12月1日，由二军军长郭鹏、政委王恩茂率领的军部及军直部队抵达喀什，与先期到达喀什的三区革命民族军，以及驻喀什的起义部队四十二师在喀什胜利会师。1950年1月3日，中国人民解放军喀什军事管制委员会成立，王恩茂任主任，伊敏诺夫·买买提明为副主任。1952年5月23日，中华人民共和国政务院根据西北军政委员会民政部的报告批复，同意新疆省增设伊宁、喀什两个专署辖市，从此有了喀什市的建制。辖区由析置原疏附县所辖4个区和疏勒县1区组成。在南疆区党委、喀什地委的领导下，同年10月3日，成立喀什市人民政府筹备委员会。经过22天的积极筹备，于10月25日，在艾提尕尔广场召开庆祝大会，正式宣布喀什市人民政府成立。

喀什市成立初期，为专区所辖市。1953年7月1日，新疆省人民政府通知，喀什市由南疆行署代为领导。喀什市人民政府成立后，贯彻执行党的各项方针、政策和上级政府的法令，继续开展并取得民主建政、土地改革、普选工作的重大胜利；主持制订并执行喀什市经济建设和社会发展第一个五年计划。还筹备召开三次喀什市各族各界人民代表会议，民主选举人民代表，召开喀什市第一届人民代表大会第一次会议，选举产生喀什市第一届人民政府。喀什市政府党组于1953年成立，由市政府机关、市公安局、市人民法院、市人民检察院领导组成。党组成立后，在各项工作中更进一步密切了党和政府的关系。

喀什作为新疆维吾尔自治区体制下的一个县级城市，在民族区域自治制度下，进一步完成了政治上的一体化过程。新中国成立以来喀什伴随着新中国的艰难曲折，走过了和全国其他地方一样的历史进程。政治上建立地方各级党委、政府、人大、政协以及工、青、妇等社会组织；经历了抗美援朝、清匪反霸、镇压反革命、"三反五反"运动，整风、反右、反地方民族主义、肃反和农村社教等政治运动；经济上通过减租反霸、土地改革、农业的社会主义改造、手工业和私营工商业的社会主义改造以及"大跃进"和人民公社化运动；也不可避免地经历了"文化大革命"的动乱局面以及市革命委员会的成立、"批林整风"与"批林批孔"，在计划经济体制下推行农业学大寨、工业学大庆。粉碎"四人帮"以后，喀什也和全国一样开始拨乱反正，实现党的重心工作历史性转折，开创社会主义现代化建设新局面，全面推行经济体制改革，逐步建立社会主义市场经济体制。在改革开放、科学发展、全面建设小康社会的新的历史时期，不断加强党的执政能力建设。面对日益复杂的社会形势，严厉打击"三股势力"，维护社会稳定。在这六十多年的历程中，喀什完成了和全国政治经济文化的全面接轨。1984年评为国家乙级对外开放城市，1986年命名为中国历史文化名城，2004年命名为中国优秀旅游城市。①

随着改革开放和西部大开发政策的深入实施，尤其是2007年9月国务院出台《关于进一步促进新疆经济社会发展的若干意见》（国发），定位将喀什市建成面向中亚的区域性商贸、旅游中心城市，对喀什能源、工业、电力、农业产业化、科技教育文化卫生、旅游等重点领域发展给予特殊优惠政策，这一难得的历史机遇大大推动喀什经济和社会各项事业的快速发展。2010年5月，中央新疆工作会议召开，为喀什插上了跨越式发展的翅膀。国家决定在喀什设立特区，把喀什特区建设成为我国向西开放的重要窗口，推动形成我国"陆上开放"与"海上开放"并重的对外开放新格局，建设成为推动新疆跨越式发展新的经济增长点。喀什特区规划用地50平方公里，其中喀什市规划40平方公里，伊尔克斯坦口岸规划10平方公里。喀什已经不只是西部明珠，而成为中国西部正在崛起的西部发展中心城市。经过了漫长的两千多年的发展，喀什今天终于完成了从边陲到中心的华丽转身。

二　从乡村集市向现代城市的经济转型

地处交通要道的喀什，历史上就是连接中亚、南亚、西亚直至欧洲的

---

① 根据《中国共产党喀什市简史》相关章节内容整理。

大通道和商品集散地。中国的瓷器、丝绸、茶叶从这里运往欧洲，曾经有过"货如云屯，人如蜂聚"的繁荣景象，被誉为"东方开罗"。《马可·波罗游记》提到的第一个中国城市就是喀什："这里的居民大都从事商业活动，很多人都是熟练的手工业者，不少外地商人在此地经转周游世界各地做贸易。"这种商业繁荣，是建构在绿洲农业之上的地域性商业文明，也承担着有限的东西方商业贸易中转性质，在茫茫戈壁的边缘，几千年来生生不息的喀什工商业，在漫长的时间和特殊的空间坐标下，给人们留下无比强烈的印象。

　　瑞典汉学家贡纳尔·雅林在《重返喀什噶尔》一书中回忆道："1926年来到喀什噶尔，就如同从现代回到中世纪，就像回到了拍摄电影《一千零一夜》所设置的场景中。这里既没有汽车，也没有摩托车，甚至连自行车都没有见过。没有电灯照亮那些巴扎附近黑暗、狭窄的通道。"①那时的喀什，正如整个中国一样还处于半封建半殖民地的落后和封闭中。几千年来喀什犹如漫长丝绸之路上的一眼水井，总会给长途跋涉的旅人留下终生难忘的记忆。他回忆道："在那些年代，喀什噶尔城被大约10米高的结实的城墙环绕着，城墙是用晒干的土块加上填满土块缝之间的泥修筑成的。城墙顶部很宽，足以行驶一辆两轮马车，与外界的交通是通过4个巨大的城门进行的，城门暮闭晓开。城里有各种各样的巴扎，规划巨大的清真寺，还有富人和穷人的房子。中国政权机构在城外，在城外的还有英国和俄国的领事馆，瑞典传教团以及它开设的医院和其他福利机构。城外绿茵处处、阳光灿烂，而在城里总是半明半暗。"②

　　喀什数千年的繁荣，是建立在丝绸之路交通要道的贸易交换和绿洲文明的农村工商业需求之上的。宋元明以后随着航运业发达，东西方贸易逐渐转向海上丝绸之路，作为陆上丝绸之路关节点上的喀什，无疑受到很大的影响，更多表现为地域性的工商业繁华上，成为南疆绿洲农业的经济文化中心。英国最后一任驻喀什噶尔总领事夫人戴安娜·西普斯在其《古老的土地》一书里，是这样描述20世纪40年代的喀什农村生产力水平："这里农民的农业技术很简陋，使用的是木制的犁，用手收割，驾驭牲畜

---

① ［瑞典］贡纳尔·雅林：《重返喀什噶尔》，新疆人民出版社2010年版，第62页。
② 同上书，第63—64页。

在打谷场上无休止地转圈打场，靠风扬场。"① 根据喀什市政府相关档案记载②，新中国成立初期喀什市粮食种植面积42191亩，单产123.5公斤，总产521.6万公斤。其中小麦23374亩，单产113公斤，总产264.25万公斤；玉米4872亩，单产107.5公斤，总产52.6万公斤；水稻5100亩，单产132公斤，总产67.5万公斤；棉花种植面积3860亩，单产25.5公斤，总产9.85万公斤，生产力水平极其低下。1956年的农业合作化，推动了农业生产发展。政府推行精耕细作，加强田间管理，推广新式农具，整修渠道，兴修水利，增施积肥，选种优良品种，合理灌溉等，因而保证了农作物的增产，单位面积产量不断提高。1952年单产203斤，1957年达到321.12斤，单产净增118.12斤。

1952年喀什建市时，近郊13个城管农业乡，辖10769户、43024人、81390亩耕地。1951年全市23个行业有工商户3333户（包括自产自销的手工业户、饮食服务业户），全年经营额402504万元（旧币）；有私营手工业户1832户，从业人员3107人，产值226.9万元（旧币）。私营工商业拥有资金约237.5万元，其中工业资金约39.4万元，商业资金约198万元；固定资金约43.5万元，流动资金约155万元。在政府的扶持下，1954年全市私营工商业发展为5952户，从业人员9987人。1955年11月15日，喀什市胜利完成了第一阶段工商业社会主义改造工作计划。全市4480户5667名私营商业者，4563名手工业者，816.09万元资金经过改造，组成百货、花纱、食品、蔬菜、外贸、土产、煤炭、砖瓦、运输、伙食等公私合营单位。从当时的经济结构和人口结构来看，喀什市是以农业和农村人口为主的建制市，相对于南疆的其他地区，也是工商业最为发达的地方，因而成为南疆周边农村的商贸中心。

喀什建市时，市区内只有一些零星的个体私人小型手工棉纺作坊。1人掌握1架织布机，1天内能织两个半土布（一个土布宽约1.2市尺，长约16市尺），平均每架织布机每月织土布65个，全年生产10个月（冬季天冷不能生产）。全行业一年可生产土布10万个约合160万市尺。除20世纪30年代前期喀什人从苏联引进皮带车床、钻床、铣床等设备装备私人手工作坊外，再没有什么现代工业。1949年后，喀什市建成皮毛、肠

---

① ［英］凯瑟琳·马噶特尼、戴安娜·西普斯：《外交官夫人的回忆》，新疆人民出版社2010年版，第365页。

② 根据《中国共产党喀什市简史》相关章节内容整理。

衣加工厂，为产品出口打下了良好的基础。1952 年年底，喀什市工业总产值达 17.95 万元。1949 年 11 月底，中国人民解放军白手起家，先后创办了以喀什八一面粉厂为标志的一批现代工业企业。50 年代初喀什市开始生产醋、酱油和少量粮食散白酒。1958 年针织厂和纺织厂相继成立，结束了南疆无现代纺织工业的历史。

　　改革开放以来，喀什市生产总值从 1978 年的 0.8864 亿元增加到 2007 年的 48.28 亿元，同比增长 54.46 倍。2012 年，喀什市实现生产总值 132.01 亿元，较 1978 年增长 130 多倍。较 2009 年增长 71.65%，年均增长 19.73%。其中：第一产业 5.2 亿元，增长 18.03%，年均增长 5.68%；第二产业 45.37 亿元，增长 70.53%，年均增长 19.47%；第三产业 81.44 亿元，增长 77.08%，年均增长 20.98%。人均生产总值 24042 元，增长 42.17%，年均增长 12.44%。第一、二、三产业结构由 2009 年的 5.7：35.2：59.1 调整为 3.9：34.4：61.7。全社会固定资产投资 113.1 亿元，增长 35.9%；社会消费品零售总额 51.5 亿元，增长 22%；公共财政预算收入 13.14 亿元，增长 26%；城镇居民人均可支配收入 15164 元，增长 11.97%；农民人均纯收入 6643.56 元，增收 865 元，增长 14.9%。根据喀什市政府网站提供的最新统计数据，喀什市 2013 年实现生产总值 160.6 亿元，较 2012 年增长 15.3%；公共财政预算收入 15.75 亿元，增长 20%；全社会固定资产投资 124.4 亿元，增长 9.8%；全社会消费品零售总额 59.6 亿元，增长 15.7%；招商引资实际利用资金 39.3 亿元，增长 13.9%。古老的喀什，正在完成从绿洲农业向现代农业、乡村集市向现代城市的华丽转身。

三　从封闭走向开放的文化转型

　　喀什噶尔作为古丝绸之路重镇，自古以来就是繁华的商业城市。公元前这里就"有城郭、市列，较西域诸国大"而且"街衢交互，廛市纠纷"。在市集上"奇珍异宝，往往有之，牲畜果品，尤不可枚举"，自张骞通西域开辟丝绸之路直至明代海运大开之前，疏勒—喀什噶尔既是中西交通的咽喉和枢纽，也是中国西部疆域最早的国际市场和门户之地，疏勒城成为新疆古代第一座商业城，集市贸易也因国际丝绸贸易的产生、发展而兴旺，成为丝绸之路的商业集散地和中转站。

　　18 世纪中叶，清朝接手管理新疆后，重视在新疆发展商业，喀什噶尔市场随之空前繁荣，成为中国对中亚、西亚与南亚贸易的西疆重镇，并与北疆伊犁、外蒙古恰克图市场并列为中国西北三大内陆贸易商道。喀什噶尔市场上的货物主要是牲畜、皮类、食品、布匹、绸缎、茶叶、药材等。此外，清政府还以官方名义大力开展官方商贸活动，大宗交易丝织品、茶叶、大黄等。随着清朝对新疆治理，有许多内地商人随军来到喀什、莎车等地。"山、陕、江、浙之人，不辞险远，货贩其地"，"克什米尔等处，皆来贸易"。光绪三年（1877），清军驱逐阿古柏势力收复新疆后，京、津、陕、甘、粤、湘、川、浙等商人亦蜂拥而至，京广杂货源源运来。至清末，喀什维吾尔商人阿洪巴依有 10 万银圆商业资本及大量房产和牲畜，开设吾买尔洋行，充当英商买办，同时还有杂货店、棉花店、羊毛店、印度货店、和田货店等商业网点，在南北疆和内地开展贸易，资本发展到 30 万银圆以上，是南疆乃至新疆的头号富商。

作为对外交往的桥梁，喀什噶尔、叶尔羌历来有外国商人经商居住。汉唐时期，大批粟特等中亚商人在此生活。元至元八年（1271）意大利威尼斯商人尼可罗兄弟及马可·波罗在喀什噶尔一带从事探险和交易。明朝以后，不少俄、英、阿富汗、印度商人在喀什一带经商。清末，俄国、英国通过不平等条约，将喀什噶尔等地辟为"商埠"，免税经商，享有特权，大批英、印、俄籍商人遂纷纷涌入，在喀什、莎车等地居住、经商。至宣统元年（1909），俄商、印商、阿商、英商在境内有 2000 多人，分布在喀什、英吉沙、莎车、叶城、伽师一带，从事商业活动。民国初至 30 年代末，俄国、英国、印度商队络绎不绝，前来喀什买卖商品，喀什城内商品贸易额每年达 300 余万元（旧币）。民国 26 年（1937），喀什市计有大、小商号 1600—1700 家，资本以喀票（当时流通货币）计算，50 万—100 万元者约 30 家，20 万—50 万元者约 150 家，10 万—20 万元者约 350 家，10 万元以下 5 万元以上者 600—700 家。40 年代，南疆政局不稳，商业萧条。民国 34 年（1945）喀什只有 230 人经商，商品奇缺，物价飞涨，货币贬值。到 1949 年中华人民共和国成立前夕，喀什商业一片萧条，集市贸易也只是小商小贩销售一些土布、麻纸、土陶器、干果与传统手工业品，外国商品和内地商品都少有流通。

新中国成立前喀什经济社会发展，首先受制于地方政治不稳定的影响，如英俄帝国主义的争夺、辛亥革命前后的社会动荡，民国时期的官方行政机构和浓厚的地方传统和宗教信仰各行其是，30 年代的"独立"闹剧以及马仲英掀起的南疆风云，40 年代盛世才的反苏排共等，使得反帝斗争、民族隔阂、宗教影响、文化差异、阶级矛盾等纠结在一起，社会动荡不安。其次是喀什与外界的交通一直处于原始状态，人员和物资交流极其困难。向西越帕米尔高原自古就是九死一生，无论中国两千年来僧众跨越葱岭的记载，还是 20 世纪初期西方蜂拥而至的探险家、考古学家的回忆，都是充满了艰难险阻。向东要通过万里戈壁，风暴冰雪，天遥地远。如北方商埠天津到喀什，先通火车到归化，再用骆驼经蒙古草原而到北疆奇台再到喀什，需四个月；由陕甘出嘉峪关至奇台再到喀什需三个月；由巴蜀走栈道至兰州出嘉峪关至奇台再到喀什需三个月。走南路，从敦煌算起，过阳关故道至和田再到喀什也需三个月。交通如此不便，而商路时断时续，沿途又有土匪盘踞、税卡盘剥、军队敲诈。商人们冒万险运货入喀，实在不易，其成本之高，亦可想而知。最后是喀什经济基础是绿洲农业，本身能支撑的只是乡村集市和十分有限的过境贸易。

因而，当时喀什的"繁荣"是建立在落后和封闭的前提下的，正如瑞典汉学家贡纳尔·雅林在《重返喀什噶尔》中回忆说：当时的喀什"到处拥满了乞丐"[1]，人们生活十分贫困。伊斯兰文化氛围十分浓厚，"这里的人民宗教方面相当严格，遵循着伊斯兰教的一切戒规和教谕。因此，毫不奇怪，在新疆南部的瑞典传教团和在新疆北部的英国中国内陆地区传教团在这个地区度过的几十年，在争取人们转变信仰方面是那么的不成功，因为这里的人们深深地植根于伊斯兰教中"[2]。瑞典传教团在那里工作了几十年，只让当地人接受了一些现代医药和留下了一个印刷所，根本无法使当地人改信上帝。[3] 当时人们的思想观念非常封闭保守，贡纳尔·雅林回忆道："那时喀什噶尔的人们还不完全了解现代文化的优越性。所有那些无法理解的技术性产品都被称作撒旦，即与魔鬼有牵连的东西。有一次一个汉族人带了一辆自行车到喀什噶尔，当地人把它叫作魔鬼车。而那个流动出售图书和古董的商人肉孜·阿洪第一次听我带去的唱片

---

① [瑞典] 贡纳尔·雅林：《重返喀什噶尔》，新疆人民出版社 2010 年版，第 148 页。

② 同上书，第 142—143 页。

③ 同上书，第 162 页。

时，他把唱片音乐叫作魔鬼音乐。"① 当时的喀什，经济上落后停滞，文化上则沉陷于封闭保守之中。

1952 年喀什市人民政府成立后，成立了喀什贸易分公司，相继建立了国营商业和供销合作商业。同时鼓励私营工商业和个体商业发展生产，进行集市贸易，鼓励农民进城赶集，买卖农副产品。1956 年私营工商业基本完成社会主义改造后，集市贸易主要有十一大国营专业公司与供销合作社所属的 60 多个门市部为主、私营和个体为辅，经营商品由 50 年代初的几千种增加到 3 万种。1960 年喀什的集市贸易成交额达 465 万元。1966—1976 年"文化大革命"期间，集市贸易被当作"资本主义尾巴"而取缔。

80 年代后喀什的集市贸易逐渐恢复，城乡集市日益活跃。1980 年全市社会商品零售总额达 10184 万元，零售商业、饮食业、服务业机构有 701 个，从业人员 4096 人。到 1990 年，喀什市商业网点、集贸市场分布合理，批发、零售一应俱全，成为全地区的商业中心。当年，全市社会商品零售总额 31584 万元，有 22 个城乡集贸市场、个体工商户 6698 个，从业人员 7650 人，资金 1159 万元，年成交额 8332 万元，上市品种 9000 多种。伴随着全国改革开放的大潮，喀什也艰难而缓慢地从计划经济向社会主义市场经济过渡。②

近百年来喀什市场几经曲折变迁，兴衰交替。以艾提尕尔广场为中心的今吾斯塘博依路与安江热斯特巷一带，是当时的商业贸易集中区。传统的民族手工业生产则主要集中在恰萨路与城西南的今库木代尔瓦扎路西段。城区除官衙和富商宅邸以及外国驻喀领事馆外，一般工商业和民居均为低矮的土木结构平房。城中道路均为沙土路面，且狭窄曲折。城市居民饮涝坝水，照明主要靠油灯。走进今天的喀什老城，每条街巷还保留着昔日巴扎的痕迹：袷袢（服装）巴扎、库纳克（玉米）巴扎、帕合太（棉花）巴扎、喀赞其（铁锅）巴扎、塔希（石头）巴扎等，这些街巷在很久以前就是喀什老城区的专业市场，至今仍然保留着原来的名称。吾斯塘博依街道是喀什巴扎的一个缩影。在这条街上经营乐器的阿不力米提说自己是第六代传人，乐器店已经有近 300 年历史了。

喀什市与塔吉克斯坦、巴基斯坦等八国接壤或毗邻，有红其拉甫、吐

---

①　［瑞典］贡纳尔·雅林：《重返喀什噶尔》，新疆人民出版社 2010 年版，第 69 页。

②　根据《中国共产党喀什市简史》相关章节内容和市政府相关部门提供资料整理。

尔孕特等对外开放口岸，具有"五口（岸）通八国，一路连欧亚"的独特区位优势和口岸集群优势，是连接中亚、南亚、西亚以及欧洲的国际大通道和国家向西开放的桥头堡。南疆铁路、喀和铁路、314国道、315国道、中巴公路构成了喀什与首府乌鲁木齐和周边国家主要城市的便捷陆运交通体系；以喀什为始发站的"中吉乌"铁路、"中巴"铁路已列入国家重点建设项目。喀什国际航空港是新疆第二大航空港，开通了与北京、上海、广州、济南等地的客运直航，与巴基斯坦、吉尔吉斯斯坦等周边国家主要城市的货运直线航班。

借助得天独厚的地缘优势，如今喀什在保留传统特色"巴扎"的基础上，已经把发展现代商贸物流业这个"巴扎"做得越来越大。20世纪90年代末，喀什开始举办商品交易会。从2004年开始，喀什又将商品交易会全面升格为一年一度的中亚南亚商品交易会，并明确提出打造国际商贸物流中心战略，推出了外引内联、东联西出的一系列新举措。目前，喀什国际免税广场A、B楼项目顺利通过超限高层建筑工程抗震设防审查。该楼又称喀什双子塔，占地面积16万平方米，总建筑面积514943.8平方米，由裙楼和两栋58层塔楼组成，建筑高度280米，为新疆第一高楼，将为喀什特区锦上添花。

围绕着喀什这个"国际大巴扎"，喀什地区各县市以及周边地州的人流、物流都在向这里聚集。沿着315国道，在喀什经济开发区旁喀什市与疏勒县接壤的城南数平方公里范围内正在打造商贸物流区，优惠政策已经吸引了浙江、江苏等许多内地省市的投资商。目前，商贸物流区已粗具规模，城市商贸物流格局基本形成。不少大企业大集团落户商贸物流区，曙光国际、中亚商贸第一城、远方国际物流港、八国商贸城、国际汽车城、北园春投资建设的农副产品国际交易物流中心等，犹如雨后春笋般在这里拔地而起，将形成大商贸、大流通的格局，为喀什构建国际商贸物流中心奠定了基础。与喀什相邻的疏附县，在对口援疆省市广东的大力支持下，在该县广州国际商贸物流产业园区，投资21亿元将建起60万平方米的广州商贸新城，目前建成的20万平方米商城已于2013年6月开业，来自周边国家的150多家客商与广州新城签订了入驻合同，其中，来自吉尔吉斯斯坦、巴基斯坦、塔吉克斯坦、土耳其等国的40多家客商已入驻营业。在这里，巴基斯坦客商将与广州新城合作打造1万平方米的巴基斯坦一条街，经营来自巴基斯坦的特色商品。塔吉克斯坦、吉尔吉斯斯坦和乌兹别克斯坦等国还设立了商务联络处，通过各国商会为双方的商贸往来提供服务。

喀什，这个昔日丝路上的古商埠，如今正朝着国际商贸物流中心阔步迈进。2012 年喀什市招商引资项目 53 个，完成招商引资到位资金 34.5 亿元，较 2009 年增长 163.8%，年均增长 38.2%。2012 年喀什地区实现外贸进出口总额 10.73 亿美元。2013 年 1—11 月，喀什及周边地州口岸进出口货物已达 130 万吨，贸易额达到 51 亿美元。经过一百多年的嬗变，喀什正在完成从封闭向开放的华丽转身。2014 年 1 月 3 日，喀什在《环球时报》启动的评选中，荣获 2013 年环球时报总评榜"中国西北部最具投资吸引力城市"奖。

四　从因俗而治走向现代治理体系的社会转型

清王朝平定南北疆的叛乱后，乾隆皇帝于乾隆二十七年（1762）任命了"总统伊犁等处将军"（通称"伊犁将军"），即通过军政共管的方式来统治新疆。在维吾尔族中，实行伯克制。"伯克"之意即"头目"，是一种封建统治阶级身份的称号。清王朝将"伯克"解读为"官"，并且规定各自官品阶级（三品至七品），将其改造为清王朝统治下的维吾尔社会中的官僚体系，这就是清王朝所谓的"齐其俗不易其宜"的政策。

清王朝平定新疆之后，"因其教不改其俗"，承认了宗教学者（阿訇）作为维吾尔族人的精神领袖和掌握文化教育事业的现实，允许当地穆斯林进行日常的宗教活动，并且修缮了和卓的圣墓（麻扎）。清王朝在新疆实施了彻底的政教分离原则。乾隆二十五年（1760）清王朝政府任命伯克，乾隆帝规定伯克只对清王朝政府负责，严厉禁止和卓、阿訇干涉行政，剥夺了他们批评伯克的权利。为了弱化伊斯兰教的经济实力，清王朝故意不将清真寺、麻扎、宗教学校征收的宗教税认定为法定税金，而将在瓦哈甫地（信者向清真寺和宗教学校捐献的土地）上耕作的"燕齐"编入普通的户籍，将他们变为清王朝的纳税者。而关于清真寺的新任指导者（阿訇）的人选，也制定了由伯克推荐和作保，由驻在大臣任命的制度。

在清王朝平定新疆仅仅六年之后，乾隆三十年（1765）乌什地区的维吾尔族人，就因为无法忍受阿奇木伯克阿卜杜拉及驻在大臣素诚的压榨而举行了大规模的起义。清王朝的回疆统治政策已经开始显露出它的重大缺陷，那就是伯克制造了维吾尔社会严重的阶级对立。1865 年 1 月，喀什噶尔和卓家族的布孜鲁克汗·和卓在浩罕国将军阿古柏·伯克（Yaqub Beg）的帮助下回到了喀什噶尔。挂着司令官名义的阿古柏·伯克具有强烈的政治野心，1867 年 6 月建立起了自己统治的"七城政权"。光绪二年（1876），清军在左宗棠的指挥下开始了清除地方割据的战争。到 1877 年 12 月为止，清军清除了新疆全境的割据现象，阿古柏·伯克自杀身亡。[①] 清王朝总结以往在统治新疆政策上的失败，1884 年在新疆导入了与内地相同的省制。随着省制的导入，新疆全境被编为与内地同样的道、府、州、县，清王朝事实上废除了包括伯克制在内的等级统治体制。

辛亥革命以后基本沿袭旧有的体制。在新疆南部，很多地方都是一块绿洲成为一个县。县长职责重大，负责征税、城市与道路建设、指挥警察维护治安，还有负责法律审判等。当时省政府任命的官僚体系只到达县一级，县级行政成为国家官僚行政体系与维吾尔族社会的连接点，县级以下的行政运行全都依赖当地的维吾尔族人。县级以下公共管理体系划分为由维吾尔族人构成的基层行政组织、水利管理组织和宗教审判所等。尽管伯克制度已经被清王朝在 1885 年 12 月正式废除，但在民间，乡级行政长官仍被称为"伯克"。从这里可以看出，即使中华民国成立以后，传统的维吾尔族社会管理体系，即旧的社会生产关系在维吾尔农村中依然存在。[②]

如前所述，新疆和平解放后，喀什迅速建立起了和内地大体一致的政治经济和文化制度。在民族区域自治政策下，着力培养各级各类少数民族干部，1952 年喀什市建市时全市共有少数民族干部 49 名。喀什市政府党组于 1953 年成立，1954 年全市有支部 16 个，党员 146 名。1957 年有 4 个总支，29 个支部。中共喀什市第一次代表大会于 1956 年 5 月 18—25 日在喀什市色满路原市委礼堂召开，实到代表 62 名，其中少数民族代表 41 名、汉族代表 28 名、妇女代表 8 名、青年代表 14 名。1957 年，全市有 4 个总支，29 个支部，党员 459 名，其中少数民族党员 299 名。到 1960 年全市郊区农村人民公社、大队均建立了党支部，56% 的生产小队建立了党小组。年底基层党委达 3 个、总支部 21 个、支部 11 个，党员 2011 名，其中少数民族党员 1792 名。

---

　　① 《新疆图志》第 116 卷。但是，Tarihi Hamidi 等维吾尔语文献认为阿古柏·伯克是被维吾尔人的尼亚孜·伯克所毒死的。

　　② 参见王柯《东突厥斯坦：1930 至 1940 年代》一书的第一、第二章，香港中文大学出版社 2013 年版。

1953 年 4 月 14—17 日，第一次各族各界人民代表会议在喀什市召开，出席会议代表 165 名，占全市总人口的 0.162%，其中男 136 名，女28 名；工商界代表 31 名，文教界代表 3 名，机关 6 名，工人 7 名，民主人士 6 名，市民代表 61 名，农民代表 51 名。新政府十分注意安排有一定威望并有一定参政议政能力的民主、民族宗教和爱国工商人士到各级政协、工商联组织，发挥他们的参政议政作用。喀什市政协历届领导机构中都有工商界和宗教界代表担任副主席。历届全国政协和全国工商联、自治区政协和自治区工商联都有喀什市的民主、民族宗教和工商界上层人士任职。政协喀什市第一届委员会第一次会议于 1954 年 6 月 19 日召开。参加会议的委员 54 人（其中常委 17 人）。委员中汉族委员 6 人、维吾尔族委员 46 人、乌孜别克族委员 2 人，共产党员 10 人，共有 12 个界别。

随着新体制的步步推进，喀什各项社会文化事业随之蓬勃发展。1949年，喀什仅有小学 9 所，入校学生 2363 人。1952 年 10 月 25 日喀什市人民政府宣告成立后，就下设文教科，统一管理喀什市的文化教育事业。到1953 年，小学增加到 10 所，入校学生达到 4186 人。"一五"期末(1957)，小学增加到 11 所，入校学生增加到 6321 人，并先后成立中学 3所，入校学生达 1909 人。1956 年成立职工业余学校，入学职工 570 名。在扫盲工作中，全市脱盲率达 75%。"一五"时期，失学儿童比例大大下降，80% 的适龄儿童都能入学读书。1961 年在校生为 17960 人；农村区以上都有医院，各公社都有医疗保健站，共有医务人员 187 名。1953 年之前，喀什市仅有 1 家电影院。1953 年以后，陆续建成人民公园、文化馆、文化宫、人民图书馆，建成电影院 5 个，乡村图书室 14 个，其他小型阅览室 9 个（包括儿童阅览室等），这些文化娱乐设施的建立，大大改善了群众的文化生活。教育事业形成从小学到大学的多层次多门类的较完整的教育体系。

1975 年，喀什市的小学发展到 46 所，在校学生达到 367 个班、14124 名学生，教职工 624 人。到 1986 年，喀什市内有小学 55 所、中学23 所、大专院校 4 所、中等专业学校 5 所、技工学校 1 所。其中少数民族小学由 1953 年的 19 所发展到 1990 年的 42 所，在校学生由 6858 人发展到 17135 人；少数民族中学由 1953 年的 1 所发展到 1990 年的 15 所，在校生由 491 人发展到 10303 人。1986 年，市属卫生机构有 35 个，其中卫生技术人员 341 人，企事业单位卫生机构 29 个。共设病床 721 张。农村从 1973 年起推行合作医疗，1984 年，取消合作医疗制度。驻市和市属卫生医疗机构由 1953 年的 2 所发展到 1990 年的 83 所，卫生技术人员由 1953 年的 63 人增加到 913 人。喀什市的文化艺术在历史、民族的基础上，得到了进一步发展。各项建设事业的发展，促使文化艺术事业不断普及和提高，陆续建起文化馆、图书馆、电影院、文工团、文化宫等众多的文化机构，大大丰富了各族人民的文化生活。在整理、收集、抢救、研究喀什文化以及历史遗产方面也取得丰硕成果，1982 年喀什文工团组成"木卡姆"音乐组专门演出《木卡姆》音乐剧目。

中共十一届三中全会之后，喀什市认真落实党的政策，平反冤假错案，调整各方面的关系，以调动一切积极因素，尽可能地把消极因素转化为积极因素。1979 年摘掉地主富农分子的帽子，按农村人民公社社员对待。1979—1988 年，为国民党军、政、警起义投诚人员落实政策，共向 446 名原国民党军、政、警人员签发起义投诚证书。全市纠正平反 162 名原工商业者在历次运动（包括"文化大革命"）中的冤假错案。1982 年 3 月着手纠正过去历次运动中在民族宗教问题上出现的偏差，进一步落实党的宗教信仰自由政策，平反纠正宗教上层人士的冤假错案。为修复在"文化大革命"中被毁清真寺，财政拨款 3.4 万元。①

喀什市是以维吾尔族为主体的多民族聚居的对外开放城市，民族团结教育工作是一项长期的、长抓不懈的工作任务。自 1982 年起，喀什市委和市人民政府根据自治区党委和地委的安排，每年都认真组织开展民族团结教育活动。在民族团结教育中，喀什市把反动乱、反分裂的教育作为一项重要内容来抓。新中国成立以来，国内一小撮分裂主义分子有时张贴反革命标语，有时散发反革命传单，有时公开煽动分裂，有时转入地下，暗中活动。国外的分裂主义势力和国内少数分裂主义分子遥相呼应，打着"东土耳其斯坦"的旗号，大肆鼓吹"新疆独立"，要建立什么"东土耳其斯坦共和国"，叫嚷要把汉族人全部赶走，鼓吹所谓的"民族解放"。

1996 年民族分裂主义分子和宗教极端分子接连在喀什市制造暴力恐怖事件，严重影响正常的社会秩序和危害广大群众生命财产安全，根据中央政法委对《关于在新疆重点地区开展集中整治社会治安严厉打击暴力犯罪工作的意见》批复、中央 7 号、自治区 5 号文件精神和自治区党委、

---

① 根据《中国共产党喀什市简史》相关章节内容和市政府相关部门提供资料整理。

政府的决定，自 1997 年起开展以集中整顿社会治安严厉打击"三股势力"为首的集中整治工作，自治区、地区对此项工作高度重视，安排专项资金，下派厅级、县级、科级领导干部蹲点驻村，强化组织、教育群众、打击犯罪。经过多年努力，"三股势力"受到严厉打击，村级基层组织建设得到显著加强，宗教氛围明显淡化，治安突出问题得到了有效解决，群众的安全感得到提高，社会治安秩序持续好转。

改革开放 30 多年来，喀什市不断开展丰富多彩的群众性文化体育活动，加强基层文化站（室）建设，广泛开展"捐书惠农""万村书库""东风工程"等文化惠农活动。以"百日广场文化"活动为龙头，积极开展春节社火、元宵灯会、"诺鲁孜节"、达瓦孜民间艺术节和广场大型演出等活动，极大地丰富和活跃了全市各族群众文化生活。广播电视事业得到蓬勃发展，现在全市电视台达到 3 座、广播电台 2 座，广播电视覆盖率达到 100%；有 3 家报社；图书馆近 90 间，藏书量达到 176763 册（比 1978 年增长 252%）；文化馆 1 座；体育馆 2 座，极大地满足了全市各族群众的生活需求。全市共创建全国精神文明建设先进单位 2 个；自治区级文明单位 107 个、文明社区 2 个、文明村 4 个、文明示范窗口 5 个、文明行业 7 个；地区级文明单位 98 个、文明社区 7 个、文明村 20 个、文明示范窗口 6 个、文明行业 3 个；市级文明单位 189 个、文明社区 15 个、文明村 50 个。进入 21 世纪以来，喀什市又先后被命名为全国民族团结进步模范集体、全国文化建设先进市、全国绿化造林工作先进市、全国"两基"工作先进市、全国科技进步先进合格市，曾 4 次被授予全国双拥模范城称号、被自治区命名为自治区级文明城市、自治区级卫生红旗城市、城市建设"天山杯"，入围全国"魅力城市" 20 强等，各类文明创建活动取得了明显成效。

喀什市坚持"科教兴市，人才强市"战略，教育事业快速发展。全面推进素质教育，加大教育资金投入，改善教学条件，实施聘用和教师资格准入制度，增强市民的就业能力、创新能力、创业能力，努力把人口就业压力转变为人力资源优势。目前，全市有小学 90 所，在校生数达到 51161 人，是 1978 年的 1.62 倍，专任教师达到 2676 人，中学 24 所，在校生数达到 25118 人，是 1978 年的 1.51 倍，幼儿园 37 所，在园生 10683 人。全市学校占地面积达到 93644 平方米（其中校舍建筑面积 28575 平方米），教育经费年投入达到了 3.039 亿元，是 1980 年教育经费总投入 387

万元的 77 倍，小学适龄儿童入学率达到 99.94%，初级中等教育完成率达到 95.15%。全市各中小学硬件建设基本达到了"八配套"标准，11 所学校达到了一类标准、28 所学校达到了二类标准、63 所学校达到了三类标准，分别配备了实验电教仪器，音、体、美、卫等各类器材配备达到了自治区"两基"验收标准（1999 年 10 月通过了自治区"两基"验收）。全面实施"两免一补"政策，"两基"教育成果得到巩固，全市青壮年复盲率控制到了 2.18% 以内。同时，不断强化双语教育，在城乡已开设了双语教学班 386 个。

2013 年，喀什市以教育、就业、人才为重点，大力实施民生工程，启动喀什大学建设，新建高中学校 3 所，新建双语幼儿园 65 所。全面推进民汉合校和双语教育，学前两年、中小学校双语教育普及率分别达到 95% 和 51%，高中阶段升学率达到 70%，本科及大、中专院校录取率达 69.8%。深入开展"为谁建房，让谁安居"大讨论，调动广大群众建房积极性，安居富民开工建设 5200 户，竣工率 100%。大力推进基层医疗卫生基础设施建设，乡镇卫生院"一够三化"提升改造全部达标；启动卫生信息平台建设，建立电子居民健康档案 42 万人，发放医疗"一卡通"21 万张，城镇居民医疗保险参保率、农民新农合参合率均达 100%，社区卫生服务中心覆盖率达 100%，城乡卫生医疗条件得到明显改善，群众看病难问题进一步缓解。全力打造南疆一流人才市场和劳动力市场，安置就业 1.3 万人，转移农村富余劳动力 5 万余人，完成职业技能培训 1.47 万人次，实现就业再就业 1 万余人，零就业家庭保持动态清零，各族群众的生活充满了幸福和希望。①

从清王朝的因俗而治，再到清末民国时期的建政活动，喀什逐渐建立起和全国一体化的社会管理体制。新中国成立后逐步建立和完善的社会主义制度，从根本上完成了喀什社会制度的变革，伴随着共和国成长的阵痛，强大的国家系统带来强大的社会管理能力和发展推动力。改革开放以后，喀什和全国一样进入中国特色社会主义道路的探索阶段，国家和地方财力的支持不断加大，各项社会文化事业持续推进，喀什各族人民越来越多地得到政府的均等化服务，共享改革开放的成果。特别是中央新疆工作会议以后，喀什插上了腾飞的翅膀，国家和兄弟省市的对口支援以及自身

---

①　喀什市政府网新闻中心，2014 年 1 月 4 日。

财力的增强，使得喀什走上了翻天覆地的跨越式发展道路。

作为中国沿边开放的最大特殊经济开发区和西部明珠，喀什抓住历史机遇提出建设"第五代城市"的构想，这不仅在中国甚至在整个世界都是正在探索的最新城市化模式。中共十八届三中全会提出了社会治理能力和治理体系的现代化的目标，喀什在探索并完善一条全新的城市化道路的同时，必然也要责无旁贷地承担起这一历史重任。在建立起现代化城市的同时，也在探索现代化的治理体系，不断提升现代化的治理能力，让喀什各族人民沐浴在幸福的阳光里。

五　从绿洲文明向绿色文明的生态转型

在两千多年的绿洲文明史中，喀什作为联通欧亚大陆的重镇，有着厚重的历史沉淀，丰富的文化遗存，钟灵毓秀的自然之景，绚烂多姿的人文风情。它兼容并包含了古埃及、古希腊、古印度、古巴比伦四大古国的文明；它赫然记录着基督教、佛教、伊斯兰教的碰撞与更替；它荟萃有西方建筑风格相互融合的"凝固音乐"；它与"世界屋脊"帕米尔高原牵手相握。人们不能不提起享有中亚第一集市之称的喀什中西亚国际大巴扎、艾提尕尔清真寺、阿巴克霍加墓（香妃故园）、盘橐城（班超城）、徕宁城、莫尔佛塔、玉素甫·哈斯·哈吉甫（福乐智慧园）、千年老城以及十二木卡姆等众多的历史遗址和文化遗产。

11世纪伟大的中国维吾尔族语言学家麻赫穆德·喀什噶里曾在这里思考与写作，捧出了闪烁着智慧光芒的旷世巨著——《突厥语大词典》；伟大诗人、思想家玉素甫·哈斯·哈吉甫在这里歌咏与创作，献出了长达85章、13290行的经典哲理长诗——《福乐智慧》。两部巨著堪称维吾尔族文化史做出的两座文化高峰，在中华民族文明史上闪烁着耀眼的光辉，显示了喀什古文化对中国乃至世界文化史做出的巨大贡献。沉甸甸的《突厥语大词典》和《福乐智慧》有高山般的沉重、沉稳、沉静，更有高山般的威严和庄严。喀什曾经向世界奉献了智慧和辉煌。

两千多年历史的培育和滋养，使商业与喀什古城相辅相成。在相当长的一段历史时间里，以货物运输和货物集散为主的商业，极大地拉动了古代喀什的发展，同时促进了各个民族各个地区各个国家之间的文化交流。商品承载着文化，不同地区不同民族不同国家的人与人之间的接触，更是不同文化的接触与碰撞。巴扎在商品交流中凝聚了多种文化，催生了喀什的别样风情。这就使得喀什在古代就大放异彩，影响一直延续到今天。喀什的古巷，穿越历史的尘埃，展现着神奇迷人的风采，在这一条条古老而神秘的小巷里，鳞次栉比的店铺、低矮密集的作坊、韵味独特的工艺品，令你流连忘返，你会感受到异域风情、异地民俗。绚丽多彩的维吾尔建筑、世间少有的大规模生土建筑群、壮观的古城市群落、独具魅力的民族服饰或委婉细腻或粗犷豪放的民族歌舞、在全国独树一帜的维吾尔民族饮食文化、特殊环境下发展起来的民俗型交通工具、具有民族和地方"土味"的手工艺品都是展现喀什丰富多彩民俗风情颇具魅力的"亮点"，尤其是我国唯一保存完整的以维吾尔建筑为特色的迷宫式城市街区会让你充分感受到喀什老城的魅力，领悟喀什文化的灵魂。

随着中央新疆工作座谈会的召开，喀什市正处在新的历史起点上，迎来了"大建设、大开放、大发展"难得的历史机遇，喀什市以"东有深圳、西有喀什"的战略眼光和雄大气魄，进一步加大推介喀什旅游的影响力和独特魅力，喀什的旅游也以新的姿态矗立于世人面前。2008年，在国家旅游总局、新疆维吾尔自治区旅游局的帮助下，编制了《新疆喀什市旅游发展总体规划及重要节点控制性详细规划》和《新疆喀什市旅游发展专项规划》，规划提出了把喀什市打造成为"丝路古都国际旅游名城"的总体目标，分时序地把喀什打造成为中亚著名商贸旅游中心和集散中心，中国对中亚旅游的枢纽门户、中国维吾尔风情之都，丝绸之路核心节点和中西文化交流中心城市，新疆旅游发展第二级、南疆旅游发展引领者和组织者。并确立了"驱动、互动、带动"的三大总体发展战略和"抓文化、带自然，抓高端、带低端，抓城区、带城郊，抓休闲、带观光，长计划、短安排"的五大发展策略；在新产品的构建上，提出了"品历史·醇香喀什，品民俗·原味喀什，品商贸·什锦喀什，品时尚·休闲喀什"四大主题产品发展构想。实施过程中时刻注重把历史文化所遗留的信息和智慧融入现代化发展的城市文化中，让新旧文化产生前所未有的交流与互动，提升城市组织本身的多样性。

在新的历史时期，喀什市以科学发展观为指导，按照"拉大城市框架、构筑城市风骨、培育城市灵气、打造城市灵魂、建设最佳宜居城市"的总体思路，以城市规划为龙头，统筹考虑城乡生产力布局、空间布局和功能布局，加快城市建设步伐，先后启动了"畅通工程、通透工程、亮化工程、净化工程"；以构筑城市风骨为目标，突出民族文化底蕴与现代文化气息完美融合，着力建设特色鲜明的重点项目和标志性建筑，展示城市新风貌。

2008 年 6 月，喀什市启动了老城区危旧房改造综合治理工程，这是一项牵动着 22 万人生计的民生工程、民心工程。中央和自治区专门拿出 30 亿元资金，用 5 年时间对老城区进行改造。此举令喀什各族人民欢欣鼓舞感恩不尽，被形象地称为"生命工程"。改造过程中，喀什市始终坚持"保护第一，抢救为主"的方针，组织了大量设计力量开展一户一设计，编制了居民房屋装修指导手册，重视对原有风貌的保护，改造后的建筑形式将保留原有建筑特征和文化特色，传统街区、历史遗迹、传统建筑、古树名木得到较好保护，居民自行按照维吾尔族建筑艺术风格装饰房屋，木雕、石膏花饰、壁画等无不体现着浓郁的维吾尔族建筑艺术特色。

2009 年，实施了吐曼河环境综合整治工程，注重把民族建筑艺术与现代建筑理念完美结合，在沿线南湖公园、东湖公园、吐曼公园建起了具有民族建筑艺术风格的廊亭、具有西域风情的雕塑等；以拉大城市框架，增强服务功能，改善居住条件，提升综合承载力为目标，进一步加大了城市及城乡结合部道路、给排水、供热、供气、电力、通信等公用设施建设力度，引导城市向外围发展；以提升城市品位、塑造城市新形象为目标，先后完成了天山东路、克孜河北岸、滨河路路灯安装，完成了吐曼公园、东湖公园、南湖公园和 11 条支干道的亮化建设，并对重点路段标志性建筑实施了亮化装修，城市大街小巷亮灯率达 98% 以上，城市亮化美化再次迈上新台阶。

2010 年中央新疆工作座谈会召开，颁布支持新疆发展的若干意见，明确提出在喀什建设 40 平方公里的"特殊经济区"：充分发挥喀什地区和伊犁州对外开放的区位优势，拓展对外联结通道，发挥口岸和交通枢纽的作用，加强与中亚、南亚、西亚和东欧的紧密合作，实现优势互补、互利互惠、共同发展，努力打造"外引内联、东联西出、西来东去"的开放合作平台，把喀什、霍尔果斯经济开发区建设成为我国向西开放的重要窗口，推动形成我国"陆上开放"与"海上开放"并重的对外开放新格局。发展目标是到 2015 年，基本完成喀什、霍尔果斯经济开发区的基础设施建设，初步构建科学合理、特色鲜明、功能配套、协调发展的空间布局和产业体系，为经济开发区又好又快发展打下坚实基础；到 2020 年，大幅度提升喀什、霍尔果斯经济开发区综合经济实力、产业竞争力，为推动新疆跨越式发展发挥重要的引领和带动作用。

2011 年 9 月 30 日，国务院发布《关于支持喀什霍尔果斯经济开发区建设的若干意见》，若干政策优惠为喀什注入了强劲的推力。喀什肩负起沿边开放创新实践区的历史重任，要积极探索内陆沿边地区开放型经济发展的新路子，坚持"外引内联、东联西出、西来东去"的开放战略，建立和完善优势互补、互利互惠、共同发展的区域合作开发新模式，为推进我国沿边地区与内陆地区、沿边地区与周边国家开放合作积累经验提供示范，并形成四大中心。

区域重要的经济中心。面向国际国内两个市场，吸引各方面资金、技术、人才，加快资源转化利用、促进产业集聚，建成依托南疆、辐射周边的区域经济中心。

区域重要的商贸物流中心。支持符合条件的地区申请设立综合保税区，加快喀什国际机场、喀什国际铁路货运站建设，不断完善物流基础设施体系，扩大开发区商贸物流辐射带动能力，打造立足南疆地区、面向境外的区域商贸物流中心。

区域重要的金融中心。加快发展各种类型的金融机构，重点发展跨境贷款等金融服务，完善金融市场体系，建成南疆地区金融中心。

区域重要的国际经济技术合作中心。大力推进与中亚、南亚、西亚、东欧的贸易和人员往来、经济技术交流合作，打造依托南疆、辐射周边国家的国际经济技术合作新高地，建成我国向西开放的重要窗口。

2012 年 9 月，中国人民银行、银监会、证监会、保监会联合下发了《关于金融支持喀什霍尔果斯经济开发区建设的意见》，为喀什特区发展注入强劲动力。依托喀什特区优势、丰富的资源优势和独特的区位优势，喀什特区产业发展以现代服务业和先进制造业为重点，着力建设区域性商贸物流中心、金融贸易区和优势资源转化加工。目前，投资 8 亿元的京新银座广场总部经济大楼（金融中心）项目、展辉技资合资企业已经落地。深圳产业园项目、深圳城项目、喀什市技能培训和实训基地项目、三一重工机械与零部件再造基地、拓日新能产业园、嘉达高科产业基地、浩元环保科技中心、拓方善水创新科技园、新海鸿农业智能设备制造基地、南北医药物流中心、永桦特色水果加工生产和冷链物流配送基地股权投资企业等一批项目和知名企业相继建设落户，喀什特区已成为 21 世纪以来中国西部地区最有活力最具投资价值的区域之一。

　　然而，喀什位于塔克拉玛干沙漠和帕米尔高原之间，这块沙漠绿洲能否承载如此的历史重任？喀什自然条件相对恶劣、某些生产力资源相对匮乏、工业基础较为薄弱，甚至连水资源都面临严峻挑战。喀什主要依靠附近高山冰川和积雪融水哺育，传统的绿洲文明一直面临着严重的缺水，人均水资源占有量仅为世界平均水平的15%，而且水源供应正随着全球气候变化日趋减少。正如瑞典汉学家贡纳尔·雅林在他的《重返喀什噶尔》一书中的感慨："这些流沙区极大地增加了新疆的沙漠面积，无时不在威胁着耕作地区。人们可以看到沙漠侵入了耕作地区绿色的边缘，这里永远存在着制造绿色植被的水和干旱沙漠之间的争斗。"①

　　面对新时期、新阶段、新任务，喀什将打破以往的视野用全新的思维来规划未来，充分利用国内国外两个市场两种资源，加速新型工业化、农业现代化、新型城镇化进程，打造面向周边国家的商贸旅游中心，建设面向世界的出口加工制造基地和商贸物流基地。2011年11月18日，喀什市政府正式宣布，将打造国际"第五代新城"。以"新丝路、新思路"为指导思想，喀什特区将突破传统上主要依赖资源投入推动新城发展的固有模式，结合自身交通区位优势，以及生态环境敏感度高的特征，以低能耗、高产出的"流动经济"作为发展支柱，依托国际航空港的区位优势，走低碳生态型的可持续发展道路。

　　喀什市政府的"第五代新城"概念，引起外界的广泛关注。这是相对于20世纪四个时代的城市来说的，前面的四代城市，都有一个共同的特点，是依赖大量资源的投入。而前四代城市的经验都不适合喀什快速崛起的需要，对于喀什这个具有千年文化传统、生态环境较为脆弱的城市而言，需要摸索出一条属于自己的路。"第五代城市跨越传统城市的发展顺序和阶段，以可持续发展为核心……构架以绿色、低碳、高效、清洁为特征的现代产业结构，建立自然和谐、经济高效和人文健康的综合性城市系统。"喀什市提出了"第五代新城"的经济内涵——流动经济，即资金、人口、信息快速流动的经济模式。

　　首先，结合独特的城市布局进行"一廊三带"的空间规划和建设：一廊指城镇功能与产业发展走廊，三带则是北部生态缓冲带、中部生态休闲带、南部生态保育带。以建设现代化绿洲田园都市为定位，在发展新城

---

① ［瑞典］贡纳尔·雅林：《重返喀什噶尔》，新疆人民出版社2010年版，第161页。

的同时加大保护文化遗产力度,将传统及现代优势结合,营造优美和谐的自然生态环境,提升城市宜居性。传统的城市发展通常以大规模土地开发、工业迅速扩张、人口快速聚集的方式进行。

其次,充分挖掘《国务院关于支持喀什霍尔果斯经济开发区建设的若干意见》等有关中央和自治区扶持喀什发展的政策:"2011年至2015年,中央财政对经济开发区建设每年给予一定数额的补助。"特别是"鼓励和引导各类金融机构在经济开发区内设立分支机构。建立经济开发区金融监管协调机制,统筹研究和协调金融政策,推进金融创新试点,推动金融行业发展,支持经济开发区建设。支持设立经济开发区产业投资基金"。在政策指导和帮助下,喀什政府将允许金融创新,深入发展金融试点,在新的一轮发展中,突破昨天的视野用全新的思维规划明天。大力发展旅游业、口岸业、金融业务等流动经济。

最后,发挥区位优势,寻找新的经济增长点。喀什地区西部与塔吉克斯坦相连,西南与阿富汗、巴基斯坦接壤,边境线总长888公里,周边邻近国家还有吉尔吉斯斯坦、印度。目前有红旗拉甫、吐尔尕特、伊尔克什坦、卡拉苏、喀什国际航空港5个口岸对外开放。积极推进陆路大通道战略和空中丝绸之路战略:陆上大力争取中吉乌铁路、中巴铁路尽早开工建设,空中成功开通喀什直飞北京、上海、广州、济南、深圳、香港、伊斯兰堡等多个国内国际城市航线,正在争取开通上合组织国家首都以及迪拜等周边国家乃至欧洲航线和本地落地签证,大力发展空港经济,致力于打造一条往返东南亚—内地—乌鲁木齐—喀什—西亚—欧洲的黄金旅游线路,推动喀什市由旅游线路末端变成旅游枢纽城市,尽显喀什大开放态势,力争建立比海南免税区还优惠3倍的综合保税区。

目前喀什市正着力开发全市旅游精品,依托奇特自然资源开发自然生态游,加快推进大、小牙郎水库生态园、吐曼河生态游憩带、克孜河生态游憩区建设。传承民族文化打造民俗文化风情游,加快建设集旅游观光、休闲度假、饮食娱乐于一体的民俗风情园。追溯历史渊源开发千年古城游,结合老城改造开发特色街巷、九龙泉广场、民居家访点、特色茶馆等。坚持以商促旅,鼓励多元投资主体,支持旅游资源的整合开发,在丰富景点景区内涵基础上,完善服务设施,开发旅游纪念品,提升旅游档次和品位,全力打造"西域神韵·喀什噶尔"文化旅游品牌,让游客充分体验"喀什旅游,世间独有"的魅力。力争到2015年接待国内外游客达

550万人次，其中入境游客20万人次，实现旅游收入28亿元。2020年，力争接待国内外游客突破1000万人次，其中入境游客50万人次，实现旅游收入60亿元，把喀什市打造成"世界旅游目的地"。在这片古老的绿洲上，将呈现全新的绿色希望，未来的喀什或许会引领世界城市化的新风尚，成为人和自然和谐共荣的新典范。

第二节　让喀什告诉世界

一　以特区建设为动力推进喀什市大发展

走过了五千年中华文明史的漫长历程，回荡着两千年古丝绸之路的驼铃声声，伴随着西部大开发的嘹亮号角，乘上了中央新疆工作座谈会后全国援疆的强劲东风，喀什特殊经济开发区已经成为中国"海上开放"与"陆上开放"并重格局中向西开放的重要窗口与新疆跨越式发展新的经济增长点。

喀什经济特区仅仅成立了三年多的时间，各族人民紧紧围绕把喀什建成一座具有浓郁民族特色的现代化城市，成为一颗对各方人士都有吸引力的西部明珠的总体目标，按照"拉大城市框架、构筑城市风骨、培育城市灵气、打造城市灵魂、建设宜居宜业城市"的发展思路，坚持"创新、聚焦、实干"的理念，举喀什地区十二县市之力快速推进"大喀什市"建设。在全市上下的共同努力下，喀什市先后荣获了"全国民族团结进步模范集体""全国科技进步先进市""全国优秀旅游城市""全国双拥模范城""自治区文明城市"等荣誉称号，喀什正向"第五代城市"的全新目标迅跑。目前，已修编完成新一轮城市总体规划和特区规划，面积100平方公里、人口逾百万的"大喀什市"的空间架构、功能定位和产业布局更加科学，特区建设实现良好开局，老城区改造和东城区建设加紧推进，一个浓郁民族特色与现代文化气息相融合的西部明珠已具雏形。

二　抓住"丝绸之路经济带"契机再造喀什辉煌

2013年9月，习近平主席出访中亚，提出共建"丝绸之路经济带"的战略构想，同年5月李克强总理访问巴基斯坦，提出建设中巴经济走廊设想。美好蓝图已经绘就，世界正在聚焦新疆、聚焦喀什。喀什正按照建设亚欧大陆国际之城、中国内陆开放之窗、和谐发展首善之区、历史人文魅力之都的战略定位，在共建丝绸之路经济带的大道上跨步前进。我们坚信，在不远的将来，宏图会化为现实，喀什必将成为联系祖国东部与亚欧各国的贸易通道和交通枢纽，必将复兴古丝绸之路新辉煌，成为丝绸之路经济带上一颗耀眼的明珠！

喀什正在发生的五重转型，给我们讲述了上下几千年、纵横旧与新的故事，真是说不尽的喀什！如果要总结这个故事的内在逻辑，首先是中华民族多元一体的历史潮流，为喀什的几千年嬗变提供了庞大的舞台，无论喀什离内地有多远，她始终和祖国同呼吸共命运。其次是社会主义制度为喀什提供了强有力的制度保障，改革开放以来中国特色社会主义道路的探索和完善，进一步为喀什发展注入了强大的制度优势，喀什解放后六十多年的发展，无不是依靠这一制度的推动力，"社会主义好"在喀什不是一句空话，是各族人民发自肺腑的经验总结。再次，喀什的发展从来没有脱离过祖国大家庭的无私帮助，特别是 2010 年以后的跨越式发展，全国援疆、对口支援成为强大的发展动力，中华民族无数的优秀分子一直为保卫边疆建设边疆默默奉献。最后，无论从喀什历史的长河还是现实巨大的变化，其背景都是由喀什多文化多民族的包容性和开放性形成的，喀什各族人民在历史上创造了古丝绸之路上的辉煌，今天正豪情万丈地创造着新丝绸之路经济带的发展奇迹，上演着人民推动历史进步的伟大壮举。

在中国五千年文明史中，离不开喀什的故事；在新疆 2000 多年的开发史中，绕不开喀什独特的作用；在中西文化交流史上，无论是玉石之路、丝绸之路还是建设新丝绸之路经济带，喀什都扮演着而且还将继续扮演重要的历史角色。改革开放以来，特别是中央新疆工作会议之后，喀什正以自己华丽的转身和辉煌的巨变，昭示着新疆跨越式发展的伟大成就，演奏出中华民族伟大复兴的时代乐章。

主要参考文献

阿布都外力·依米提、胡宏伟：《维吾尔族流动人口特点、存在问题及对策——基于乌鲁木齐市和西安市的调查》，《中南民族大学学报》2010年第1期。

阿布都外力·依米提：《制约少数民族农村劳动力流动因素的分析及其对策——以维吾尔族为例》，《黑龙江民族丛刊》2006年第5期。

阿不都热西提·阿吉、王时样主编，喀什市地方志编撰委员会编：《喀什市志》，新疆人民出版社2002年版。

阿衣先木古丽·木天力甫：《喀叶市浩罕乡艾孜热提村维吾尔妇女的宗教生活调查与研究》，硕士学位论文，新疆师范大学，2012年。

艾来提·铁木尔：《从喀什市三乡地名看南疆绿洲经济的特点》，《中央民族学院学报》1988年第2期。

白呈明：《农民失地问题的法学思考》，《人文杂志》2003年第1期。

北京大学"多途径城市化"研究小组：《多途径城市化》，中国建筑工业出版社2012年版。

卞华舵：《主动城市化——以北京郑各庄为例》，中国经济出版社2011年版。

蔡荣生、吴崇宇：《我国城镇住房保障政策研究》，九州出版社2012年版。

陈秋萍：《西部地区可持续发展民族文化产业对策研究》，《改革与战略》2006年第9期。

陈锡文：《为了保护农民利益，必须改革征地制度》，《地政研究动态》2002年第11期。

邓碧波：《宗教世俗化与伊斯兰原教旨主义的产生》，《阿拉伯世界》2004

年第 2 期。

龚后雨、卜凡中：《住房保障模本：海南省儋州市保障性住房建设启示
录》，新华出版社 2013 年版。

贡纳尔·雅林：《重返喀什噶尔》，新疆人民出版社 2010 年版。

郭慧：《论我国城市贫困人口的社会保障制度》，硕士学位论文，天津大
学，2006 年 12 月。

国家统计局新疆调查总队：《新疆调查年鉴 2006》，中国统计出版社 2006
年版。

郭玲：《喀什、霍尔果斯经济开发区试行特别机制和特殊政策》，喀什特
区网，kstq. gov. cn，2014 年 4 月 14 日。

郭湘闽：《我国城市更新中住房保障问题的挑战与对策：基于城市运营视
角的剖析》，中国建筑工业出版社 2011 年版。

韩建民、韩旭峰、朱院利编著：《西部农村贫困与反贫困路径选择》，中
国农业出版社 2012 年版。

《汉书·西域传》，引自李凤盛《历史上的疏勒地方政权》，《疏勒文史资
料　第一辑》，疏勒县文史资料委员会编印。

江平、孟楠：《外国探险家游记所反映的新疆近代文化变迁》，《黑龙江民
族丛刊》2009 年第 3 期。

喀什地区地方志编纂委员会：《喀什地区志》，新疆人民出版社 2004
年版。

喀什市地方志编纂委员会：《喀什市志》，新疆人民出版社 2002 年版。

喀什市地方志编纂委员会：《喀什市志》，新疆人民出版社 2004 年版。

喀什市史志编纂委员会办公室编：《喀什市年鉴·2012》，新疆人民出版
社 2012 年版。

喀什市史志编纂委员会办公室编：《中国共产党喀什市简史》，新疆人民
出版社 2009 年版。

《"喀什经验"是一个重大的历史创造》，喀什市政府网，http：//
www. xjks. gov. cn/Item/2010. aspx，2009 年 9 月 15 日。

凯瑟琳·马噶特尼、戴安娜·西普顿：《外交官夫人的回忆》，新疆人民
出版社 2010 年版。

克莱德·M. 伍兹：《文化变迁》，何瑞福译，河北人民出版社 1989 年版。

科林·贝克：《双语与双语教育概论》，翁燕珩译，中央民族大学出版社

2008 年版。

《老城改造从倾听民意入手》，喀什市政府网，http：//www. xjks. gov. cn/
　　Item/2017. aspx，2009 年 9 月 15 日。

李恺：《丝路明珠喀什噶尔》，新疆人民出版社 1992 年版。

李凤盛：《历史上的疏勒地方政权》，《疏勒文史资料　第一辑》，疏勒县
　　文史资料委员会编印。

李瑞君：《当代新疆民族文化现代化与国家认同研究》，博士学位论文，
　　中央民族大学，2012 年。

李砚祖：《作为文化工业的当代民间艺术》，《美术学》2003 年第 12 期。

李志平：《边疆地区少数民族文化产业发展的思考》，《产业与科技论坛》
　　2011 年第 10 卷第 15 期。

联合国人居署编著：《贫民窟的挑战——2003 年全球人类住区报告》，于
　　静等译，中国建筑工业出版社 2006 年版。

林耀华主编：《民族学通论》（修订版），中央民族大学出版社 1997 年版。

刘琳等：《我国城镇居民住房问题研究》，中国计划出版社 2011 年版。

刘谦功：《中国艺术史论》，北京大学出版社 2011 年版。

刘武国主编：《喀什地区统计年鉴 2009》，喀什统计年鉴编辑部 2009
　　年版。

刘学杰：《编纂〈喀什噶尔学研究〉的缘起与构想》，《喀什噶尔学研究会
　　刊》第一期，《喀什噶尔学研究》编辑室，2011 年 8 月。

龙隆：《十二五与城市化、房价与住房制度》，《开放导报》2011 年第
　　2 期。

罗应光、向春玲等编著：《住有所居：中国保障性住房建设的理论与实
　　践》，中共中央党校出版社 2011 年版。

罗玉华：《跨越式发展与长治久安目标下新疆民族文化产业发展的思考》，
　　《民族经济》2011 年第 5 期。

吕屏：《文化产业发展进程中的少数民族艺术》，《云南民族大学学报》
　　（哲学社会科学版）2007 年第 24 卷第 6 期。

马赫穆德·喀什噶里：《突厥语大词典》第一卷，汉文版。

马智利等：《我国保障性住房运作机制及其政策研究》，重庆大学出版社
　　2010 年版。

南香红：《众神栖落新疆》，九州出版社 2011 年版。

Olivia Boyd：《喀什"跨栏"第五代城市狂想》，《南方周末》2012 年 6 月 25 日。

钱纳里等：《工业化和经济增长的比较研究》，上海三联书店 1989 年版。

丘浔：《均衡公平与效率：中国快速城镇化进程中的房地产市场调控模式》，中国建筑工业出版社 2013 年版。

饶会林：《城市经济学》（上卷），东北财经大学出版社 1999 年版。

任红：《新疆伊斯兰教教职人员现状调查与研究》，《新疆社会科学》2009 年第 4 期。

莎车县地方志编纂委员会：《莎车县志·商业》，新疆人民出版社 2002 年版。

盛春寿：《新疆喀什老城区改造：文化城市理想的回归》，http://www. tianshannet.com，2011 年 5 月 17 日。

疏附县地方志编纂委员会：《疏附县志》，新疆人民出版社 2002 年版。

《隋书·音乐志》卷二，卷十五。

孙远太：《从福利到权利：住房保障制度的结构化逻辑》，《河南大学学报》（社会科学版）2011 年第 5 期。

唐靖廷、王文成：《喀什经济特区城市用地、人口发展、大交通规划构想》，亚心网，yaxin.com，2011 年 11 月 22 日。

铁木尔·达瓦买提主编：《中国少数民族文化大辞典》（综合卷），民族出版社 1999 年版。

王柯：《东突厥斯坦：1930 至 1940 年代》，香港中文大学出版社 2013 年版。

王宁：《新疆城郊旅游农业发展初探》，载彭德、杜发春主编《西部开发及其社会经济变迁——中加比较研究》，知识产权出版社 2009 年版。

王时祥：《喀什噶尔历史文化》，新疆人民出版社 2009 年版。

王亚俊、曾凡江：《中国绿洲研究文献分析即研究进展》，《干旱区研究》2010 年第 27 卷第 4 期。

王莹：《丝路明珠：中国新疆维吾尔木卡姆艺术》，《世界遗产》2006 年第 12 期。

维克托·R．福克斯：《谁将生存？健康、经济学和社会选择》（增补版），罗汉等译，上海人民出版社 2012 年版。

肖建华、刘小明:《大众文化的两副面孔》,《船山学刊》2004 年第 4 期。

谢晓钟:《新疆游记》,文海出版社 1966 年版。

新疆维吾尔自治区丛刊编辑组:《维吾尔族社会历史调查》,民族出版社 2009 年版。

徐平、于泷:《乌鲁木齐市维吾尔族流动人口的社会排斥和融入》,《中南民族大学学报》2011 年第 6 期。

依明江·阿吉尼亚孜:《我在喀什的 40 年》,新疆人民出版社 2011 年版。

闫炜炜:《新疆少数民族文化现代化转型存在的问题及对策》,《新疆社科论坛》2011 年第 6 期。

袁文全:《社会保障体系覆盖城乡居民的理论与实践》,重庆大学出版社 2012 年版。

张冬梅、王伟强:《艺术产业化实践的理论诠释》,《沈阳师范大学学报》(社会科学版) 2005 年第 29 卷第 127 期。

张欢、刘兵、李晓玲:《突破障碍充分释放喀什向西开放的经贸潜力》,喀什网,www. 2ks. com. cn,2011 年 9 月 5 日。

张阳阳:《西藏、新疆地区的国家认同、民族认同与文化认同调查研究》,博士学位论文,中央民族大学,2013 年。

赵海云、胡细英:《城市化与住宅市场健康发展——以江西为例》,中国建筑工业出版社 2012 年版。

赵文智、庄艳丽:《中国干旱区绿洲稳定性研究》,《干旱区研究》2008 年第 25 卷第 2 期。

中共中央文献编辑委员会:《邓小平文选》第 3 卷,人民出版社 1993 年版。

中国管理科学研究院资源环境研究所编:《中国住房与城乡建设发展实务》(上),经济日报出版社 2013 年版。

中国民族民间舞蹈集成编辑部编:《中国民族民间舞蹈集成·新疆卷》,中国 ISBN 中心 1998 年版。

中国人民政治协商会议喀什市委员会文史资料研究委员会:《喀什市文史资料》第 6 辑,1991 年版。

周欣:《对新疆少数民族学前双语教育体系的构想》,《中国民族教育》2010 年第 6 期。

朱合理、谢冰等:《新型民族地区农村社会保障制度研究》,湖北人民出版社 2012 年版。

竺雅莉等:《中国保障性住房的街区式住区发展模式研究——以新疆喀什老城区改造为例》,《城市规划》2010 年第 34 卷第 11 期。

佐口透:《18—19 世纪新疆社会史研究》,新疆人民出版社 1984 年版。

关键词索引

后　记

　　"喀什卷"是中国社会科学院民族学与人类学研究所承担的国家社科基金特别委托和中国社会科学院创新工程重大专项"21世纪初中国少数民族经济社会发展综合调查"项目2013年度立项的一个子课题，中共中央党校徐平教授和我共同主持，来自北京和新疆两地的十余名专家学者共同组成课题组，自2013年7月开始集体调研，部分成员开展了个别调研，到年底基本完成初稿。经过2014年度的补充调研和进一步修改，最终完成了这部调研专著。

　　各章节初稿执笔人如下：第一章第一节至第三节、第十五章：周泓，第一章第四节，王延中；第二章、第三章、第四章、第五章：杜发春；第六章、第七章：刘文远；第八章：吐尔地·卡尤木；第九章、第十一章、第十二章：赵茜；第十章：王海波；第十三章：阿比古丽·尼亚孜；第十四章第一节至第三节：张阳阳，第四节：易华；第十五章：李霞；第十六章：徐平。徐平教授提出初审意见，王延中最后统稿、修改审订。

　　喀什调研工作得到了国家民委、中国社会科学院党组、新疆维吾尔自治区民宗委、喀什地委、喀什市委、市政府以及调研单位、乡镇、社区等各层级党政机关的大力支持和帮助，在此深表谢意。特别要感谢喀什地区民宗委主任刘新建同志在调研组调研活动中的全程陪同和全方位帮助。十分感谢课题组各位成员的支持与配合，大家在调研工作中相互支持、互相启发，共同商议书稿提纲，一起讨论全书主题线索，在繁重工作中按时完成了喀什书稿全部内容。还要感谢课题组秘书赵茜同志，她克服学业重、孩子小等种种困难，不仅完成了自己分工的写作任务，而且为课题组的集体活动如撰写会议纪要、整理关键词和参考文献、协调联络等事务付出了辛勤劳动。感谢审稿组、审稿专家提出的宝贵意见，对中国社会科学出版社及本书责编宫京蕾女士为书稿正式出版付出的辛劳深表谢意。喀什书稿报国家民委与国家宗教事务管理局审读后，审读专家提出了宝贵的修改意见与建议。作者根据专家意见再次修订完善。在本书付梓之际对审读专家表示衷心感谢。

　　喀什市是全疆、全国十分关注的历史文化名城和丝绸之路明珠城市，不仅历史深厚、文化特色鲜明，而且战略地位重要、发展变化迅速，要想在短短一年时间内全面把握喀什的全貌及其变迁过程和趋势是十分困难的。尽管课题组同志已经十分尽力，但深知本书仍存在这样或那样的遗憾与不足。敬请读者朋友提出宝贵意见，便于将来进一步完善。

王延中

2016 年 10 月 31 日